JN436905

파리의 풍경 II

파리의 풍경 II

초판 1쇄 인쇄 2014년 10월 10일
초판 1쇄 발행 2014년 10월 15일

지은이 루이세바스티앵 메르시에
옮긴이 이영림 외
펴낸곳 서울대학교출판문화원
펴낸이 성낙인

책임 편집 곽진희
디자인 장혜원

출판등록 제15-3호
주소 (151-742) 서울 관악구 관악로 1
대표전화 02-880-5252 | 팩스 02-888-4148
마케팅팀(주문상담) 02-889-4424, 02-880-7995
이메일 snubook@snu.ac.kr
홈페이지 www.snupress.com

ISBN 978-89-521-1599-7 04920
978-89-521-1597-3 04920(세트)

이 저서는 2010년 한국연구재단의 지원을 받아 수행된 연구임(NRF 2010-322-A00006).

파리의 풍경 II

루이세바스티앵 메르시에 지음
이영림 외 옮김

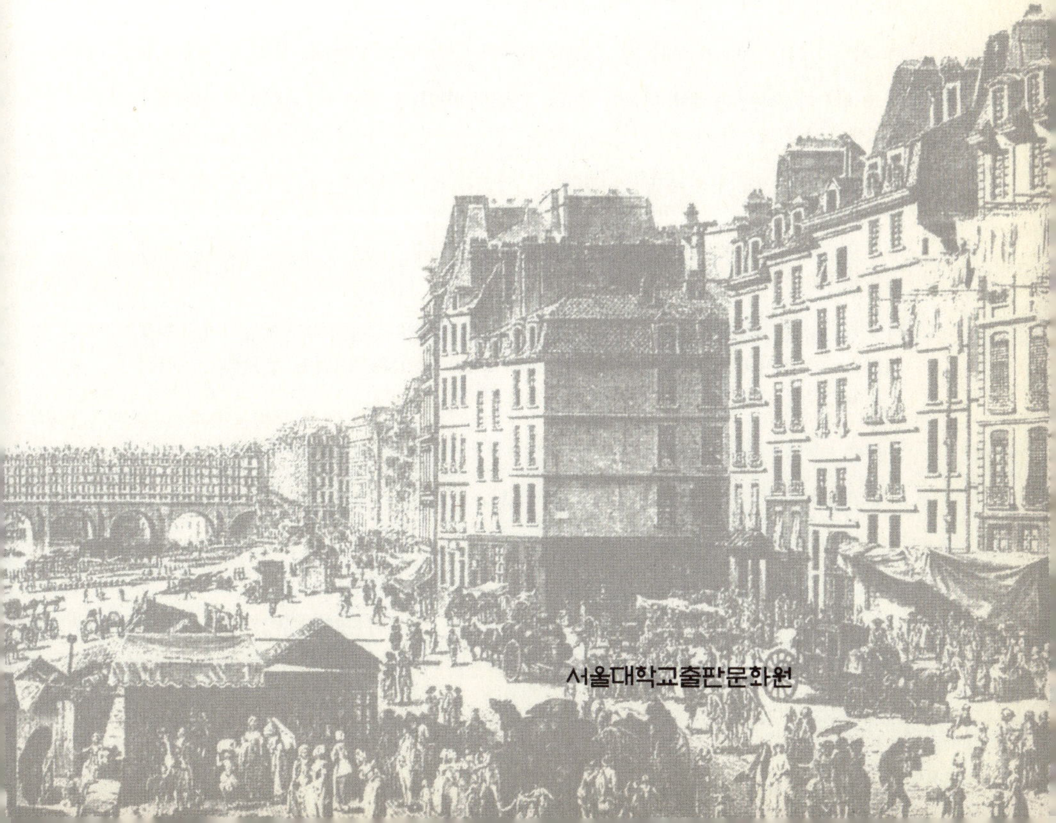

서울대학교출판문화원

일러두기

1. 이 책은 18세기 프랑스의 문인 루이세바스티앵 메르시에(Louis-Sébastien Mercier)가 1781~1788년에 출판한 총 12권의 『파리의 풍경(*Tableau de Paris*)』을 번역한 것이다.

2. 각 장의 순서는 원서의 장(chapter)의 순서와 일치하며 총 1,050장으로 이루어져 있다. 각 장은 1~4쪽 분량으로 내용 또한 자유롭게 전개되고, 이러한 80~100개의 장이 모여 다시 하나의 권을 이루며, 전체 12권으로 구성된다.

3. 이 책은 I(1, 2권), II(3, 4권), III(5, 6권), IV(7, 8권), V(9, 10권), VI(11, 12권) 총 6권으로 구성된다.

4. 이 책에서 역자 서문은 대표 역자인 이영림 교수가, 머리말은 원저자인 루이세바스티앵 메르시에가 각각 작성한 것이다.

5. 각 장의 번역은 7명의 번역자들에 의해 이루어졌다. I권은 송기형·최갑수·이영림·양희영·장진영 교수, II권은 장진영·이규현 교수, III권은 주명철·송기형 교수, IV권은 최갑수·장진영 교수, V권은 이영림·양희영·장진영·이규현 교수, VI권은 이규현·주명철 교수가 번역하였다.

6. 번역자들은 지금까지 다양하게 사용되어 온 프랑스 역사와 문화 용어와 개념어의 통일을 시도했으며, 원서의 각주 외에 번역서의 이해에 필요한 상세한 주석을 첨부했다. 따라서 본문의 각주는 원서의 각주와 다르며 번역자의 것이다.

7. 사용된 그림들은 원서에는 없는 것이며, 독자들의 이해에 도움을 주고자 첨부하였다.

8. 프랑스어 표기는 외래어 표기 용례에 근거하였다.

9. 참고문헌은 각 권 말미에 넣었다.

10. 찾아보기는 사항별·인명별로 작성하여 권별로 각각 넣었다.

Tableau de Paris

Louis-Sébastien Mercier

Trans. by Lee Young-Lim et al.

Seoul National University Press

역자 서문

18세기 말 파리에서의 삶과 역사

『파리의 풍경(*Tableau de Paris*)』은 18세기 프랑스 문인 루이세바스티앵 메르시에(Louis-Sébastien Mercier)가 1781~1788년에 출판한 총 12권의 책이다. 방대한 분량의 이 책은 검열 당국의 준엄한 감시망을 피해 스위스에서 처음 씌어져 파리와 스위스, 네덜란드, 독일에서 비밀리에 출판되었는데, 출판되자마자 경찰의 추적을 받는 동시에 엄청난 인기를 누렸다. 1781년 『파리의 풍경』 첫 2권이 출판되자 도처에서 주문이 쇄도했다. 1781년에만 5종류의 위조본이 유통되고, 1782년에 첫판본의 2쇄 3,500부가 재간행되었다. 이 책은 다시 같은 해 4권짜리 판본으로 확대되어 9,000부가 인쇄되었다. 1789년 12권이 모두 한꺼번에 출판될 때까지 간행된 다양한 판본과 재간행본, 위조본을 합치면 수백만 부가 유통되었다. 출판물의 홍수를 이룬 18세기 출판업계에서 『파리의 풍경』은 볼테르나 루소의 저술보다 훨씬 더 성공을 거둔 초대형 베스트셀러였던 것이다. 이렇듯 『파리의 풍경』의 인기는 오늘날의 기준으로 보더라도 상상을 초월한다. 그 비결은 무엇이었을까?

책 제목이 시사하듯 『파리의 풍경』은 18세기 말 파리의 모든 것, 일상생활과 거리를 오가는 사람들의 모습, 사회풍속과 관행, 제도와 정치, 도시문제, 직업, 건강 등을 구체적이고 생생하게 묘사한 관찰 보고서이다. 실제로 『파리의 풍경』은 심오한 정치철학서도, 사회개혁 의지를 담은 사상서도 아니다. 그럼에도 불구하고 이 책이 커다란 성공을 거둔 이유는 무엇일까?

저자 메르시에는 누구인가?

우선 메르시에가 과연 어떤 인물인지, 그리고 그가 위험을 무릅쓰고 그토록 방대한 양의 책을 출판한 이유는 무엇인지 살펴보자.

루이세바스티앵 메르시에는 파리에서 태어나서 활동한 전형적인 파리인이다. 1740년 칼을 갈고 금속 무기의 광을 내는 숙련공 아버지와 석수장이의 딸인 어머니 사이에서 태어난 그는, 노동자 계층 출신이었지만 명문 콜레주 데 카트르나시옹(Collège des Quatre-Nations)에서 수준 높은 정규교육을 받았다. 1763~1765년에는 수사학을 가르치는 교사생활을 하기도 했다. 그러나 문학의 꿈을 포기하지 못한 그는 20대 초부터 『메르퀴르 드 프랑스(*Mercure de France*)』에 습작을 발표하기 시작했다. 1766년에는 볼테르의 작품을 모방한 『아랍 시인 이제르벤 이야기(*Hisotire d'Izerben, poête arabe*)』를 발표함으로써 문인으로서의 신고식을 치렀다. 이후 그는 소설, 희곡, 연극이론, 어휘연구, 신문기사, 수필 등 다양한 장르의 글을 발표하며 문인으로서의 길을 걸었다.

메르시에의 출세작은 1770년에 발표한 『2440년, 한 번 꾸어봄직한 꿈(*L'an 2440, Rêve s'il en fût jamais*)』이다. 무명의 젊은 문필가였던 메르시에가 익명으로 발표한 이 작품은 파리에서 큰 성공을 거두었다. 전국에서 주문이 쇄도해서 1770년의 첫판본이 25쇄 출판될 정도였다. 1775년부터 2년간 그는 『귀부인들의 신문(*Journal des dames*)』의 편집장을 맡고 정기적으로 글을 올렸다. 이때 쌓인 원고의 상당 부분이 『파리의 풍경』에 활용되었다. 1770년대에 살롱과 연극 비평 모임에 참여하며 본격적으로 글을 발표하기 시작한 그는, 평생 쉴 새 없이 글을 쓴 다작가로 총 73편의 작품을 발표했다.

그에게 문학은 삶이자 생존 수단이었다. 프랑스 혁명 이전에 활약한 수많은 문인들 중 글을 써서 자신의 생계를 해결할 수 있는 사람은 30명에 지나지 않았는데, 메르시에는 그중에서도 윤택한 생활을 누릴 수 있었던 극소수의 인기작가에 속했다. 그러나 메르시에에게 글이 갖는 의미는 경제적 차원에서 국한되지 않았다. 그는 단순히 돈벌이만을 좇아다니던 인기작가가 아니었다. 그에게는 글이 곧 행위였고 미래였다. 그는 글을 통해 끊임없이 사회를 비판하고 변화를 꿈꾸며 미래 사회를 설계했다.

메르시에는 그 누구보다 계몽사상의 세례를 듬뿍 받았다. 계몽사상의 태동기인 1740년 파리에서 태어나고, 계몽사상이 절정에 달한 1750~1760년대에 그곳에서 성장하고 교육을 받았으니 말이다. 1694년생 볼테르와 1712년생 루소는 그의 스승이었고, 1743년생 콩도르세와 엘베시위스는 그의 동료였다. 메르시에는 살롱, 문학 클럽, 카페에 드나들며 그들과 교류하고 지적 토론을 벌였다. 그는 인기작가였을 뿐 아니라, 사회에 대한 비판 의식에 가득 찬 지식인이었던 것이다.

메르시에의 출세작 『2440년』은 그의 사회비판 의식이 잘 드러난 대표작이다. 공상소설의 형식을 띤 『2440년』은 메르시에 자신을 암시하는 익명의 남자가 철학자 친구와 파리의 불공평함과 타락에 대해 열띤 토론을 벌이는 장면으로 시작된다. 그 후 잠이 든 주인공은 꿈속에서 700년 후의 파리를 경험한다. 여기서 메르시에는 그 자신이 꿈꾸는 파리의 모습을 묘사한다. 미래의 파리는 성직자도, 사제도, 매춘부도, 군인도, 노예도 없는 사회이다. 그곳에서 사람들은 편안하고 실용적인 복장으로 자유롭게 공론을 즐긴다. 반면 먼 과거의 모습으로 묘사된 1770년 당시의 파리는 부패와 타락이 만연한 곳이다. 『파리의 풍경』은 바로 이 지점에서 출발한다. 그로부터 10년 후 메르시에는 18세기 말 파리를 신랄하게 비판한 『파리의 풍경』을 발표하기 시작했다.

『2440년』과 『파리의 풍경』은 출판되자마자 금서로 지정되고 당국의 추적을 받았다. 그럴수록 인기는 치솟았다. 이상사회를 꿈꾸며 다른 사람들은 무관심하게 지나치는 주변의 모든 위선과 모순을 고발한 메르시에는, 엘베시위스나 돌바크처럼 금서를 통해 계몽사상을 전파한 제3세대 '계몽사상가'였다.

하지만 메르시에는 사상가에 머무르지 않았다. 1780년대 프랑스인들은 대부분 개혁의 필요성을 절감하고 있었지만, 그는 누구보다 용감했다. 1787년에 발표한 『정부에 관한 명백한 관념들(*Notions claires sur les gouvernements*)』에서 그는 세금 감면, 특권 폐지, 능력 위주의 사회, 교회 재산의 일부 몰수, 영국식 농경, 산업 육성책 등 구체적인 정부 개혁안을 제시했다. 혁명이 일어나자 그는 기다렸다는 듯 적극적으로 혁명에 가담했다. 우선 그는 1789년에 일간지 『프랑스 애국 문학 연보(*Annales patrioques et littéraires de la France*)』를 창간하며 언론인으로 활약했다. 1791년에는 루소를 혁명의 선구자로 찬양한 『프랑스 혁명의 일류 저자로 꼽히는 장자크 루소에 대하여(*De J. J. Rousseau, considéré comme l'un des premiers auteurs de la Révolution*)』를 발표했다. 1792년에는 국민공회 의원에 선출되어 직접 정치활동에 나섰다.

메르시에는 확실한 공화주의자였다. 그러나 정치적 현실주의자였던 그는 루이 16세 처형에 반대했다. 공포정치로 치닫던 숨가쁜 상황에서 그의 판단과 선택은 설 곳이 없었다. 결국 그는 로베스피에르와 다투고 감옥에 갇혔다. 메르시에만이 아니라 그 시대 누구도 혁명 과정을 명확히 이해하지 못했고, 또 혁명의 미래를 예측하지도 못했다. 실제로 혁명은 철학자들이나 혁명의 지도자들이 사유하고 의도했던 것과는 상이한 모습과 방향으로 전개되었다.

테르미도르 반동 후 감옥에서 나온 메르시에는 1797년 에콜 상트랄의 역사 교수가 되었다. 1798년에는 『파리의 풍경』의 후편 격으로 혁명 당시의 파리를 묘사한 『새로운 파리』 6권을 발표하며 문인의 자리로 돌아왔다.

혁명가 메르시에에 관해서는 오늘날까지도 거의 알려진 바가 없다. 메르시에는 마라, 당통, 로베스피에르와 동시대 인물이었지만, 혁명 당시 그의 정치적 행적은 화려한 혁명 지도자들의 그늘에 가려졌기 때문이다. 그러나 시대적 변화를 꿰뚫어 보고 이끌어 간 그의 탁월한 통찰력은 『파리의 풍경』을 통해 오늘날까지 생생하게 전해지며 빛을 발하고 있다.

『파리의 풍경』은 어떤 책인가?

파리의 관찰 보고서이자 역사서

총 73편의 작품을 발표한 메르시에의 최고 걸작이자 18세기 말 최대 베스트셀러 중 하나인 『파리의 풍경』은 일종의 관찰 보고서이다. 메르시에의 인생 자체에서 축적된 엄청난 자산이 그 탄생의 밑거름이 되었다. 퐁뇌프와 루브르 사이에 위치한 파리 중심부에서 태어난 그는 파리의 구석구석을 누비며 자랐고, 센 강가에 있던 학교에 다니며 6년을 보냈다. 또한 신문기자로 활약한 경험과 능력, 그리고 정보력을 지닌 그는 누구보다 예리한 관찰자였다. 이 모든 자산을 토대로 그는 자신이 직접 경험하고 목격하던 파리를 신문 기사처럼 간결하고 명쾌하게 묘사했다.

파리는 중세 이래 오랜 역사가 어린 곳이다. 메르시에는 그런 파리에 대해 강한 자부심을 지니고 있었다. 그러나 그는 정작 파리의 빼어난 건축이나 이름난 명소, 기념 건축물에 대해서는 말을 아낀다. 겉모습에 치중한 그러한 종류의 정보를 제공하는 책들은 이미 수없이 많기 때문이다. 실제로 『파리의 풍경』은 광장이나 거리를 지형학적으로 묘사하지 않았다. 대신 마구 뒤엉킨 파리의 모습을 있는 그대로 묘사하고, 그 안에 감추어진 이면의 역사와 변화한 모습을 말해 준다. 건축물의 역사를 전하며 조상의 삶을 이야기하는 『파리의 풍경』이 진정 하고 싶은 이야기는 바로 "18세기 말 파리가 조상이 살던 파리와 얼마나 달라졌는가, 그리고 사회 풍속이 어떻게 바뀌었는가?"이다. 유구한 전통이 서린 도심과 인근 농촌 지역을 잠식해 가는 개발 구역들에 대한 상세한 설명과 다양한 사회구조에 관한 분석을 통해, 우리는 수세기에 걸친 파리의 역사와 사회를 꿰뚫어 볼 수 있다.

『파리의 풍경』이 묘사한 파리의 모습은 만화경처럼 다양하다. 종교생활의 실상 및 결혼과 자살, 카바레의 술주정뱅이, 눈부신 인도산 천, 중국이나 일본산 도자기 등 거리의 다양한 볼거리에 이르기까지 온갖 잡다한 내용의 글을 읽다보면 정치, 사회, 경제, 문화, 종교 면이 총망라된 오늘날의 신문을 읽는 것 같은 느낌을 받는다.

그중에서도 압권은 매일매일 어깨를 부딪히며 살아가던 파리인들의 일상생활에 관한 묘사이다. 18세기 말 당시 파리의 인구는 70만 명에 달했다. 도처에서 몰려든 온갖 부류의 사람들로 들끓는 파리는 거대한 익명의 바다였다. 사람들은 이름도 모르는 채 서로의 팔을 스치거나 혹은 부딪치며 지나갔다. 주인의 심부름으로 온 하인들, 인근 농촌에서 무작정 상경한 어린 소녀들과 아낙들, 머나먼 브르타뉴와 랑그독에서 한밑천 잡으려고 올라온 청년들. 그들은 대부분 파리 성벽에 인접한 변두리 지역에 가까스로 거처를 마련하고, 아침이 되면 중앙시장 근처를 어슬렁거리며 일거리를 찾았다.

파리는 다양한 인종 전시장이기도 했다. 메르시에가 "생각할 줄 아는 사람이라면 파리에서 인류에 관한 모든 것을 알 수 있다"고 언급했듯이, 18세기 말 파리에서는 일본인, 에스키모인, 흑인, 퀘이커교도 등 세계 곳곳에서 온 사람들이 거리를 활보했다.

파리에서는 날마다 한편에서는 사제의 주례하에 한 쌍의 부부가 태어나고, 다른 한편에서는 사제의 종부성사를 받으며 사람들이 죽어갔다. 적어도 외형상으로 보면 파리는 가톨릭 중심지이고, 파리인들은 가톨릭인으로 태어나고 죽었다. 그러나 그들의 일상생활은 신앙심과는 거리가 멀었다. 사람들은 서로 아귀다툼을 벌이고, 거리는 온통 소음과 다툼으로 아수라장이다. 카페에서는 학생들과 글쟁이들이 모여 열띤 토론을 벌이고, 선술집에서는 대낮부터 얼굴이 벌게진 술꾼들이 죽치고 있다. 물장수, 모자장수, 생선 파는 아낙, 서적 행상인들은 손님을 부르기 위해 경쟁하듯 저마다 목청을 높였다. 물건을 팔려는 장사꾼의 찢어지는 목소리 외에도 싸우는 소리, 우는 소리, 사람 찾는 소리로 파리는 하루 종일 소란스러웠다.

시끌벅적한 파리의 모습은 거리의 또 다른 풍경인 사치스런 진열대, 화려한 마차행렬과 기묘한 대조를 이룬다. 마차를 타고 거리를 지나가는 귀족 나리들은 마차 안에서 거만한 눈초리로 거리의 사람들을 내다본다. 이렇듯 『파리의 풍경』에서는 서로 다른 두 세계의 대조적인 모습이 끝없이 펼쳐진다. 위대한 철학자들과 혁명가들의 탄생은 바로 이러한 파리의 양면성에서 비롯된 것이 아닐까?

신랄한 사회 비판서

메르시에는 파리와 살아 숨 쉬는 파리인들의 모습을 묘사했지만, 보이는 것을 글로 표현하는 데 그치지 않았다. 그의 시선에는 철학자의 비판적 시각이 담겨 있다. 실제로 『파리의 풍경』의 진면목은 객관적인 묘사를 하는 동시에, 사회와 풍속에 대한 신랄한 비평을 가하는 중층적이고 복합적인 묘사에 있다.

우선 메르시에가 꿈꾸는 도시는 위생적이고 청결한 근대적 도시이다. 그러나 18세기 말의 파리는 그와는 거리가 멀었다. 그는 센 강으로 온갖 배설물을 쏟아내는 파리의 게걸스러움을 개탄했다. 그가 묘사한 파리에서는 오염과 악취가 진동한다. 도로는 좁고 더러우며 흉측한 건물들로 가득 차 있다. 공중변소와 식수대 주변도 불결하기 짝이 없다. 거리의 공기는 탁하고, 도처에서 온갖 시끄러운 소리들이 울려 퍼진다.

메르시에가 가장 건전한 구역으로 꼽는 곳은 대학가에 인접한, 종교기관과 인쇄소 밀집 지역인 생자크 포부르이다. 반면 가장 불건전한 구역은 파리 한복판의 시테 섬이다. 최고법원이 위치한 시테 섬은 2개의 파리가 압축되어 있는 곳이다. 그곳에서는 사법부의 권위를 뽐내듯 장엄한 건축물이 즐비하고, 정의와 신념을 상징하는 수많은 조상(彫像)들이 늘어서 있다. 경찰의 감시와 염탐도 물샐 틈이 없다. 하지만 그와 동시에 시테 섬은 궁상스런 노점들이 즐비하고, 사기와 협잡, 매춘이 판치는 곳이기도 하다. 거리에는 유랑민들과 거지들이 떼지어 몰려다닌다. 메르시에에 의하면 이들의 수는 10만 명을 넘는다. 『파리의 풍경』에서 그는 권위와 무법, 사치와 빈곤을 대조시키며, 화려한 겉모습에 감추어진 비열한 관습과 폭력, 질병, 매춘, 암거래 등 도시의 온갖 치부를 낱낱이 고발한다.

민중의 삶 자체를 파리의 원천으로 간주한 메르시에는 이 모든 것을 민중의 시선으로 바라보고 묘사했다. 파리 인구의 대다수를 차지하는 민중은 파리의 중앙시장에서 각 구역의 작은 시장으로 연결된 도로망 주변에서 하루 종일 일에 허덕인다. 그러나 파리를 지배하고 있는 사람들은 약 3만 명의 부자 귀족들이다. 파리는 미식가이자 난봉꾼이고 낭비를 일삼는 그들이 판치는 불평등한 세상이다. 부르주아는 그런 가운데서 눈치를 보며 신분상승을 꾀할 뿐이다. 민중을 착취하는 귀족, 기회주의적인 부르주아 외에 경찰의 끄나풀들도 민중의 동요를 감시하고 억압하는 인간 군상으로 자주 등장한다. 『파리의 풍경』이 놀라운 흡입력을 발휘한 비결은 이렇듯 부자와 빈자, 귀족과 평민처럼 계급과 신분의 경계선으로 구분되는 혁명 직전 파리의 사회구조적 모순과 불공평함을 신랄하게 비판한 데 있다.

대중적인 계몽 사상서

메르시에는 어떻게 해서 사회비판자가 되었을까? 그에게 가장 많은 영향을 미친 철학자는 루소이다. 볼테르와 디드로의 영향을 받기도 했지만, 그는 루소의 사상과 문체를 본받으려고 애썼다. 그에게 '루소의 원숭이', '시궁창의 루소'라는 별명이 붙여진 것은 그 때문이다. 그는 특히 루소의 『사회계약론』에 심취했다. '사회계약론'은 홉스와 로크가 주창한 것이지만, 루소에 의해 파리에서 완전히 새로운 어휘로 재탄생했다. 루소의 저술이 인기를 얻으면서 일반의지와 인민주권론은 1780년대 파리에서 정치적 논의의 핵심이 되었다. 그러나 일반 독자들로서는 난해하고 심오한 루소의 『사회계약론』에 접근하기가 결코 쉽지 않았다. 그 징검다리 역할을 한 것이 바로 『파리의 풍경』이다.

18세기 말 파리는 누구나 쉽게 글을 읽고 접할 수 있는 특수한 공간이었다. 17세기 말 유언장에 서명한 파리의 남녀 비율은 이미 각각 85%와 60%로 전국 평균보다 훨씬 높았다. 혁명 직전 프랑스 전체의 문자 해독률이 남녀 각각 48%, 27%인 데 비해, 파리의 문자 해독률은 남녀 각각 90%와 80%로 늘어났다. 더구나 파리인들은 100년 전보다 10배나 더 글을 많이 읽었다. 거리에서는 서적행상인들이 쉽게 눈에 띄었고, 길모퉁이나 노천에서 노점상들이 책을 파는 모습도 파리의 일상적인 풍경 중 하나였다. 파리인들에게 독서는 무료함과 일상의 지루함을 달래줄 수 있는 벗이었다. 독서가 지극히 평범한 일상생활에 자리 잡게 되면서 종교적인 책들은 점차 자취를 감추었다. 사람들이 가장 즐겨 찾는 것은 두껍고 어려운 책보다는 짧은 소책자였으며, 쉽고 재미있는 내용의 글들이었다.

이러한 사회·문화적 변화를 예리하게 간파한 메르시에는 책과 독서를 통해 형성된 공중에 희망을 걸었다. 18세기 중엽에 형성된 여론의 기반이 바로 책과 공중이기 때문이다. 우선 그는 공중이 무엇을 원하는지, 그리고 무엇이 그들에게 호소력을 발휘할 수 있는지를 정확하게 파악했다. 그런 다음 『파리의 풍경』에서 계몽사상가들이 제시한 입헌주의, 공화주의, 대의제 등 추상적 담론을 파리의 실상을 통해 구체적으로 전달하는 동시에, 자신의 비판적 시선과 경험으로 재구성했다. 『백과전서』가 모든 지식을 경험론적인 시각에서 총체적으로 재구성한 지식의 나무라면, 『파리의 풍경』은 파리의 모든 것을 메르시에의 경험과 민중의 시선으로 재구성한 문화의 나무였던 것이다.

일찍이 모르네는 『프랑스 혁명의 지적 지원』(1933)에서 지식사회학의 차원에서 제도와 관습, 종교적 광신에 대한 비판, 관용에 대한 찬양과 같은 계몽사상이 어떻게 전파되어 가는가를 추적한 바 있다. 『파리의 풍경』은 모르네가 추적한 지식의 생산과 소비의 관계를 역동적으로 보여주는 증거이다. 메르시에가 파리의 일상생활을 폭로

하고 비판하는 가운데 계몽사상가들의 사상과 담론을 알기 쉽게 용해시켜 전달했으니 말이다. 『파리의 풍경』이야말로 계몽사상을 굴절시키고 전파시킨 공로자였던 것이다.

혁명의 예언서이자 준비서

앙시앵 레짐의 역사는 늘 프랑스사 최대의 화두인 혁명의 기원 문제로 이어진다. 이런 점에서 혁명의 진원지인 파리의 실상을 낱낱이 고발한 『파리의 풍경』은 혁명의 발발과 무관할 수 없다. 그렇다면 『파리의 풍경』은 과연 혁명에 영향을 미쳤을까?

18세기 중엽 이후 출판물의 홍수 속에서 수많은 책들이 사회적 불만과 긴장, 갈등을 토로했다. 어떤 책들은 혁명적 사고와 평등의식을 자각시키는 데 기여했다. 그런 종류의 책 자체가 혁명적 위기를 예고하는 징조였다. 그러나 어떤 책도 혁명의 직접적인 조건을 형성하지는 않았다. 주지하다시피 프랑스 혁명은 정치·사회·경제적 모순에서 비롯되었다. 파리 민중의 불만을 폭발시키고 바스티유 감옥의 습격을 감행시킨 동력은 계급 갈등이었다.

실제로 앙시앵 레짐 말기 파리는 소수의 부자가 극도의 풍요와 사치를 누리고, 대다수 민중은 빵 문제조차 해결하기 어려운 불평등한 사회였다. 1787년 이후 계속된 이상기후 현상은 상황을 더욱 악화시켰다.

민중의 불만은 이미 18세기 후반부터 도처에서 터져 나왔다. 특히 파리는 그러한 동요의 중심지였다. 17세기의 반란은 농촌에서 일어난 국가 조세를 거부한 농민들의 폭동이었다. 루이 14세 시대의 잠복기를 거친 후 저항의 중심지와 주체 세력이 바뀌었다. 18세기의 저항은 도시 노동자들의 음모와 파업의 형태로 나타났다. 노동자들은 선술집에서 회합을 갖고 더 나은 임금과 작업 조건을 요구했다.

불공평하고 불합리한 사회조건에서 그들은 자신도 모르는 사이에 저항의 심성을 공유하고 실천했던 것이다. 노동자들의 저항은 단순히 과거에 대한 동경이 아니라, 장인들에 맞서는 집단적인 계급 저항의 몸짓으로 발전했다. 『파리의 풍경』은 이러한 노동자들의 불복종을 증명하고 또 그것에 영향을 미쳤다.

오랫동안 민중은 사회·경제적인 측면에서 피동적이고 수동적 존재였다. 구태의연한 권위와 신분질서에 억눌려온 그들은 『파리의 풍경』을 읽으며 자유와 해방감을 느꼈다. 역으로 『파리의 풍경』은 그러한 민중이 자신의 삶의 주체로서, 나아가 정치적 주체로서의 인민으로 다시 태어나는 과정을 보여주는 동시에 그들을 일깨워 주었다. 이렇듯 민중이 '천민'에서 '인민'으로 바뀌는 과정은 이미 혁명 이전 앙시앵 레짐 아래에서 서서히 나타나기 시작했고, 『파리의 풍경』은 그 징검다리 역할을 했다. 1793년 메르시에 자신이 『파리의 풍경』에서 1789년의 혁명을 예언했다고 주장했듯이, 혁명의 도래를 예감케 하는 이 책은 프랑스 혁명이라는 엄청난 사회적 격변 직전 의식적 혹은 무의식적으로 불안감을 느끼고 있던 파리인들의 심리적 탈출구의 역할을 했을 뿐 아니라, 혁명을 준비시켰던 것이다.

오늘 우리의 자화상

18세기 말 파리의 일상생활을 적나라하게 묘사한 『파리의 풍경』은 17세기 말 베르사유의 궁정사회를 세밀하게 묘사한 생시몽 공작의 『회고록』과 무척 대조적이다. 그러나 둘 사이에는 일맥상통하는 부분이 있다. 생시몽 공작은 『회고록』에서 궁정이라는 좁은 무대를 중심으로 펼쳐지는 추잡하고 비열한 권력의 암투와 경쟁을 미시적으로 분석했다. 인간 내면에 도사리고 있는 권력에 대한 욕망과 인간의 허약함을 꿰뚫어 본 생시몽 공작의 통찰력은 17세기만이 아니라 오늘 우리 사회에도 적용할 수 있다. 『파리의 풍경』도 마찬가지이다. 메르시에가 꿰뚫어 본 18세기 말 파리의 다양한 모습은 18세기 파리만이 아니라 모든 도시가 갖는 보편적 속성이기 때문이다. 이런 점에서 『파리의 풍경』 역시 시공을 초월해서 오늘날 우리에게 시사하는 바가 크다.

물론 230년 전 메르시에가 묘사한 파리의 모습은 오늘날 파리와는 거리가 있다. 파리의 거리를 오가는 사람들 중에는 귀족도 민중도 찾아볼 수 없다. 230년 전의 파리는 우리가 사는 도시와는 더더욱 다르다. 그러나 메르시에가 전하는 18세기 말 파리의 모습은 겉모습에서는 달라도 그 본질에서는 분명히 21세기의 파리, 나아가 전 세계 모든 도시와 일맥상통하는 부분이 있다.

21세기 한국의 도시도 마찬가지이다. 개발 붐 속에서 엄청난 속도로 변화하는 도시의 외관, 대로변의 고층 빌딩과 지저분한 이면도로의 옹색하고 초라한 건물들, 화려한 진열대와 초라한 노점들, 부자와 가난한 사람, 노숙자들 그리고 도처에서 몰려드는 온갖 부류의 사람과 다양한 인종들. 이렇듯 다양하고 대조적인 모습은 18세기 말의 파리나 오늘 우리가 사는 도시나 똑같다. 서로 누구인지도 모르고 바쁘게 스쳐 지나가는 익명의 물결 속에서 파리인들이 느꼈던 고통과 기쁨, 분노와 소외 역시 오늘 우리 삶의 이야기이다. 이런 점에서 18세기 말 『파리의 풍경』은 멀지만 가까운 우리의 모습이자 자화상이다.

왜 다시 『파리의 풍경』인가?

『파리의 풍경』은 18세기 말 파리의 출판업계에서 이례적인 성공을 거두며 문단의 주목을 받았음에도 불구하고, 국내에서는 오랫동안 잘 알려지지 않았다. 『파리의 풍경』이 국내에 본격적으로 소개되기 시작한 것은 최근의 일이며, 그나마 프랑스 문학 분야에서는 거의 언급되지 않고 있다. 이러한 궤적은 『파리의 풍경』이 서구학계에서 겪은 풍파와 무관하지 않다.

혁명 직전 수백만 부가 팔린 『파리의 풍경』의 인기는 혁명이 끝나자 하루아침에 사그라들었다. 1815년 왕정이 복고되고 정통성의 원리가 천명되면서 예술계는 신고전주의에 의해 지배되었다. 이런 상황에서 제도권을 신랄하게 공격했던 『파리의 풍경』이 문학계로부터 외면당한 것은 당연한 현상이었다.

『파리의 풍경』에 대한 관심이 되살아난 것은 1830년 7월 혁명 이후이며, 그 가치를 재평가한 것은 문학계가 아니라 역사학계였다. 프랑스 혁명을 지지하며 혁명의 원인 규명에 몰두한 미슐레와 루이 블랑, 텐느와 같은 역사가들은 앙시앵 레짐 사회를 비판한 『파리의 풍경』을 높이 평가했다. 그러나 그들은 『파리의 풍경』의 앙시앵 레짐 비판에 초점을 맞추었을 뿐, 파리의 구체적이고 일상적인 삶을 묘사한 『파리의 풍경』의 진정한 가치를 제대로 인식하지는 못했다.

20세기 초 이후 역사학이 사회경제사 연구에 지배되면서 『파리의 풍경』은 역사가들의 관심에서 더욱 멀어졌다. 사회혁명론을 주장한 역사가들은 『파리의 풍경』이 계급의식과 투쟁의 문제보다는 자질구레한 신변잡기식 묘사에 그쳤다고 비난했다. 또한 구조사가들은 평범한 일상생활의 묘사 자체를 무가치하게 여겼다.

역사가들이 『파리의 풍경』에 다시 주목하고 그 가치를 재평가하게 된 것은 서구학계의 새로운 연구 동향과 더불어서이다. 1970년대 이후 역사가들은 사회사의 '장기 지속의 감옥'에 갇혀버린 인간성을 복원해 내기 위한 학문적 도전과 보완 작업을 시도했다. 그 과정에서 구조와 계급 대신 성, 가족, 죽음, 사랑, 의복, 음식물 등이 새롭게 조명되고, 과거에 살아 숨 쉬던 인간의 구체적인 삶의 모습을 복원하려는 노력이 전개되었다.

『파리의 풍경』이 재평가되고 역사적 사료로서의 가치를 인정받게 된 것은 이러한 맥락에서이다. 특히 일상사와 풍속사의 시각에서 민중문화를 연구한 아를레트 파르주는 『18세기 파리의 거리에서의 삶(*Vivre dans la rue à Paris au xviiie siècle*, 1979)』과 『취약한 삶. 18세기 파리의 폭력, 권력, 사회성(*La Vie fragile. Viloence, pouvoirs et solidarités à Paris au xviiie siècle*, 1986)』에서 메르시에의 시선으로 파리 민중의 삶을 복원시켰다. 다니엘 로슈도 『파리의 민중. 18세기 민중문화 연구(*Le Peuple de Paris. Essai sur la culture populaire au xviiie siècle*, 1981)』에서 『파리의 풍경』을 인용하며 계몽주의 시대의 여론과 민중문화를 연구했다.

『파리의 풍경』과 메르시에가 본격적으로 학문적 관심이 대상이 된 것은 1990년대부터이다. 그것은 1980년대 이후 서구학계에서 유행한 책과 독서의 연구 경향에 힘입은 바 크다. 특히 책과 프랑스 혁명의 관계에 주목하며 18세기 여론과 출판문화를 연구한 로버트 단턴, 로제 샤르티에와 같은 역사가들은 『파리의 풍경』을 18세기 독서 관행의 실제를 증언해주는 귀중한 자료이자, 실제 독서문화 그 자체를 대변하는 문화적 조건으로 간주했다. 예를 들어, 앙시앵 레짐 시기의 책과 프랑스 혁명의 관계를 연구한 단턴은 『책과 혁명』(1995; 주명철 옮김, 2003)에서 다양한 장르의 문학과 결합한 계몽사상의 생산과 보급, 그리고 그 영향을 보여주는 여러 사례 중 하나로 『파리의 풍경』을 들고 있다. 로제 샤르티에가 『프랑스 혁명의 문화적 기원』(1990; 백인호 옮김, 1999)에서 주목한 것은 18세기의 독서 관행이다. 그는 책과 사상 그 자체가 아니라, 앙시앵 레짐 말기 구체적인 일상생활 속에서 이루어진 독서 방식의 변화를 분석했다. 정치적·종교적 권위를 상징하던 책과 경건하고 진지한 독서 방식이 점차 혼자 있는 시간에 자유롭게 즐기는 독서 혹은 함께 모여 비판적 논의를 즐기는 독서로 바뀌면서, 기존의 사고방식과 체제에 비판적인 책이 인기를 끌었음을 강조했다. 샤르티에에 의하면 『파리의 풍경』과 메르시에 자체가 18세기 말 혁명의 문화적 조건을 갖춘 파리의 상황이었다.

국내에서는 현재까지 『파리의 풍경』이 부분적으로 소개되거나 인용되었을 뿐이며, 본격적인 연구가 이루어지거나 번역이 시도된 바 없다. 저자 메르시에에 관한 연구 논문이 발표되기 시작한 것도 최근이다.

『파리의 풍경』은 어떻게 이루어졌는가?

『파리의 풍경』 전체 12권은 총 1,050장으로 이루어져 있다. 메르시에는 각 장마다 구체적인 제목을 붙여 독자의 관심을 끌고 있다. 각 장의 분량은 1~4쪽으로 자유로운 편이며, 내용 또한 자유롭게 전개된다. 이러한 80~100개의 장이 모여 다시 하나의 권을 이루고 있다.

전체 구성을 보면 제1권은 1~104장, 2권은 105~205장, 3권은 206~297장, 4권은 298~357장, 5권은 358~454장, 6권은 455~541장, 7권은 542~603장, 8권은 604~675장, 9권은 676~766장, 10권은 767~849장, 11권은 850~958장, 12권은 959~1,050장까지이다.

방대한 분량의 이 책은 다양한 판본으로 출판되었으나, 가장 정확한 판본은 파리에 위치한 프랑스 국립도서관에 80L3i52c 등록번호로 보관되어 있는 1789년 판본과, 가장 최근 장클로드 보네의 주도하에 메르퀴르 드 프랑스 출판사에서 출판된 1994년 판본이다. 이 책의 번역은 두 판본을 토대로 이루어졌다.

주지하다시피 『파리의 풍경』은 개인적인 작업으로는 번역이 불가능할 정도로 방대한 분량이다. 더구나 정치, 사상, 제도, 문화, 경제, 종교, 풍속 등 다방면에 걸친 내용으로 말미암아 다양하고도 구체적인 지식과 언어적 훈련이 요구된다. 따라서 이 책의 번역은 2010년 이후 앙시앵 레짐 연구자 2명(이영림, 주명철), 프랑스 혁명 연구자 2명(양희영, 최갑수), 프랑스 어문학 연구자 3명(송기형, 이규현, 장진영)의 공동작업을 통해 완성되었다. 그 과정에서 7명의 번역자들은 지금까지 다양하게 사용되어 온 프랑스 역사와 문화 용어와 개념어의 통일을 시도했으며, 번역서의 이해에 필수적인 상세한 주석을 첨부했다. 이 모든 노력에도 불구하고 여전히 번역이 미진하고 부족하다고 느껴지는 것이 솔직한 심정이다. 크고 작은 오역에 대한 두려움도 피할 길이 없다. 독자 여러분의 관심과 지적을 기대하며 앞으로의 수정 작업을 다짐할 뿐이다.

2014년 9월

이영림

머리말

나는 파리에 대한 이야기를 하려고 한다. 건물, 교회, 기념물, 명소 등에 관한 이야기가 아니다. 그런 이야기는 다른 사람들이 이미 충분히 했다. 나는 공적이고 사적인 풍속, 지배적인 사상, 파리인들의 정신의 현재 상황, 요컨대 말도 안 되거나 또는 합리적인, 그러나 항상 변화하는 여러 가지 관습 중에서 나에게 감명을 준 것에 대해 이야기하려고 한다. 또 파리의 무한한 위대함, 지나칠 정도의 풍요로움, 터무니없는 사치에 대해 이야기할 것이다. 파리는 돈과 사람들을 빨아들인다. 또한 다른 도시들을 흡수하고 집어삼킨다. 언제나 파리는 무엇을 집어삼키려고 애쓴다.

나는 모든 시민 계층을 조사했다. 거만한 부로부터 가장 거리가 먼 대상들도 간과하지 않았다. 이러한 대비를 통해 이 거대한 수도의 정신적인 모습을 더 잘 보여주기 위해서이다.

많은 파리 주민들은 자신의 도시 안에서 외국인이나 다름없다. 이 책은 그들에게 무엇인가를 가르쳐 줄 수도 있다. 아니면 그들이 너무 오랫동안 보아왔기에 더 이상 인식하지 못하는 장면들을 더 분명하고 더 정확한 관점에서 보여줄 것이다. 실제로 우리가 매일 보는 사물들을 아주 잘 알고 있는 것은 아니기 때문이다.

만약 이 책에서 광장과 길에 대한 지형학적 묘사나 또는 지난 일들의 역사를 기대한다면 잘못이다. 나는 정신적인 것과 그 일시적인 뉘앙스에 전념했다. 왕비의 인쇄상-서점상인 무타르 가게에는 4권으로 구성된 두꺼운 사전이 있다. 검열관이 승인하고 왕의 특허를 받은 이 사전에는 성, 콜레주 그리고 아주 작은 골목들의 내력이 실려 있다. 만약 어느 날인가 이 수도를 팔아먹을 공상을 한다면, 이 두꺼운 사전이 그에 대한 목록이나 카탈로그 역할을 할 수 있으리라.

그렇다고 목록이나 카탈로그를 만들지는 않았다. 내가 본 것에 따라 그렸고, 가능한 한 내 '풍경'에 변화를 주었으며, 여기저기 색을 칠했다. 내 눈과 이해력으로 조각들을 모아서 펜으로 그려낸 그림이 바로 이 책이다. 작가가 잘못 보거나 잘못 색칠한 것은 독자들이 스스로 교정해야 한다. 독자들에게는 사물을 다시 보고 비교해 보고 싶은 은밀한 욕구가 생길지도 모른다.

내가 한 것보다 훨씬 더 많은 이야기가 남아 있고 내가 관찰한 것보다 훨씬 더 많이 관찰할 수 있지만, 자신이 알고 있거나 배운 것을 모조리 다 쓰려고 하는 사람이 있다면 그는 미치광이가 분명하다.

설사 내가 호메로스와 베르길리우스가 말한 100개의 입과 200개의 혀 그리고 우렁찬 목소리를 갖고 있더라도, 대도시의 대조적인 모습들은 비교에 의해 더욱 두드러지기 때문에 모두 소개할 수는 없을 것이다. "세상의 축약판이다"와 같은 이야기는 아무짝에도 필요가 없다. 세상을 보고 돌아다니며 그 안에 있는 것을 조사해야 한다. 세상 사람들의 재능과 어리석음, 우유부단함과 어찌할 수 없는 허풍을 연구해야 한다. 일반적인 법칙과 끊임없이 충돌하는 개별적인 법칙을 만들어내는 일상적이고 사소한 모든 관습에 대해 주시해야 한다.

1,000명이 똑같은 여행을 한다고 가정해보자. 저마다 관찰자가 되어 여행기를 쓰더라도, 이 사람들 다음에 오는 사람들이 할 또 다

른 재미있는 이야기는 얼마든지 남아 있을 것이다.

나는 여러 가지 악습에 대해 비판했다. 오늘날 그 어느 때보다도 악습을 개혁하기 위해 노력하고 있는 것은 사실이다. 악습을 고발하는 것은 그 철폐를 준비하는 일이다. 이 글을 쓰고 있는 순간에도 몇몇 악습이 없어졌으며, 이러한 사실을 나는 즐겁게 인정하는 바이다. 하지만 이런 악습들은 아주 최근까지 존재했기 때문에 내 이야기가 시의에 맞지 않는다고 볼 수는 없다.

여전히 야만적인 모든 것이 변하고 정화되고 계몽주의의 철늦은 과실인 선이 그토록 많은 오류에 뒤이어 오길 바라는 우리의 간절한 염원에도 불구하고, 이 도시는 무지의 시대 동안 축적된 모든 천박하고 편협한 사상들에 아직도 집착하고 있다. 이 도시는 그런 것들을 단번에 떨쳐낼 수가 없다. 왜냐하면 이 도시는 그 찌꺼기들과 함께 뒤섞여 있기 때문이다. 완성된 정부의 손으로 만들어진 최신 도시는, 불완전하고 뒤얽힌 법과 조롱의 대상이 되는 종교 관습 그리고 지켜지지 않는 민간 풍습으로 알려진 오래된 도시들보다 가다듬고 개선하기가 더 용이하다. 오래된 도시에서는 권력과 부를 장악하고 있는 소수가 건전하고 새로운 사상과 부흥의 원동력인 원칙들을 금지하고 여론의 외침에 귀를 닫기 때문에 없어지지 않는 오류들이 많다.

거짓으로 된 건물은 시멘트로 붙인 것처럼 견고하기 때문에 공격해도 헛일이다. 보수공사를 하길 원하지만, 이런 작업은 새로 다시 짓는 것보다 훨씬 더 어렵다. 몇 군데를 고쳐도 전체와 어울리지 않기 때문에 여전히 문제가 많다. 책에는 그럴듯한 이론들이 얼마든지 있지만, 아주 작은 선이라도 실천하기는 어려운 법이다. 지나친 집착에 의해 완강해진 사소한 개인적 이해관계들이 공익을 저해한다. 공익을 옹호하는 사람은 한두 명에 불과할 때가 많다. 따라서 사람들과 마찬가지로 아직 나이 들지 않은 도시들이 행복한 법이다. 새로운 도시들만이 만인이 동의하고 심오하며 분별력 있는 법을 만들 수 있다.

이 책에서는 화가의 붓만 사용하고 철학자의 성찰은 거의 하지 않았다는 점을 분명히 해야 한다. 풍자를 위주로 했더라면 이 '풍경'이 쉬웠을 테지만, 나는 풍자를 철저하게 삼갔다. 전형화된 풍자는 자극적이고 무감각하게 만들 뿐, 올바른 길로 인도하거나 제대로 바꾸지 못한다는 점에서 잘못된 것이다. 나는 전체적인 그림만을 그렸고, 이것을 넘어서는 일은 공익을 위해서 하지 않았다.

나는 살아 있는 인물들을 보고 이 '풍경'을 그렸다. 지난 시대 이야기를 자랑스럽게 하는 사람들이 많지만, 나는 페니키아와 이집트 사람들의 불확실한 이야기보다는 우리 시대가 훨씬 더 중요하다고 생각하기 때문에 우리 시대의 모습과 현 세대를 다루었다. 내 주위에 있는 것에 각별한 관심이 가는 것은 당연하다. 스파르타, 로마, 아테네 등을 산책하는 것보다는 내 동류들과 함께 살아야 한다. 고대의 인물들은 아주 멋진 그림 소재이지만, 나에게는 단순한 호기심의 대상일 뿐이다. 나와 같은 시대에 같은 나라에 사는 사람을 특히 잘 알아야 한다. 나는 그 사람과 소통해야 하고, 그래서 그 성격의 모든 뉘앙스들이 더없이 소중하게 느껴진다.

분별력 있는 작가가 각 세기말에 자기 주위에 대한 전체적인 그림을 그렸더라면, 풍속과 관습 등 자신이 본 그대로를 묘사했더라면, 이것들이 모여서 오늘날엔 사물들을 비교할 수 있는 진귀한 진열실이 되었을 것이다. 우리가 모르는 수많은 특성들을 발견할 수 있고, 그 덕에 도덕과 입법이 발전했을 것이다. 그러나 사람은 자기 눈에 직접 보이는 것은 대개 무시하게 마련이고, 지난 시대로 거슬러 올라가길 좋아한다. 쓸데없는 사실과 사라진 관습들을 추측하려고 하지만, 결코 만족할 만한 결과를 얻지 못한다. 쓸모없고 공허한 토론 속에 파묻혀 헤맬 뿐이다.

100년 후에는 내 '풍경'을 참고하게 될 것이라고 감히 믿는다. 그림이 뛰어나서가 아니라, 나의 관찰 기록들을 다가올 세기의 관찰 기록들과 연결해야 하기 때문이다. 그래야 후세가 우리의 광기와 이성을 활용할 수 있을 것이다. 현재의 오류를 시정할 수 있는 유익한 진실들을 조금이라도 밝혀보고 싶은 작가에게 가장 필요한 것은, 그가 함께 살고 있는 사람들에 대한 지식이다. 이것이 내가 인정받길 바라는 유일한 공이라고 말할 수 있다.

수도의 성벽 안 사방팔방에서 그림 소재를 찾다가, 적당한 여유보다는 끔찍한 가난을, 그리고 예전에 파리인들이 누린다고 여겨지던 기쁨과 즐거움보다는 슬픔과 불안을 더 자주 만나게 된 것은, 내가 이 슬픈 색깔을 우선시했기 때문이 아니다. 내 붓이 정직해야 했기 때문이다. 내 붓이 참신한 행정가들에게 새로운 열성을 불러일으키고, 몇몇 적극적이고 고귀한 영혼의 동정심을 자극하게 되리라고 믿는다. 나는 이 달콤한 확신이 있어야만 글을 쓴다. 그런 확신이 사라진다면 절필할 것이다.

모든 애국심에는 오랫동안 발에 밟히면서도 차츰 자라서 커지는 식물의 싹과 비교할 수 있는 보이지 않는 싹이 있다고 나는 믿는다.

선이 악에서 나오는 경우도 이따금 있으며, 불가피한 악습이 있고 인구가 많고 타락한 도시에 미덕은 없지만 큰 범죄가 드문 것을 다행으로 여겨야 하고, 억눌린 내면적인 격정의 충돌 속에서는 표면적인 평온만으로도 이미 대단한 것이라는 점을 나도 모르지 않는다. 거듭 말하지만, 나는 심판하려고 하지 않고 그리려고만 했다.

개인적인 관찰에서 나는 인간이 매우 다양하고 놀라운 변신이 가능한 동물이며, 파리인의 삶이 본질에 있어서는 아프리카와 아메리카 미개인들의 유목생활과 마찬가지이고, 200리외* 사냥과 희가극의 아리에타가 똑같이 단순하고 자연스러운 행위이며, 인간은 여기에서

나 거기에서나 자기 지능과 변덕의 힘을 확대하기 때문에 그가 하는 일에는 모순이 없다는 것을 알고 있다. 그래서 장소, 상황, 시간에 따라 개인을 진정으로 변신시키는 무수한 형태들이 나오는 것이다. 크라수스의 궁전이 과시하는 사치나, 미개인들이 사지에 그려 넣은 빨갛고 파란 줄이나, 똑같이 놀랄 필요가 없는 것이다.

하지만 비교라는 것이 행복을 방해하게 마련이라는 점에 비추어, 파리에서는 행복하기가 거의 불가능하다고 실토하지 않을 수 없다. 부자들의 거만한 향락을 극빈자가 너무 가까이에서 볼 수 있기 때문이다. 꿈도 꾸지 못하는 그 엄청난 낭비를 보면서 극빈자가 탄식하는 것은 너무나 당연하다.

당신이 중산층이라면, 다른 곳에서는 괜찮겠지만 파리에서는 가난하다는 생각이 들 것이다. 파리에서는 다른 곳에서는 생기지 않는 욕구가 생긴다. 향락을 보면 누구나 향락을 누리고 싶은 마음이 든다. 이 거대하고 유동적인 극장의 모든 배우들 때문에 당신도 배우가 되지 않을 수 없다. 평온이라는 것은 없다. 욕망은 더욱 강렬해지고 사치품이 필수품이 된다. 자연이 요구하는 필수품보다 여론이 우리에게 강요하는 필수품이 비할 수 없이 더 절실하게 느껴지는 법이다.

빈곤 그리고 이것에 뒤따르는 더욱 끔찍한 굴욕을 느끼고 싶지 않은 사람, 오만한 부자들의 경멸적인 시선에 상처를 받는 사람, 이런 사람은 파리에서 멀리 떠나야 하고, 절대로 가까이 오면 안 된다.

루이세바스티앵 메르시에

---

* 구체제의 모든 도량형과 화폐 단위는 프랑스어 발음을 그대로 표기한다. 1리외(lieue)는 약 4km(10리).

차례

4권 무모함도 두려움도 없이

권의 차례

2권 | 유용한 진리는 적나라한 것도, 너무 꾸며진 것도 바람직하지 않나니

6권 | 아무도 사람들을 속이지 않았고, 사람들은 아무도 속이지 않았다

7권 | 나는 내가 본 것을 그렸다

8권 | 전부를 알 수는 있지만, 그렇다고 해서 전부를 벌할 수는 없다

10권 | 사랑하는 아녜스, 이 세상은 정말 이상한 곳이야!

11권 | 글로 호감을 얻고자 한다면, 진지한 것에서 부드러운 것으로, 즐거운 것에서 준엄한 것으로 넘어갈 줄 알아야 하리라

872 상자 제조인
873 딸의 혼사
874 반지
875 5월 10일
876 인두세 징수를 위한 가택 점거인
877 부자의 식탁
878 비싼 생선값
879 파리 상수(上水)회사의 주식
880 왕립 운수업체
881 이것이 하렘일까?
882 자선협회
883 연지
884 작은 키
885 임종 성체배령
886 국왕의 파리 행차
887 '하원'
888 영어
889 여배우의 사정
890 작가여! 작가여!
891 부슈리 길의 카페
892 루이 금화
893 독특한 계책
894 공공의 배은망덕
895 살아 있는 금고
896 권투선수
897 무의미한 문학적 언사
898 지방 문인
899 알그랭의 디아나 여신 조각상
900 참된 예절
901 구변 좋은 사람
902 『백과전서』의 문인 100명
903 대식가 시인
904 흰색
905 바람직한 태도
906 몽타르지스의 즉결 재판소
907 공공장소
908 편집자
909 네 형제
910 위조자
911 광인
912 자정 미사
913 유행 신문
914 뤽상부르 궁전
915 금은 세공사들의 강둑길
916 요리사
917 크리스토프 드 보몽
918 티투스 황제
919 생제르맹 포부르의 문인과 생토노레 포부르의 문인
920 마리보
921 세 시인의 대화 [주명철]
922 귀족의 세대
923 가발장수의 소식
924 과학 아카데미의 승인
925 변호사 명단
926 클뤼니 저택
927 알베르 선생의 목욕탕
928 1762년 4월 3일 왕령
929 변호사 사무실
930 몰리에르
931 교회 안의 추잡한 행동
932 병원 관리자
933 클라이브 경
934 자기
935 굴대
936 책의 검열
937 공연법 사무실
938 작가들의 고생
939 밤꾀꼬리
940 형사재판장
941 형법학자
942 가짜 사수
943 부알로의 시
944 귀족의 자격
945 방수제
946 파리 예술원

12권 | 아! 진실은 얼마나 잔인한가! 보지 못하는 자는 할 말도 없는 법이니

3권

최선의 타락이
최악의 타락이다

206 소송대리인, 집행관

만일 당신 집안의 어느 한 곳이 지저분하고 어둡고 고약한 냄새를 풍기고 쓰레기가 가득하다면, 그곳에는 반드시 온갖 쥐들이 들끓게 마련이다. 마찬가지로 법률 해석의 진흙탕과 지독한 혼란 속에서 우리는 소송대리인과 집행관이라는 설치류(齧齒類)가 태어나는 것을 보아왔다.[1]

그들은 소송의 난해한 절차들을 즐긴다. 소송 절차의 미로 속에서 흥청망청 살아가는 것이다. 당신은 자신의 뜻과 관계없이 그들을 따라야 한다. 그들의 중개에 순종하지 않을 수가 없다. 쓸데없는 서류나 작성하는 이들 소송대리인들은 자신을 공공연한 특권적 착취자로 만드는 그 고약한 직무를 돈을 주고 사들였다. 하지만 가장 근원적인 악은 서로 상반되게 얽히고설킨 법체계 내에 있기 때문에, 실무자인 그로서는 소송인의 불운을 무시하고 자신에게 이익을 가져다 주는 오래된 악습에 집착하는 것이다.

판례는 몇몇 외국 법학자들의 책에서 아무렇게나 뽑아낸 잡다한

1 모든 법정 소송은 오직 소송대리인에 의해서만 법원에 제기될 수 있었다. 소송대리인은 법원에서 소송인들의 이해관계 대리 권한을 가진 유일한 사람이었다. 소송대리인직은 돈으로 매매되었고, 그로 인해 그들에게는 정권에 대해 절대적인 독립성이 주어졌다. 이러한 독점권으로 인해 소송대리인들은 권력가가 되었지만, 대개 필요 이상으로 소송 절차를 늘리는 경향 때문에 멸시를 받았다. 마찬가지로 매매직 소유자인 집행관은 원래 국왕 집무실 문을 여닫는 일을 담당하고 있었다. 18세기에 법원 집행관 일은 법원의 판결을 통고하고 실행하는 것이었고, 거기에 유죄선고를 받은 채무자들의 문을 강제로 열게 만드는 것이 포함되어 있었다.

수수께끼에 불과하다. 상이한 관습과 규정에 명확성이 결여되어 있더라도, 소송의 기괴함에 놀라지 말라.

어울리지 않게 '에튀드'[2]라 불리는 소송대리인 사무실에 들어가 보라. 8~10명의 젊은이들이 딱딱한 나무의자에 걸터앉아 아침부터 저녁까지 수입인지[3]가 붙은 소송문서를 작성하며 생활비를 버는 일에 매달려 있다. 괜찮은 직장이지 않은가! 그들은 '출정(出廷) 독촉장', '영장', '통지서', '청원서'들을 베끼고 있다. 즉 '등본을 작성하는' 것이다. '등본을 작성한다'는 것이 무엇인가? 될 수 있는 한 많은 종이를 쓰기 위해, 그렇게 아무렇게나 갈겨쓴 것을 불쌍한 소송인들에게 판매하기 위해, 단어와 행을 늘리는 기술이다. '두꺼운 소송 자료'를 작성하기 위한 것이다. '소송 자료'란 무엇인가? 끔찍스런 소송 절차들의 기괴한 총체이다. '두꺼운 소송 자료'의 값은 얼마인가? 사태를 약간 밝히기 시작하는 데 7~8천 프랑이 든다.

그런데 이 무가치한 서류들 전체가 적어도 판사에게 쓸모가 있기는 한 것인가? 전혀 그렇지 않다. 보고 책임자가 있어서 판사의 비서관이 낱장의 종이에 그 거대한 자료들을 요약하면, 소송대리인이 작성한 온갖 논거들은 서류가방 속에서 잠들게 된다. 따라서 그 많은 소송 문서들은 관련 소송에서조차 쓸모가 없어지고, 판사는 믿을 수 있건 없건 간에 그의 비서관이 만든 요약만을 보게 된다. 이것이 바로 세련된 사람들 혹은 자칭 세련되었다고 하는 사람들이 흔히 '심리(審理)'라고 일컫는 것이다.

2 프랑스어 '에튀드(étude)'는 '공부, 연구' 등을 뜻하지만, 한편으로 소송대리인이나 공증인의 사무실을 뜻하기도 한다.

3 모든 공문서에 붙이는 수입인지 제도는 루이 14세에 의해 제정되어 점차 모든 법정문서로 확대되었다.

사무실의 소송대리인은 전승비(戰勝碑)로 여겨지는 소송 자료들로 둘러싸여 있는데, 그 자료들은 천장에 닿을 정도로 쌓여 있어서, 이는 마치 아메리카의 미개인이 자기 오두막에서 '머릿가죽을 벗겨낸' 사람의 머리털을 자기 주변에 걸어놓고 그것에 둘러싸여 있는 것과 거의 같은 모습이다.

소송대리인의 수는 약 800여 명인데, 샤틀레 재판소에도 고등법원에 있는 만큼이나 소송대리인들이 있다. 이는 500명의 송달집행관들은 제외한 수이다. 이들 모두가 수입인지를 붙인 서류에 펑펑 쏟아 붓는 잉크로 먹고 살아간다.

실무자인 소송대리인에게 이렇게 말해보라. 소송대리인의 불가피한 중개가 없어도 재판이 이루어지는 나라들이 유럽에 여럿이 있다고, 그곳에서는 말하자면 재판 비용이 전혀 안 든다고, 그곳에서는 재판정 입구에서 중재자들이 관심을 보이며 당신을 멈춰 세우고, 당사자 간의 의견대립 조정에 관심을 보이고, 대개는 그 조정에 성공한다고 말이다. 소송대리인은 어깨를 으쓱하고는 종을 울려 자신의 서기에게 이렇게 지시할 것이다. "등본을 작성하고, 부대사항을 늘리시오, 그리고 계몽사상은 위험하다는 사실을 고려하시오."

먼지로 뒤덮인 이들 사무실에서 이루어지는 강탈행위는 사례를 좋아하는 판사들에 의해 합법화된다. 그들은 반목을 조성하지 않고, 생기는 금액의 3분의 1을 평화롭게 나눠 갖는다. 어떤 농부는 이렇게 말했다. "그들은 언제나 검은색 옷을 입고 있어요. 왜 그런지 아세요? 바로 모든 사람들로부터 상속받기 때문이랍니다."

그러한 강탈행위가 처벌되려면 그것이 도를 넘어서야 한다. 법정에서 소송대리인은 변호사의 빈정거림과 판사의 금지 위협만 받을 뿐, 거의 언제나 처벌을 받지 않는다. 어느 날 그들 중 한 사람이 가장 몰염치한 소송대리인에게 "선생, 당신은 사기꾼이오"라고 말하자 그 소송대리인은 "나리는 언제나 농담을 잘 하시는군요"라고 대답했다.

몇몇 소송대리인은 호화생활을 하며 그들의 기록보관권으로 연 4~5천 프랑을 거둬들인다. 변호사들은 소송 사건을 따내기 위해 그들에게 끊임없이 아첨한다. 그들 변호사들은 저녁이면 맨머리[4]를 한 '소송대리인 부인'의 모임에 가서 갖은 정성을 다해 부인에게 아부한다. '소송 서류 선정권'이 자신에게 떨어지게 하기 위해서인데, 그것은 벌이가 괜찮고 변호사 단체에 소중한 일로, 웅변가의 기술을 다소 위반하고 소송대리인 부인의 환심을 살 만한 가치가 있는 일이다.

변호사를 선택하는 것은 언제나 소송대리인이다. 소송인은 소송대리인의 가게밖에 모른다. 그런데 우선 소환장부터 써야 하기 때문에 실무자인 소송대리인이 필연적으로 모든 소송 절차의 대리인이 되는 것이다. 따라서 변호사들은 의학부 교수단 의사 앞의 약사보다도 더 소송대리인 앞에서 온순하고 고분고분하다.

직무를 담당할 자격을 갖추기 위해서는 서기 신분으로 오랜 고난기를 거쳐야 한다. 고통의 사다리를 천천히 올라가야 하는 것이다. 비참한 견습 시절은 8~10년간 지속된다. 그렇게 해서 소송대리인들은 싼 값에 서기들을 보유한다. '에튀드'의 조타수인 서기장조차도 보잘것없는 보수를 받을 뿐이다. 여타 서기들은 형편없는 식사비를 벌기 위해 아침부터 저녁까지 서류 작성에 매달린다. 그들은 빈 자리를 기다리는 희망으로 살아가며 다락방에서 묵는다.

소규모 '에튀드'의 경우, 가장 눈치가 빠른 자들은 소송대리인 부

4 "여성이 단지 머리를 빗어 내렸거나 땋아 내렸을 뿐이고 모자나 머리가리개를 쓰지 않은 경우 맨머리라고 한다."(『트레부 사전』)

인의 관심을 끌고자 애쓴다. 그들에게 가해지는 가혹한 속박을 조금이라도 늦추기 위해서이다. 하지만 규모가 큰 사무실에서는 소송대리인 부인이 서기들과 함께 식사하려는 마음을 먹을 수 없을 것이다.

소송대리인 부인은 자기 남편이 예전에 서기였고, 이제 막 소송대리인 자리를 하나 사들였을 뿐이라는 사실을 잊고 있다. 멍청한 소송대리인은 자기 아내의 고귀한 자존심, 화려함, 폴로네즈[5], 하녀들, 기품, 풍채를 칭찬한다. 그는 아내의 친구들 외에는 더 이상 연락을 주고받으려 하지 않는다. 그들이 그에게 부유한 고객을 약속해 주기 때문이다.

소송대리인을 따라 움직이는 집행관들은 가공스럽기가 그에 못지않으며, 이권 쟁탈전에 훨씬 더 열심이다. 일단 틈이 보이면 그들은 공격의 기치를 올리고 마치 도시를 약탈하듯이 한 가정을 파괴한다. 악착스럽게 먹이에 달려들어 갈고리 모양의 굽은 검은 부리로 먹이를 뜯는 독수리를 상상해보라. 치명상을 안기는 펜으로 무장한 그들이 가구들을 압류해서 광장에 팔러 가져갈 때, 그들의 탐욕스러운 쾌락을 나타내는 이미지가 바로 그것이다.

탐욕스러운 사냥개 무리처럼 조금이라도 줄이 늦춰지면 개개인에 대해 분노를 표출하는 이 집행관들조차 고등법원의 판사나 요직에 있는 인사에게는 감히 영장을 전달하지 못한다. 제각기 그 직무를 받아들이려 하지 않기 때문이다. 귀족을 기소하려 할 때, 말단 집행관에게 자신의 의무를 다하게 만들려면 검사장에게 도움을 청해야 한다.

이처럼 파리의 부르주아에게는 강압적이고 오만한 귀족 계급 내

5 당시 진행 중이던 프로이센, 러시아, 오스트리아 3국의 폴란드 분할을 암시해서 각기 다른 세 조각의 천으로 만든 드레스.

에서 자신이 져야 할 다른 부담들 이외에도, 맞서 싸워야 할 진짜 귀족이 있는 것이다. 그는 서서히 그 어느 때보다 어마어마해진 하나의 동맹과 마주친다.

법조계의 전당에 이르는 길에 득실거리는 이들 하급 직원들로 인해 사람들은 법원에 접근할 때면 두려움과 불안을 갖지 않을 수 없다. 판사들이 함정에 빠지고 기습에 처하는 것, 소송 사건의 지연으로 최상의 권리들이 포기되는 것은 바로 그들에 의해서이다. 왜냐하면 불가피한 가정 파탄이 가장 합법적인 요구를 따르고 있는 것처럼 보이기 때문이다.

상급 법원이 이러한 재앙을 규제하려 하지 않기 때문에 가난한 소송 당사자는 고통스러워진다. 우리는 편파적인 인간들에게 이미 약탈당한 사람들이 불평 불만을 억누르지 못할 경우 그들에게 또다시 재판으로 위협 당하는 것을 보아 왔다. 그래서 남은 재산이라도 간직하고자 하는 사람들은 또다시 소송으로 그 보잘것없는 잔액마저 빼앗길까 두려워 침묵을 지켰다.

이들 소송대리인 사이에는 자신의 직업을 나타내는 말에 대해 말장난을 하는 일종의 농담이 떠돈다. 소송 사건을 다루는 사람들의 농담은 낡아빠지고 따분하기 짝이 없다. 그 농담들은 싱겁고 세련되지 못했을 뿐만 아니라 비인간적이기까지 하다. 왜냐하면 그들은 자신이 고통을 주고 재산을 탕진시킨 사람들을 조롱하기 때문이다.

그들의 직업이 불성실과 연결되어 있다는 것이 아니다. 몇몇 정직한 소송대리인들은 소송 당사자들이 환영(幻影)만을 껴안게 만들기 위해 끊임없이 소송을 권하지는 않는다. 정직한 소송대리인들은 역량을 발휘하여 미로와도 같은 착오와 불행을 초래하는 흥분으로부터 고객들을 구해낸다. 업계 전체를 미화하는 덕성으로써 자신의 직업을 기품 있게 만드는 소송대리인들도 있다. 그들은 다른 사람들에게 본보기 역할을 하며, 당연히 국민의 존경과 신뢰를 받을 자격이 있다. 하지만 그들에 대해 이렇게 말할 수도 있다.

거대한 심연 위로 여기저기 흩어져 있던 선원들이 나타난다.…

이들 소송대리인 단체들은 고등법원과 아주 긴밀하게 결탁되어 있다. 그들은 고등법원의 움직임을 따르며, 최대한의 열의를 다해 고등법원의 견해를 지지한다.

207 법원 서기단

이는 서기들 사이의 분쟁을 재결(裁決)하는 단체이다. 예전에는 법원 서기단 왕국의 우두머리인 법원 서기단 왕이 존재했고, 그가 법원 서기단 관할을 결정했다. 그러나 서기들의 수가 거의 1만 명에 이르게 되자, 앙리 3세는 왕이라는 칭호를 폐지시켰다. 무척이나 겁을 먹었다고나 할까? 하지만 애초에 생각했던 것보다 훨씬 더 멀리 말들에 의해 끌려가는 일은 종종 있어 왔다.

법원 서기단의 문장(紋章)은 '3개의 잉크병'이다. 오, 스틱스 강의 까만 물을 닮아 모든 것을 집어삼키는 강물이 이 문장에서 흘러나와 지나는 길 위의 모든 것을 불태우고 소멸시키는구나! 그런데 몽테스키외, 루소, 볼테르, 그리고 뷔퐁도 역시 잉크병 속에 펜을 담그지 않았던가! 송달집행관과 명석한 작가가 매일 똑같은 도구를 사용하는구나!

208 배우들

국왕과 고등법원, 그리고 성직자의 마음이 내켜 파문을 풀어줄 때까지 배우들은 계속해서 '파문당한 자'로 남을 것이다. 그것은 관습과 편견의 결과이다. 혹은 국가적 모순의 결과라 하는 것이 더 나을까? 그들은 파문[6]에서 벗어나려 하기보다 오히려 그것을 비웃었던 것 같다.

이 문제에 대해 마드무아젤 클레롱[7]이 「참조할 만한 의견서」를 쓰고 난 이후, 대담하고 무모한 그녀의 변호사는 즉각 명부에서 이름이 '삭제'되었다. 탕크레드[8]의 연인은 자신을 교회와 화해시켜 주려 하다가 신분을 상실한 변호사에게 직업을 마련해 주어야 했다. 자기 문제로 머리가 꽉 차 있는 변호사는 곧 무대에 올랐다. 하지만 무대 위에서 그는 변호사 협회에서만큼 행복하지 못했고, '파문' 문제는 그와 마드무아젤 클레롱의 뇌리에 계속해서 자리 잡았다.

마드무아젤 클레롱은 얼마 후 대중에 대해 앙심을 품었다. 남자배우이건 여자배우이건 간에 이 존엄한 지배자에게 불만을 드러내

6 배우들의 파문은 중세 말 이후 효력을 잃었지만, 17세기 후반부에 프랑스 교회 성직자들에 의해 다시 시행되었다. 프랑스의 배우들은 유럽에서 파문을 받는 유일한 존재였다. 다시 말해서 배우 직을 포기하지 않으면 특히 호적에서 제명되는 존재였다. 파문은 또한 공민권의 박탈을 야기했다. 즉 법정에 출두하거나 증언할 수 없었다. 파문의 철회는 왕이나 고등법원의 손에 달려 있었다.

7 Mademoiselle Clairon(1723~1803): 18세기 중반 2대 비극 여배우 중 하나로 계몽철학자들의 친구였다.

8 마드무아젤 클레롱은 볼테르 작품 「탕크레드」(1760)에서 아메나이드 역을 연기했다.

는 것은 언제나 잘못이다. 좌석이 차고 막이 올랐는데 그녀는 연기를 거부했다. 잘은 모르지만 휴게실에서 일어났던 어떤 주먹다짐 때문이었다. 그녀는 1층 객석 관객으로부터 몹시 혹평을 받았고, 그날 저녁 포르레베크 감옥에 가서 잤다. 그 무례한 1층 객석 손님들과 자신을 감옥에 가둔 사람들의 소송 행위에 대한 앙갚음으로 그녀는 연극계를 떠났다. 그녀는 다음날이면 사람들이 자기 앞에 무릎을 꿇고 다시 돌아와 달라고 간청하리라 생각했다. 어떻게 일이 진행되었을까? 대중들은 그녀를 잊었고, 그녀는 연습 부족으로 재능을 잃었다. 그녀는 어둠 속에서 박수갈채와 멀어진 채 세월을 보냈다. 그녀가 일종의 위엄을 지니고 연기하던 멜포메네[9]의 모습으로 바쁘고 명예롭게 보낼 수도 있었던 세월이었다.

루이 14세는 배우들이 키가 훤칠하고 용모가 고상하지 않으면 결코 접견하지 않았다. 고대의 영웅들이 다시 재현되는 국민적 연극이라면 더욱 엄격한 선택이 필요할 것이다. 현재의 배우들 중에는 풍채가 좋은 배우들이 거의 눈에 띄지 않는다. 그로 인해 외국인들은 우리가 미적 감각이 뛰어나다는 생각을 하지 않는다. 민족사에서 가장 위엄 있고 가장 유명한 인물을 키 작은 사람들이 재현하는 것을 그 외국인이 본다면 그는 프랑스 국민의 용모에 대해 호의적이지 못한 생각을 하고, 자신도 모르게 그 생각을 자기 나라로 가져가게 될 것이다.

키 작은 배우들의 허영 때문에 더 작은 배우들이 쉽게 받아들여진다. 왜냐하면 키 작은 배우들은 더 작은 사람들과의 비교를 통해 자기네가 무대에서 더 크게 보일 것이라 생각하기 때문이다. 하지만

9 멜포메네는 그리스 신화에 나오는 뮤즈의 하나로, 비극을 맡고 있는 여신이다.

비극의 등장인물들을 왜소하게 만들려는 이 별난 버릇이 다시 한 세기 동안 지속된다면, 우리에겐 이내 '릴리퍼트인'[10]밖에 남지 않을 것이고, 그들이 주인공 역을 한다면 우스꽝스럽기만 할 것이다.

배우의 몸매가 날씬하거나 호리호리하다면, 혹은 푸르스름한 양가죽 옷을 걸친 해골에 불과하다면, 그 배우는 아무리 머리가 좋다 해도 소용없다. 그의 가냘픈 가슴에서 나오는 노력은 고통을 줄 뿐이다. 그가 열정적인 몸짓으로 연기하면 할수록 그는 더욱더 작아지는 것처럼 보인다. 그의 얼굴은 위풍당당한 멜포메네의 품격을 떨어뜨린다. 그가 거주하는 궁전, 그가 내뱉는 격조 있는 어휘, 그가 표현하고자 하는 위대하고 격렬한 열정들, 이 모든 것이 그를 압도해서 작아지게 하고 사라지게 만든다. 그가 자기 주변의 것들과 너무나 어울리지 않기에 우리의 눈이나 귀가 그를 용서할 수 없는 것이다.

비극에서의 난쟁이를 옹호하기 위해 알렉산드로스 대왕도 키가 작았고 목도 굽었다고 말하는 사람이 있을지 모르겠다. 살아 있는 동안이라면 옹색한 키와 머리를 갸우뚱하고 있는 그가 천막 안에 있는 모습을 나는 아마 찬미했을 것이다. 하지만 죽어서는 그가 전 세계에 이름을 떨친 정복자에게 어울리는 키와 얼굴, 자태, 제스추어를 가졌으면 한다.

라뒤클로는 여러 편의 「오라스」에서 공연했다. 모두가 알고 있듯이, 저주의 말을 마치고나면 그녀는 격앙된 채로 퇴장한다. 그녀가 길게 끌리는 자신의 드레스 자락에 걸려서 넘어졌다. 갑자기 오라스 역을 맡은 남자배우가 나타나서, 한 손으로 모자를 공손히 벗고 다른 한 손으로 그녀를 일으켜 세워 무대 뒤로 그녀를 인도한 뒤, 자신

10 조너선 스위프트의 『걸리버 여행기』 1부에 나오는 소인국 사람들을 가리킨다.

의 역할에 충실하게 그곳에서 거만하게 모자를 다시 쓰면서 칼을 뽑아 그녀를 죽였다.

이처럼 어이없는 일은 더 이상 일어나지 않는다. 하지만 아직도 얼마나 더 많은 혁신이 요구되는가!

마드무아젤 뒤메닐이 은퇴하고 마드무아젤 생발[11]이 어처구니없이 추방된 이후, 비극은 억양이 강해지고 노골적이며 과장되고 단조로워진다. 평범한 배우들은 환상을 유지할 만큼 충분히 세심하지 못하다. 그들은 자신들이 맡은 배역의 의상과 의미에 어긋나는 수많은 잘못을 범한다. 예컨대, 극중 왕녀들의 교태가, 그날그날의 격정에 따라 치장한 그들의 머리가 내게 얼마나 필요하겠는가? 미용사의 추악한 손길을 발견하게 되면 내겐 더 이상 클레오파트라, 메로프, 아탈리, 이다메[12]가 보이지 않는다.

미사여구가 적을수록 더 진실된 법이다. 로마 원로원으로 분장한 극중 하인들이 「상상 환자」에 나오는 의사들의 붉은색 옷을 걸치고 무대 뒤로부터 나오는 모습을 본다면 어찌 웃지 않을 수 있겠는가? 머리카락을 곱슬곱슬하게 하고 몸을 질질 끌며 조잡하게 분을 바른 늙은이들이 우리의 젊은 참사원들의 거동을 나타내려 하는 우스꽝스러움의 극치를 보고 어찌 웃지 않을 수 있겠는가?

때가 타서 누렇게 변색되고 때로는 구멍이 뚫리기까지 한 똑같은 배경막을 관객들이 줄곧 다시 보게 된다면, 그리스 식으로 지어

11 비장한 연기로 대중의 사랑을 받았던 Mademoiselle Sainval(1743~1830)은 뒤라스 공작의 후원을 받던 마담 베스트리(로즈마리 구르고, 1743~1804)의 음모사건에 연루되어 1779년에 추방되었다.

12 코르네유의 「로도귄」보다도 마르몽텔(1750)의 「클레오파트라」에 나오는 클레오파트라를 말한다. 메로프는 볼테르의 동명의 비극 속에 나오는 메로프, 아탈리는 라신의 동명 비극에 나오는 아탈리, 이다메는 볼테르의 「중국 고아」에 나오는 이다메를 말한다.

진 궁전에서 스키티아인과 사르마트인들[13]을 만나고 로마식 주랑(柱廊) 아래서 비열한 자모르[14]를 만나게 된다면, 과연 '이익을 배분받는' 배우들의 인색함을, 그리고 공연에 쓰기 위해 만든 소품을 홀대하는 그들의 탐욕을 관객들이 비난하지 않을 수 있을까?

2개의 극단[15]이 있어서 그들이 서로 겨루고, 똑같은 작품을 공연하면서 경쟁심을 유지하고, 마침내 서로에게 끊임없는 비교의 대상이 된다면, 그들은 연극이 본래 갖고 있던 장중함과 기품과 품격을 회복시키게 될 것이다.

대체로 우리는 프랑스 연극계가 과거의 영화(榮華)를 상실했다고 한탄한다. 특히 비극은 알아볼 수 없을 정도로 엉망이 되었다. 다음과 같은 시구가 나온 것은 그 때문이다.

우리는 누군가가 슬퍼하는 모습을 더 이상 보지 못한다.
우리는 돈을 내고 기쁨을 얻는다.
우리에게 제공되는 비극은
우리를 즐겁게 하기 위해 잘 만들어진다.

13 사르마트인은 고대 스키티아족의 하나로 현재의 러시아 남부, 우크라이나 지역에 살았던 유목민족이다.

14 볼테르의 「알지르」에 나오는 잉카족의 영웅.

15 코메디 프랑세즈 배우들에게 불만을 품은 많은 극작가들은 1770년대와 1780년대에 코메디 프랑세즈의 독점권을 깨뜨릴 제2의 테아트르 프랑세 창설을 요구했다.

209 '무료' 공연

'평화 조약이'나 '왕자의 탄생' 등과 같은 어떤 축하할 만한 일이 있는 경우 배우들은 '무료' 공연을 펼친다. 이 경우 공연은 정오에 시작된다.[16] 석탄장수들과 생선장수 아낙들이 관례에 따라 2개의 발코니를 차지한다. 석탄장수들은 '국왕석' 곁에, 생선장수 아낙들은 '왕비석' 곁에 있다. 가장 놀라운 것은 이들 서민들이 마치 엄선된 관객처럼 아름다운 대목과 심지어 섬세한 대목에서 박수갈채를 보내고 그런 대목들을 감지한다는 것이다. 그 모습을 찬찬히 볼 줄 아는 사람이라면 그에게는 얼마나 아름다운 장면일까! 작품이 끝난 후 멜포메네, 탈레이아, 테르프시코라[17]가 짐꾼과 석공, 구두닦이에게 손을 내민다. 프레빌과 브리자르[18]는 「폴리왹트」와 「아탈리」가 공연되었던 바로 그 무대 위에서 매춘부와 함께 춤을 춘다. 이런 공연이 있는 날이면 소총수들은 더욱 신중하고, '청의(靑衣) 근위대'는 인(人)의 전선을 펼친다. 배우들이 이처럼 소란스런 춤판에 동참하는 것은 민중을 사랑해서가 아니라 정치적 계산에 따른 것이다. 그들은 그런 일을 안 할 수 있기를 바랐다. 매어 있기 때문에 이러한 귀찮은 일을

16 공연은 보통 오후 3시나 4시에 시작되지만, '무료' 공연의 경우는 휴일에 이루어진다.

17 비극 배우, 희극 배우, 그리고 무용수들을 그들의 뮤즈로 나타낸 것이다. 그리스 신화에서 멜포메네는 비극의 뮤즈, 탈레이아는 희극을 주재하는 뮤즈, 테르프시코라는 춤의 뮤즈이다.

18 Préville(1721~1799)는 위대한 희극 배우이고, Brizard(1721~1791)는 독보적인 비극 배우이다.

어쩔 수 없이 하는 것인데, 그들은 만족스러운 척하는 연기를 아주 그럴듯하게 한다.

그들을 본떠 불르바르 극장들인 '국왕 무용단', '혼합 극단', '버라이어티 극단'도 역시 똑같은 상황에서 무료 공연을 제공한다. 그들도 마찬가지로 '궁정 의식 때문에 휴관함', '탄생 축하 무료 공연' 따위를 공고로 내건다. 그것이 '국왕 상임 극단' 배우들을 우울하게 하고 자존심 상하게 한다. 그들은 고등법원 검사가 샤틀레 재판소에 파견된 국왕의 하급 집행관과 혼동되지나 않을까 걱정하는 것과 거의 마찬가지로, '장터의 배우들'과 동류시되지나 않을까 무척 걱정한다.

파리에서는 '불르바르 극' 무대와 '특권적인' 무대, 즉 '자노(Jeannot)'[19]라는 이름이 들어간 무대와 뚱보 '데 제사르'[20]라는 이름이 들어간 무대가 구분된다. 하지만 이러한 구분을 민중들은 알지 못한다. 민중들은 노래를 하건 낭송을 하건 아니면 울부짖건 간에, 돈을 낸 만큼 자신들을 즐겁게 해주는 모든 사람들을 동일 선상에 놓고 동급으로 분류한다.

오직 소[牛]싸움의 '우스꽝스런 페카타'[21]만은 '무료' 관중을 불러모으고, 그럼으로써 궁정의 시혜와 눈길을 받는 영광을 얻지 못하고 있다. 하지만 페카타도 아마 청원서를 제출할 것이다.

19 Dorvigny(1742~1812)의 극 「패배자는 벌금을 치른다」에 나오는 등장인물. 이 작품은 1779년에 엄청난 성공을 거두었다.

20 Des Essarts(1737~1793)는 코메디 프랑세즈의 전설적인 뚱보 희극 배우.

21 1781년에 팡탱으로 가는 길목, '콩바 방책'이라 불리는 곳에 원형 경기장이 문을 열어 1833년까지 존속했다. 그곳에서는 개들이 여러 동물, 특히 황소와 싸움을 벌였다. 그곳에서 '우르바리(hourvary)' 쇼와 '페카타(peccata)' 쇼도 벌어졌는데, 여기에는 개들에게 공격당하는 당나귀가 나왔다('페카타'는 공격당하는 당나귀, 세상의 죄들을 짊어지고 있는 당나귀를 가리킨다). 소싸움은 여러 차례에 걸쳐, 특히 1786년 폐지되었다가 언제나 원상 복귀되곤 했다.

210 마부들에게 외치는 주인의 언어

고급 매춘부의 마부와 고등법원 재판장의 마부, 공작의 마부와 하급 세리(稅吏)의 마부는 확연하게 구별된다. 그런데 공연이 끝나고 난 후 그 마차 행렬이 어느 구역으로 가는지 정확하게 알고 싶은가? 주인이 하인에게 내리는 명령, 아니 하인이 마부에게 소리치는 명령을 잘 들어보라. 마레로 가는 경우는 "로지(logis)로 갑시다"라고 한다. 생루이 섬으로는 "메종(maison)으로 갑시다"라고 한다. 생제르맹 포부르로는 "오텔(hôtel)로 갑시다"라고 한다. 그리고 생토노레 포부르로는 "가자"라고만 한다. 이 마지막 말에서 위압감(威壓感)이 느껴진다는 데는 다른 설명이 필요 없다.[22]

극장 출입구에는 언제나 "백작님 마차요! 백작부인의 마찹니다! 재판장님 마차요!"라고 우렁찬 소리로 외치는 '고함(高喊)꾼'이 있다. 엄청나게 큰 그의 목소리는 하인들이 술을 마시고 있는 술집 안쪽까지, 마부들이 서로 몸싸움을 하고 말다툼을 벌이는 당구장 안쪽

22 이러한 어휘 체계에 담겨 있는 맛을 되살리기 위해서는 그것들을 네 구역 각각의 사회적 위상과 연관지어 보아야 한다. 마레는 코르네유 시대의 귀족적이고 사교적인 명소(名所)의 그림자에 불과했고, '로지'라는 말은 루아얄 광장 주변 지역처럼 오래된 냄새가 난다. 보다 근엄하고 부르주아적인 생루이 섬은 '메종'이라는 수수한 말이 나타내는 신중함을 간직한다. 당시에 우아하고 널찍한 저택인 '오텔'들이 있던 생제르맹은 '귀족 동네'라는 별명을 이미 얻고 있던 중이고, 반면에 생토노레 포부르는 신흥 부자들과 이 세상의 유력자들이 대체로 상상을 초월할 정도로 호사스런 저택에 거주하는 것을 보게 된다. 마부에게 던지는 '가자'라는 간단한 말 한 마디가 여기서는 속물 근성의 극치를 보여준다.

까지 울려 퍼진다. 구역을 가득 메우는 그 목소리는 사람 소리와 말[馬] 소리가 뒤섞인 어수선한 소음을 뒤덮고 빨아들인다. 하인들과 마부들은 이 우렁찬 신호에 술잔과 큐대를 놓고 말고삐를 다시 쥐며 마차의 문을 연다.

이 '고함꾼'은 가슴에 초인적인 힘을 부여하기 위해 포도주를 끊고 브랜디만 마신다. 그는 언제나 목이 잠겨 있다. 그러나 이처럼 잠긴 목조차 경종(警鐘)과도 같은 걸걸하고 강렬한 목소리를 내게 한다. 이 일을 하면 수명이 짧다. 다른 사람이 그를 대신한다. 그도 역시 고함을 지르고 술을 마시는데, 전임자와 마찬가지로 싸구려 브랜디를 들이부은 탓에 일찍 죽음을 맞이한다.

211 연극 시즌 개막을 맞아 코메디 프랑세즈에서 행해진 연설

동료들에 비해 더 진실되고, 자신이 관객에게 진 빚이 무엇인가에 대해 고민하고 있는, 아직 예의바른 태도를 갖고 있는 배우 한 사람이 지난해에 관례적인 축사를 맡게 되었다. 그는 무대 가장자리로 나아가 그 자리에서 깊이 허리 숙여 인사하고 난 다음, 천천히 일어나 다소곳하지만 확신에 찬 목소리로 말했다.

여러분, 1년에 두 차례 우리는 여러분에게 여러 가지 명목으로 진 빚에 대해 진심으로 감사를 드리고 있습니다. 반드시 여러분을 즐겁게 해드려야 한다는 필연성으로 우리에게 부과된 의무에 대해 여러분에게 상기시키는 것입니다. 저희의 부족한 점들을 너그러이 봐주시도록 듣기 좋은 말로 여러분에게 아첨하는 것이지요. 우리는 항상 부족한 점들을 숨기지 않습니다. 그것들을 감춘다는 것이 불가능하기 때문입니다. 하지만 우리가 여러분에게 털어놓지 않으려고 무척 조심하고 있는 것, 그리고 제 양심상 여러분 앞에서 말씀드리지 않을 수 없는 것이 있는데, 그것은 바로 우리 배우들 사이에서는 경쟁심과 화목함이 거의 없다는 것입니다. 우리의 협력을 방해하는 것은 바로 우리의 게으름, 자만, 그리고 역겨운 말싸움입니다. 여러분의 즐거움을 다양하게 할 새로운 작품을 드리기 위한 논쟁이든, 아니면 여러분의 관심을 끌었던 작품을 더 제대로 공연하기 위한 논쟁이든 말입니다. 우리는 불평 소리가 일시적이라는 것을 알고 있기 때문에, 그것을 무시하면서 여러분의 관심의 대상이었던 작품들의 입장료를 2배로 올리는 것을 부끄러워하지 않습니다.

오늘, 이전보다 더욱 진실한 마음으로, 되풀이되는 우리의 잘못들을 여러분에게 고백합니다. 그리고 우리의 못된 습관들을 참을 수 없게 하는 데 가장 적절해 보이는 처벌을 여러분이 내려주시길 간청합니다. 여러분의 지나친 관대함은 그러한 악습들을 우리 마음속에 너무 깊이 뿌리박게 했을 뿐입니다. 당분간 연극으로부터 전면적인 이탈이 있겠지만, 그것은 우리가 빠져 있는 나태에서 단호하게 우리를 깨어나게 할 것이고, '2만 리브르의 연금' 때문에 무디어져 있는 작업에 대한 열정을 우리들 마음속에 다시 불러일으킬 것이라 생각합니다. 막을 올리기도 전에 우리는 칸막이 관람석들을 팔아 돈을 법니다. 그처럼 미리 돈을 받는다면 우리가 계속해서 꾸준히 연구에 전념할 수 있기를 어떻게 바라겠습니까? 우리 주머니가 꽉 차 있는데, 예술이며 작가가 뭐 그리 중요하겠습니까? 우리는 예술을 사랑하는 것이 아니라 돈을 사랑하는 것입니다, 여러분, 여러분이 우리에게 너무 많은 돈을 주었기 때문에 여러분이 제대로 대접받지 못하는 것입니다.

그러니까 우리의 흥행 수입을 줄여 주십시오. 우리는 예술에 대해 더욱 존경심을 갖고, 작가에 대해 더욱 주의를 기울일 것입니다. 한동안 관객이 없어 썰렁했던 우리 연극, 우리의 가난이 여러분을 기쁘게 만드는 비결을 우리에게 가르쳐 줄 것입니다. 여러분은 그럼으로써 이득을 얻을 것입니다. 우리는 정성이 깃든 재미있는 공연을 통해서 그동안 태만으로 인해 잃어버렸던 것을 되찾으려고 노력할 것이기 때문입니다. 우리는 스스로의 힘으로 자신을 교정할 능력이 없습니다. 우리의 지위는 순전히 종신토록 신분이 보장되는 짭짤한 '녹봉직(祿俸職)'이 되었습니다. 그러니까 여러분, 우리에게 어울리는 유익한 벌을 내려주십시오. 우리를 내치십시오. (극장 주변으로 얼굴을 돌리며) 이곳의 칸막이 관람석들, 이곳의 반원형 계단석들이 몇 달간 비어 있도록 말입니다. 그렇게 되면 그처럼 따끔한 일침에 크게 각성되어 우리는 그동안 분에 넘쳐 잊어 왔던 원칙들을 되돌릴 수 있을 것입니다.

212 박수(拍手)

이는 파리인들의 만능 언어이자 통화(通貨)이다. 파리인들은 다른 식으로는 절대로 설명하지 못한다. 파리인들은 왕비와 왕자들이 칸막이 관람석에 등장해서 우아하게 허리 숙여 인사를 했을 때, 그들을 위해 '박수를 보낸다.' 그들은 배우가 무대에 등장할 때에도 마찬가지로 열렬히 '박수를 보낸다.' 그들은 멋진 대사가 나오면 '박수를 보낸다.' 작품이 지루하거나 짜증날 때도 조롱조로 '박수를 보낸다.' 그들은 글루크를 위해 '박수를 보내는데', 오케스트라의 악기 모두를 합한 것보다도 더 큰소리를 내서 귀가 멍해질 정도이다. 그들은 영웅이 귀환할 때 공원에 모여 '박수갈채를 보낸다.' 그들은 아카데미 프랑세즈 예배당 안에서 송사(頌辭) 때나 심지어 조사(弔詞) 때에도 '박수를 보낸다.' 이 새로운 관례는 아주 생소한 것인데, 복음 설교자들에게 곧 찬반(贊反)의 굴레를 씌우게 될 것이다. 그들은 아카데미 프랑세즈의 모든 회의에서 혹은 문학 모임에서 시(詩)와 산문 작품에 '박수갈채를 보낸다.' 때로는 이러한 박수갈채가 광란에까지 이르기도 한다. 얼마 전부터는 박수갈채에 '브라보', '브라비시모'라는 말까지 덧붙었다. 발을 구르고 지팡이를 두드리기까지 한다. 소름이 끼치고 귀가 멍할 정도로 소란스럽고, 그로 인해 어떤 때는 박수갈채의 대상인 합리적이고 다정다감한 영혼이 크게 타격을 받기도 한다. 이처럼 요란스러운 조광증(躁狂症)은 1층 객석 관객들의 분별력을 크게 타락시키기고, 또한 극장 관객의 판결의 품위를 떨어뜨린다.

항상 야유에 시달리는 어떤 배우는 300~400명이 '손뼉을 치는 소리'와 비슷한 소리를 내는 기계를 만들어 그것을 극장 구석에 있는 믿을 수 있는 확실한 친구에게 맡기라는 조언을 받았다. 그 배우는 몇몇 동료들이 그리하듯이 단지 여러 장의 표를 구입하기만 하면 되었다.[23] 다들 마찬가지였을 것이다.

파리인은 언제까지 '손뼉 칠 수 있는' 권리를 남용하고, 감동적인 대사를 경솔하게 중단시키며, 미친 듯 안달하고 대사를 끊음으로써 대사가 갖는 모든 효과를 망칠 것인가? 그처럼 소란스런 조급증은 배우와 시인에게 해를 끼친다. 배우와 시인이 마무리할 수 있게 내버려 두지 않기 때문이다. 그 무분별한 소음 속에서 환상은 번개처럼 빠르게 사라진다. 1층 객석 관객이 혓바닥을 놀려 재잘대는 것보다 더 심하게 왜 그처럼 '손뼉을 쳐대는' 것일까?

그러면 대(大)시인과 대배우를 우쭐하게 만드는 박수갈채란 어떤 것인가? 침울하고 알 수 없는 정적이 극장 안에 흐를 때, 가슴이 찢어지고 눈물에 젖은 관객이 갈채를 보낼 생각도 못하고 그럴 힘도 없을 때, 그때 터져 나오는 박수이다. 바로 이때 관객은 결정적인 환상에 빠져 배우를 잊고 기교를 망각하는 것이다. 그의 주위에서는 모든 것이 성취된다. 지워지지 않는 흔적이 관객의 영혼 속에 새겨지고, 불가사의한 기운이 오랫동안 관객 주위를 감돈다.

23 박수를 보내는 관습은 18세기부터 시작되어 드 라모를리에르 기사(1719~1785)의 관리 아래서 형태를 갖춘다. 작가들이나 배우들이 박수부대에게 수백 장에 이르는 무료 초대권을 뿌리면, 그들 박수부대는 자신들의 의사 표현으로 관객을 이끌면서 작품의 성공을 주도한다.

213 부르주아 연극

아주 널리 알려진 여흥으로서 부르주아 연극은 기억력을 증진시키고, 자세를 더 좋게 하며, 말하는 법을 가르치고, 훌륭한 시구들에 대한 소양을 깊게 하는데, 이는 몇 가지 교육을 전제로 한다. 이 여흥은 카페 출입이나 따분한 카드놀이나 완전한 무위도식(無爲徒食)보다 더 나은 것이다.

그들 자신의 기분전환을 위해 연기하는 이 부르주아 연극의 배우들은 고상한 취미를 가진 사람들을 만족시킬 수 있을 만큼 충분히 훈련을 받지 못했다고들 말한다. 하지만 한갓 오락거리에 대해서 교양인이 세세하게 신경을 쓰는 것은 잘못이다. 나는 배우들이 처음 보는 배우들일 때 내가 알던 작품이 예외 없이 새로워진다는 것을 알았다. 내가 아는 한 똑같은 배우들이 하는 세 번째, 네 번째 공연을 보는 것보다 더 지겨운 일은 없다.

이들 부르주아 연극에서 극작가들의 걸작들이 여지없이 망가진다는 것을 내가 모르는 바는 아니다. 최고 작곡가들의 곡들이 망가진다는 것도 알고 있다. 내가 알기로는 이들 모임이 공식적으로 공연되는 장면들보다 더 재미있는 장면들을 낳는다. 잘 된 일이다. 관객은 작품과 더불어 배역들로도 즐거운 시간을 보내기 때문이다. 게다가 농담은 더욱더 신랄해진다. 여배우들 이야기는 로마 역사만큼이나 널리 알려져 있기 때문이다.

어떤 계층에서 희극이 공연되는 것은 희극에 대한 애정 때문이 아니라, 배역들 사이에 맺어지는 관계들 때문이다. 어떤 연인이 오로스만 역을 거절했겠는가? 가장 소심한 미인조차도 나닌 역[24]에 대해서는 대담해진다.

나는 샹티이에서 콩데 공과 부르봉 공작부인의 희극 공연을 본 적이 있다. 그들에게서 우아함과 세련됨, 자연스러움을 발견했고, 그로 인해 나는 매우 즐거웠다. 사실, 그들이 왕가에서 태어나지 않았더라면 배우가 되었을지도 모르는 일이다.

생타시즈에서 오를레앙 공작 역시 능란하고 솔직하게 자신의 배역들을 아주 잘 해내고 있다. 프랑스 국왕의 왕비도 마침내 베르사유의 별궁에서 희극에 출연했다. 그 희극을 관람할 영광을 얻지 못했기에 그에 대해서는 아무 할 말이 없다.

이러한 취미는 최상위 계층에서 최하위 계층까지 널리 퍼져 있다. 때로는 그것이 교육을 완성시키거나 잘못된 교육을 바로잡는 데 기여할 수 있다. 억양과 몸가짐 그리고 교육을 동시에 교정해 주기 때문이다. 하지만 이 여흥은 대도시에만 적합하다. 어느 정도의 사치와 그다지 엄격하지 않은 풍습을 전제로 하기 때문이다. 자상하고 사려 깊은 사람들이여, 연극 공연에 주의하라. 연극을 두려워하라. 당신들에게 이렇게 말하는 사람은 바로 극작가이다.

비극을 연기하고픈 열정이 강한 부르주아 애호가들이 제공하는 재미있는 일화 중에서 다음과 같은 짧은 이야기를 골라봤는데, 이것은 「수다쟁이」에서 찾아낸 것이다.

모든 아름다운 여인들의 사랑스런 발에 솜씨 있게 구두를 신겨 주고, 그 일에 있어 평판이 자자한 구두수선공 하나가 일요일마다 비극 무대

24 오로스만은 볼테르의 극 「자이르」의 주역, 나닌은 볼테르의 동명 작품의 주역이다.

에 서곤 했다. 그가 실내장식가와 사이가 틀어졌다. 실내장식가는 5막 장면에서 '단도' 하나를 준비해서 그것을 제단 위에 놓아두어야 했다. 짓궂은 복수심으로 구두수선공은 단도를 금속 절단용 '끌'로 바꾸어 놓았다. 왕자로 분장한 실내장식가는 대사 연기에 열중한 나머지 그것을 알아차리지 못했다. 연극 결말부의 자살 장면에서 그는 관객들이 보는 가운데 자신이 평소 생활비를 버는 데 쓰던 그 가벼운 도구를 움켜쥐었다.

결코 비극적으로 보이지 않았을 이러한 대단원에 얼마나 웃음이 터져 나왔을까는 각자 생각해 보기 바란다.[25]

25 18세기에 연극 동호회의 수적 증가는 잘 알려져 있다. 메르시에는 아마도 왕족 일가와 방계 왕족들의 연극이 흥미가 없는 것은 분명 아니지만, 그것들을 '부르주아' 연극으로 분류하면서 약간은 빈정거리고 있는 것 같다.

214 콜로세움

우리는 로마인이 아니다. 우리는 18세기가 끝나는 날까지 남아 있는 원형 경기장을 세우려고 했던 것이 아니다. 20만 명의 관객들을 불러 모으려고 했던 것도 아니다. 그랬다면 파리 근위대에게 지나친 일이었을 것이다. 우리로서는 다만 가장 위엄 있는 로마 유적 중 하나의 이름을 빌리고 그것을 변형시키려 했을 뿐이다. 그 웅장한 원형 경기장의 이름이 '콜로세(Collossée)'였기 때문이다. 우리의 '콜로세움'[26]은 10년 후 붕괴된다. 채권자들이 그 홀을 압류했다. 그들은 결코 의견을 같이할 수가 없었던 것이다. 콜로세움은 문을 닫았다. 그나마 그것이 갖고 있는 가장 멋지고 매력적인 것은 오직 그 부지(敷地)뿐이었다. 수많은 사람이 모여드는 그곳의 내부는 형편없었다. 단조로운 교향곡, 초라하고 유치한 무용, 더럽고 질펵한 수상 창(槍)시합, 다채롭지 못한 불꽃놀이, 짜증스런 혼란과 지루한 공백의 시간, 이상이 이런 종류의 장소가 제공하는 오락거리이다.

'중국식 공연장'[27]이 콜로세움 대신 들어섰다. 마음대로 빈둥거릴 수 있는 이 새로운 전당은 고상한 연극 공연으로부터 수많은 관

26 콜로세움 홀은 1771년 샹젤리제에서 문을 열었다(콜로세움 길 이름이 여기서 유래한다). 이곳에서는 다양한 공연과 복권 추첨, 그리고 특히 불꽃놀이와 음악회가 열렸다. 이 홀은 1778년에 파산했는데, 그 반면에 토레와 뤼그지에리의 복스홀들(Wauxhalls)은 승승장구했다. 아마도 샹젤리제 시대가 아직 오지 않았던 탓일 것이다.

27 생로랑 시장에 중국식 공연장이 1781년 문을 연다. 여름이면 이곳은 온갖 종류의 오락거리들을 제공했다. 입장료는 36수이다.

객을 빼앗아간다.

그곳에서 사람들은 서로가 구경거리가 된다. 창백한 안색의 아도니스, 거울에 비친 자신의 모습을 사랑하는 나르시스, 노래를 흥얼거리는 오페라 주인공들, 머리를 길게 기르고 거들먹거리는 사람들, 득의양양한 모습의 라이스[28]들이 그곳에 몰려들어 붐비는 것이다.

이들 '복스홀'[29]을 런던의 매력적인 복스홀들과 비교해 보면, 프랑스인이 오직 한 가지 종류의 유흥, 즉 관람하고 눈으로 볼 수 있는 오락에만 관심을 둔다는 것을 알게 된다. 영국인은 더욱 생동감 있고 더 다양하며 더 오묘한 취미를 갖고 있다. 영국인은 허영, 과시, 장식, 겉치레, 그리고 똑같은 대상을 두고 수천 번 반복하는 것을 즐기지 않는다. 영국인은 내용이 알찬 오락거리들을 필요로 한다. 마지막으로 우리 군중의 생기 없는 우아함과 영국에 널리 퍼져 있는 다양하고 흥미진진한 풍요로움을 비교해 볼 때, 양국 정부의 차이가 느껴진다.

사실, 영국인이 1기니를 지불하는 데 비해, 우리는 쩨쩨하게 30수를 내고 있다. 게다가 우리는 누구나 오락에 끼어들어 그것을 타락시킨다. 우리의 모든 오락은 당국이 지배한다. 당국이 오락거리를 마련해 주면, 우리로서는 그것들에 변화를 줄 수가 없다.

28 라이스(Laïs)는 재치와 미모로 유명했던 고대 그리스의 고급 매춘부로, 알키비아데스의 첩이었다고 한다.

29 파리에서는 불꽃놀이 화약 제조가 뤼그지에리가 1768년에 생제르맹 시장에 동계 복스홀(Wauxhall)을 열었다. 지나친 고성능의 불꽃놀이 화약 제조를 금지당한 토레는 랑크리 길과 봉디 길 모퉁이에 1764년부터 자신이 소유한 건물에 하계 복스홀이라는 이름을 붙인다.

215 생제르맹 시장

불르바르 극을 공연하려면 이 시장으로 갈 수밖에 없는데, 그러려면 이 시장의 입구를 넓혀야 할 것이다. 왜냐하면 이 시장에는 작은 입구가 하나밖에 없고, 그곳 지형이 경사진 내리막이기 때문이다. 모든 마차와 보병들이 이 위험한 좁은 길을 통해 무질서하게 지나다녀야 한다.[30]

그곳에서는 장화를 신고 회교 군주처럼 터번을 쓴 6척 장신의 남자들이 거인들로 불리고 있다. 털을 깎은 암곰 한 마리는 셔츠와 예복, 저고리, 반바지를 걸치고 있어서 마치 세상에 하나뿐인 기이한 동물 같은 모습을 선보인다. 거대한 목상(木像)이 말을 한다. 그 뱃속에 4세 된 작은 사내아이가 들어 있기 때문이다. 박물학자의 눈에 무언가 관심을 끌 만한 것을 도입하려면 몇 년간에 걸친 대변혁이 필요하다. 그곳은 교양 없는 언동이 최고조에 달해 있다. 뻔뻔스러운 어릿광대는 사람들을 속일 특권을 얻어냈다. 그는 돈을 내고 그 특권을 산 것이다. 그러니 그가 파리인을 '크게 한 방 먹인다'고 한들 뭐 그리 대수이겠는가? 파리인은 사람이 너무 좋다고 알려 있어 그럴듯한 가짜에도 마치 진짜인 것처럼 흥분한다는 것을 사람들은 이

30 연극이 수적으로 증가하면서 1759년부터 신작로에 상설 극장을 열 권리를 획득했지만, 개막기간 동안에 연극의 대부분이 시작되었던 전통적인 큰 시장에서 공연을 하지 않을 수 없었다. 대체적으로 연극은 하루에 두 번, 즉 시장에서 한 번, 신작로에서 한 번 공연되었다.

미 알고 있다.

소극(笑劇) 배우들의 공연장은 거의 언제나 사람들이 꽉 들어찬다. 그곳에서는 외설적이거나 형편없는 작품들이 공연되는데, 약간이라도 재치와 기지가 넘치고 분별력 있는 작품이면 그들에게는 모두 금지되어 있기 때문이다. 요컨대, 극장이 세워져 있고 사람들이 모여 있다. 그런데도 관객들은 그저 욕설들만 듣지 않을 수 없게 된다. 너무나 다채로운 우리 연극이 국가의 보배로 간주되어야 할 텐데도 말이다! 어째서 우리 연극이 단지 국왕의 배우들에게만 속해야 하는가?

맙소사, 뒤가종[31]이 코르네유의 계승자라니! 맙소사! 군주들의 재산을 모두 쏟아부어도 다시 탄생시킬 수 없을 이 걸작들이 몇 안 되는 배우들 것으로만 남아 있다니! 맙소사! 그 걸작들 대부분이 그 걸작들을 가치 있게 만들 영감과 재능을 스스로가 갖고 있다고 느끼는 모든 사람들의 것이 아니라니! 맙소사! 작가가 자신의 작품들과 영광을 방방곡곡에 퍼뜨리려는 생각 외에 다른 생각을 가질 수 있었다니! 맙소사! 배우의 일시적인 이득을 위해 예술을 희생시키고, 천재에게 단지 억압된 상황만을 부여하고, 이러저러한 목소리를 갖지 않을 수 없게 하며, 천재가 생명력을 불어넣어 주는 하수인들에게 천재를 예속시키다니! 내가 작품을 썼을 때도 그것을 오직 한 극단에만 주지 않았던가! 우리 작품들을 태워버리자.[32]

31 Dugazon(1746~1809): 코메디 프랑세즈의 배우.

32 장터 연극과 불르바르 극을 금지시킬 수 없었던 특권 배우들은 그들을 검열할 수 있는 권리를 얻어냈다. 코메디 프랑세즈 배우들과 코메디 이탈리엔 배우들로 구성된 위원회는 작품들을 읽고 문학적 가치가 뛰어난 작품은 자신이 차지하거나 금지시키곤 했다.

입법자로서의 진정한 천재성을 갖고 있는 토스카나 대공[33]은 사려 깊게 고안된 많은 규범들 가운데 작품 선택의 절대적 자유권을 모든 극장에 주었다. 경합과 경쟁심이 연극이라는 아름다운 예술에 더 도움이 될 것이라 확신했기 때문이었다. 그는 편협한 분류 풍조가 연극의 비약적 발전과 위대함을 손상시키기 위해 만들어낸 모든 규칙보다도 경합과 경쟁심이 이 아름다운 예술에 더 도움이 될 것이라 확신했던 것이다.

이제 마침내 저 유명한 코뮈[34]를 보게 된다(장소가 무슨 상관인가?). 그는 가장 유연하고 창의적인 천재성을 지닌 사람으로, 통상적인 교육을 받지 않았지만 그가 가진 모든 것은 선천적인 비범한 통찰력에서 나온 것이다. 수많은 발견을 한 이 자연학자는 우리의 눈길을 뒤흔들면서 우리 이해력을 시험하고 놀라게 한다. 그를 주변의 '마술사들'과 혼동하지 않도록 주의해야 한다. 그를 만나게 되는 사람은 누구도 그러한 형편없는 잘못에 빠지지 않을 것이다. 그는 자연을 연구하는 사람들의 경쟁자일 뿐만 아니라, 가장 능력 있는 자연현상 관찰자들 중에서도 탁월한 지위를 누릴 자격이 있는 사람이기도 하다. 그의 교묘한 손길에 의해 이루어지는 경이로운 현상들은 아름다운 문체의 체계적인 글로 여러 페이지를 할애할 가치가 있다.

33 계몽군주이자 개혁군주인 토스카나 대공 레오폴드(1747~1792)는 그의 형 조제프 2세가 죽자 황제가 되었다.

34 Comus(1731~1807): 신작로에서 흥미로운 물리학 실험들을 보여주었고, 루이 15세에게서 프랑스 아이들의 물리학 선생님이라는 칭호를 받았다.

216 코메디 이탈리엔 배우들

이러한 이름을 갖고 있지만, 그들은 더 이상 이탈리아 극을 상연하지 않는다.[35] 좀 더 정확히 말하자면 카를랭[36]이 선천적이고 매력적인 재능을 듬뿍 담아 맛깔난 연기를 자주 펼쳤던 '즉흥극'[37]들을 더 이상 상연하지 않는다. 그들은 도덕적이고 흥미로운 작품들을 관객들에게 제공할 권리로 되돌아온 것이다. 그들이 그 권리를 결코 남용하지 않는다는 것을 인정해야 한다. 그렇지만 보드빌 극이 인기를 얻고 있었기 때문에 그들은 수도의 일시적 취향을 따랐다. 그들은 지칠 줄 모르는 열정으로 관객에게 봉사한다고 자부한다. 그들은 새로운 면모로 관객을 즐겁게 해 주려고 열심이며 수고와 노력을 아끼지 않는 모습을 보인다. 그들의 무사무욕은 보기 드문 것이다. 그들은 무대 장식비도 의상비도 아끼는 법이 없이 공연에 최대한의 화려함을 부여하는 데 열심이다. 그들은 생기 있고 경쾌하며 활력이 넘치는 음악에 대해서는 제법 확실한 재능을 갖고 있다. 하지만 그들은 아직도 희극을 정당하게 평가하는 방법을 알지 못하고 있다. 그

35 코메디 이탈리엔의 상연목록을 차지하는 극 장르는 18세기 중에 여러 차례 변했다. 1769년과 1779년 사이에는 이탈리아어로 된 '즉흥극'과 희극 오페라만을 상연했다. 이탈리아어 작품의 상연 금지가 결정됨과 동시에, 1779년 9월 '대사 위주의 희극'이 다시 도입되었다. 이탈리아 극단은 1780년 3월에 해체되었다.

36 Carlin(1713~1783): 프랑스에서 명성을 얻었던 최후의 위대한 '어릿광대'.

37 극의 줄거리를 대충 요약해 놓은 개요, 즉 '칸느바(canevas)'에 의거해 배우들이 줄거리와 상황에 맞게 연기를 펼치는 극이다. 따라서 같은 '칸느바'에 바탕을 둔 극이라도 배우와 무대에 따라 다른 극이 만들어진다.

런 날이 오게 될 것이다.

어쨌든 보드빌 극은 1년 반 전부터 거의 절대적으로 이 극장을 점령하고 있다. 모든 성공작이 남용에 이르게 되듯이, 코메디 이탈리엔 역시 '알쏭달쏭한 말'들, '지나치게 자유분방한 노래', '모호함' 등으로 오염되지나 않을까 사람들은 우려하고 있다. 왜 그러한 매력을 무시해야 하는가?

이 보잘것없는 사소한 극들은 꾸밈없는 묘사를 제시하면서도 유머를 잃지 않는다. 하지만 이들 수레국화들이 비옥한 밭에 생겨나서 식량이 될, 영양이 풍부하고 황금빛 알곡이 들어찬 이삭들의 성장을 방해하지나 않을까 우려하는 것이다.

작가들은 이 무대에 제2의 국민 극장을 수립할 수 있으리라 믿었다. 그들은 노래 예술이 낭송 예술과 거의 언제나 양립할 수 없다는 것, 진짜 극작품들은 너무나 오묘한 성격을 갖고 있어서 대부분이 무의미한 이들 보잘것없는 작품들의 경박함과 결합할 수 없다는 것을 염두에 두지 않았다. '아리에타'와 보드빌은 계속해서 마리보와 그의 계승자들을 고사(枯死)시킬 것이다.

❦ 코메디 이탈리엔의 배우들, 랑크레

217 불르바르 극장

오락거리를 필요로 하는 민중들은 이곳으로 떼지어 몰려간다. 하지만 이곳의 극들은 당국의 관심을 가장 많이 받을 만한 극들이다. 극작품들은 유쾌하고 도덕적인 작품이어야 할 것이다. 퇴폐적인 시인들이 어떻게 말하든지 간에, 유쾌함과 도덕적이라는 말 사이에 모순은 없기 때문이다.

왜 이곳의 작품들은 대부분이 저속하고 조잡하고 상스러운가? 소수의 배우들이 분별 있는 작품을 상연하는 것은 오로지 자신들의 몫이라고 감히 주장하고 있기 때문이다. 이렇게 말도 안 되는 그들의 주장을 옹호하는 사람들이 있기 때문이다. 이처럼 터무니없고 수치스러운 법으로 인해 민중들은 방종과 어리석음의 표현을 듣지 않을 수 없게 되어 있다. 걸작 극작품들로 명성이 자자한 국민의 나라에서 연극 치안은 이상과 같은 결과로 이끌었다.

일종의 공개 초대로서 외부 발코니에서 펼치는 '선전 공연'은 많은 노동자들을 불러 모은다는 점에서 매일매일의 작업에 상당한 해를 끼친다. 노동자들은 각자의 작업 도구를 든 채 입을 멍하니 벌리고 그곳에 서서 하루 중 가장 소중한 시간을 허비한다.

쿠르티우스[38]의 밀랍 인물상들은 불르바르에서 매우 유명하여

38 본명이 크로이츠인 쿠르티우스는 1770년부터 탕플 신작로와 파리의 대형 장터에서 밀랍 인형들을 전시하기 시작했다. 시사 문제를 면밀히 추적하는 그의 '전시실'은 파리 토박이 세대들에게 왕정복고기까지의 역사, 정치 및 잡다한 사건들을 가르쳤다.

많은 사람들이 찾는다. 그는 왕들과 위대한 작가들, 아름다운 여인들, 그리고 유명한 도둑들의 상을 만들어 놓았다. 그곳에서는 자노, 데뤼,[39] 데스탱 백작,[40] 그리고 랭게[41]의 모습을 볼 수 있다. 인위적으로 꾸민 연회에 자리 잡고 앉아 있는 국왕 가족의 모습도 보인다. 황제가 국왕 곁에 있다. 매표원이 입구에서 목청을 높여 외친다. "들어오세요, 들어오세요, 여러분, 오셔서 국왕의 공식 만찬을 구경하세요. 들어오세요, 베르사유와 똑같아요." 사람들은 1인당 2수를 낸다. 쿠르티우스는 채색 장식된 이 인형 전시로 때로는 하루에 100에퀴까지 벌어들인다.

현재의 갈르리 드 몽팡시에 길 17번지 자리에 위치했던 쿠르티우스의 전시실은 1847년에 없어졌다.

39 Desrues(1744~1777): 파리의 잡화상인으로, 빚을 갚지 않기 위해 채권자 가족을 몰살하고 자신의 아내와 아들까지 독살한 죄로 처형당했다.

40 D'Estaing(1729~1794): 프랑스 해군 부제독으로 라파예트 후작과 함께 미국 독립전쟁에 참여했고, 혁명기에는 국민방위군 사령관을 지내기도 했다.

41 불르바르 극의 등장인물로, 유명한 자객이자 승리를 과시하는 선원이며 유명한 변호사이기도 하다.

218 낭독

새로운 종류의 공연이 도입되었다. 작가 한 사람이 친구들에게서 조언과 의견을 얻기 위해 그들에게 읽어 주는 것이 아니라, 어느 날 몇 시인지를 지정한다(오직 광고지만 없을 뿐이다). 그는 가구가 놓인 방으로 들어와서 2개의 촛대 사이에 자리를 잡고, 설탕 그릇이나 시럽을 요구하고, 가슴을 부풀려 심호흡을 한 다음, 주머니에서 원고를 꺼내어 자신의 새 작품, 때로 잠이 스르르 오게 만드는 작품을 과장되게 소리 내서 읽는다.

감탄하는 사람들이 없는 것은 절대 아니다. 작가는 오만한 자존심에 교묘하게 호소함으로써 그들을 노리기 때문이다. 그들은 작가에게 호의적인 말을 아끼지 않고 허락하며, 작가는 그 말을 글자 그대로 진정한 찬사의 말로 받아들인다. 작가가 책을 출판하면 대중들은 살롱에서 찬사를 받았던 작품을 우습게 여긴다. 분노에 싸인 작가는 심미안이 타락했노라고, 눈에 띄게 문학이 쇠퇴했노라고 소리친다. 대중들이 첫 번째 심판자들과 감탄자들처럼 느끼지 않기 때문이다.

이러한 종류의 낭독에서는 모든 것이 웃음거리가 될 수 있다. 운을 맞춘 지루한 비극을 들고, 혹은 장편 서사시를 들고 시인이 젊고 아름다운 여성들이 모인 모임에 도착한다. 그 여자들은 틈만 나면 장난치고 웃음을 터뜨리며 곁에는 애인들이 있다. 그 여자들은 작가와 그의 작품보다도 주변의 것들에 더 관심을 둔다. 그들을 최대한 즐겁게 만드는 데는 목소리의 변화나 단어, 동작 등 사소한 것 하나만으로도 충분하다. 한 여자가 우연히 웃으면 다른 한 여자가 폭소를 터뜨리고, 그러면 모임 전체가 그 즐거운 기분을 억누르려 해도 헛수고가 된다. 그러면 원고뭉치를 들고 있는 불쌍한 작가는 어떻게 될까? 그가 분노라도 표현하면 더욱더 우스운 꼴이 될 것이다. 그들이 귀를 기울이든 않든 간에, 소리가 잘 들리든 안 들리든 간에 작가는 계속 낭독하지 않을 수 없다. 그는 도마에 올라 온갖 악의적인 지적에 노출되어 있는 것이다! 그는 자신의 언변에서 드러나는 자존심을 사람들이 은밀하게 물고 늘어지는 것이라고 짐작한다. 그는 마치 동의를 강요하기라도 하듯이 더욱더 격렬한 제스처를 취한다. 그는 이미 작가가 아니라 희극배우인 것이다.

무엇 때문에 친구들이 아닌 타인들에게 작품을 읽어주는 것일까? 왜 대중들 외에 다른 심판자들을 구하는 것일까? 왜 그리 분명치 않은 동의에 집착하는 모습을 보이는 것일까? 모임이나 파벌을 매료시키는 것은 작가라는 명예를 얻어 성장한다는 생각을 축소시키는 것 아닌가? 이와 같은 것들이 수도 파리의 재능 있는 사람들과 '센스 있는 사람들'이 늘상 빠져드는 오류이다. 여기서 불행하게도 그들이 읽지 못했을 유명한 「사크로통 박사」[42]를 인용해야겠다. 그 작품에 따르면, "광장에서 재능을 평가해야지, 다른 곳에서 해서는 안 된다. 바로 그곳에서 재능의 참모습이 드러난다. 실내에서 거둔 성공은 언제나 의심스러운 성공이다."

우리는 '레 트랑트'라는 이름의 단체가 아카데미 프랑세즈의 '레 카랑트'[43]보다 '한 술 더 뜨는' 활동을 펼쳐 여러 차례 공개 낭독회를

42 1780년에 출판된 단막의 선전 공연 희극으로, 익명으로 출판되었으나 사실은 메르시에 자신의 작품이다.

43 '레 트랑트(les Trente)'는 아카데미 프랑세즈에 받아들여지지 않은 데에 원한을 품

개최하는 것을 보았는데, 그중 몇 개는 상당히 흥미로웠다. 필연적인 분열(재능 있는 사람들 사이에서 항상 일어나게 마련인 분열)을 피한 이 단체는 정식 아카데미가 되었는데, 그것은 아마 오만함과 경쟁할 수도 있었을 것이다. 그들은 낭독에 앞서 음식점에서 식사를 했다. 오호 애재라! 그들에게 있어서 정신은 결코 공복상태가 아니었던 것이다. 지난 세기의 유명 작가들은 그러했다.

몇 개의 '문학 모임'이 만들어지는데, 그 모임의 회원들은 자신들이 '아카데미 프랑세즈 회원들'보다 못하다고 생각하지 않는다. 그들은 주 1회 낭독을 하고, 청중들은 박수갈채를 보낸다. 아카데미 회원이 자신의 시나 산문에 대해 루브르에서 박수를 받았을 때 만족하듯이, 그곳에서 박수를 받은 사람들은 저녁이면 자신의 승리에 대해 만족한다.

'아홉 뮤즈' 지부에도 역시 화려한 축제에서 자신들의 창작품을 낭독하는 작가들이 있다. 그러한 축제에서 문학은 중요한 자랑거리이다. 그런데 자신들의 작품을 낭송하고 박수를 받을 권리가 어떻게 아카데미 회원들에게만 있을 것인가? 스스로 낭독을 하고 자기 목소리가 사람들이 꽉 들어찬 곳에서 울려 퍼지는 것을 들을 때 너무나 행복해 하며 위안 받는 작가의 자존심에 자유로운 출구를 마련해 줄 필요가 있지 않을까? 형평성이, (좀 더 정확히 말하자면) 동정심이 그렇게 할 것을 명하고 있다.

8~10년 전의 파리에서 뛰어난 낭독자 한 사람은 일종의 유명세를 타기도 했다. 사람들은 그에게 열광했고 서로 모셔가려고 했다. 그는 감각적이고도 정확하게, 목소리에 놀라운 변화를 주어 가며 한

은 도비냑 신부(1604~1676)가 1654년경 만들어낸 경쟁단체이고, '레 카랑트(les quarante)'는 40명의 아카데미 프랑세즈 회원을 가리킨다.

연극 작품에 나오는 모든 등장인물들을 표현했다. 낭송하는 극에 공연의 영예를 부여하는 사람은 오직 그밖에 없었다. 그는 극단 전체와 맞먹는 가치를 갖고 있었다. 하지만 그는 채택된 작품과 동화된 나머지 자신이 그 작품을 만들어 냈다고, 아니 거의 만들어 낸 것과 다름없다고 생각했다. 의욕적인 작가는 쉽게, 그리고 기꺼이 그의 그러한 면을 용인해 주었다. 왜냐하면 여러 역(役)들의 생각을 더 잘 이해하기 위해서는 그에게 이처럼 강한 환상이 필요하기 때문이었다. 그런데 그 의욕적인 작가란 다름 아닌 바로 나였다.

이 유명한 낭독자가 무대에서 한 배역의 대사만을 말할 때는 형편없는 배우였다는 것은 참 기이한 모순이다. 거의 유일무이한 그의 재능을 펼치기 위해서 그에게는 작품 전체가 필요했던 것이다. 그는 자신이 낭독하는 작품들에 고증자료를 넣거나 서문을 넣는 등 우스꽝스러운 행동으로 눈길을 끌었다. 하지만 그러한 행동은 그를 더욱 특이한 인물로 만들었을 뿐이다. 마침내 그는 파리에서뿐만 아니라 지방에서도 찬양과 환대를 받았으며, 어디에서나 작가를 잊게 만들었다.

219 단기 고리대금업자들

고리대금업자들은 파리 이외에서는 거의 알려져 있지 않은데, 그들 자신도 자신들의 직업을 몹시 부끄럽게 여긴다. 항상 베일로 모습을 가리고 있으니 말이다. 그들의 브로커들은 파리 중앙시장 주변에 몰려 있다. '광주리'에 놓인 과일과 푸성귀를 파는 아낙들과 온갖 종류의 소매상인들은 고등어, 완두콩, 까치밥나무 열매, 배[梨], 버찌 등을 사기 위해 대개의 경우 6리브르짜리 에퀴 한 개의 저렴한 대부금을 필요로 한다. 고리대금업자는 1주일 후 7리브르 4수를 갚는다는 조건으로 그 금액을 빌려준다. 그렇게 해서 고리대금업자의 1에퀴는 잘 운용되면 연간 60리브르 가까이를, 다시 말해 원래 가치의 10배를 되돌려 준다. 이것이 단기 고리대금업자들이 말하는 싼 금리[44]이다.

부자들이 자금을 그런 식으로 운용하게 하고 엄청난 폭리를 취하면서도 뉘우치지 않는다고 말한다면, 사람들은 몇몇 몰인정한 사람들에 대해서, 그리고 재물에 대한 그들의 비정한 욕구에 대해서 어떤 생각을 갖게 될 것인가?

44 메르시에는 이처럼 은밀하게 거래되는 단기 대부금들이 얼마나 폭리를 취하는지 보여주면서 약 1000%에 달하는 연 이자율을 상기시킨다. 가톨릭 윤리에 의해 아직 이자 대출이 비난받던 시기, 그리고 합법적으로 인정받은 대부업자들이 시행하는 이자율이 대체로 약 4~6%였던 시기에 비추어 볼 때, 이러한 수치는 어마어마한 것이었다. 1776년 창설된 할인금고는 4%의 어음할인을 적법한 관행으로 삼았다. 사실 할인금고의 거래는 대규모 기금만을 대상으로 한 것이었고, 메르시에가 규탄하고 있는 이자율은 아주 적은 금액과 초단기를 대상으로 한 것이었다.

자기 앞으로 6리브르도 가질 수 없는 이들 영세 소매상들의 극심한 궁핍과 그렇게 가혹한 폭리로 계속해서 거두는 성공 중에서 어떤 것이 더 놀라운가? 모든 것을 청산해 지불하고 나서 어느 누가 수중에 루이 금화를 갖고 있겠는가? 파리의 서민층이 아직 그 정도에까지 이르지는 않았다고 감히 말하고 싶다. '전주(錢主)들' 또한 주화가 나날이 얼마나 희귀해지고 있는지를 알고 있다. 공채(公債)가, 다시 말해 장사 자금을 흡수하는 치명적인 존재가 주화의 유통을 막았기 때문이다.

따라서 전주들은 기회가 있을 때마다 돈놀이를 한다. 그런데 가난이 극심해질수록 손에 돈을 쥐지 않고는 움직일 수가 없는 법이다. 극빈자에게는 대출도 없다. 같은 이유로 극빈자는 방계 왕족보다 포도주와 고깃값을 더 비싸게 내고 사며, 엄청난 값을 치르고 6리브르짜리 에퀴 한 개를 얻는다. 바로 그러한 이유로 극빈자는 자신이 빠져 있는 깊은 구렁에서 헤어나기가 힘들며, 밖으로 빠져나오려 할 때면 손과 발이 미끄러진다. 1만 리브르로 100만 리브르를 벌어들이는 것보다 5수로 6프랑을 버는 것이 훨씬 더 어렵기 때문이다.

아아! 가난과 풍요의 끝없는 싸움을 가까이서 지켜본 사람이라면 누군들 겁에 질린 눈으로 주춤거리지 않을 것인가?

이들 전주들이 브로커나 대리인들에게 항상 믿고 맡기는 것은 아니다. 1년에 두세 차례 그들은 자신을 부유하게 만들어 주는 이들 변함없는 소매상들의 모임을 보고 싶어 하며, 하급자들인 브로커나 대리인들의 지적 능력과 책략을 직접 판단하고 싶어 한다.

장식 줄이 달린 진홍색 옷을 입고, 둥근 황금 장식 지팡이를 들고, 외출할 때는 반드시 마차를 타며, 손가락에는 값비싼 다이아몬드 반지가 번쩍이고, 극장에 자주 드나들고, 상류사회와 교제하는 그런 사람이 한 달에 며칠간은 헐어빠진 옷에 낡은 가발, 다 떨어진 신발,

여기저기 기운 양말을 신고, 수염을 텁수룩하게 기르며, 스스로 머리를 염색하고, 눈썹을 희게 한다. 그럴 때 그가 가는 곳은 외딴 집, 형편없는 장식 융단과 초라한 침대, 3개의 의자와 예수 수난상밖에 없는 방이다. 거기서 그는 60명의 생선장수, 방물장수, 과일장수들을 면담한다. 그는 그들에게 꾸며낸 목소리로 이렇게 말한다.

> 여러분, 보시다시피 나는 이제 더 이상 여러분보다 더 부자가 아닙니다. 여기 있는 것들이 내가 쓰는 가구들이고, 이것이 내가 파리에 와서 누워 자는 침대입니다. 나는 여러분들의 양심과 신앙심을 믿고 돈을 내드립니다. 여러분들에게서 서명조차 받지 않잖아요. 아시다시피 나는 법에 호소할 수도 없습니다. 나는 여러분들의 장사에 도움이 되는 사람입니다. 내가 여러분을 신뢰하는 이상 안전장치가 있어야 합니다. 그러니 이곳에 있는 여러분 모두가 서로에 대해 연대보증을 서세요. 내게 아무런 피해도 입히지 않겠다는 것, 그리고 여러분에게 맡겨진 것을 충실하게 되돌려 줄 것을 이 십자가, 우리 주 예수의 모습 앞에서 맹세하세요.

생선장수와 과일장수들 모두는 손을 치켜들고 성실하게 돈을 갚지 않는 사람은 목졸라 죽이겠다고 선서한다. 오랜 시간 성호를 그으며 끔찍한 맹세들을 한다. 그리고 나서 교활한 '사기꾼(sycophante)'은 이름을 적고, 각자에게 6리브르짜리 에퀴 하나씩을 나누어 주며 말한다. "나는 여러분들만큼 벌지 못합니다. 어림도 없는 일이지요." 떠들썩한 무리가 사라지고 2명의 첩자만 남게 되면, 그 식인종은 계산을 맞춰보고 첩자들에게 보수를 지불한다.

다음날 그는 호화 마차를 타고 파리 중앙시장과 모베르 광장[45]을 통과한다. 그를 알아보는 사람은 아무도 없고, 그를 알아볼 수도 없다. 전혀 다른 사람이기 때문이다. 그는 재치가 넘치는 사람이고, 고급 사교계에 드나든다. 종종 대리석 벽난로 곁에서 그는 자선(慈善)과 자비(慈悲)를 역설한다. 그의 정직성, 도의, 너그러움까지도 의심하는 사람은 아무도 없다. 한편으로 그런 식으로 평가받으면서, 다른 한편으로 그는 보이지 않게 존재하면서 4~5곳의 어두운 창고 안에서 가련한 민중의 골수를 짜내어 빨아먹고 있다.

45 모베르 광장은 현재 파리 5구의 소르본 대학 부근에 있는 오각형 모양의 광장이다. 1547년부터 이곳에 시장이 섰다.

220 돌팔이 의사

광장에서 간이무대에 올라 행인들을 불러모으는 사람을 이렇게 부른다. 국왕 수석시의가 '콩파니 푸레'[46]의 이익에 해를 끼치는 이들 돌팔이 의사들을 모두 몰아내었다. 민중을 향해 사설을 늘어놓는 사람이 더 이상 존재하지 않는다는 것은 유감이다. 사크로통 박사가 돌팔이 의사 행위의 이점들을 나열하면서 자신의 제자에게 다음과 같이 말했기 때문이다.

> 너는 공짜로 사방을 여행하고 다닐 생각이냐? 허리에 칼을 차고, 안장에는 총을 꽂아놓고, 머리에는 털모자를 쓸 생각이냐? 광장에 도착하면 갑자기 오페라의 무대장치처럼 빠르게 무대로 탈바꿈하는 마차를 가질 생각이냐? 그리고 그곳에서 로마의 웅변가들처럼 이교도들에게 차례차례 연설을 하고, 인색하고 주의 깊은 국민에게 자유롭게 말을 걸며, 사람들 앞에서 말을 할 생각이냐? 오늘날 대중 앞에 나서서 말하는 사람이 누가 있느냐? 아무도 없다. 보아라, 우리 말고는 아무도 없단 말이다. 너는 말로써 성공을 거둘 수 있을 것이고, 네가 생각하는 것보다 한 걸음 더 나아갈 수 있을 것이다.

뚱보 '토마'[47]가 많아질수록 세상에는 연설가들이 더 많아질 것

46 compagnie fourrée: 모피를 두른 아카데미 프랑세즈 예복을 입은 의사들을 지칭한다.
47 뚱보 토마 혹은 위대한 토마는 거리의 '외과의사' 중에서 가장 유명한 인물이었다.

이다. 국왕의 수석시의는 이 마지막으로 남아 있는 자유를 사정없이 파기했고, 이제 '연고제', '묘약', '가루약'을 공급해 주는 사람은 아무도 없다. 그런 일은 모두 의학부 교수단 하급 직원의 일이다.

돌팔이 의사들은 과학과 문학의 왕국으로 도피했다. 어떤 사람은 여러분에게 발명에 대한 과학적 입증을 약속할 것이고, 물질을 모든 방향으로 변화시키며 자연의 모든 기이한 일을 일으키는 특성을 가진 보편적 요인에 대해 명확한 정의를 약속할 것이다.

또 어떤 사람은 인력(引力)의 원인과 행성의 자전 및 공전의 원인을 명확하고도 설득력 있게 설명해 줄 것이다.

또한 어떤 사람은 태양, 별, 우주, 행성, 혜성, 특히 지구에 관한 가설을 제시하고, 결정타로 뉴턴을 왕좌에서 끌어내릴 것이다.

야망이 다소 작은 어떤 사람은 단지 생식 기능의 비밀만을 제시할 것이다. 그는 36권의 책을 예약 신청받기 위해 동물 경제학이 무엇인지 말할 것이다. 그는 거래를 넘어서 정념의 기제(機制)에 대해 알려줄 것이고, 그러면 당신은 12에퀴를 내고 보편적인 지식을 갖게 될 것이다.

잠옷을 입고 슬리퍼를 신고 수면모자를 쓴 채, 결코 본 적이 없고 가본 적도 없는 산악 지방의 지층(地層)에 대해 체계적 이론들을 만들어내는 저 박물학자들을 그런 부류에 포함시키자. 그들은 난로불을 쬐며 스위스의 빙하에 대해 글을 쓰기도 한다. 그들은 '대리석'은 물론이고 알프스에서 나오는 '화강암'도 살펴본 적이 없지만, 세

오텔디외 병원에서 외과의사 견습생으로 훌륭히 학업을 마치고 생콤에서 선생이 된 그는 의학부 교수단의 허가장을 받고 일했다. 1711~1719년 사이에 그는 퐁뇌프 위에서 개업했다. 그는 바퀴 4개가 지탱하고 지붕이 쳐진 마차에 자리를 잡았고, 1729년 말에는 최고의 명성을 얻는다.

❦ 돌팔이 의사(데생과 부분 고무수채화), 앙투안 보렐(1774년)

계를 주관하는 자로서 이들 거대한 물체들에 대해 언급하고, 책상머리에 앉아서 지구의 구조와 토대를 설명한다. 그들은 높은 바위산도 다소 깊은 구렁도 밟아본 적이 없다. 얼마 안 가 그들은 이렇게 말할 것이다. "내게는 지구 중심이 분명하게 보인다. 내게는 그것이 빤히 드러나 있기 때문이다"라고.

아무런 저술도 없고, 이름이 알려지지도 않았으며, 연금을 바라면서 결코 끝내지 못할 작품들을 핑계로 급료를 받는 저 아카데미 회원들 또한 같은 부류로 분류하자. 그들은 독자를 존중한다고 말하지만, 그것은 성불능자가 여성들을 존중한다고 말하는 것과 다를 바 없다.

폴리도르는 파렴치의 허가증인 신부복을 입고 있다. 그는 박식한 척할 뿐만 아니라, 교양이 있는 척, 우월한 척, 천재인 척한다. 그는 과장을 섞어 그리스 작가에 대해 말하고, 아름다운 표현, 섬세한 표현들에 탄성을 지른다. 현대 작가들에게서는 이러한 모습을 전혀 볼 수 없다. 그는 신성한 핀다로스처럼 신과 소통할 수 있는 리듬을 가지고 있고, 천재 호메로스처럼 단단장음격 운율을 완벽하게 표현한다. 여성들과 몇몇 하급 세리들 앞에서 이처럼 떠벌이고 나면, 그는 마치 갑자기 영감에 사로잡혀 그 무게에 짓눌리기라도 한 듯이 명상에 잠겨 침묵한다. 자신이 언급하는 작가에 대해 폴리도르가 연구하고 깊이 생각해 보았다고, 그 작가를 완벽하게 파악하고 있다고 생각하는 것은 아니겠지? 하지만 그가 기껏해야 번역본만을 읽었을 뿐이고, 텍스트를 잘못 이해하고 있고, 테이블 위에 책을 펼쳐놓은 것은 어리석은 자들을 속이기 위한 것이라는 데 확신을 가지시라. 도대체 그는 어떻게 다른 사람들을 속이려는 생각을 하는 것일까? 사람들은 광장의 돌팔이 의사들에게 "치료하시오!"라고 말한다. 그 어느 때보다도 수가 많아진 문학에서의 돌팔이들에게는 "출판하시오!"라고 말할 수 있을 것이다. 하지만 그들은 책을 내지 못한다.

221 작시가

그들이 넘쳐나고 있다. 1781년에 시를 쓰는 사람에게 재앙이 있으라! 프랑스인에게는 그 재앙이 아주 '풍부하게 비축되어' 있다. 프랑스인은 극도로 까다로워졌다. 도대체 라신, 부알로, 루소, 볼테르, 그레세,[48] 콜라르도[49]의 시구들을 새로이 짜맞추는 것이 무슨 의미가 있는가? 애써 똑같은 흔적을 우리에게 남길 필요는 전혀 없는 것이다. 고(故) 도라[50]에게 표절자와 모방자가 이미 있다는 것이 우스꽝스럽지 않은가? 『뮤즈 연감』[51]을 읽다보면 모든 시 작품들이 똑같은 작가의 것처럼 생각되지 않는가? 그 정도로 착상이나 문체, 그리고 어조가 한결같은 특색을 갖고 있다.

작시가를 알게 될 경우, 논쟁을 피하려면 시를 모른다고 말해야 한다. 그러면 그는 당신의 말을 액면 그대로 받아들이고 당신에게 겸손한 태도로 이렇게 말할 것이다. "자신의 비범한 재능을 식별할 수 있는 사람은 '서너 명'뿐입니다. '탁월한 안목'은 그의 머릿속에,

48 Gresset(1709~1777): 시인이자 극작가로 아카데미 회원이었고, 귀족 작위를 받았으며, 생미셸 기사단의 기사였다.

49 Colardeau(1732~1776): 시인, 1776년에 아카데미 회원으로 선출되어 입회 바로 전날 사망했는데, 그의 후계자인 라아르프가 그에 대해 행한 추도사에 의해서 겨우 이 단체의 명부 속에 이름을 남겼다.

50 Dorat(1735~1780): 전직 총사(銃士)이자 시인으로 『주르날 데 담』을 창간하였다.

51 1765년 소트로 드 마르시와 마통 드 라쿠르에 의해 창간된 연 1회 간행되는 시 전문지. 자주 조롱의 대상이 되었지만, 1883년까지 계속 출판되었다. 도라는 이 전문지에 크게 공헌한 사람 중 하나였다.

그리고 그의 가치를 알아주는 서너 사람의 머릿속에 묻혀 있습니다" 라고. 사람들은 빙긋이 웃으며 그가 말하게 내버려둔다. 그래야 그가 무척 행복해하기 때문이다.

한 달 내내 어울리지 않는 시구를 찾아 헤맨 작시가에게 어떤 산문 작가(그가 읽지 않은 작가인데, 왜냐하면 그는 오로지 라신만 읽기 때문이다)가 위대한 시인이라고 말하고, 그가 '야만인'이라 부르는 영국의 어떤 작가[52]가 국적과 천재성을 떠나 부알로보다 더 안목이 높다고 말한다면, 분명히 그는 당신의 말을 이해하지 못할 것이다. 그럴 때도 마찬가지로 그에게 "나는 시를 모릅니다"라고만 말하라. 이렇게 함으로써 당신은 목소리를 아끼게 될 것이고, 작시가가 어느 정도까지 헛소리를 해대고 편협한 생각을 하는지 아는 기쁨을 누리게 될 것이다.

하지만 그것은 그 자신의 잘못이라기보다는 오히려 언어의 잘못이 더 크다. 그 작시가는 고생고생해서 작업하는 것이고, 사실 그에게는 분별력을 제외하고는 부족한 것이 없다.

언어란 무엇인가? 그 안에서 천재적인 작가는 매번 문법적 난해함이라는 극복할 수 없는 난관을 만나게 되고, 궤변가는 모든 시구에서 트집거리를 찾으며, '세부 묘사에 집착하는 비평가들'은 기발한 작가가 놓친 영역을 차지하고, 어떤 것이든 혁신적인 것은 열세에 놓이는, 코르네유의 다음과 같은 표현이 정착될 수 없었던 그 언어는?

당신은 '패배한 적이 없는' 것이지 '물리칠 수 없는' 것은 아니오.

52 셰익스피어를 말한다.

그러한 언어는 시적이지 못하다고 과감히 말해야 한다. 작시가의 시는 운을 맞춘 산문에 불과하다는 것, 작시가의 시에는 풍요도 활력도 참신성도 없다는 것, 언어를 풍부하게 하는 것이 금지되어 있기에, 그리고 그 흐름이 자유롭고 대담하기는커녕 부자연스럽고 억지로 꾸민 듯하고 편협하며 기준에 예속되어 있기에, 작시가의 시는 결코 풍요와 활력과 참신성을 갖게 되지 못하리라는 것을 단호하게 지적해야 한다. 이처럼 어리석은 관습에 묶여 있는 사람들은 정기적으로 시를 살해하는 저널리스트들, 시인이 자기 생각을 표현하기 위해 자기 마음에 드는 소리들로 시를 쓸 때 자신들의 천박한 문체에 의거해서 힘과 활력을 토해내는 저널리스트들의 견해를 참조하고 있는데, 그들의 비열한 전횡(專橫)에 복종하려면 몰상식한 사람이 되어야 한다는 것을 덧붙여 말하자.

이런 사람들은 자신들이 갖고 있는 것, 즉 보잘것없고 빈약한 부알로의 견해와 메마르고 거친 루소의 견해만을 채택하려 하므로, 그들이 자신들에게 부족한 무수한 표현들을 상상하고 창조하는 대신 음절수를 세는 따위의 유치한 임무나 하게끔 내버려 두어야 한다. 이런 사람들의 시가 형편없다는 증거는 그들이 아직도 그것을 깨닫지 못하고 있다는 데 있다.

이 장(章)에 대해 작시가들은 나를 너그럽게 봐주지 않을 것이다. 하지만 나는 그들에게 호의적으로 말하고 있는 것이고, 시인들은 내 말을 이해할 것이다.

작시가들이 나누는 대화 속에서 끊임없이 되풀이되는, 그리고 이상하게 내 귀에 거슬리는 비교론이 있다. 코르네유와 라신의 비교가 바로 그것이다. 어리석은 자들은 문학에 대한 피상적인 지식을 갖고 이 문제에 대해 한 시간 내내 떠들어대며 무언가 중요한 것을 말하고 있는 듯이 착각한다. 가장 하급 점원이 계산서는 만들지 않고 주제넘게 찍어내는 책자들에서 이러한 일이 벌어진다. 몇몇 신문사들은 지겹게 끊임없이 되풀이되는 3~4명의 비슷한 이름을 지지하기 위해 신문을 찍어낸다. 마치 인간 정신의 노력이 프랑스 비극 한 편 속에 있는 듯하다. 그렇지만 그보다 더 잘못된 것도 없다.

한 청년이 플루트 연주법을 가르쳐 달라고 티모테[53]에게 부탁하러 왔다. "그동안 선생님이 없었나요?" 예술가가 물었다. "있었습니다." 청년이 대답했다. "좋아요, 내 제자가 되려면 2배의 보수를 지불해야 합니다." 티모테가 말했다. "그건 왜 그렇습니까?" "내가 당신을 가르치는 데는 2배의 노력이 들기 때문입니다. 우선 당신이 배웠던 지식들을 잊게 만들어야 하고, 다음으로 아마 당신이 짐작조차 못하는 것을 가르쳐야 하거든요."

53 테바이의 플루트 연주가 티모테는 기원전 4세기에 알렉산드로스 대왕의 궁정에서 자신의 재능을 펼쳤다.

222 말장난

'말장난'의 기발한 언어가 수명이 다해가고 있다. 몇몇 신봉자들이 그 언어에 관심을 쏟아왔는데, 그 언어가 그들에게는 정신이고 재능이었다. 그들은 어떻게 될 것인가? 그처럼 찬란하던 명성이 어떻게 그렇게 급속히 사그라지는 것일까? 그렇게도 탄성을 질러대더니 왜 이다지 배은망덕한가! 아아, 아첨을 남발하는 파리인들은 얼마나 변덕스러운가!

영감(靈感)이건 우연이건 그 시혜를 받은 자들이 인용되었고, 별도로 등급이 매겨졌다. 전 같으면 '익명으로' 책을 출판시킬 수밖에 없었을 아주 대단한 신사들이 이 새로운 어법의 도움으로 소책자를 쓰기에 이르렀고, 그로 인해 현세(現世)의 탁월한 익살꾼이라는 기품 있는 신분으로 갑작스럽게 등극했다.

민중들은 그들을 그다지 높이 평가하지 않았다. 민중들은 오히려 바데의 언어를 더 좋아했다. 바데는 저속하지만 적어도 실재하는 성격을 그렸다. 민중들로서는 바데와 그들이 유사하다고 생각할 수도 있었다. 하지만 그에게 말장난의 세련된 면모를 설명해 주려 하자, 바데는 특유의 소박한 어투로 말했다. "바보 장[54]은 죽어서 수많은 후계자들을 남겼다."

그 모든 악의적인 농담들은 언어를 왜곡하고 싶어 했고, 우리에

54 보마르셰의 희극 「장터에 간 바보 장」의 주인공.

게 남아 있는 얼마 안 되는 고상하고 아름다운 단어들을 추방하고 싶어 했으며, 경박하거나 외설적인 말장난에 과감히 맞서지 않을 수 없는 작가를 끊임없이 괴롭히고 싶어 했다. 그리하여 말장난꾼인 형제가 언어에 대해 '프랑스어 모독죄'의 범죄를 저질렀다. 수많은 표현들이 어법과 대화에서 적절치 않게 되었다. 그들이 그 표현들을 더럽혔기 때문이다. 지속적일 수도 없고 이미 너무나 오래 지속되어 온 이 우스꽝스러운 일에서 사람들이 깨어나고 있다. 하지만 괴상하게 벌어지는 단어 배제에 대해서 완강히 버티고, 악의적인 농담들과 넘쳐나는 멍청한 익살꾼들에 용감히 맞서 싸우는 것은 바로 분별 있는 작가들의 몫이다.

223 불꽃놀이

대중들에게 특별한 구경거리가 제공될 때마다 거의 언제나 무언가 불행한 일이 일어난다는 것을 우리는 지적한 바 있다. 파리의 서민들은 이동 중에 질서를 지킬 줄 모른다. 일단 경계선 밖으로 나가면 그들은 극성스럽고 성가시고 소란스러워진다.

성 요한 축일의 폭죽놀이, 왕자와 공주의 탄생을 기념하거나 분명치 않은 승리를 기념하기 위해 치르던 불꽃놀이가 폐지된 것은 바로 이러한 이유 때문이다. 이처럼 비생산적인 쾌락 대신에 사람들은 딸들을 결혼시키고[55] 죄수들을 석방한다. 아, 참! 이러한 생각들은 애국적인 작가들에 의한 것이었다.

나는 몰락한 왕국의 폭죽 제조업자들을 모두 만나보고 싶다. 우리 축제의 사치품목인 폭죽은 언제나 몇 가지 사고를 불러일으킨다. 1년 동안 극빈 가정 100가구의 유지와 양식 조달에 충분할 만큼의 금액이 허공에서 터져 없어지는 것을 보기로 어떻게 마음먹을 수 있단 말인가! 한순간의 짧은 쾌락을 위해 어떻게 그처럼 막대한 금액을 쓸 수 있는 것인가! 나는 나폴리 축제들을 더 좋아한다. 거기서는 식욕이 왕성한 빈민들이 3일간 계속해서 식사를 하고, 게다가 조끼 하나씩을 받는다.

이러한 불꽃놀이를 열기 위해 '그레브 광장'을 선택했다는 것, 라

55 예컨대, 1751년 부르고뉴 공작의 탄생을 맞이해서 축제를 위해 예정되었던 40만 리브르의 예산이 루이 15세에 의해 시의 빈민층 처녀 600명의 결혼식에 할당되었다.

바야크와 다미앵[56]이 능지처참되었던 바로 그 거리에서 화려하게 들어올린 왕의 초상화를 본다는 것은 정말 생각할 수 없는 일이다. 공공의 환희를 나타내는 신화적인 상징들이 어떻게 차형(車刑)과 화형(火刑)의 뒤를 이을 수 있는 것인가? 또 바로 사흘 전 처형대에 살인의 핏방울이 흘러내렸던 바로 그 장소에서 어떻게 '프랑스의 문장(紋章)들'을 설치하는가? 어떻게, 그리고 왜 시청 관리들은 그처럼 오랫동안 저속하고 천박한 생각을 가져왔는가? 왜 그랬겠는가! 시청 관리들은 시청 창가에서 아주 편안하게 축하의 불꽃놀이와 교수형을 보고 싶었기 때문이다.

친애하는 독자들이여, 여러분은 진짜 불꽃놀이를 본 적이 있는가? 고인이 된 덴마크 국왕[57]이 보여주었던 것이 바로 그것이다. 그는 상당히 큰 건조물을 세우게 했다. 몰려든 군중은 쏘아올리는 불꽃과 폭죽 소리, 그리고 화려하게 순식간에 흘러내리는 불꽃다발을 기대했다. 성대하게 옷을 차려 입은 4명의 문장(紋章) 기수단장이 그 건조물 네 귀퉁이에서 나타났다. 그들은 각자 종이 한 장씩을 꺼냈다. 군중들은 소리를 죽였다. 그것은 생계에 가장 부담이 되는 식료품들에 대한 '네 가지 조세'를 군중들에게 면제해 주는 자비로운 칙령이었다.

불꽃놀이가 어떤지 묘사할 필요는 없다. 어떻게 표현하더라도 눈을 매혹하면서도 거슬리지 않고 귀를 즐겁게 하면서도 무섭지 않은 그 화려하게 타오르는 불꽃다발들의 신속함과 찬란함, 쩌렁쩌렁함을 표현하지는 못할 것이다. 하지만 우리는 시 행정관들이 선심을

56 라바야크는 앙리 4세 암살죄로 1610년 5월 27일에 처형되었고, 다미앵은 루이 15세 암살기도 죄로 1757년 3월 28일에 구체제에서는 마지막으로 합법적으로 능지처참되었다.

57 덴마크 국왕이며 1746년 8월부터는 노르웨이 국왕을 겸했던 프레데릭(1723~1766).

써서 민중을 불러모으던 연회들[58]을 묘사할 필요가 있다.

이들 묘사에 나타난 이 연회들은 경이롭다. 거의 불쌍한 생각이 들 정도이다. 처형대에서 사람들이 소나 돼지, 양의 혓바닥 고기와 구운 소시지, 작은 빵조각을 던져주는 것을 상상해보라. 제복을 입은 하인조차 군중의 머리 위로 힘껏 소시지를 던지며 즐거워하는 사람들의 손에서 떨어진 소시지를 따라다닌다. 작은 빵들은 말하자면 이들 오만한 배급인(配給人)들의 손 안에 놓인 자갈인 것이다. 이어서 2개의 관(管)이 있고 거기서 아주 맛없는 포도주가 흘러나오는 것을 상상해보라. '파리 중앙시장'의 인부들과 삯마차 마부들이 함께 힘을 합쳐 길다란 장대 끝에 병을 매달아 그것을 공중에 높이 치켜든다. 하지만 흥분해서 아귀다툼을 벌이는 군중들 한가운데서 그것을 고정시킨다는 것은 어려운 일이다. 군중들로 인해 술을 받는 그릇이 연신 흔들린다. 주먹질이 난무한다. 병 안에 담기는 것보다 도로 위에 쏟아지는 포도주가 더 많다. 인부들처럼 넓은 어깨를 갖고 있지 않고 '동맹'의 일원이 되지 못한 사람은 돼지고기를 얻으려 고래고래 소리치다가 샘처럼 쏟아지는 포도주를 앞에 두고 목말라 죽을 수도 있을 것이다.

단순히 호기심에 이끌려 온 프티 부르주아 계급은 두려움에 떨며 방금 포도주 한 동이(séau)를 얻어낸 이들 무리로부터 떨어진다. 그들은 부딪쳐서 넘어지고 발에 짓밟힐까 두려운 것이다. 이들 시끄러운 승리자들이 경쟁자들을 내쫓고 술통을 비우기 위해 되돌아올 것이기 때문이다.

58 파리의 수많은 공식 축제 때 민중에게 베풀어지는 연회는 축제의 중요한 요소이다. 샘처럼 솟아나는 포도주와 구운 소시지가 기본 식단이다. 메르시에의 묘사는 상당히 충실해 보인다. 주화를 군중들에게 뿌려 나누어 주는 것 역시 자주 있었던 일이다.

비천한 자들과 궁핍한 자들, 이들이 그 유명한 연회에 참여하는 사람들의 면모이다. 그들이 낚아챈 구운 소시지를 선 채로 허겁지겁 삼키는 것을 보라. 마치 1년 동안 끔찍한 흉작에 시달려 굶어죽기 직전의 사람들 같다. 앙리 4세가 다시 살아난다면 아마 그들에게 빵과 맛있는 돼지고기를 보내주었을 것이다.

이어서 지저분한 등잔불에 둘러싸여 간이무대에 걸터앉은 누더기 차림의 연주자들이 무딘 활로 찢어지는 듯한 바이올린 소리를 낸다. 서민들은 질서도 없고 간격도 맞추지 않은 커다란 원을 그리고, 뛰고 고함치고 울부짖고 서투른 춤을 추며 거리를 누빈다. 유쾌하다기보다는 상스럽고 소란스런 춤이다. 어떻게 국가적 축제에서 이처럼 난장판이 벌어질까? 고대인들이 그런 식으로 가난한 시민들에게 공공연한 희열을 함께 나누게 했었던가?

돈을 던져주는 것은 훨씬 더 나쁜 짓이다. 돈이 떨어지는 곳에서도 흔들리지 않는 무리에게 화(禍)가 있으라는 이야기인가! 분노한 사람들, 광적인 사람들이 피묻은 얼굴로 진흙투성이가 된 채 격하게 덤벼들어 당신을 길 위에 쓰러뜨리고 당신의 팔 다리를 부러뜨려 가면서 주화를 줍는다. 그것은 쓰러졌다가 다시 일어서는 거대한 무리이다. 대장간의 커다란 쇠망치처럼 그들은 순식간에 지나는 길 위의 모든 것을 으스러뜨린다.

떠들썩한 무리를 피해 각자의 집으로 피신해야 한다. 구운 소시지 한 조각 혹은 12수짜리 주화 한 개를 얻기 위해 서로 상처를 입히는 서민들 속에서 목숨을 잃게 될지도 모르기 때문이다.

이들 축제에서 가장 고상하고 웅장한 것은 대성당에서 울려나오는 '테데움'이다. 솜씨 있는 많은 사람들로 구성된 오케스트라의 연주곡에 간간이 섞여 나오는 전칙곡(典則曲) 소리는 보기 드물게 특이하고 감동적인 효과를 낳는다.

224 미사

건당 15수짜리 미사가 하루 4천 내지 5천 번 거행된다. 성 프란체스코회 수사들은 3수를 깎아준다. 어떤 꿈 때문에 영구히 무혈 희생(犧牲)을 지시한 우리 조상들에 의해 이처럼 많은 미사의 토대가 확립되었다. 미사에 근거하지 않은 유언은 없다. 있다면 그것은 신에 대한 불경죄였을 것이다. 그리고 오래전부터의 사실들이 입증하고 있듯이, 신부들은 이러한 규정을 잊은 사람에게는 장례를 거부했을 것이다.

교회에 들어가 보라. 오른쪽, 왼쪽, 정면, 후방, 측면에서 신부가 성체를 축성하거나, 거양(擧揚)하거나, 성체를 받아먹거나, 아니면 "미사가 끝났으니 가서 복음을 전하시오"라고 말한다.

아일랜드 신부들은 어쩌다 하루 두 차례 미사를 드릴 생각을 했다. 도시의 거대한 크기를 고려해 볼 때 우연이 아니고서는 아무도 그런 속임수를 알 수 없었다. 2배의 욕망이 그들로 하여금 이처럼 두 차례의 미사 집전을 하게 했던 것이다.

지난 세기에 프티생탕투안의 한 신부는 몰래 결혼을 하고 모베르 광장 근처에 살림을 차렸다. 그는 교회 제단과 아내 사이에서 똑같이 열성적으로 자신의 몫을 다했다. 훌륭한 신부, 좋은 남편, 다섯 아이의 아버지로서 그는 하루 두 차례 옷을 갈아입었다. 사람들의 눈을 속이고 자신에게 똑같이 소중했던 두 가지 의무를 다하기 위해서였다. 그의 행복은 어떤 매정한 밀고자에 의해 들통이 났다. 고등법원은 그의 결혼을 취소했고 그는 영구 추방되었지만, 더 무거운 형벌을 치르지 않는 것을 다행으로 생각했다.

펠그랭 신부는 미혼이었다. 하지만 그는 미사를 드리면서도 오페라에 출연했다. 그의 작품들은 영감이 배어 있지 않았다. 즉 작품들에는 생기가 거의 없었기 때문이었다. 펠그랭에 대해서 다음과 같은 시도 지어졌다.

아침에는 가톨릭 신자, 저녁에는 우상숭배자,
그는 미사로 점심을 먹고, 연극으로 저녁을 먹는다.

수많은 흥미로운 작품들로 잘 알려진 P 신부를 자신의 수증자(受贈者)로 지명한 어떤 왕자가 그와의 첫 면담 때 그에게 말했다. "신부님, 내 수증자가 되어주십시오. 그렇지만 나는 미사에는 참석하지 않는다는 것을 알아두세요." "왕자님, 저는 미사를 드리지 않는답니다."[59]

몇 년 전 생테스프리에서는 2시에 거행되는 늦은 미사를 '사향(麝香) 미사(messe musquée)'[60]라고 불렀다. 게으른 사교계 인사들이 점심식사 전에 떼지어 그 미사에 참석했다. 신부에게 3리브르를 주었는데, 그가 그 시간까지 굶고 있을 수밖에 없었기 때문이었다. 의자를 빌려주는 여자 역시 그곳에서 돈을 벌었다. 주교가 그 미사를 금지하자, 사람들은 이후로 그것을 없애버리는 방법을 택했다. '사향 미사'는 없애지 않는 편이 더 나았을 것이다.

10년 전부터 사교계 사람들은 더 이상 미사에 가지 않거나, 아니면 하인들의 빈축을 사지 않기 위해서 일요일에만 간다. 하인들은

59 이 일화는 콩티 공과 프레보 신부에 관련된 일화일 것이다.
60 "귀부인들과 사교계 인사들이 참석하는 마지막 미사."(『트레부 사전』)

그들이 오로지 자신들 때문에 미사에 간다는 것을 알고 있다.

1670년 8월 3일, 노르망디 캉 출신의 22세 청년인 '프랑수아 사라쟁'이 노트르담 성당의 성모 마리아 제단 앞에서 신부가 성체를 들어올리는 순간, 손에 쥔 칼로 그 성체를 찔렀다. 그는 원래 위그노였다가 가톨릭 신자로 개종했지만, 여전히 '그리스도의 현존'을 혐오하는 청년이었다. 그는 축성이 끝난 직후 성체를 찌르려다가 신부를 두 차례 찔러 상처를 입혔고, 신부는 도망쳤다. 하지만 상처가 위중하지는 않았다.

미사가 모두 끝나자마자 제단의 장식들이 철거되었다. 교회는 다음날 '재축성(再祝聖)' 때까지 폐쇄되었다.

8월 5일, '프랑수아 사라쟁'은 공개 사과의 처벌을 받았고, '불경스런 신성모독자'라고 쓰인 게시판을 앞뒤로 들고 서 있었다. 그는 주먹세례를 받았고, 그레브 광장에서 산 채로 화형에 처해졌다. 그는 전혀 뉘우치는 기색이 없었고, 죽음을 후회하는 기색도 없었다.

12일, 신성모독에 대한 엄숙한 사죄가 이루어졌다. 전체 행렬이 있었는데, 거기에는 최고법원의 모든 판사들이 참여했다. 성 밖과 시내의 모든 상점들은 치안총감 라레니의 명에 의해 문을 닫았다. 1670년의 『가제트 드 프랑스』 771~796쪽을 보라.

말과 글, 그리고 수많은 불신자들에도 불구하고 다행스럽게도 우리 시대에서는 이러한 종류의 신성모독이 범해진 적이 없다. 가장 사소한 성수(聖水) 뿌리는 일조차도 방해받지 않았다. 대사년(大赦年)의 공공행렬에서까지도 의식이 언제나 밖에서 거행되었지만, 아무런 타격을 받지 않았다.

아베빌의 라바르가 공공연한 추문을 일으켰다고 말하는 사람이 있을 것이다. 다리 위의 이 예수 수난상 훼손 사건보다 증거가 부족한 것은 아무것도 없다. 이 석고 예수 수난상은 지나가는 수레에 의해 언제든지 뒤집힐 수 있었고, 기사 라바르는 예수 수난상에 대고 칼을 뽑아들 위인은 아니었다. 그는 이성과 철학이 있는 사람이었다. 그는 조용히 의연하게 죽어갔다.[61] 고등법원은 오로지 신앙에 대한 그의 집착을 예수회 교도들에게 증명해 보이기 위해서 종교재판소의 판결과 유사한 판결을 내렸다. 고등법원이 후회했지만, 때는 이미 늦었다.

만일 유사한 미치광이가 다시 나타난다 해도 새로운 '프랑수아 사라쟁'에게 고등법원이 과거에 그랬던 만큼 극단적인 엄벌을 내리지는 않을 것이라 확신할 수 있다. 사람들은 그러기를 크게 망설이고 있는 것이다.

종교의식과 교리에 대해 맹렬히 비난하기 시작하면, 사람들은 아무것도 보고 듣지 못한 어린아이 같은 멍청한 표정을 짓는다. 미사에 대해 농담을 하는 사람은 이제 가발제조 견습생들밖에 없다. 원하는 자는 미사를 드리고 미사에 참석한다. 그에 대해서는 더 이상 이러쿵저러쿵 하지 않는다.

61 아베빌에서 일어난 신성모독 행위로 인해 기사 라바르는 사형선고를 받았고, 바로 그 도시에서 1776년 7월 1일에 19세의 나이로 처형되었다. 국민공회는 무월(霧月) 25일에 판결을 '무효'로 선언하고 기사의 명예를 회복시켰다.

225 까치의 미사

부르주아 한 사람이 은제(銀製) 포크 몇 개를 잃어버렸다. 그는 하녀를 야단치고 고소(告訴)하여 재판에 회부했다. 법원은 그녀를 교수형에 처했다. 6개월 후 낡은 지붕 위 기와 더미 뒤에서 그 포크들이 발견되었다. 까치 한 마리가 포크들을 그곳에 숨겨두었던 것이다. 이 새는 설명할 수 없는 본능에 따라 금과 은으로 만든 물건들을 훔쳐 모아둔다고 알려져 있다. 무고한 영혼의 휴식을 위해 생장앙그레브 교회에서 매년 한 차례의 미사가 올려졌다. 재판관들의 영혼이 훨씬 더 그 미사를 필요로 했다.

미사를 올린 것은 정말 잘 한 일이다. 하지만 더 꼼꼼한 심리(審理)를 하고, 이처럼 지은 죄에 비해 너무 가혹한 형벌을 폐지해야 했다. 지나치게 엄격하면 법이 없는 것만 못하기 때문이다. 우리 사회에서 아주 빈번하게 일어나는 가정 내 절도는 요즘에는 거의 처벌을 받지 않는다. 왜냐하면 주인이나 재판관이나 법이 지나치게 엄격한 것을 마음속으로 싫어하기 때문이다.

적절한 처벌, 불가피한 처벌이 훨씬 더 강력하게 질서를 회복시킬 것이다. 하녀 10명이 있으면 그중 4명은 손버릇이 나쁘다. 그러나 고소를 떠맡으려는 사람은 없다. 그 여파 때문이다. 그러한 하녀들은 해고되지만, 그들은 이웃집에서 물건을 훔치고 처벌받지 않는 것에 익숙해진다.

자기 하인들을 끊임없이 경계해야 한다는 것은 슬픈 일이다. 파리에서는 주인과 하인 사이에 신뢰가 전혀 존재하지 않는다고 할 수 있다. 안주인에게는 열쇠들이 가득 든 주머니가 있다. 그녀는 빗장을 걸고 포도주, 설탕, 브랜디, 마카롱 과자, 기름, 잼 등을 보관한다. 소송대리인의 아내들은 저녁을 먹고 나서 식탐 많은 서기들이 남긴 빵과 음식들을 감춰둔다. 소송대리인 아내 중 한 사람이 시내에 점심을 먹으러 가면서 하녀에게 미슈 빵[62] 열쇠를 주는 것을 잊어버렸다. 허가받는 일을 별로 거추장스럽게 여기지 않는 한 3등 서기가 건장한 짐꾼의 어깨에 찬장을 지우고는 식당으로 들어서며 큰소리로 말했다. "열쇠 좀 주세요, 부인. 찬장 여기 있습니다."

62 무게가 1kg 정도 되는 크고 둥근 빵.

226 성체첨례일

성체첨례일[63]은 가톨릭 교회에서 가장 성대한 축제일이다. 이날 파리는 청결하고 안전하며 화려하고 또 아름답다. 알다시피 교회들은 은제품을 많이 소유하고 있다. 금과 다이아몬드는 말할 것도 없다. 장식품들은 흔히 볼 수 없을 정도로 화려함을 뽐내는데, 결국 예배는 민중에게 과도하게 고통을 안겨주었고 또 안겨주고 있다. 왜냐하면 소장된 그 모든 보물들이 민중들에게서 탈취한 것이기 때문이다.

몇 해 전 생쉴피스 교회 행렬에서는 생루이 기사단 기사 두 사람이 마치 하인들이 공작부인의 땋은 머리를 받쳐들고 있는 것처럼 추기경들의 붉은색 망토 끝자락을 받쳐들고 오만하고 호사스런 추기경들에게 아첨하는 모습을 보였다고 한다. 훈장까지 받은 군인들이 많든 적든 간에 보상에 눈이 멀어 가장 천한 사람들의 일을 하기로 결심할 수 있었다는 것이 가능한 일일까, 그것도 국민들이 보는 앞에서!

이 화려한 예식을 보고서, 이 도시의 품안에는 신을 믿지 않는 사람이 하나도 없다고 누군들 생각하지 않겠는가? 국가의 모든 명령들은 성사(聖事) 주변을 감싸고 있다. 모든 문은 양탄자로 장식되어 있다. 모든 사람들이 무릎을 꿇는다. 신부들이 도시의 지배자인 것 같다. 군인들도 그들의 명령에 따른다. 신부복 입은 자들이 군복 입

63 성체축제일 혹은 주예수 성체축제일은 성신강림 대축일 다음 일요일의 삼위일체 축일 이후의 목요일이다.

은 자들을 지휘하고, 소총수들은 깃발 곁에서 보폭을 맞춰 행진한다. 그들이 지나갈 때 대포는 축포를 쏜다. 가장 성대한 의식이 행렬에 동반된다. 꽃과 향, 음악, 머리를 조아린 사람들 등 모든 것이 가톨릭 교회에는 단 한 명의 적수도, 단 한 명의 반대자도 없는 것으로 믿게 할 정도이다. 가톨릭 교회가 통치하고, 모든 사람들을 지휘한다. … 어쨌든 사람들은 행진에, 즉 행렬의 질서, 이동 닫집, 불꽃 모양의 성체 현시대, 규칙적으로 향내를 분출하는 향로 휘두르는 모습, 아름다운 장식물들에 감탄했다. 군악 소리도 들렸는데, 그것은 자주 장중한 포 소리 때문에 끊어지곤 했다. 이 성대한 제전에 참가한 추기경들, 성령기사단의 기사들, 주교들, 붉은색 옷을 걸친 재판장들의 모습도 보였다. 여러 소교구들의 제의(祭衣)와 망토들이 비교되었다. 성체 안치대(安置臺)에 대한 이야기가 돌았다. 이러한 것들이 모든 사람들을 놀라게 했고, 모든 사람들의 경의와 찬사를 불러일으켰다.

저녁에 아이들은 거리에서 성체 안치대를 만든다. 그들에게는 나무로 만든 촛대, 종이로 만든 제의, 양철로 만든 향로, 두꺼운 종이로 만든 이동 닫집, 주석으로 만든 작은 성체 현시대가 있다. 한 아이가 주임신부 흉내를 내고, 다른 아이가 차(次)부제 흉내를 낸다. 그들은 노래를 부르면서 성체를 이리저리 끌고 다니고, 미사를 드리며, 축복을 주고, 친구들에게 무릎을 꿇게 한다. 교회지기 꼬마는 아주 사소한 불경죄가 저질러져도 분노하는 사람 흉내를 낸다. 아침에 거의 똑같은 의식을 했던 큰 아이들은 꼬마 아이들의 행렬에 맞닥뜨리면 어깨를 으쓱이고는 비웃음을 날린다.

은행가 몽마르텔의 아들이며 2,600만 에퀴의 자산가인 브뤼누아 후작[64]은 매년 열리는 이 축제의 성체 안치대와 행렬을 위해 브뤼누아에서 10만 에퀴를 썼다. 교회 제례를 최대한 화려하게 만들고자 했던 그는 사방에서 성직자들을 불러모아 그들에게 화려한 장식을 맡기고, 눈이 번쩍 뜨이게 그들을 대접했다. 그의 부모가 특히 이같은 종교적 사치를 이유로 그의 금치산(禁治產)을 청원했을 때, 그는 자신을 심문하는 재판관에게 이렇게 답했다.

> 내가 이 돈을 고급 매춘부에게 주었다면 사람들은 그 일을 나쁘게 생각하지 않았을 것입니다. 나는 가톨릭 왕국에서 가톨릭 의식(儀式)을 꾸미는 데 그 돈을 쓴 것인데, 그것이 내 죄가 되었군요.

이 백만장자는 부모의 청에 따라 금치산이 선고되었다. 그 소송의 자세한 내용은 몹시 흥미롭다. 브뤼누아 후작 사건은 윤리적으로 진짜 놀라운 사건이다. 그가 최근에 사망했다. 그의 호사(豪奢)가 그의 불행을 낳은 것이다.

64 파리스 일가의 최후 인물인 장 파리스 드 몽마르텔은 파리스 뒤베르네의 동생으로 국고상서를 지냈고, 이어서 토목청 출납총관을 지냈다. 브뤼누아 후작은 그의 아들이었으며 극도의 낭비로 유명했다. 특히 이 유명한 행렬을 위해 그는 50만 리브르를 썼다. 그의 가족들은 그에게 금치산을 선고하고 수도원에 가두어 두었다.

227 고해실

나는 교회를 가로질러 간다. 비단처럼 부드럽게 물결치는 드레스가 한눈에도 섬세함과 윤곽을 알 수 있는 다리 위로 우아하게 떨어지는 것이 보인다. 작은 망토가 관능적 매력을 감소시키지만, 우아함까지 감추지는 못한다. 모자 너머로 금발의 머리카락이 드러난다. 나는 발을 멈춘다. 얼굴을 보지 않고 나이를 예측해야 한다. … 17세의 아름다운 소녀가 꼭 닫힌 방 안에 무릎을 꿇고 머리를 숙인 채 있다. 그녀의 부드럽고 풋풋하며 순수한 숨결이 성 프란체스코회 수사의 회색빛 수염 속으로 사라진다. 그녀가 수줍음 때문에 거짓말을 하든, 두려움 때문에 반쯤의 고백을 대담하게 하든 상관없이 똑같이 흥미롭다. 그런데 그 소녀가 눈썹이 짙고 매부리코이며 멋진 다리를 갖고 있는, 소매에 주름 하나 없는 젊은 보좌신부에게 고해하게 된다면, 젊은 보좌신부의 호기심과 아름다운 소녀의 천진난만한 신뢰는 어떤 한계를 갖게 될까?

그녀의 모습이 보이지는 않지만, 나는 그녀의 가슴이 콩닥거리는 것을 감지한다. 그녀는 말을 하면서 감히 숨조차 쉬지 않는다. 다른 한쪽에서 균형을 맞춰 주는 나이든 여성과 비교해 볼 때 아마 그녀에게는 죄가 없을 것이다. 그런데 왜 어린 소녀의 고해가 더 길까? 왜라니! … 그녀의 말을 누가 듣고 있는가? 그녀에게 질문하고 있는 사람이 누구인가? 눈을 감고 손을 모은 채 무릎을 꿇고, 자신에게 내릴 판결을 기다리며, 자신이 지었던 혹은 짓게 했던 죄들을 슬퍼할 수 없는 소녀의 마음을 살펴보면서 마음에 두려움을 느끼지 않을 만큼 힘과 품위와 지혜를 갖고 있다고 느낄 사람이 누구인가? 소녀가 고해실에서 나오는 모습을 보라. 그녀는 아무 말도 없고, 어안이 벙벙하며, 생각에 잠긴 듯하다. 그녀는 매우 정숙하게 당신의 시선을 피한다. 그렇지만 그 부드러운 얼굴에 후회의 빛은 나타나지 않는다. 그녀의 뺨은 발그레하다. 하지만 그 발그레한 뺨이 부끄러움 때문이라고 생각하는 사람은 없을 것이다.

라랑드가 과학 아카데미에서 혜성에 관한 논문을 발표했다. 유성 하나가 다가와 우리 지구와 부딪치고 그로써 지구가 산산조각 날 수 있다는 가능성을 그가 주장하고 있다는 사실이 알려졌다. 혜성 하나가 지구 주변을 통과함으로써 세계가 멸망하리라는 소문이 파리 전체에, 그리고 더 멀리까지 퍼졌다. 그 소문은 스위스의 산중에까지 침투했다. 불안감이 널리 퍼졌다. 의도한 것은 아니지만, 그 천문학자는 자신의 공상으로 설교자들 전체가 한 것보다도 더 큰 일을 했다. 사람들이 두려움에 떨고 공포에 사로잡혀 교회로 몰려든 것이다. 소교구의 고해실들은 사면을 받고자 하는 수많은 사람들로 둘러싸였다. 제각기 그 신성한 법정에 들어가고자 했다. 유일하게 '유보사항'을 청취할 권리가 주어진 노트르담 성당의 내사원장[65]이 다른 사람들보다 더 시달렸다. 그의 제실 주변에는 이전에 전혀 모습을 보인 적이 없었던 사람들이 서성였다. 파랗게 질리고 우울증에 걸린 모습의 사람들, 숲속에서 나온 것 같은 사람들이었다. 그들의 고백이 얼굴에 새겨져 있는 듯했다. 두려움과 이제 막 시작된 회개는 그 고

65 유보사항이란 "고위성직자들이 자신과 자신의 대리인들에게만 사면권을 인정해 주고 있는 몇 가지 중죄들이다. 교황의 유보사항이 있고 대주교의 유보사항이 있다. […] 다시 말해서, 죄를 사해줄 수 있는 사람은 교황 […] 혹은 대주교와 그의 대리인들밖에 없다."(『트레부 사전』)

백의 맹렬한 욕망을 누그러뜨지 못했다. 우주의 재앙이 있을 것으로 간주되던 날이 지나갔지만, 지구가 충돌하는 일은 없었다. 그러자 그 모든 참담하고 공포에 질린 얼굴들이 사라졌다. 고해실 주변에 사람들이 뜸해졌다. 두려움에 떨던 사람들이나 죄인들에게 사면의 표시를 해주는 데 일손이 달렸던 사람들이 완전히 한가한 상태로 되돌아 갔다.

228 고백 성사표

파시오네이 추기경[66]이 예수회에 적대적이었던 만큼이나 '이미 사라진 예수회'에 적극적으로 동조를 표했던 파리 대주교는 얀센주의 교도들에게 종부성사를 거부할 생각이었다. 그는 얀센주의 교도들을 더 잘 가려내기 위해 고백 성사표를 요구했는데, 그것은 환자의 신앙을 인도하는 것이 무엇인지를 알아보기 위한 것이었다. 그가 성사를 거부하자, 사람들은 어떻게 해서든 그 성사를 받으려 했다.

집행관이 임종 성체배령 담당 신부에게 즉시 임종의 성체성사를 하라고 통고하는 모습이 여러 차례 눈에 띄었다. 임종 성체배령 담당 신부는 도주하곤 했다. 고등법원은 구속영장을 발부했다. 양쪽이 해명을 하기 위해 베르사유로 달려갔다. 그들 중 누구의 말을 들어야 할지 아무도 몰랐다. 결국 이 기이하고 추잡한 싸움은 문인들 덕에 종결되었는데, 그들이 이러한 성직자의 증서들에 대해 몹시 소리 높여 강하게 조롱했기 때문이다.

파리 대주교의 성격은 세속의 이야기에서 매우 흥미로운 장을 구성할 것이다. 열성적인 교회 규율 옹호자이며 강하고 끈질긴 의지를 타고난 그는, 다른 시대에 태어났더라면 가장 큰 정치적 영향력을 발휘했을 것이다. 우리 시대에서조차 그는 흔들리지 않고 단호하게 고등법원과 왕권에 대항해서 싸웠다. 유력한 예수회에 절대적으

66 Passionei(1683~1761): 1755년부터 바티칸 도서관장이었다.

로 충성함으로써 그의 행운이 시작되었고, 그는 필설로 표현할 수 없을 정도로 감사하는 태도를 보였다.

그의 교서에 대한 장자크 루소의 유명한 답변[67]으로 인해 오랜 후대에 가서도 그의 이름이 언급될 것이다. 파리 대주교가 루소의 활기차고 설득력 있는 글을 제대로 읽을 수 있었다면 지상의 권력자들에 대항해서는 일종의 우위를 차지할 수도 있겠지만, 논리로 무장한 철학자와는 무모하게 싸움을 벌여서는 안 된다는 것을 그는 알아차렸을 것이다.

67 대주교는 1762년 8월 20일에 "『에밀』에 [⋯] 대해서 비난을 가하는 [⋯] 교서"를 내렸다. 루소는 『제네바 시민 장자크 루소가 파리 대주교 크리스토프 드 보몽에게』(혹은 『드 보몽에게 보내는 편지』)라는 '유명한 답변'으로 응수했다.

229 생조제프 예배당

이곳은 몽마르트르 길에 위치한 부속성당 분회이다. 하지만 몰리에르와 라퐁텐이 그곳에 잠들어 있다. 페늘롱과 라브뤼예르와 더불어 이들 독창적인 두 작가를 나는 루이 14세 시대의 다른 어떤 작가들보다도 더 좋아한다. 블레즈 파스칼과 장 라신의 유해가 모셔져 있는 생테티엔뒤몽 교회보다도 그곳에 훨씬 더 관심이 간다.

그렇지만 블레즈 파스칼은 터무니없는 사상들과 비교할 때 천재적인 사상을 갖고 있었다.

알다시피 『타르튀프』의 저자가 묘지에 묻히는 영광을 얻기 위해서는 루이 14세의 단호함이 필요했다. 오라토리오 수도회 신부 한 사람은 선한 라퐁텐에게 공개적으로 용서를 빌게 하려 했다. 마지막으로 르쿠브뢰르와 볼테르에게는 묘지를 만드는 것이 거부되었다.

230 개신교도

샤랑통에는 개신교도들의 교회가 하나 있는데, 그 교회는 5천 명을 수용할 수 있었다. 그들은 그곳에서 1623년, 1631년, 1644년에 전국 교회 회의를 개최했다. 앙리 4세에 의해 내려졌던 사려 깊은 낭트 칙령이 루이 14세의 가혹하고 맹목적인 '불관용'에 의해 철폐되자, 그 교회는 닷새 만에 파괴되었다.

성찬에 우리 주 예수 그리스도의 육체가 현존한다는 믿음을 부정하는 설교가 이곳에서 이루어졌던 것을 속죄하기 위한 것인 양, 사람들은 그 폐허에 상시(常時) 성체배령을 실행할 수 있는 수도원을 짓고자 했다.

오늘날 개신교도들에게는 더 이상 교회가 존재하지 않는다. 그들은 그들 종파의 '전언자들' 집으로 간다. 그렇지만 그들 개신교도의 수는 상당히 많아서 그 마을 인구의 6분의 1을 차지한다. 그들은 공인된 종교도, 그것을 공언하는 사람들도 결코 모독하지 않는다. 그들은 선량하고 근면한 사람들이며, 윤리적이고 정치적인 계몽이 필연적으로 가져다 줄 변화를 말없이 기다리고 있다.

왜 파리 고등법원은 그들에게 프랑스 호적을 보장하라는 왕권의 청원을 받고서 그 사려 깊고 온정이 넘치는 계획의 실행을 망설였을까? 고등법원은 왜 그들의 부역 철폐에, 그들에 대한 지배적 지위 폐지에 반대했을까? … 그 '이유'를 검토해 봐야겠다. 정말, 이 문제는 나를 흥분시킨다. 그것을 포기할 수가 없다.

231 종교의 자유

파리는 종교의 자유가 가능한 최고한도에 달해 있다. 어느 누구도 당신의 신앙에 대해 설명을 요구하지 않을 것이다. 당신은 소교구 본당에 한 발짝도 들여놓지 않고서도, 그리고 주임신부의 얼굴을 모르고도 그곳에서 30년을 살 수 있다. 하지만 염려가 된다면 당신은 축성된 빵을 그곳에 돌려주고, 당신의 아이들을 그곳에서 세례 받게 하고, 그리고 구빈세(救貧稅)를 납부해야 한다. 보잘것없는 세금이지만 모든 시민은 자발적으로 3배를 내야 한다. 당신이 병들어 있을 때라도, 주임신부가 무례한 사람이 아니라면, 또 당신이 유명한 사람이거나 잘 알려진 사람이 아니라면, 그는 결코 당신을 귀찮게 하러 오지 않을 것이다. 당신은 주임신부의 방문이 정말 싫다면 그를 문전박대할 수도 있다.

신부는 이제 서민들의 집에만 들어간다. 왜냐하면 이들 계급에게는 문지기가 없기 때문이다. 전혀 다른 환자의 집에서는 환자가 죽어가기를 기다린다. 그리고는 소교구 본당에 서둘러 사람을 보낸다. 신부가 숨을 헐떡이며 성유를 들고 달려온다. 사람들이 가버리고 이젠 아무도 없다. 선의(善意)가 사건으로 여겨진다.

어떤 사람이 100피스톨짜리 장례행렬을 주문하면 장례식에는 평생 죽은 사람을 본 적이 없는 법의를 입은 가짜 고해신부가 온다. 그는 이러한 배려의 대가로 1루이의 금화와 커다란 양초를 받는다. 주임신부와 고해신부, 상속자들은 모두가 만족해한다. 이렇게 보통 사람은 소리 없이 저승으로 떠나간다. 그는 이승의 관습에 지나치게 반하지 않고 추문을 일으키지도 않으며 '우회적인 수단으로' 저승에 다다른다.

연민에 싸여 그 종교의식을 보는 사람이 10만 명 이상이다. 교회 안에는 교회에 자주 오고 싶어 하는 사람들만 보인다. 교회에는 연중 며칠간 사람들로 가득 찬다. 종교의식 때문에 군중이 모이는 것이다. 모인 사람들 중 적어도 4분의 3은 항상 여자들이다. 사순절에는 제법 이름이 알려진 설교자들의 스타일과 웅변, 말솜씨를 보기 위해 그들의 이야기를 들으러 간다.

어떤 사람이 주교에게 말했다. "당신은 무엇이 불만입니까? 한 명이라도 신성모독자를 본 적이 있나요? 어떤 철학자가 설교를 조금이라도 방해한 적이 있습니까? 설교단에서 설교하는 사람들에게 따지거나 반대하는 사람을 한 사람이라도 만난 적이 있습니까? 그 사람들은 언제나 최고의 권리를 누려 왔습니다. 그들이 무슨 말을 하건 절대 방해받지 않고 반박받지 않는 권리를요." 주교가 대답했다. "가끔씩 신성모독자가 몇 사람 있으면 정말 좋을 텐데! 사람들이 적어도 우리 생각을 할 것 아닌가? 하지만 그들이 우리에게 버릇없이 대한다는 것을 그들은 잊고 있다네."

내가 아는 한 장례를 거부당한 사람은 볼테르밖에 없다. 그때 생쉴피스 교회의 주임신부[68]는 자기 종교에 미칠 이해득실을 제대로 알지 못했다. 그의 자리에 다른 10명의 주임신부가 있었다면 그들은 볼테르에게 장례를 치러 주었을 것이다. 이미 그가 죽었기 때문이다.

68 생쉴피스 교회의 주임신부 테르삭 신부가 볼테르의 장례를 거부했기 때문에 달랑베르는 베를린의 가톨릭 교회에서 미사를 올릴 수 있도록 필요한 일을 해달라고 프리드리히 2세에게 요청했다. 왕은 미사 허가를 얻을 수 있었고, 마침내 1780년 5월 30일 미사가 거행되었으며, 유럽의 신문들은 그 소식의 전파를 책임졌다.

게다가 그들이라면 볼테르를 개종자로, 그리고 선한 가톨릭 신자로 장례를 치러 주었을 것이고, 일을 잘 처리했을 것이다.

그럼에도 볼테르의 시신은 성지에 묻혔다. 그는 파리에서는 의식을 거부당했지만, 유쾌한 익살꾼인 프로이센 왕의 명령에 의해 베를린의 가톨릭 교회에서 의식을 치렀다. 「마호메트」[69] 저자의 묘에는 어린 양의 피가 뿌려졌다. 철학자들의 완고한 방침은 실패하지 않았다. 볼테르는 영혼의 휴식을 위한 미사를 얻어내었다. 그러한 혜택을 빼앗기고 싶어하는 철학자는 아무도 없다. 그러한 영혼의 휴식이 그들의 기쁨이기 때문이다.

유대인이나 개신교도, 이신론자(理神論者), 무신론자, 몰리나주의 신봉자들이 보기에 그 역시 죄인인 얀센주의 교도, '리에니스트들'[70]은 모두 자신들의 환상에 따라 살아간다. 이젠 어디에서도 종교에 관해 논쟁하지 않는다. 그것은 이미 결정적 판결이 내려진 케케묵은 소송이며, 여러 세기에 걸친 교훈을 얻어 이제 때가 된 것이다. 어떤 모임에서 신부를 조롱하고자 하는 것보다 더 품위 없는 행동은 없다. 관리가 자기 직무를 보듯이 신부도 즐겁게 자신의 일을 하는 것이다. 이제는 누구도 빈축을 하지도, 빈축을 받지도 않는다.

'대사(大赦)' 날이 오면 사람들은 '활기차게' 여러 교회들을 이리저리 돌아다닌다. 하지만 이러한 열기는 일시적이다. 유명해지기 위해서 '신자들의 대열'에 합류하고자 했던 사람들이 3개월 후면 자신들의 역할을 잊어버리고 다시 전반적인 무관심에 빠지는데, 오늘날 종교 문제에 관련하여 이러한 태도가 하층 계급에 속하지 않는 파리

69 볼테르가 1736년에 쓴 비극 「광신 혹은 마호메트」는 1741년 4월 25일 릴에서 초연되었고, 이어서 1742년 8월 9일 파리에서도 상연되었다.

70 riennistes: 메르시에가 만들어낸 신어(新語)로, 아무것도 믿지 않는 사람들을 뜻한다.

인들의 특징이다.

지식으로 인해 이처럼 바람직한 평온이 얻어졌고, 광신은 스스로를 소진시킬 수밖에 없었다. 이제 얀센주의와 몰리나주의에 대한 이야기는 어리석음과 위선이 횡행하는 몇몇 어두운 수도원들에서만 들을 수 있을 뿐이다. 몇몇 여성들만이 속세의 쾌락을 함께 할 수 없기에, 소교구에 자주 드나드는 자들, 즉 하층 계급 태생으로 거의 하층 계급과 혼동되는 종교지도자들 앞에서 그와 같이 낡은 논쟁에 몰두한다.

232 평민

더욱더 소중할 수 있는 '정치적 자유'가 파리에는 실재하지 않는다. 우리들 중에는 '평민(plébéiens)'이라는 명사를 부활시키려 하는 사람들이 있는 모양이다. 이런! 그것은 불가능할 것이다. 왜냐하면 그 단어에 연결되는 의미가 아무것도 없을 것이기 때문이다. '영국 평민'이라고 말하는 것처럼 '프랑스 평민'이라고 말할 수는 없을 것이다. 파리에 평민은 존재하지 않는다. 서민이거나 부르주아거나 파리 주민이 있을 뿐이다! 파리의 주민은 작위가 있고, 집이 있고, 특권 혹은 세금 부담이 있다. 하지만 정치적 삶은 없다. 파리 주민에게는 아무런 구속 없이 자신의 증오나 불만을 표현하는 습관도 없고, 그럴 권리도 없다. 영국 평민은 말하자면 하나의 집단으로서 자신의 이해관계와 행동원리를 판단한다. 영국 평민에게는 이성과 엄정성이라는 특징이 있다. 파리의 주민들은 전체적으로 볼 때 무엇이 자기들에게 적절한지를 분간할 수 있는 그러한 확실한 본능이 없다. 그들은 교육을 못 받아서 영국 평민처럼 글을 읽을 줄을 모르기 때문이다.

언론의 자유가 없기 때문에 파리 주민들은 오랫동안 법적 능력을 갖지 못할 것이다. 파리 주민은 무지(無知)할 수밖에 없는 운명이다. 그들의 애국심은 계몽되지 않았기에 필연적으로 허약하며, 그들에게는 쉬이 사그라지는 걱정 외에는 아무것도 없다. 그들에게는 자신의 감정에 충실할 자유마저도 없다. 그들은 아마 자신의 불평소리만큼이나 박수갈채도 불안해할 것이다.

결국 파리는 강력하고 솔직한 진실의 함성이 터져나올 공개적인 언로(言路)가 없다. 진실은 결코 군주의 귀를 울리지 못한다. 그것은 소수의 사람들에게서 소심하고 완곡하게 흘러나오지만, 그들마저도 공공연한 고통의 부담을 견디지 못하고, 정권의 실수를 전보다 더 무관심한 눈으로 바라본다.

파리에서는 이처럼 공적인 일에 대해서 아무런 활동도 없고 아무런 활력도 없다. 파리 주민에게는 말할 권리도, 자신의 말이 들리게 할 권리도 없기 때문이다. 그들은 가장 하찮은 반대, 최소한의 성급함도 선동적인 음모로, 불법 봉기로 탈바꿈될 수 있다는 것을 잘 알고 있다. 그래서 파리 주민은 정부 활동에 대해 단순한 방관자가 된다. 파리 주민은 태양의 운행과 마찬가지로, 정부도 자연법칙에 따라 불변의 본성에 의해 결정되어 있다고 믿는다. 또한 다른 어떤 유럽 국가에서보다도 파리에서는 어리석음과 정치적 무지가 일반대중의 특성이다. 거기서 예외가 되는 나라는 하나도 없다.

그러므로 어떤 부르주아가 이웃 나라의 권력에 대해 이야기하는 방식보다 더 어리석은 것은 아무것도 생각할 수 없다. 그는 자신이 속한 공동체 '대표'의 이념에 따라 모든 것을 정돈하고, '경찰서장', '치안총감', '장관'의 서열을 모든 정부의 모델로 간주한다. 그는 어째서 공화주의자들이 그렇게 공적인 일에 깊이 관여하는지 이해하지 못한다. 그에게 공화주의자들이란, 국왕의 훈계를 받아 더 온순해져야 할 반란자, 폭도로 간주된다.

233 인두세

성직에 있지 않은 모든 사람은 인두세를 낸다. 심지어 프랑스 왕세자조차도 제1 신하로서 이 세금을 낸다. 이것이 좋은 야유거리이기도 하다. 장자크 루소는 당시 오페라 극장 관할권을 가진 시 위원회가 자신의 『마을의 예언가』에 대해 자신에게 '6만 프랑'의 빚이 있다는 것을 내세워 인두세[71]를 내지 않겠다고 고집했다.[72]

주둔군을 그의 다락방으로 파견하려 했을 때, 제때 보고를 받은 징수관이 이 소송 건을 파리 시장(市長)과 시 행정관, 구역 법정으로 이송했다.[73] 회의가 열렸고 의견들을 수집한 결과, 『에밀』의 저자인 그에게 '3리브르 12수'[74]의 인두세를 관대하게 면제해 주기로 결정이 났다.

나는 루소 관련 소송들과 그의 끈질긴 저항의 증인이었기 때문

71 이 직접세는 처음에는 지위와 기능에 따라 22개 등급으로 분류되어 모든 프랑스인에게 부과되었다. 각 등급 내에서는 모두가 동일한 금액을 내야 했다. 제1 등급은 2천 리브르, 마지막 등급은 1리브르였다. 아우크스부르크 동맹 전쟁과 관련한 재정난에 대응하기 위해 1695년에 부과되기 시작한 이 세금은 1697년 라이스바이크 평화조약 이후 폐지되었다가, 1701년 새로운 전쟁(에스파냐 왕위계승 전쟁)을 대비하여 복원되었다. 하지만 그 체계는 특권층에 유리하게 변경되었고, 공표 당시 임시세였지만 프랑스 대혁명 때까지 존속한다.

72 루소는 『고백록』 제10권에서 이 사건을 진술한다. 오페라 극장 경영진이 이 작품을 동의 없이 사용했지만, 루소는 소송에서 이길 수 없자 1774년 4월까지 작품을 그들에게 맡겨 두었다.

73 파리 시장은 거래의 관리를 담당했고, 시 행정관은 치안과 지방행정 업무 감독을 담당했다. 구역장에게는 구역감시 업무가 맡겨졌다.

74 이는 통상 하녀 한 사람분의 세금이다.

에 이 사건을 감히 증언하는 것이다. 루소는 자기 말을 듣지 않으면 영원히 자신의 분노를 감당해야 할 것이라고 말하며, 아내와 친구들에게 자신을 대신해서 사무국에 세금을 내지 못하게 했다. 제아무리 위대한 작가들이라 하더라도 주둔군은 그들에게 전혀 존경심을 갖고 있지 않다는 것을 이유로 사람들이 그에게 반대했다. 루소가 대답했다. "그래, 그들이 내 방과 침대를 빼앗는다면, 나는 나무 밑에 가서 앉을 거야. 그리고 거기서 죽음을 기다릴 거야." 그는 언행이 일치하는 사람이었다. 다행스럽게도 주둔군은 자신들이 소송을 제기한 사람이 가난하지만 얼마나 유명한 사람인지를 알아차렸다. 그래서 그는 우체국에서 멀지 않은 플라트리에르 길[75]의 6층 방에 머물러 있을 수 있었다.

명예로운 지위를 전혀 갖지 못한 이 세금은 '10분의 1세'와 '상품반입세'보다 더 경각심을 일으킨다. 개개인에게 직접 부과되고 개개인의 인격에 부과되기 때문이다. 그것은 다른 세금들과 비교해 볼 때 수익성이 거의 없으며, 시민으로 하여금 자신에 대해 귀중한 자부심을 갖게 하지 못한다. 하지만 금융상의 작용에 힘입어 그것은 몇 년 전부터 터무니없이 증가하고 있다. 이의신청의 길이 열리지 않는다면 머지않아 과중하고 가공할 만한 세금이 될 것이다. 파리 시장은 이러한 분야의 재판관이다. 그는 사람들이 빨리 손을 쓰는 경우 청원의 정당성을 인정해 준다.

이러한 인두세에는 리브르당 4수와 궁정 복원세 등이 추가된다. 그런 것들이 제2의 세금이 되는데, 그것들을 모두 합하면 애초의 세금과 거의 동일한 액수에 이른다.

75 현재의 장자크 루소 길(1구).

공공의 재정이 이성과 인간성에 정반대되는 것이 아니라면 마차나 저택, 하인, 도시 내에서 울타리로 둘러싸인 정원 같은 물품과 사치품에 세금이 부과되어야 할 것이다. 그리하면 돈을 가진 자에게만 돈을 요구하게 될 것이다.

인두세를 내지 않을 경우 '민사상의 압류'는 없을 것이다. 다시 말해 당신의 가구를 빼앗아 노천시장에 내다 파는 일은 없을 것이다. 하지만 그 대신 '군사상 집행'이 있게 된다. 징수관은 프랑스 왕의 이름으로 당신에게 주둔군을 보낼 것이고, 당신은 당신의 침대에서 잠을 자고 당신의 난로에 수프를 끓이는 군인들을 집에 맞이하게 될 것이다.

오페라 극장은 '배우들의 인두세' 대신으로 매년 네 차례 특별 공연을 한다. 그렇게 해서 배우들은 돈 대신 말로 때우게 된다. 다시 말해 도약과 춤으로 인두세를 대신한다. 초과 금액은 그들에게 특별 수당이 된다.

'30수'짜리 인두세가 있다. 지붕이 있고 사방이 터져 있는 구석구석에 '왕의 이름으로' 집행명령이 전달된다. 인도(印度)에서는 거지들이 이[虱]로 조세를 지불한다. 그들은 자신들이 가진 것을 주는 것이다. 내가 이야기하는 불우한 자들은 인도 방식을 따르면 훨씬 더 쉽게 빚을 갚을 것이다.

눈에 띄지 않게 점차 늘어난 인두세가 2배가 되었다. 마찬가지로 20분의 1세,[76] 타유세,[77] 그리고 부차적인 세금들이 올랐다. 언제 그렇게 되었는가? 네케르의 관리 체계에서 그러했다. 그래도 그는 세금을 부과하지 않은 것으로 간주되었다.

76 20분의 1세는 소득에 대해 20분의 1을 과세하는 것으로, 1749년 5월에 부과되었다.
77 1445년부터 귀족이 아닌 자들에게 부과된 직접세로, 여러 가지로 남용되었다.

파리의 부르주아는 인두세와 이중의 20분의 1세를 거둬들이는 사람들을 명예로운 시민에 포함시키지 않으려고 세심한 주의를 기울이고 있음에 틀림없다. 그들은 복음서의 정신과 표현에 따라서 그들을 '징세청부업자'로 간주하는 것 같다. 그것은 악착스런 세리(稅吏)들과 그들의 몰인정한 업무, 그리고 가끔은 그들의 성격까지 그들 나름대로 응징하기 위해 지나는 길에 실천하는 합법적인 작은 복수인 것이다. 세리들은 터무니없는 법률들을 받아들이고 그것들을 시행하게 하기에 언제든지 시민들의 공동 이익으로부터 결별할 준비가 되어 있기 때문이다. 따라서 그들의 직무로써 그들을 높이 평가해서는 안 된다. 그들의 직무는 억압적이거나 혹은 적어도 자의적 성격을 가지고 있다.

'원칙이 불분명하기 때문에 빈번히 이의와 불만을 야기하는 인두세'에 대해 네케르 자신이 왕에게 무슨 말을 했는지 보라. 그는 인두세가 '자의적 할당'에 맡겨져 있음을 실토한다. 이 말에 무엇을 더 보태겠는가?

234 오페라 극장 여배우들

축제와 연극, 사치스럽고 경박한 쾌락을 위해 돈이 새나간다. 특히 오페라 극장은 많은 비용으로 유지되면서 용기 있는 사람들을 여자처럼 만들고, 국가의 우수한 인재들을 욕망의 도가니에 빠뜨려 나태하게 세월을 보내게 한다.

그들은 무슨 짓이든 서슴지 않는다. 능란한 매혹적인 여성들이 젊은이들의 생식기에 욕망의 불꽃을 일으키는 그러한 관능적인 자세들을 아낌없이 보여준다. 분노를 일으킬 법한 그들의 대담한 시선이 경솔한 젊은이들을 불러 모은다. 이처럼 아름다운 여성들은 값이 아주 비싸다는 것, 그들에게는 돈으로 살 수 없는 경쟁자들이 있다는 것을 사람들은 잊는다. 헤아릴 수 없는 요염한 매력이 원래 그들에게 있는 것으로 간주된다. 그들은 그들이 찬양하고 노래하는 신적인 인물의 모습으로 가득 차 있는 것처럼 보이기 때문이다. 그들의 품안에 안겼을 때 비로소 사람들은 그들의 매력에 환멸을 느낀다. 방탕의 전적인 희생자는 언제나 냉정한 사랑의 여사제인 것이다.

여자 아이가 연극 무대에 발을 들여놓으면 그 즉시 부권(父權)에서 벗어난다. 특별법 하나로 가장 오래되고 엄격한 법들이 무용지물이 되는 것이다. 이 오페라 극장 여배우는 다이아몬드로 치장한 휘황찬란한 모습으로 고향에 나타난다. 그녀는 화려한 드레스와 우아한 마차, 그리고 멋진 말[馬]들 때문에 친구들로부터 존경의 대상이 된다. 그들 사이에서도 호화로움의 정도에 따라 차이가 생겨서, 가장 부유한 여자는 더 이상 같은 일을 하는 것 같지 않다. 가장 부유한 여자는 신인 배우를 오만하게 맞이하고, 마치 귀족 부인 같은 태도로 마음에 드는 보석상과 솜씨 좋은 부인복 판매상을 대한다. 그녀 앞에 서면 사법관은 그녀의 근심을 덜어주고, 조신은 미소를 지으며, 군인은 무례하게 굴지 않는다. 매일 아침 그녀의 화장대는 새로운 선물들로 넘쳐난다. 마치 그녀의 집에 노다지가 굴러다니는 것 같다.

하지만 그녀를 키워주었던 유행이 변화하기에 이른다. 그녀가 알지도 못했고 또는 경멸했던 보잘것없는 상대가 무례하게도 경쟁자로 등장하여 빛을 발하고, 그녀를 압도하며, 그녀의 살롱을 황량하게 만든다. 아직도 여전히 아름다움을 갖고 있음에도 불구하고, 이 오만한 고급 매춘부는 이듬해엔 막대한 빚과 더불어 홀로 남게 된다. 연인들은 모두가 달아나버린 뒤이다. 자신과 관련된 소송이 전부 해결되고 나면, 그녀에게는 겨우 신발과 루즈를 살 돈밖에 남지 않게 된다.

235 결혼 혐오

많은 처녀들이 방종한 자유, 그러면서도 인구 증가에 유리한 쪽으로 방향을 틀지 않는 자유를 누리고 있다. 정숙성의 엄격한 감시자인 부모의 보호 아래, 가난 때문이거나 어리석은 자존심 때문에 평생을 독신으로 살아가지 않을 수 없는 그 수많은 처녀들을 당신이라면 어떻게 하겠는가? 그들은 늘 파멸의 위기에 처해 있는 것이 아닌가? 그리고 조만간에 우울증이나 방탕의 희생자가 되는 것이 아닌가?

지참금의 지원이 없다면 우리에게 아름다움과 미덕은 아무런 쓸모가 없다. 남자들이 가장 달콤한 계약서에 서명하기를 피하고 두려워하는 것으로 보아, 우리 법체계에 근본적인 결함이 있음이 분명하다. 남편이라는 지위에 따라오는 부담에 놀란 남자는 배은망덕한, 혹은 정도가 지나친 조국에 더 이상 공물을 바치려하지 않는다.

여성들이 사치에 빠져 스스로에게 반하는 행동을 해 왔거나, 우리가 타락의 최후 경계선에서 멀리 떨어져 있지 않은 것이다. 우리는 이제 지참금 없이는 결혼하지 않는다. 남자들은 더 이상 결혼을 하지 않거나, 어쩔 수 없는 경우에 한해 결혼한다. 사회질서가 왜 이다지 뒤집혔는가! 이와 같은 공공의 악습을 치료할 약은 무엇인가?

그 악습에 편리한 점이 그렇게 많은 도시에 어찌 독신자들이 없을 수 있겠는가? 여성들이 방탕하고 자신들의 의무를 경멸하는데, 관습에 의해 웃음거리가 되고, 죄가 저질러지고 나서야 비로소 법으로 보호받으며, 더 이상 덧붙일 추문이 없는 인연의 결과에 대해 남성들이 어떻게 겁을 먹지 않겠는가?

이어지는 장(章)에서는 말하자면 무엇이 결혼을 조롱의 대상으로 만드는 것인지 자세히 살펴보자. 모든 것이 악습에 유리하다. 그러면 도대체 미덕에 남아 있는 것은 무엇일까?

236 당신이 원하는 평판

가장 명석한 젊은이들을 자신들의 그물망에 포획하여 다른 여성들에게서 그들을 빼앗아 가는 수많은 고급 매춘부 무리로 인해, 뻔뻔스럽게 방탕하지는 않지만 엄격한 금욕의 미덕을 갖고 있지도 않은 여성들의 부류가 파리에서 탄생했다. 그녀들은 몸가짐에 있어 똑같이 자신감을 갖고 있지는 않지만, 거의 비슷하게 타인의 환심을 사려는 시선을 갖고 있다. 그녀들은 돈을 받는 것이 아니라 품위 있어 보이는 보석들을 받는다. 그녀들은 자신들의 경쟁자이자 적(敵)인 매춘부들을 아주 맹렬하게 비난한다. 하지만 때로 노름에서 돈을 잃고 무일푼이 된 것을 남몰래 한탄한다. 그래서 그녀들은 무서워는 하지만 존경하지는 않는 자기 남편들에게 질책 받지 않을 돈을 은밀히 건네받는다.

그녀들을 소유하고 싶은 남자는 오로지 그녀들의 북[78]이나 향수케이스, 보석 상자를 바꿔주는 수고만 들이면 되는데, 왜냐하면 금은 절대로 여러 가지 색깔을 갖지 않는 데 비해, 그러한 것들의 유행은 반드시 계속해서 따라야 하기 때문이다.

이 여자들이 무도회나 콜로세움, 극장에 나타날 수 있게 하는 것, 그리고 그녀들과 우연히 마주쳤을 때, '모(某) 신사분의 팔짱을 끼고 있는 어떤 여자'라고 하지 않고 '어떤 귀부인'이라고 말하게 하는 것

78 여성들이 장식용 리본을 짜는 데 사용했던 금이나 조개껍데기 혹은 칠기로 만든 물건.

은 바로 패션이다. 그녀들을 비방하려는 사람에게는 불행이 찾아올지니! 친한 친구들의 범위는 점점 무한히 연장되어 불붙을 것이다. 그래서 어디에선가 비방자가 나타날 때면 그녀들은 그를 접대하는 데 골치가 아플 것이다. 그 비방자는 사교계의 모든 자질구레한 합의를 방해하는 사람으로, 흔히 사용되는 용어를 쓰자면 '악독한 놈'으로 간주될 것이다. 그 말이 내게 이 장을 빨리 끝내라고 경고하고 있다.

237 몇몇 여성에 대하여

만약 여성들이 공격해 온다면, 그녀들의 매력, 대담무쌍한 정열, 사랑의 열정 앞에서 우리는 어떻게 될까? 자연은 여성들에게 수줍음을 주었는데, 그것은 그녀들에게 부여되지 않은 힘의 결핍에 따른 결과이다. 오늘날 몇몇 여성들은 심심풀이로, 호기심에 의해서, 특히 야심을 품고, 공세를 스스로 금하지 않는다. 하지만 그로 인해 자연의 체계가 파괴되는 것은 아니다. 남자는 거부권을 갖거나 '일시적인 사랑'만으로 별일 없이 끝난다.

이 짧은 장은 아직도 순수가 지배하는 행복한 나라에서는 이해되지 않을 것이다. 그러나 다른 곳에서라면 너무나도 잘 이해될 것이다. 그러므로 내가 이 장을 완성할 필요는 없다. 내 펜으로 이처럼 파렴치한 문제들을 다룬다는 것이 몹시 유감스럽다. 하지만 그래도 나는 파리를 묘사한다.

238 매춘부

이들은 결국 자기 몸을 팔아서 오늘날의 모습이 된 것이다. 그녀들에게는 한 가지 악습이 없는데, 그것은 위선이다. 방탕하면서도 얌전한 체하는 여자가 정숙함과 사랑이라는 허울을 쓰고 종종 유발하는 피해를 그들은 일으킬 수 없다. 가난 또는 부모의 유기로 인한 불행한 희생자이고 격렬한 기질에 의해 결정되는 경우는 드문 이 매춘부들은, 모욕을 받아도 경멸을 당해도 화내지 않는다. 그녀들은 자신들이 보기에도 타락해 있다. 더 이상 수줍어하는 태도로는 그 매력을 발산할 수 없기에, 그녀들은 그 반대편인 뻔뻔스러움과 파렴치함을 내세운다.

하지만 이 헤어나기 힘든 타락에도 정도가 있다. 어떤 매춘부는 쾌락과 돈에 동시에 몰두한다. 또 어떤 매춘부는 짐승만도 못해서 더 이상 여성스럽지도 않고, 자신이 조롱을 불러일으킨다는 것조차도 느끼지 못한다.

우리는 여기서 풍기문란과 방탕의 장면들을 제시함으로써 순결한 귀를 가진 사람들, 순수한 눈을 가진 사람들을 모욕하려는 것이 아니다. 우리는 성적 방종의 환상들을, 3만의 매춘부들에게 몸을 바치고 있는 5만 독신자들의 돌출행위와 혈기를 말하지 않을 것이다. 매춘부들의 수는 그만큼에 달해 있다.

천재 기질이 있는 화가 레티프 드 라브르톤은 자신의 작품『타락한 농부』에서 그녀들에 대한 그림을 그렸다. 그 그림은 거침없는 터치로 그려져서 눈을 뜨고 볼 수 없을 정도이다. 하지만 불행히도 그 그림은 너무나 사실 그대로를 보여준다. 잠시 멈춰 서서 감수성 예민한 상상력을 공포에 빠뜨리지 않도록 주의하자. 인간의 숨겨진 방탕한 모습들은 백일하에 드러내기에 적합하지 않기 때문이다.

다만 정념의 혼란을 지나치게 부추기는 수많은 매춘부들로 인해 젊은 남성들이 자유분방한 태도를 갖게 되었고, 그래서 가장 정숙한 여성들과 있을 때도 그들이 그러한 태도를 취한다는 것만 이야기하자. 그 결과 이처럼 세련된 시대에도 사람들은 사랑에 있어서는 야만스러운 것이다.

우리는 조상들의 재기 넘치는 '섬세한 태도'와 너무나 멀어져 있다. 그래서 여성들과의 대화도 우리는 최고라고 생각하지만, 사실 세련된 경우가 드물다. 여성들과의 대화에 넘쳐나는 것은 시시한 농담과 애매모호한 말, 그리고 추잡한 이야기들이다. 이처럼 기품 없는 태도를 바로 잡아야 할 때인 것 같다. 들어주지 않으면 '내숭쟁이'로 간주되기 때문에 어쩔 수 없이 들어주어야 하는 이러한 이야기들을 더 이상 용인하지 않음으로써 개혁을 이루어야 하는 것이 바로 여성들의 몫이다.

수치스럽고 공개적인 정열은 그 자체에 치유책을 지니고 있고, 또한 용서할 수 없을 것 같은 무절제한 정열만큼 제거하기가 어렵지는 않을 것이다. 그래서 나는 '매춘부'가 '교녀(嬌女)'보다도 정숙한 여성이 될 가능성이 더 많다고 생각한다.

그런데 매춘부들의 추문은 파리에 너무나 깊숙이 침투해 있다. 풍속에 대한 능멸이 이처럼 명백하고 공공연해지는 것은 바람직하지 않아 보인다. 수치심과 공적 정절을 더욱 존중해야 할 것이다.

세련되게 차려 입은 매춘부가 남자들에게 달려들어 악습을 드러내고, 풍기문란 속에서 환히 웃으며 법 자체의 보호 아래 과도한 방종을 즐기는 모습을 자신의 딸이 집 앞에서 보게 될 때, 가난하지만 정직한 가장이라면 정념의 시대에 어떻게 그 딸을 순진무구하게 보호할 수 있다고 자신하겠는가? 스스로에 대해 반성하면서 딸은 미덕의 실천과 관련해서는 확고부동한 가치가 전혀 없다는 것을 알게 될 것이고, 자기 자신과의 싸움에 지칠 것이다. 이성은 지혜에서 비롯되는 이익들을 그녀가 명확히 알게 해줄 수 없을 것이다. 특히 여성을 대상으로 하는 엽색가(獵色家)들의 가장 위험한 실례만을 그녀는 보게 될 것이다.

한편으로 가장 대담한 상상력을 동원하더라도 현재의 풍기문란을 넘어서는 것은 거의 불가능하다. 최상층뿐만 아니라 최하층 시민의 타락은 더 이상 진전시킬 것이 거의 없을 정도이다.

파리의 '매춘부', 다시 말해서 '창녀(vulgivagues)'의 수는 3만에 이른다. 그리고 약 1만은 그녀들보다는 정숙하지만 첩으로 '얹혀 살고' 있으며, 해마다 이 사람 저 사람의 수중을 전전한다. 그런 여자들을 예전에는 '사랑에 약한 여자'나 '육체의 탐닉에 빠진 여자'라고 불렀다. 매춘부들은 사랑에 빠진 여자들이 아니다. 그녀들이 육체를 탐닉하는 사람들이라면, 그녀들을 자주 찾아오는 사람들은 훨씬 더 무분별한 사람들이다.

경찰은 이들 파렴치한 집단에서 '첩자'들을 물색하려 한다. 경찰의 앞잡이들은 이 불행한 여자들의 도움을 받으면서 사태의 혼란에 자신들의 타락을 보태고, 자신들을 위한 법은 더 이상 존재하지 않는다고 생각하는 이 비천한 집단에 은밀하게 폭압적인 영향력을 행사한다. 마침내 그들은 때로는 가장 천한 매춘부보다도 더욱 끔찍하게 타락한 모습을 보인다. 왜냐하면 매춘부는 이들 앞잡이들을 멸시하는 태도로 대할 수 있는 권리를 획득하기 때문인데, 그만큼 그들은 비열함의 극치를 달린다! 정말이지 방탕한 삶을 사는 이 여자들보다도 못한 존재들이 있다. 그 존재들이 바로 '몇몇 경찰 따까리들'

이다.

치안총감령에 의해 상인들이 이 여자들에게 돈을 받고 '드레스'와 '털외투', '케이프 및 기타 장신구들'을 임대하는 것은 금지되어 있다. 이것은 한편에 극단적인 빈곤이 있고, 다른 한편에 엄청난 고리대금이 있음을 입증하는 것인데, 이들 상인들은 이 여자들을 상대로 폭리를 취하면서도 전혀 부끄러워하지 않았다. 이 여자들은 가구도 옷도 없지만, 좀 더 비싼 값을 받아내기 위해 자기 몸을 치장할 필요를 느꼈다. '털외투'를 입으면 '블라우스'를 입은 것보다 더 많은 돈을 요구할 수 있기 때문이었다.

매주 야음을 틈타 그녀들에 대한 공략이 이루어지는데, 그것이 너무도 손쉽게 이루어지기 때문에 그렇게 취급당하는 사람들을 경멸하면서도 정치 이론가라면 틀림없이 기분이 상할 것이다. 그는 야심한 시각에 가정의 안식처에서 이루어지는 폭력, 여성의 연약함, 여성이 겪는 학대, 그리고 그로 인해 야기될 수 있는 부정적 측면들을 생각할 것이다. 때로는 이들이 임신하고 있는 경우도 있다. 방탕하다고 해서 항상 아이가 생기지 않는 것은 아니기 때문이다.

그녀들은 생마르탱 길의 유치장에 수감된[79] 다음, 매월 마지막 금요일에 '경찰에 출두한다.' 다시 말해서 무릎을 꿇은 채 살페트리에르 감금형을 판결하는 선고를 받는다. 그녀들에게는 소송대리인도 변호사도 변호인단도 없다. 그녀들에 대한 판결은 아주 제멋대로이다.

79 1684년 4월 20일자 치안총감령에 따라 매춘부들이나 여자 술꾼들, 그리고 기타 추잡한 행위를 하는 여자들의 체포가 예고되었다. 이들은 생마르탱 수용소에 인도되었고, 그곳에서 마른 빵과 물을 먹으며 매월 마지막 금요일, 샤틀레 재판소의 치안총감 앞에 출두하는 날을 기다렸다. 치안총감은 그녀들을 석방하거나 살페트리에르에 감금시킬 수 있는 권한이 있었다.

다음날 그녀들은 덮개도 없는 길다란 짐수레에 태워진다. 모두 콩나물시루처럼 빽빽하게 선 채로 있다. 어떤 여자는 눈물을 흘리고, 또 어떤 여자는 울먹인다. 울먹이는 여자는 얼굴을 가리고 있다. 가장 뻔뻔스러운 여자들은 심한 말을 퍼붓는 서민들의 눈을 빤히 마주본다. 그녀들은 자신들이 지나갈 때 소리 높이 외치는 군중들에게 상소리로 응수하며 맞선다. 파렴치한 여자들을 태운 이 수레는 대낮에 도시 일부를 가로질러 간다. 이 행진 이야기를 화제로 삼는 것은 아직도 공공의 예절에 어긋난다.

'돈깨나 있는 매춘부들'과 '포주들'은 약간의 돈을 내고 덮개가 있는 수레에 타고 갈 수 있는 허가를 얻는다.

병원에 도착하면 그녀들은 검진을 받고, 감염된 사람들은 분리되어 비세트르[80]에 보내져 그곳에서 치료를 받거나 죽음을 맞는다. 내 글감으로 제공된 새로운 풍경이지만, 나는 아직도 주춤거린다. 그것을 자세히 추적하는 것이 겁나고, 그것이 내 온몸에 남겨놓은 끔찍한 인상에서 벗어나지 못했기 때문이다.

오, 그대여! 도시에서 멀리 떨어져 평화롭게 산중의 공기를 호흡하는 알프스의 행복한 주민이여! 지평선 부근을 잡아매둔 그 산들의 눈부신 정상을 덮고 있는 눈처럼, 그대는 주변에서 오직 순진하고 순결하며 때묻지 않은 아름다운 것들만 보는구나! 단순하고 평화로운 취향으로 타락의 중심에서 멀리 있는 만큼 좋은 품행으로써 찬란한 타락의 중심에서 멀리 떨어져 있는 그 미덕의 체류지에서, 다정한 아내의 정숙한 포옹과 사랑스런 누이의 애정표시를 체험하고 더 잘 음미하는 법을 배워라. 영혼의 순수함과 진실하고 감동적인 절

80 구빈원 내에서 비세트르는 특히 남자들을 수용했다. 하지만 1657년 문을 연 시료원에는 1690년부터 남녀 양쪽의 성병 환자들이 위탁되었다.

제가 아름다움에 얼마나 많은 매력과 호감을 부여하는지 그대는 알고 있다. 파리 여성의 꾸민 듯한 미소와 시선, 그리고 방탕이라는 단어는 생각조차 할 수 없는 신선함과 건강으로 빛나는 이곳 처녀들의 활기차고 부끄럼 많은 태도 사이에는 얼마나 큰 차이가 존재하는가! 아! 너무나도 행복한 공화국 시민들이여, 가족의 행복과 덕성의 표시인 그 태도의 순수성을 그대들의 평화로운 은거지 안에 간직하라. 쓸데없는 허영에 빠져 유치한 사치를 좋아하고 방탕에 속아 파리의 야만스런 쾌락 속으로 달려 들어가는 경솔한 젊은이를 슬퍼하라. 그를 만류하고 억제하라. 그 젊은이로부터 버림받은 처녀들의 정숙한 귀가 수치스런 말들, 그들이 전체 뜻을 이해하지 못하더라도 얼굴을 붉히게 하는 말들로 놀라지 않도록 그에게 통속적이지 않은 언어로 말하라.

> 걸음을 멈추어라, 그대 불행한 자여! 여기는 사치와 돈 욕심이 결합되어 연결된 곳이다. 이곳에서는 순진무구함이 더럽혀지고 돈에 팔린다. 이곳에서는 끔찍한 세균들이 비너스의 사원과 쾌락의 중심을 차지하고 있다. 이곳에서는 치명적인 사랑의 독화살이 쏟아진다. 이곳에서는 치명적인, 혹은 최소한 무익하고 헛된 기예가 실행된다. 이곳에서는 소송과 분쟁들이 전개된다. 이곳에서 정의는 불행한 사람들에게 자신의 칼날을 그저 보여주기만 할 뿐이다. 이곳에서는 사법관과 징세청부업자가 가난한 농부의 껍질을 벗기고, 착취자는 피로 자기 배를 불리기 전에는 몸에서 떨어질 줄을 모른다. 이곳에서는 허영과 호사가 지배한다. 이곳에서는 미덕을 치켜세우긴 하지만 그것은 추위에 떨고 있는 반면, 악덕은 왕관을 쓴다. 이로부터 현재 인정받고 있는 다음과 같은 속담이 나온다. '도시는 모든 악의 어머니이다.'

'매춘부'를 위시해서 그런 종류의 이름을 붙일 수 있는 모든 여성들에게 쏟아 붓는 돈이 한 해에 거의 '5천만'이라 추정할 수 있다. 자선금 항목에 쓰이는 돈은 거의 300만에 이르지 못한다. 생각해봐야 할 불균형이다. 이 돈이 여성복 판매상, 보석 판매상, 마차 임대인, 음식점 주인, 여관 주인, 필요한 것을 모두 갖춘 호텔로 간다. 심각하게 우려스러운 것은, 갑자기 매춘이 중지되면 2만 명의 매춘부가 가난으로 죽게 된다는 것이다. 이 불행한 여성들의 일이라는 것이 생계비와 식비를 충당할 수 없기 때문이다. 한편으로 이러한 무절제는 인구가 밀집된 도시와 불가분의 관계인 것 같다. 수많은 직업들이 성적 방종과 관련된 통화의 빠른 유통에 의해서만 존속한다. 구두쇠조차도 자신을 욕망에 굴복하게 만든 젊고 매력적인 여성을 사기 위해 금고에서 금화를 꺼낸다. 더욱 강한 열정이 그가 애지중지해 오던 열정을 누른 것이다. 그가 금화를 아까워하고 눈물을 흘린다 해도 금화는 이미 빠져나간 뒤이다.

239 고급 매춘부

언제나 다이아몬드로 몸을 뒤덮고 가장 비싼 것만을 선호하지만, 때로는 가장 싼 값에 팔리는 가난뱅이 여자보다 더 아름답지 못한 여자들을 이와 같이 부른다. 하지만 기분, 운명, 처세술, 약간의 기교나 재치, 이런 것들로 인해 똑같은 목표를 갖고 있을 뿐인 여성들 사이에는 어마어마한 격차가 발생한다.

음탕한 모습만 아니라면 아마 젊은 공작부인이라 생각할 만큼 화려한 차림새로 롱샹 산책로를 휘젓고 다니는 거만한 라이스(Laïs) 같은 고급 매춘부에서부터 경계석 구석에서 저녁마다 목 빠지게 손님을 기다리는 '일반 매춘부'에 이르기까지, 같은 직업인데도 그처럼 계급 차이가 나는 것이다! 하나뿐인 동일한 것을 표현하는 데도 얼마나 많은 구분이 있고, 뉘앙스의 차이가 있으며, 다양한 이름이 있는 것인가! 연 10만 리브르인가, 아니면 15분에 1에퀴나 주화 한 닢인가의 차이가 악의 등급이나 가난의 등급을 표시하는 이러한 명칭들을 낳는다.

고급 매춘부들은 첩과 일반 매춘부들 사이에 위치해 있다. 어떤 작가가 그녀들을 다음과 같이 아주 제대로 정의한 바 있다.

> 그녀들을 조신들의 암컷으로 간주할 수 있을 것이다. 그녀들은 똑같은 악습을 갖고 있어서 똑같은 술책, 똑같은 수단을 사용하고, 똑같이 불쾌한 일을 하며, 똑같이 탐욕스럽다. 한 마디로 말해서, 그녀들은 어떤 종의 암컷이 수컷을 닮은 것 이상으로 훨씬 더 닮았다.

240 첩

등급상 고급 매춘부 아래에 있는 첩들은 도덕적으로는 덜 타락해 있다. 그녀들에게는 돈을 대주는 연인이 있는데, 그녀들은 그 연인을 조롱하며 갉아먹고 뜯어먹는다. 그런 다음 그녀들 나름의 다른 새로운 연인을 찾아 그에게 돈을 대주고 그를 위해 수많은 광태(狂態)를 벌인다.

이 여자들은 냉담해지기도 하고 격렬하게 사랑에 빠지기도 한다. 그럴 때 이 여자들은 고결한 마음에서 우러나는 공물을 사랑에 바친다. 이들은 나이가 차면 결혼에 집착한다. 명예보다 돈을 더 좋아하는 사람들이 그녀들과 결혼해서 타락에 빠진다. 이들 구혼자들은 대개 하찮은 바이올린 연주자이거나 시시한 화가, 보잘것없는 건축가이다.

페르시아에서는 (다르장스 후작[81]에 따르면) '자이드'니 '파팀'[82]이라고 하지 않고, '50토만(tomans)짜리'니 '20토만짜리'라고 말한다(1토만은 우리 돈 15에퀴의 가치를 지닌다). 마찬가지로 우리는 공익을 위해서, 그리고 누구나 살 수 있는 아주 값싼 것에 바가지를 쓰는 외국인들의 교육을 위해서 모든 것을 걸고 '첩'이라는 이름 대신 '100루이

81 D'Argens(1704~1771): 군인이자 문인으로 여배우들과의 관계로 물의를 일으켰던 난봉꾼. 자유로운 정신의 소유자이자 훌륭한 이야기꾼인 다르장스 후작은 현재는 특히 여러 편의 회고록 저자로 잘 알려져 있다.

82 자이드(Zaïde)는 모차르트의 오페라에 나오는 여주인공이고, 파팀(Fatime)은 프랑스 음악가 장필리프 라모의 오페라 발레에 나오는 여주인공이다.

짜리', '50루이짜리', '10루이짜리' 등의 이름을 써야 할 것이라고 그는 덧붙인다.

241 레티프 드 라브르톤의 『타락한 농부』

내가 말할 수 없는 것에 대해서 대담하게 묘사한 이 소설을 참조하라고 한 바 있다. 이 소설은 몇 년 전에 세상에 나왔다.[83] 여기서 작가는 힘찬 필력으로 악습으로 인한 혼란스런 모습들, 그리고 문란한 수도 파리에서 경험 미숙과 미덕이 직면한 끔찍한 위험들을 생생하게 그리고 있다. 묘사가 너무 적나라하고 너무 의미심장하지만, 그럼에도 이 작품은 유익한 것 같다. 이 책에 따르자면, 지방에 사는 아버지로서 자기 아들을 항상 곁에 두려 하는 아버지는 하나도 없기 때문이다. 아이들을 모두 파리에 보내는 최근의 이상한 풍조는 정말 큰 병이다. 아이들은 파리에 와서 신세를 망치고 타락하게 된다.

중소 도시들은 알게 모르게 인구가 줄어들고 있고, 수도의 거대한 심연은 부모들의 돈뿐만 아니라 그 자식들의 정직성과 타고난 미덕까지 집어삼킨다. 그들은 분별없는 호기심의 대가를 톡톡히 치르고 있다.

생명력과 표현력이 넘치며 극소수만이 계획을 세우고 실제로 쓸 수 있는 이 소설에 대한 문인들의 침묵은 당연히 우리를 놀라게 하고, 우리로 하여금 대다수 문인들의 불공정성 혹은 무관심에 불평을 털어놓지 않을 수 없게 한다. 그들 대다수의 문인들은 생기 없고 관습적인 하찮은 아름다움에만 감탄하며, 강력하고 생동감 있는 상상

83 『타락한 농부』는 1775년 11월 11일 검열기관에 의해 허용된 판본으로 판매되었다.

력에서 나오는 가장 인상적이고 가장 활력에 찬 표현들을 식별하거나 인정할 줄 모른다.

이는 우리에게서 상상력이 완전히 소멸되었기 때문이고, 또 아베 프레보와 그의 행복한 경쟁자 레티프 드 라브르톤의 작품들을 특징짓는 방대하고 윤리적이며 매혹적인 구성에 사람들이 더 이상 몰두할 수 없기 때문인가? 오늘날 사람들은 알렉상드랭 시구의 '반구(半句)'에, 즉 '별것 아니고 듣기에만 좋은 것'에 쓸데없는 노력을 들인다. 단어들을 신중하게 검토한다. 아카데미풍의 시시한 생각들을 글로 쓴다. 이러한 것들이 기력과 활력, 사상의 넓이, 묘사의 다양성을 대신하고 있다. 우리는 얼마나 메마르고 옹졸해지고 있는 것인가!

이처럼 힘찬 필력을 지닌 사람이 그려야 할 새로운 정경이 있다. 불행한 어머니 한 명이 굶주림과 수치 사이에서 고통을 받는다. 그녀는 자신의 딸을 팔아넘겨야만 죽음을 모면할 수 있다. 그녀의 고통을 가늠하고 그녀로부터 끔찍하고 어쩔 수 없는 희생을 기대했던 잔인한 남자들 속에서 그녀는 오랫동안 맞서 싸워 승리를 거둔 뒤 마침내 숨을 거둔다. 정말이지 그녀는 미덕에 대한 의식을 갖고 죽음을 맞는 것이다. 하지만 그녀의 죽음은 결실이 없다. 그녀가 죽은 다음날 딸은 악인의 함정에 빠지거나, 아니면 불행과 경험 미숙에 굴복하고 만다.

어떤 부유한 사람이 내 글을 읽는다면, 그리고 그가 타락시키기 위해 돈을 내놓는 사람에 속한다면, 그는 아마도 내가 이곳에서 감히 묘사할 수 없을 정도로 타락하고 사악한 어머니들을 발견하게 될 것이다. 그러나 그와 동시에 그는 이러한 묘사가 가상의 지어낸 이야기 부류 속에 처박힐 만한 것이 아님을 알게 될 것이다.

242 오페라 극장 무도회

오페라 극장 무도회는 이러한 방종을 유지하고, 일종의 일반 협약에 의해 그 방종을 공고히 한다. 그것은 가장 신중한 사람들까지도 보편적으로 인정된 취미에 빠지게 유도한다. 심리적으로 압도될 때, 그것은 매우 아름다운 것으로 여겨진다. 군중이 많으면 많을수록 다음 날 그 무도회에 참석했던 것을 기쁘게 생각한다.

모여든 군중이 엄청나게 많을 때면 여자들은 밀려갔다 밀려오는 군중의 물결 속에 몸을 맡긴다. 그러면 그들은 때로는 가만히 있기도 하고 때로는 물결치며 흘러가기도 하는 군중 속에서 그들의 연약한 몸이 여기저기 짓눌리는 것을 견뎌낸다.

가면을 쓴 상태에서 그럴 필요가 없기 때문에 재치를 부릴 필요가 거의 없다고들 한다. 그렇다고 해도 그곳에서 들리는 말은 우리가 우리 사교 모임에서 하는 말보다 훨씬 재치가 덜하다. 그곳에서는 사람들에 대해서도 사건에 대해서도 말하지 않는다. 여성의 환심을 사려는 말들을 제외하고 모든 화제가 모호하고 하찮은 것이 된다. 정부가 한 번쯤 무도회에서 '완전히 솔직하게 말하기'를 허용한다면, 아마도 참으로 재미있을 것이다.

첩, 공작부인, 부르주아 여성들이 똑같이 두건 달린 옷을 입고 얼굴을 감추고 있지만, 그들은 구별이 된다. 남자들의 경우는 구별하기가 훨씬 어렵다. 이는 여성들이 어떤 옷차림을 하건 간에 더 섬세하고 더 특징적인 미묘한 차이를 갖고 있음을 입증하는 것이다.

예전에는 쾌활한 분위기가 무도회를 지배했지만, 이제는 더 이상 쾌활함이 없다. 사람들은 사교계에서와 마찬가지로 은밀하게 서로를 염탐한다.

파리에서 어떤 무도회를 본 적이 있는데, 거기서 두건 달린 옷을 입은 50명의 ○○○가 6발의 총을 쏘았다. 사실 그것을 알게 된 것은 그 다음날이었다. 하지만 정말 기이한 무도회였다는 것을 고백하지 않을 수 없다.

특히 파리에서는 새벽 무렵의 무도회에서 마음에 드는 추녀들을 만나게 된다고 말할 수 있다.

어떤 상황에서든, 특히 대중들이 모인 곳에서는 여성들에게 주의 깊고 정중한 모습을 보여주어야 하는데, 애석하게도 파리인들은 그러한 모습을 서서히 잃어가고 있다.

카르멜회 수사, 성 프란체스코회 수사, 베네딕트파 수사 한 사람이 수도원 담을 빠져나와 아무도 모르게 오페라 극장 무도회에 한 번 참가할 수 있다면, 그는 스스로를 가장 행복한 사람으로 생각한다. 그는 성직자 신분이 그곳에 넘쳐난다는 것, 하루 종일 자색 예복을 입고 분주히 오가는 신부들이 이러한 오락에 싫증이 나 있다는 것을 알지 못한다.

파리에서 진지하게 그리고 마치 가장 중요한 일이기라도 한 듯이 실행되는 유일한 것은 바로 '카드리유'[84] 춤이다. 나는 사람들이 품위 있게 그 춤을 추는 것을 보고 깜짝 놀랐다.

주지하듯이, 외국에 모델을 보낼 때는 인형처럼 예쁜 여자를 보낸다. 하지만 발레나 수많은 사람들에 의해 변주되는 '콩트르당스'[85]

84 quadrille: 남녀 4쌍이 정사각형으로 서서 일정하게 규정된 대형을 이루며 추는 춤.
85 contredanse: 영국의 '컨트리 댄스'가 18세기 프랑스에서 발전한 춤으로, 후에 대중적인 '코티용'과 '카드리유'가 되었다.

혹은 새로운 '카드리유'의 경우 그것을 500리외나 떨어진 곳에서 올바르고 정확하게 추게 하기 위해서 그 춤들의 도면(圖面)을 편지에 넣어 보낸다는 것을 사람들은 알고 있을까?

몇몇 놀라운 상황에 의해 국민성이 되살아나게 되면 세기(世紀) 변화에도 불구하고 이전의 풍습이 빠른 속도로 되돌아온다는 것을 입증하게 된다는 점에서, 오페라 극장 무도회는 역사의 한 페이지를 장식하게 될 사건을 일으켰다.

시끄럽고 단조로운 교향곡을 듣기 위해 사람들은 1인당 6리브르를 낸다. 여성들에게 아무것도 요구할 것이 없을 때 그들은 지루해한다. 하지만 그 다음날 "나 어제 무도회에 갔었는데 따분해서 죽을 뻔했어"라고 말하기 위해 그들은 그곳에 간다.

사람들은 그곳에서 종종 춤을 춘다. 하지만 '쥘리'[86]의 탄식으로 유명한 마을의 아름다운 젊은이들이 추는 경쾌하고 활력에 넘치는 춤을, 발랄한 알자스 사람들의 명랑하고 우아한 스텝을, 프로방스 사람들의 도약을, 브르타뉴 사람들의 진심에서 우러나는 순박한 기쁨의 표현을 본 적이 있는 사람이라면, 정식 무도회든 '가장' 무도회든 그곳에서 추고 있는 춤의 생기 없는 우아함과 겉치레를 더 이상 참을 수 없을 것이다.

86 「신 엘로이즈」의 여주인공 쥘리 데탕주는 보 지역의 베베 마을에 산다.

❦ 밀 시장의 건설, 드마쉬(1765년)

243 무제(無題)

악행이지만 검열에 걸리지 않는 것들이 있다. 검열로는 그것들을 고치지 못하고 드러내기만 할 위험이 있기 때문이다. 이처럼 고약한 악행과 어둠 속으로 사라져가게 될 파렴치한 행위들에 대항해서 도덕이 하는 일이 무엇인가? 이처럼 은밀하게 이루어지는 혐오스런 행위의 공모자들이 어떻게 그들로서는 꿈도 꿀 수 없는 미덕으로 되돌아 가겠는가? 그들은 더 이상 희망이라고는 없는 종자이다. 부패에 찌든 그들은 추락해서 썩어 없어져야 한다. 그처럼 저급하게 부패한 존재들이 빠져드는 타락을 생각할 때, 분노조차도 연민으로 바뀔 지경이다.

이처럼 흉악한 잘못들에 대해 엄격히 대처하는 것은 위험하면서도 대개의 경우 도움이 안 되는 대책이다. 섬멸할 수 없는 것을 공격하는 것은 불리하다. 풍속의 교정이 문제일 때는 반드시 성공해야 하며, 실패로 돌아가는 시도를 해서는 안 된다. 자연 법칙에 따른 의무를 다하지 않는 자들의 비밀 장부를 쥐고 있는 사법관이 있다면 아마 그 수에 놀랄 것이다. 그는 추문에까지 이르게 될 온당치 못한 풍속들을 제거해야 한다. 하지만 그러기는커녕 왜 이다지 조심스러운지! 수사를 한다면 그것은 범죄만큼이나 가증스러워질 것이다. 새로운 악행들은 얼마나 기막히게 뻔뻔스러운가! 그것들은 100년 전에는 이름조차 없던 것이다. 오늘날엔 이같은 방탕의 세세한 내용들이 우리 대화 속에 들어와 있다. 늙은이들은 그들의 신중한 기질을 버리고 이러한 사악한 방탕 행위에 대해 이야기한다. 이처럼 믿을 수 없을 정도의 파렴치한 행위들에 대해 거의 공공연하게 농담을 주고받는 만큼 더욱더 위험한 대화로 인해 풍속의 신성함이 훼손되어 있다.

우리들 가운데 만연한 이러한 새로운 몰염치는 어디에서 비롯된 것인가? 공공예절에 이렇게 치명적인 위해를 가한 자는 누구인가? 여성의 품위를 떨어뜨리고, 그들을 욕망과 기이한 광란으로 묘사되는 특별한 계급으로 만드는 파렴치한 언행이 난무한다. 이러한 파렴치한 언행에 대해 한탄하는 미덕을 웃음거리로 만든 자는 누구인가? 문명과 예술의 진보가 필연적으로 인도하게 될 곳이 바로 여기였던가? 어찌 이리 타락했단 말인가! 이런 종류의 타락은 심지어 몇몇 방탕한 인사들에게까지도 놀라운 일이었다. 그런데 극도의 타락 속에서도 우리 시대는 아직 정신을 차리지 못했다.

우리는 소리를 질러야 한다. 그리고 타락에 몸을 맡기는 자들을 처벌하는 이 수치스런 악습이 온화하고 정숙하고 고결한 정열 앞에서 무너지고 사라지게 해야 한다. 그러한 정열은 한결같은 매력으로써 사랑스런 영향력을 되찾아야 한다. 이것이 몽테스키외의 생각인데, 『법의 정신』처럼 진지한 책을 출판했을 때 아마 그는 이에 대해 많은 생각을 했던 것 같다.

244 강아지

이 문제에 관한 한 여성들의 광기는 절정에까지 이르렀다. 여성들은 '로케'[87]를 기르게 되었고, 그 강아지들을 위해 믿을 수 없을 만큼 정성을 기울인다. 만약 당신이 실수로 강아지의 발을 밟는다면, 어떤 여성에게 있어서 당신은 이미 끝이 난 것이나 다름없다. 그녀는 감추겠지만 결코 당신을 용서하지 않을 것이다. 당신은 그녀의 '마니투'[88]에 상처를 입힌 것이기 때문이다.

그 강아지들에게는 가장 맛있는 음식들이 아낌없이 주어진다. 그 강아지들은 기름진 닭고기를 대접받는데, 헛간에 사는 환자에게는 국물도 없다.

하지만 파리에서만 볼 수 있는 이런 현상은 매우 어리석은 사람들의 일이다. 그들은 여성들의 환심을 사기 위해 산책로나 거리를 걸을 때 공공연히 강아지를 안고 다닌다. 그들이 그처럼 멍청하고 어리석은 티를 내기 때문에, 사람들은 그들에게 인간이 되는 법을 가르쳐 주기 위해 면전에서 그들을 비웃고 싶어진다.

어떤 미녀가 못생기고 흉측하고, 혹시 예쁘게 생겼더라도 그처럼 열렬한 애정 표시를 받을 만큼 예쁘지는 않은 강아지에게 연신 키스를 하며 자신의 입을 더럽히는 모습을 볼 때, 나는 그녀의 눈이 그다지 좋지 않다고 생각한다. 강아지를 안고 있는 그녀의 팔은 그다지

87 roquet: 작은 발바리의 일종으로 걸핏하면 짖어대는 성질 사나운 개.
88 주머니쥐와 비슷한 중앙아메리카의 동물.

우아하게 보이지 않는다. 나는 그녀의 애정 표시를 그다지 중요하게 여기지 않는다. 내가 보기에 그녀는 자신의 아름다움과 매력의 상당 부분을 잃는다. 그녀의 '스패니얼'이 죽어서 그녀가 절망에 빠질 때, 그래서 그녀와 슬픔을 나누고, 함께 눈물을 흘리고, 시간이 흘러 그처럼 커다란 불행이 잊혀지게 되기를 말없이 기다려야 할 때면, 그처럼 얼토당토 않는 일은 그녀에게 남아 있는 매력까지도 전부 사라지게 한다.

여성은 절대로 합리적일 수 없을 것이다. 여성은 강아지가 다정다감하고 이성적이어서 그녀에게 애정 표시를 하는 것이 아니라는 사실을 믿으려 하지 않을 것이다. 만일 데카르트가 그녀에게 비슷한 말을 한다면, 그녀는 아마 그를 빤히 쳐다볼 것이다. 여성에 따르면 모든 남성 전체의 이성보다도 단 하나 자기 강아지의 변함없는 사랑이 더 가치가 있다.

한 아름다운 여인이 몹시 화를 내며 어떤 남자를 문전박대하는 것을 본 적이 있다. 그는 동물에게도 감정이 있다는 것을 어떻게 인정하지 않을 수 있었을까 하는 우스꽝스럽고 엉뚱한 의견을 갖고 있던 남자였다. 동물들도 꽤 다정다감하다는 것을 인정해 주자. 동물에 대한 남성들의 무지를 정당화하자는 것이 아니다. 가능하면 남성들의 마음을 상하게 하지는 말자는 것이다. 쇠고기, 양고기, 칠면조 고기를 먹으면서, 우리가 먹지도 않는 강아지에게 미친 듯이 애정 표시를 퍼붓지는 말자는 것이다.

어떤 의사 아내의 강아지가 병이 들었다. 남편이 강아지를 낫게 해 주겠다고 약속했다. 그는 빈둥거리기만 했다. 아니, 병을 낫게 하지 못했다. 초조해진 아내가 리요네[89]를 불렀고, 그는 강아지의 병을 깨끗이 낫게 했다.

"얼마를 드려야 하지요?" 의학부 교수단에 속한 근엄한 의사가 그 개 치료사에게 물었다. 리요네가 대답했다. "오, 선생님, 동업자끼린데요, 아무것도 필요 없습니다."

89 유명한 개 치료사.

245 자기도취

상당한 돈을 갖고 있는 파리인은 자기도취에 꽤나 익숙해 있다. 관리의 자기도취는 사법관이나 멋없는 성직자의 자기도취처럼 두드러지지는 않는다. 거의 모든 상황에서 자기도취는 예절과 처세술에 다소간 해를 끼친다. 하지만 그것은 누구나 갖고 있는 결점이기 때문에 거의 무시된다. 극히 예절바른 태도는 파악해야 할 수많은 미묘한 상황들의 결과물이다. 자기도취는 실제로 고귀한 성격을 갖고 예민한 정신을 가진 몇몇 사람들에게서만 찾아볼 수 있다. 궁정인은 진심에서 우러나온 고귀한 예절을 갖고 있는 것은 아니지만, 그것에 아주 능란하다. 궁정인은 예민하게 느끼고 예법에 충실하기 때문이다. 군인의 태도는 그에 비해 언제나 무언가 더 꾸며낸 듯한 것이 있다. 궁정인이 자연스런 단계에서 멈추는 데 비해, 군인은 그것을 넘어선다.

미묘한 차이가 다소 클 때 그 태도에는 이러한 예절의 고상한 원형을 특징짓는 우아함과 자연스러움이 더 이상 없다. 모방자는 원형에 가까워지고 싶어 하지만, 아주 결정적인 어리석음에 빠지게 된다. 베르사유의 사무관들이 그렇고, 몇몇 징세청부업자들, 근위대 장교들, 작가들이 그렇다. 전문가가 보기에 이러한 사람들은 온통 어리석음에 물들어 있는 것이다.

246 물 판매

스위스에서는 양이 많고 편리한 공공 급수장이 조그만 마을에까지 퍼져 있다. 그런데 그곳에서 파리에서는 물을 판매한다는 것, 급수 꼭지가 연중 반은 말라 있다는 것, 말에게 물을 마시게 하려면 강가로 데려가야 한다는 것, 물이 솟아나는 곳은 오직 산책로의 더러운 웅덩이밖에 없다는 것을 이야기한다면, 사람들은 웃음을 터뜨릴 것이고, 경악과 연민으로 고개를 갸웃거릴 것이다.

파리에서 물 매상고는 엄청난 금액에 달한다. 주민이 90만이라 하고(내 계산으로는 그렇다) 그들에게 연 3리브르의 세금을 매겨보자. 다시 말해서 수도관 하나에 다른 하나가 포함되어 있으니까 30개의 수도관에 2수씩을 매겨보자. 모두 270만 리브르이다.

런던은 9개의 증기 펌프로 넉넉하게 물을 공급한다. 샤이요[90]의 철책 근처에 최근 증기 펌프 한 대가 가설되었고, 우리는 이 '증기기관'이 그것을 필요로 하는 모든 마을로 확산되리라는 희망을 갖게 되었다.

이는 국가적으로 중요하고 유용한 성격의 혁신이다. 그것이 가진 수많은 이점과는 별도로 신속한 물 분배는 더욱 깨끗한 공기를 호흡할 수 있게 해 준다는 이점이 있다. 수도 주민들에게 베풀어 주는 얼마나 고마운 서비스인가!

90 현재 파리 16구에 위치한 동네.

그런데 왜 그렇게 낮은 곳의 물을 끌어 쓰는 것일까? 포르아랑글레[91]의 물을 펌프로 파리에서 가장 높은 곳인 에스트라파드 광장[92]으로 끌어오는 것이 더 간단하지 않았을까? 그곳에서라면 물을 더 쉽게 나눠줄 수 있고, 물이 더 맑을 텐데. 하지만 사람들은 '증기기관' 설치를 위해 모금을 해준 계층의 투자금액을 갚으려는 듯이 가장 부자 동네인 생토노레 포부르에서부터 공급이 시작되기를 원했다. 그들의 투자금액은 거의 200만에 달했다.

하루 1뮈[93]의 물에 대해 연간 50리브르가 들어간다. 따라서 20뮈의 물에는 1천 리브르의 비용이 들고, 그런 식의 비율로 비용이 늘어갈 것이다. 사람들이 필요로 하는 양에 따라 굵기가 서로 다른 수도관들이 각 가정에 연결될 것이고, 물은 15피에의 높이를 저절로 솟아오르게 될 것이다.

거름통과 수많은 다른 오물들의 침출물로 인해 오염된 우물물로 빵을 만드는 빵집 주인들에게는 더더욱 좋은 기회이다. 그들은 맑은 물을 갖게 될 것이고, 맥주 양조업자들, 염색업자들, 카페 주인들, 세탁업자들, 빨래하는 여자들 등도 마찬가지이다. 이 펌프들은 화재 방비에도 커다란 도움이 될 뿐만 아니라, 왕국의 전 도시들 가운데 가장 오염되고 가장 불쾌한 파리의 거리를 마음껏 씻어줄 것이다.

91 Port-à-l'Anglais: 오늘날 파리 센 강 상류 좌안 쪽의 이브리와 비트리쉬르센 시 대부분에 해당하는 이 구역은 당시에 물이 맑기로 유명했다. 그 이름은 백년 전쟁 당시 영국인들의 점령지였다는 데서 온 것이 아니라, 13세기에 이곳에 농장과 항구(우안과의 교통 연결지역인 동시에 상업항)를 건설한 랑글루아(Langlois) 가문에서 유래한 것이다.

92 '에스트라파드'는 죄인을 매달아 두었다가 떨어뜨리는 데 쓰이는 높은 기둥을 뜻하는데, 현재의 파리 5구역에 위치한 이 광장에 개신교도들을 처벌하는 에스트라파드가 세워져 있었다.

93 '뮈(muid)'는 곡물이나 액체의 용량을 재는 옛 단위로, 파리에서 1뮈는 약 268L였다.

포르트 드 라 콩페랑스[94] 위에 설치된 2개의 기묘한 기계를 통해 물을 올려보내는 것은 바로 불(火)이다. 알려진 다른 어떤 힘으로도 일으킬 수 없을 경이로운 동력을 만드는 요인은 바로 단순히 끓어오르는 수증기이다. 수증기가 센 강의 최저수위 위로 110피에나 물을 올려보내, 24시간 이내에 40만 입방피에, 무게로 따져 2,880만 파운드의 물이 솟아나게 한다. 그렇게 해서 도시의 모든 구역들을 원하는 만큼 물을 대고, 씻고, 잠기게 한다. 사람들 말에 따르면, 이제 필요한 것은 도관, 돈, 그리고 예약자 층에 들고자 하는 열의를 보이지 않는 집주인들의 의지밖에 없다고 한다. 그만큼 낡고 어리석은 관습이 가장 유용한 혁신들보다 중시되는 것이다. 혹은 오만 가지 예의범절에 진절머리가 난 부르주아가 정말 중요한 것들에 대해 인색해지는 것이다.

그런데 이 증기 펌프들이 건립되게 되면 1만 2천 내지 1만 5천 명의 물지게꾼들이 더 이상 일을 갖지 못하게 될 것이다. 그들은 아마 전혀 다른 일은 할 수 없을 것이다. 어깨에 가죽 띠 자국이 남아 있고 균형을 잡는 데 바쳤던 육체의 습관으로 인해 그들은 이제 다른 성질의 짐들을 부리는 데 쉽사리 적응하지 못할 것이기 때문이다.

페리에 형제는 이런 기계들을 취급하는 사업가들이다. 한 사람은 천재적 재능으로 발명을 하고, 다른 한 사람은 마찬가지 재능으로 제작을 한다.

그들은 현재 신기하고 유용한 작업, 즉 모든 기술 공예물을 소형

94 la Porte de la Conférence: 1730년에 파괴된 옛 문. 그 아래로 튈르리와 센 강을 따라 난 길이 통해 있었다. 오늘날로 치면 솔페리노 다리와 콩코르드 다리 사이 중간쯤에 위치했을 것이다. 이 문의 이름은 1593년 국왕과 가톨릭 동맹 참가자들 사이에 열렸던 협상에서 유래했다.

으로 제작하는 작업에 몰두해 있다. 기계와 관계된 직업에서 사용하는 어떠한 도구도 거기서 누락되지 않을 것이고, 1피에당 1푸스[95]의 비율로 축소하여 예쁘게 입체적으로 제작될 것이다. 이미 작업이 시작된 이 콜렉션은 샤르트르 공작[96]이 소유하게 될 것이다. 이렇게 궁으로부터 존중받는 안식처를 공예물에 제공한다는 것은 그것들을 영원불멸하게 하는 것과 같다. 고대인들이 이러한 선견지명을 가졌더라면, 우리는 고통스럽고 더디게 수세기에 걸쳐 되찾을 수밖에 없었고, 그중 몇몇은 아마 아직도 알려지지 않은 수많은 기술들을 잃어버린 데 대해 한탄하고 있지 않을 것이다. 우리는 헤르쿨라네움이나 다른 곳의 땅속에 묻혀 있는 작은 금고 속에서 우리보다 앞서 살았던 모든 창의력 있는 민족들의 발명품들을 되찾을 수 있었을 것이다. 우리의 눈과 이해력을 동시에 놀라게 만드는 전시물 자체와 비교해볼 때 『백과전서』에 기술된 내용은 언제나 모호하고 한정되고 빈약하다. 전시물은 우리의 눈과 이해력에 자신의 비율을 감추지 않는다. 그것의 모든 면모가 드러난다. 보고 내용들은 손으로 만지듯이 생생해진다. 더 이상 사어(死語)를 배울 필요가 없고, 대개의 경우 교묘하고 심각한 오류에 이르게 될 불확실하고 장황한 추측을 할 필요가 없다.

95 옛 길이의 단위로, 1푸스(pouce)는 약 2.7cm였다.
96 훗날 평등공 필리프가 되는 루이 필리프 조제프 도를레앙(1747~1793).

247 귀족 아가씨들

우리 풍속에 대한 묘사에서 어느 누군가가 '귀족 아가씨들'과 사랑을 나누는 '희극'보다 더 부정확한 것은 없다. 이 점에서 우리 연극은 거짓말을 하고 있는 것이다. 외국인이라면 여기에 속지 말기를 바란다. '귀족 아가씨들'과의 사랑은 결코 일어나지 않는다. 그들은 결혼식 날까지 수녀원에 갇혀 있기 때문이다. 도덕적으로 그들에게 사랑의 고백을 한다는 것은 불가능하다. 그들은 결코 혼자 있는 법이 없고, 유혹 비슷한 냄새를 풍기는 그 어떤 것이든 이용한다면 이는 풍습에 어긋나는 것이다. 상층 부르주아의 딸들도 역시 수녀원에 있다. 그보다 낮은 단계의 부르주아의 딸들은 결코 어머니 곁을 떠나지 않는다. 그래서 일반적으로 여자아이들은 어떤 종류의 자유든 친숙한 대화든 결혼 이전에는 누리지 못한다.

그러니까 자유롭게 나다닐 수 있고 따라서 자기 마음대로 연애를 할 수 있는 사람은 프티 부르주아의 딸들, 즉 단순한 장인(匠人)과 민중의 딸들밖에 없다. 그 외의 다른 여자들은 부모에 의해 배우자가 결정된다. 결혼 계약은 거래일 뿐이고, 딸들의 의견은 전혀 고려되지 않는다. 부인복 가게나 속옷 가게, 양장점을 드나드는 여성들은 '그리제트'[97]라고 불린다. 이들 중 몇몇은 첩과 오페라 극장 여배우들 사이에서 중간적 위치를 차지하고 있다. 그녀들은 더 신중하

97 grisettes: 회색의 싸구려 천을 '그리제트'라 하는데, 그러한 천으로 만든 옷을 입고 젊은이들의 꼬임에 쉽게 넘어가는 여성을 가리키기도 한다.

고 더 예의바르다. 그녀들에게는 연애의 가능성이 있다. 얼마 안 되는 비용으로도 그녀들을 거느릴 수 있고, 그렇게 해도 추문이 나지 않는다. 그녀들은 일요일과 축제일에만 외출한다. 바로 그런 날 그녀들은 한 주일의 권태를 보상해 줄 '남자 친구'를 찾는다. 아침부터 밤까지 바느질을 해야 할 때 일주일은 무척이나 긴 시간이기 때문이다. 분별 있는 여자들은 결혼 자금을 모으거나 옛 연인과 결혼한다. 그렇지 않은 여자들은 바늘을 손에 쥔 채 늙어가거나 환락시설에 몸을 맡긴다.

그런데 희극작가라면 이 모든 관습들에 주의를 기울여야 할 것이고, 부모의 서약에 의해 허락을 받았을 경우 외에는 귀족 아가씨에게 사랑의 고백이란 있을 수 없다는 것, 그리고 그 경우 대개 결혼은 제지당한다는 것을 알아야 한다. 이처럼 현대의 우리 작가가 연극에서 '사랑에 빠지는 여인들'을 상류층의 딸들로 그리고 있지만, 그들은 단지 '그리제트'들의 사랑을 그리고 있을 뿐이다.

그들이 관습을 철저히 거스르지 않으려면 이제부터 오직 젊은 과부들만을 받아들여야 한다. 그런데 계급을 한 단계만 낮추면 연극이 더 다양하고 더 재미있고 더 활력이 넘치는데, 왜 모든 희극에서 '백작'과 '후작'의 딸 같은 '상류층의 딸'들이 나오는 것일까? 비극에서 의례적으로 쓰는 독특한 말이 있는 것처럼, 희극용으로 또 다른 독특한 표현들이 만들어진 것이다. 국왕이든 상류층 인사든 그들은 자신들이 쓰는 관용어법을 희극에서 발견하지 못한다. 그런 표현은 작가가 무한한 연구를 통해 스스로 만들어낸 것 중 하나이지만, 고통스럽게도 결국은 그의 모든 작품들을 그르치는 것이다.

248 '성적 방탕'

파리에서 세력을 떨치던 사랑을 '성적 방탕'이 대체하게 된 것은 한 세기가 채 되지 않았다. 루이 14세 시대에는 '성적 방탕'의 취향에 예절과 세련됨이 포함되어 있었다.

오늘날엔 강렬한 정념들을 찾아보기 어렵다. 또한 그 정념들도 사랑에 복수가 따르게 하고, 가장 감미로운 쾌락에 범죄가 따르게 하던 거친 특징도 갖고 있지 않다. 사람들은 더 이상 여성들을 위해 서로 싸우지 않는다. 여성들의 태도는 이러한 싸움을 우스꽝스러운 것으로 만들어 놓았다.

과도한 상상력이나 그릇된 상상력에 의해 사랑에 지나치게 덧붙여진 것에서 쓸데없는 부분들이 제거되었다. 철학적 관심의 변화를 고려할 때, 우리가 받아들인 사랑은 연약한 우리 성격에, 그리고 이미 높이 올라 있어 더 높이 비상할 필요성을 그다지 느끼지 않는 우리 정신에 어울린다. 나머지 모든 것에서 우리는 폭력과 권위를 자제한다. 무엇 때문에 그런 것들을 사랑에 쏟아넣을 것인가?

버림받은 연인이 독약을 마시고 불행을 치료하려는 행동은 더 이상 볼 수 없다. 더 적당한 치료제가 있다. 진정한 사랑보다 개인적인 자존심에 기인했던 광기 어린 행동에 비하면 변심(이것을 정당화시키려는 것은 아니다)이 더 낫다.

사랑에 우리의 다른 열정을 몽땅 탕진하는 것은 위험하다고들 한다. 조국도 사회도 그로 인해 손해를 입을 것이다. 단 하나의 대상만을 보고 좋아하며 그것에 모든 것을 희생하는 것은 자유를 잃는 것이고, 우리가 가진 모든 정신적 능력들을 일종의 망상과 부조리에 맡기는 것이다. 이것이 일반적으로 사람들이 생각하는 논리이다.

참되고 진솔한 평가가 끊임없이 반복된다는 것은 사랑받는 대상에 더 많은 미덕이 있다는 것을 전제로 한다. 세련된 감정을 가진 여성은 오로지 자신의 매력에서 기인하는 찬사를 이끌어내기보다 그러한 감정을 불러일으키는 것을 더 소중히 여긴다. 왜냐하면 그 찬사란 연기처럼 사라지는 것이고 영혼에 말미암은 것이 아니기 때문이다. 이런 식으로 사람들은 우리 풍습을 정당화하는 주장을 편다. 하지만 사람들 입에 오르내리는 파리는 그 점에 있어서 모든 것을 상실했다.

이성에도 의무에도 아무런 영향력을 행사하지 못하고 오로지 우리의 감각만을 굴복시키는 해이해진 '성적 방탕'을 제외한다면, 감히 말하건대, 엄밀한 의미에서의 사랑은 이제 파리에 존재하지 않는다. 사랑과 다른 만큼 난봉과도 다르며, 격렬함 속에서도 최대한 정중하고, 변화무쌍한 가운데서도 세련된 '성적 방탕'은 너무 값비싼 대가를 치르게 할 희생을 우리에게 강요하지 않는다. 그것은 우리가 서로에 대해 반목하게 하지도 않고, 의무에 바쳐야 할 시간을 가로채는 법도 없다. 그것은 우정을 존중하고 때로는 우정을 공고히 한다. 요컨대, 그것은 무엇보다도 명예를 우선하며, 연약함과 비열함을 배제한다.

오늘날 입법부는 폭력에 대한 법률을 법전에서 삭제할 수도 있을 것이다. 우리의 루크레시아들에게는 두려워해야 할 타르키니우스들이 없다.[98] 유혹자는 유혹되고자 하는 여성들에게만 유혹자일

98 루크레시아는 고대 로마의 루키우스 타르키니우스 콜라티누스의 아내로 아름답고 덕망이 있었다. 에트루리아 왕 루키우스 타르키니우스 수페르부스의 아들인 섹스투

뿐이며, 아무리 반대의 예가 많다 하더라도 진정으로 정숙한 여자는 그 속에서 깨끗하게 자신을 보존할 수 있는 것이다. 그러한 악습이 없다는 것이 우리 시대의 영광이 될까? 나는 그렇게 생각하지 않는다. 왜냐하면 그 영광은 여러 명의 정숙한 여자들의 파멸을 전제로 하기 때문이다. 신성모독과 더불어 강간은 여성과 제단이 종교적으로 숭배되고 있음을 나타내는 증거였다.

그러므로 우리에게서 사랑은 결코 마음을 아프게 하는 것으로 불리지 않을 것이다. 언제나 기뻐하며 언제나 쾌활한 사랑은 비통함보다도 먼저 사라진다. 사랑의 공격은 무척이나 경쾌해서, 그 타격은 상처받기에 동의하는 사람들에게만 상처를 줄 뿐이다.

나는 이 사랑의 열정에서 그것이 갖고 있는 가혹하고 두려워할 만한 것을 제거함으로써 몇 가지 범죄가 줄어든 대신, 수많은 위대한 재능들이 꺾였다고 생각한다. 역사를 통해 판단하건대, 피를 부른 중죄들은 우리 조상들을 사로잡았던 격렬하고 질투심과 복수심에 가득 찬 감정들과는 떼어놓을 수 없는 것 같았다. 그렇게 모든 것이 상쇄된 것이다.

위대한 정념들은 행복과는 양립할 수 없다고 시대의 옹호자들은 말한다. 사실, 오직 그러한 정념들에만 행복이 주어져야 한다. 그렇지만 행복은 쉽게 얻어지는 것이 아니기에, 차라리 푼돈을 주고 쾌락의 총합을 사는 것이 더 낫다. 더 이상 해야 할 대단한 일들이 없으니, 이제 우리는 강렬한 정념들을 필요로 하지 않는다.

스 타르키니우스에게 능욕당하자, 아버지와 남편에게 알리고 복수를 부탁하며 자살한다.

249 여성들

온갖 공공장소에 드나들며 남자들 속에 섞이는 데 익숙한 파리 여자들은 그들 나름의 자존심과 용기, 그들 나름의 시선과 태도를 갖고 있다는 장자크 루소의 지적은 정말 맞는 말이다.

덧붙여 말하자면, 몇 년 전부터 여성들은 공공연히 뚜쟁이 역할을 하고 있다. 그녀들은 하루 20통의 편지를 써 청탁을 되풀이하면서 대신들을 귀찮게 하고 사무관들을 피곤하게 만든다. 그녀들은 자기 사무실과 등록 장부를 갖고 있다. 그녀들은 운명의 수레바퀴를 흔들어 놓고 자신의 애인, 총신(寵臣), 남편, 그리고 자신에게 돈을 지불하는 사람들을 그 자리에 앉힌다.

니농[99]을 본따 "나는 남자가 되었다"라고 말하는 여성들이 많이 보인다. 그래서 실없는 농담조차도 미인들에게 단지 조롱 섞인 무례한 찬사만을 보낼 뿐이다.

이전에는 여성에 대해 말하면서 결코 '여성들'이라고 말하지 않았다. 아마 상스러운 표현을 썼을 것이다.

장자크 루소는 파리 여성들에게 상당히 가혹한 말을 했는데, 그의 말에 대해 나는 감히 반대 의견을 내놓고자 하는 것이 아니다. 그는 파리에서 여자 친구를 찾을 수 있고, 찾아야 한다고 말한다. 사실 내 생각에 파리에는 분별 있는 여성들, 즉 고귀한 품행에 진정으로

99 니농 드 랑클로(1620~1705)를 가리킨다.

민감하고 꾸준하게 우정을 나눌 수 있는 여성들이 많다. 하지만 사랑의 경우는…. 오! 내게는 루소처럼 그들에게 끔찍한 진실을 말해줄 권리가 없다. 오직 그만이 여성들에게 달콤한 말을 하지 않으면서도 여성들의 환심을 살 줄 알았다.

체스터필드 경[100]은 우리 국민을 한껏 칭찬하고 난 다음에, 아들의 귀에 대고 프랑스 여성들은 허영과 달콤한 말이라는 2개의 딸랑이로 기분을 맞춰줘야 하는 다 큰 어린아이들이라고 속삭였다.

우리에게는 매력적인 외모, 생기 넘치고 초롱초롱한 눈, 우아하고 섬세한 표정, 재기발랄한 머리가 있다. 하지만 아름다운 얼굴은 너무나 드물다. 여성들이 왜 수도 파리를 좋아하는 것일까? 그곳에서는 그들이 더욱더 많은 숭배자들로 둘러싸일 수 있기 때문이다. 그들에게 시골 이야기를 해보라. 스스로를 훨씬 더 무력하게 느끼게 되는 고독한 시골 생활에 대한 혐오감을 그녀들은 숨기지 않는다.

파리 여성이 아무리 오만하다 해도 언제나 자신에 대한 남성의 지배력을 인정하게 된다. 그 남성이 단호하고 신중할 수 있다면 말이다. 아내를 어떻게 만드느냐는 남편에게 달려 있다. 하지만 남자들 대부분이 기개가 없고 무기력하며 체통이 없기 때문에, 수많은 여성들이 방탕하고 낭비벽이 있고 품행이 좋지 않으며 건방지고 도도한 것이다.

그것이 우리 파리 여성들의 주요 결점이다. 그녀들은 너무 일찍 오만, 신분, 호사에 도취되었다. 그녀들의 이상한 거동은 참으로 충격적이다. 어떤 여성이건 간에 그 시선에 무례함이나 모욕이 담기게

---

100 Lord Chesterfield(1694~1773): 영국의 예술 후원자이자 정치가이며 문인으로, 프랑스에 체류 중이던 아들에게 여러 통의 편지를 썼다. 그 편지들은 1774년에 『아들에게 보내는 체스터필드 경의 편지』라는 제목으로 출판되었다.

되면 여성으로서의 우아함, 품위, 그리고 실제적인 영향력을 잃지 않을 수 없다. 여성의 동작이나 목소리가 남성보다 더 클 수 없다는 것은 자연에 의해 정해진 것이었다. 그것들이 남성의 것보다 더 커지는 바로 그 순간 여성은 끔찍하고 우스꽝스럽게 보일 것이다. 여성이 사교계의 왕좌에 앉아 있다 하더라도, 이러한 영원한 종속 관계로부터 여성을 자유롭게 해줄 수 있는 것은 아무것도 없다. 여성은 전제적이고 오만하기까지 한 정념을 모두 부릴 수 있고 움직이게 할 수 있다. 하지만 여성이 남성에게 불손하게 구는 것, 다시 말해 자신의 주인을 감히 경멸하는 것은 허락되어 있지 않다.

정치 사상이 조금이라도 폭이 넓고 다소 복잡하기라도 하면 그것을 거의 이해하지 못하는 여성들이지만, 그녀들은 가정의 질서와 경제에 대해서는 놀랄 만한 지식을 갖고 있다. 이제 막 가정을 이룬 시민의 집에서 여성들은 대단히 소중하며, 그와 동시에 완전히 타락한 시민의 집에서도 마찬가지이다. 파리의 여성들은 밖에서 법체계에 의해서 입는 피해를 집안에서 보상한다.

공화주의자들의 집에서 여성들은 단지 주부에 불과하다. 그렇지만 이 여성들은 지식과 직감과 경험으로 가득 차 있다. 아직 국가가 존재하지 않을 때, 혹은 국가가 더 이상 존재하지 않을 때면 이들의 견해를 들어보아야 한다. 왜냐하면 애국심의 속박에는 무관심한 이들이 다정스런 사교 관계에는 놀라울 정도로 애착을 갖기 때문이다.

이상이 파리에서 공화주의자 집안의 여성들이 갖고 있는 진정한 영향력이다. 그들의 태도가 당당할 때 그들은 잘 웃고 다정하며 사랑스럽다. 그녀들은 자신들이 사교계에서 받는 속박에 대해 주변 사람에게 값을 치르게 한다.

그들이 상대하는 남편들은 세상에서 가장 관대한 남편들이다. 그녀들은 남편들의 인내력을 세련되게 만든다는 것, 어떻게 해서든 남편들 위에 군림한다는 것을 뽐낸다.

그렇지만 상당히 존경할 만한 여성층도 있다. 두 번째 등급에 속하는 부르주아 여성층이다. 남편과 아이들에게 매여 있고 성실하며 검소하고 집안일에 충실한 그녀들은 지혜와 노동의 모범을 보인다. 하지만 이 계층의 여성들은 재산이 없어서 돈을 모으려 애쓰며, 그다지 영리하지도 못하고, 교육도 훨씬 못 받았다. 사람들은 그녀들을 알아보지 못하지만, 파리에서 그녀들은 여성의 자랑거리이다.

파리의 풍습은 여성들에게 지나치게 많은 것을 부여했다. 그로 인해 여성들이 거만하고 깐깐해지는 것이다. 아내를 잃으면 남편은 파산한다. 아내가 10년간 병이라도 앓으면 남편은 무한한 비용을 감당하게 된다. 아내가 사망하면 남편은 모든 것을 복구해야 한다. 그렇기 때문에 다른 경우라면 너무나 감미로웠을 상복의 매듭을 그들은 슬픔으로 여미는 것이다.

어느 정도 나이가 찼지만 재기를 갖추지 못한 여성은 독실한 신자가 된다. 그녀는 독신자의 태도를 갖고 모든 설교에 참석하고, 모든 축성식에 드나들며, 지도신부를 찾아다니고, 선행을 행하는 여성이 세상에서 자기밖에 없다고 생각한다. 스스로 그렇다고 너무나 확신하기 때문에 그녀는 만나는 모든 사람들, 특히 책 쓰는 사람들을 비난한다.

우리의 여성들은 여성이 가진 것 중 가장 연민을 불러일으키는 여성적 특성, 즉 수줍음, 순박함, 타고난 수치심을 상실했다. 여성들은 그 크나큰 상실을 매력적인 정신, 우아한 언어와 태도로 대체했다. 여성들은 인기는 더 많아졌지만, 존경은 덜 받는다. 사람들은 여성들을 사랑하지만, 여성의 사랑은 믿지 않는다. 여성들에게 연인은 있지만, 친구는 없다. 연인들은 떠나가고, 불행하게도 친구들은 그녀들을 귀찮게 한다. 그녀들이 존경심을 불러일으켰다기보다는 연애감정을 자극했던 수많은 남자들 속에서 시간을 보낸 뒤, 그녀들은 노년기에 접어들어 홀로 남는다.

여성들은 그녀들의 성을 되찾을 수 있기에는 너무나 먼 길을 왔다. 여성들은 더 많은 것을 잃게 될 위험을 무릅쓰고 완전하게 남성이 되어야 한다. 하지만 적어도 여성들이 더 이상 남녀 혼성적인 존재는 아닐 것이고, 그럴 때 우리의 경의(敬意)는 보다 더 확고해질 것이다.

250 장식 리본

기마 창 시합을 주재하고, 연인들의 갑옷 덧옷에 손수 치장을 하며, 연인들에게 갑옷을 건네주고, 연인들을 전쟁터로 보내던 바로 그 여성들이, 오늘날엔 '장식 리본'을 건네주면서 명예에 대한 자신들의 의무를 다한다. 조국에 대한 사랑이 선물만큼이나 비중이 가볍기 때문이다.

여성들은 저명인사들을 사랑할까? 어째서 여성들은 그들을 사랑할까? 여성들이 정말 그들을 높이 평가할 수 있을까? 지난 세기였다면 대답하기 쉬웠겠지만, 오늘날엔 나름대로 어려운 문제들이다.

251 별거

이혼은 허락되지 않고 별거 소송은 끝이 나지 않는다. 재판소 안에서는 서로에게 지친 부부들이 내뱉는 탄식이 울려 퍼진다. 그 신성한 관계에 의해 상처 받고 고통 받는 수많은 남성들이 생겨난다. 그들은 온갖 노력을 해도 끊을 수 없는 인연의 파기(破棄) 불가능성에 대해 전율한다.

기한을 무제한으로 정해 놓았기 때문에 우리의 법체계는 우리 열정과도 본성과도 타협할 수 없었다. 이처럼 극단적인 법률은 교육에 의해 사랑이 특별한 힘을 박탈당하여 강력하고 독특한 열정을 느끼는 법을 잊은 지역에서 특히 두드러졌다.

법률은 '별거'를 인정하지 않을 수 없었는데, 이는 '이혼'보다도 훨씬 더 가증스러운 것이다. 그로 인해 두 사람은 격리되고 일종의 허무 상태에 남겨지기 때문이다. 이혼이 허용된 지역에서도 이혼은 별거보다 훨씬 더 드물다. 엉뚱하게도 가장 엄격한 종교와 관련된 이 융통성 없는 법률을 깨뜨릴 수 없기 때문에, 인간이 수없이 그리고 공공연하게 그 법을 위반함으로써, 이를테면 그 법을 조롱하기에 이르렀다면 놀라워해야 하는 것일까?

파리에서는 자유의사에 의한 별거가 매우 일반적이다. 더 이상 유지할 수 없게 된 인연의 파기를 법에 요구해 봐야 헛된 일일 것이다. 그 인연은 저절로 매듭이 풀리게 된다. 계약당사자가 아무도 불평을 하지 않는다면, 민법도 종교법도 이러한 분리에 대해 당신을 심문하지 않을 것이다. 거부할 수 없는 법률들이 어떻게 갑자기 그 힘과 효력을 잃게 되는지는 이상과 같다.

252 대비

수도 파리의 여성들은 누릴 수 있는 가장 큰 자유를 누릴 뿐만 아니라, 믿을 수 없을 정도로 큰 권력을 행사한다. 은밀하고 특별한 술책에 의해 그녀들은 모든 사건의 보이지 않는 중심인물이다. 그녀들은 집 밖으로 거의 나가지 않고도 좋은 결과를 얻는다. 그녀들은 당장은 여론이 결정된 것처럼 보이지 않는 상황에서 그 여론을 확정짓는다.

남편과 아내 사이에 싸움이 벌어지는 경우 남편은 시작부터가 잘못이다. 며칠 후면 남편에게는 가장 고약한 색깔이 칠해진다. 공격 및 방위 동맹이 사방에서 나타난다. 마침내 변호사, 법률, 판결이 불쌍한 남편의 손을 들어준다. 그렇지만 또 다른 법정에서는 그 모든 것이 파기된다. 아무리 진실한 증거를 제시하더라도 여성들은 자기 편을 지지하게 하며, 사람들을 선동해서 마침내 그들의 마음을 사로잡는 것이다.

하지만 결혼하지 않은 여성은 불행할지어다! 미혼여성에게는 아무것도 허락되지 않아서 그녀에겐 모든 것이 죄가 된다. 열정이 불러일으킬 수 있는 모든 술책들을 알고 있는 만큼, 어머니들은 더욱 더 경계를 게을리하지 않는다. 그러므로 딸의 역할은 세상에서 가장 난처한 역할이다. 어머니들은 우아함과 교태로 모든 것을 보기 좋게 치장하도록 딸을 훈육한다. 정신적 즐거움을 섬기고 치장하는 학예에 대한 사랑만이 딸에게 주입된다. 딸은 남의 환심을 사는 기술을 제외한 다른 과제는 강요받지 않는다. 딸이 수많은 회람의 표적이 되기를 그치고, 주변에 떠도는 모든 이야기에 귀를 막고 냉정하기를,

심지어 자기 매력의 결과에서 유래하는 쾌락에 무관심하기를 어머니들은 바란다. 따라서 딸은 순진한 마음으로, 또 끊임없이 꾸며내는 역할을 하기 위해 태어난 것이 아니라는 듯한 마음으로 속임수를 펼쳐야 한다. 딸은 자신이 좋다고 생각하는 것에 대해 한 마디도 할 수 없다. 세상은 딸에 대해 불공정해지고 터무니없어진다. 딸이 우울해한다고 해보자. 딸이 애인을 갖고자 하는 욕망과 필요에 의해 고통을 겪고 있다고 어머니들은 말한다. 딸이 명랑하고 쾌활하다면? 그 쾌활함은 조심성이 거의 없다는 것에 연결된다. 딸은 웃을 수도 없고 한숨을 내쉴 수도 없다. 어머니들은 딸이 딸이면서 딸이 아니기를 바라는 것이다.

바로 이와 같은 것 때문에 미혼여성들은 기혼여성들과 함께 있으면 지루해하고, 기혼여성들도 미혼여성들과 함께 있으면 지루해하는 것이다. 그래서 그들은 함께 이야기할 수가 없다. 기혼여성과 미혼여성 사이에 아주 긴밀한 연결이 있다면, 후자의 순진함은 종말을 맞이한다.

253 우울증

나태는 달콤하지만 그 결과는 가혹하다.

볼테르의 이 시구는 어떤 의사의 말이다. 사실 육체의 나태는 정신의 무기력을 나타낸다. 우리 육체의 모든 부분은 느슨해지게 마련이고, 그로 인해 힘줄은 규칙적으로 분비작용이 이루어지는 데 필요한 탄력성을 빼앗기게 된다.

그에 따라 정신의 제(諸) 기능을 망가뜨린 이 활동력 결핍으로부터 '우울증'이 태어나는 것이다. 끊임없는 쾌락에 젖어 활력을 잃고 가장 극심한 신경 발작을 일으키는 무기력에 빠져버린 병약한 기관들을 지배하는 만큼 상상력은 더욱더 활발하다. 왜냐하면 너무나 많은 쾌락으로 느슨해진 신경이 자신의 세계에 틀어박혀 스스로에게 작용하기 때문이다.

고통의 장(場)을 열어주는 것은 바로 상상력이다. 이 능력은 자신을 매혹하는 대상이 하나도 없을 때 주변의 모든 것을 고통으로 탈바꿈시키는 능력을 갖고 있기 때문이다. 나태는 지나치게 관능적인 열정을 조장한다. 그런데 이 열정이 너무나 빨리 소진되기 때문에, 뒤에 남은 감수성의 원동력은 어디에 매달려야 할지, 또 어디에 전념해야 할지를 더 이상 알지 못한다.

이 감수성의 원동력은 힘이 부치면서 고통의 원인이 된다. 스스로 존재한다고 느끼며 끝없이 쾌락을 원하는 비참한 존재에게 더 이상의 즐거움은 없다. 그의 장기(臟器)는 폐색(閉塞)되고 감각의 전달

수단인 신경은 더 이상 감각을 전달할 수 없는 것이다.

소름끼치는 상태 아닌가! 이는 무기력으로 인해 위험한 향락 취미에 빠져들고, 자연에 의해 부과된 노동을 피하기 위해 사상의 환영(幻影)들을 선택한 유약한 사람들 전부가 겪는 형벌이다.

아름다운 여성들의 맥박을 재는 데 익숙한 우리 의사들은 오직 우울증과 신경증만을 알 뿐이다. 파리 중앙시장의 '인부'가 병에 걸리면, 의사들은 그가 우울증이 있다고 말하며 그에게 닭고기 수프와 보리수 탕약을 처방한다.

우울증에 걸린 어느 아름다운 여성은 욕조에서 화장실로, 그리고 화장실에서 긴 의자로 간신히 몸을 움직이는 것 말고는 아무것도 하지 못한다. 편안한 마차에 탄 채 다른 마차들의 지루한 행렬을 따라가는 것이 '산책'이라 불린다. 그 외에 다른 어떤 운동도 하지 않는다. 운동이 너무 격렬하다고 해서 그녀는 매달 두 번만 '산책'을 한다.

이처럼 부자들은 자신들의 재산을 고약하게 사용한 벌을 받는다. 그들은 냉담한 눈으로 타인의 불행을 바라보지만, 그렇다고 해서 그들이 더 행복한 것도 아니다. 자신들의 풍요를 실제로 유리하게 이용하는 법을 모르고 있으니 그들은 저주받은 사람들이다. 그들은 행복을 향해 한 발짝도 더 나아가지 못한다.

254 파리의 우상, 사랑스러움에 대하여

내가 입증하려 하는 것은, 모든 분야에서 사랑스러움이 아름다움과 숭고함의 완성이라는 것, 사랑스러움의 이점은 다른 모든 것을 뛰어넘는다는 것, 스스로 가장 사랑스러운 국민이라고 말할 수 있는 사람들은 이론의 여지 없이 지상에서 으뜸가는 사람들로 인정되어야 한다는 것이다. 나는 파리의 남성과 여성들을 위해 이 글을 쓴다.

이제까지 우리는 남성들의 보편적인 찬사를 받을 만한 것에 관해 그릇된 견해를 갖고 있었다. 자연은 예술에 의해 수정되고 미화될 필요가 있다. 우리가 자연을 변형하는 것은 알다시피 그것을 더 매력적으로 만들기 위한 것이다. 매력은 아름다운 것들에 우리가 부여할 수 있는 최상의 표현이다. 건물, 그림, 악기를 마무리하는가? 우리는 그것에 장식을 다는데, 그 장식들만이 그것을 가치 있게 만든다. 풍속도 마찬가지이다. 세련되기 시작할 때 가서야 우리는 비로소 즐기기 시작한다.

국민이 아직 미개할 때, 그 국민은 숭고함을 쉽게 만날 수 있다. 아랍인의 갈망하는 눈은 자신이 길을 잃고 헤매는 뜨거운 사막 한가운데서 나무 그늘을 찾아낸다. 이때 그는 대단한 일을 하는 것인데, 정작 자신은 그것을 알지 못한다. 그는 단지 본능에 의해서만 움직이기 때문이다. 끊임없는 과장이 아니라면, 무지(無知)에 의해 만들어져 찬미되는 터무니없이 큰 조각상이 아니라면, 과연 숭고함이란 무엇인가?

천재는 강력한 비약 속에서 괴상한 행동으로 우리를 놀라게 한다. 가장 미개한 사람들까지도 그토록 찬미되고 있는 그 숭고함을 쉽게 만들어냈다. 거친 열정들만으로도 그것을 창출하는 데 충분하다.

그것은 있는 그대로의 자연이며 교양을 필요로 하지 않는다. 그래서 사람들은 공통적으로 일출과 일몰 그림을 그린다. 사람들은 별이 총총한 하늘을 보고 황홀경에 빠진다. 사람들은 느릿한 걸음으로 바닷가를 산책하면서, 장엄하게 해변에 철썩거리며 부딪치는 그 사나운 파도소리에 감탄한다.

사람들은 자유의 환영(幻影)을 우상화하면서 자유를 위해 싸우고 죽는 어리석음을 범한다. 사람들은 자유라는 이름에 어울리지 않는 관대한 예속 상태를 거부하지만, 그것은 당신들에게 수많은 매혹적인 쾌락을 가져다 주게 될 것이다. 그것은 감미로운 상태이다. 그 속에서 황금과 비단의 사슬이 당신을 매혹하는데, 이는 오로지 당신이 다양한 오락의 원형 궤도만을 편력하게 만들기 위해서이다. 그 속에서 사람들은 당신에게서 위험한 힘을 제거하고 당신에게 행복한 무력감을 남겨놓는다. 이러한 야만의 시대에 사람들은 자신의 머리 위로 왕을 떠받들기를 거부하고, 어리석게도 가장 기발한 연애 사건들과 예술과 세련미의 탁월한 걸작들을 모아놓은 찬란한 궁정의 모습을 스스로 포기한다. 사람들은 화가, 조각가, 음악가, 미용사, 요리사, 당과(糖菓) 제조인 없이 살아간다. 엄청난 용기, 준엄하고 현학적인 미덕이 풍습을 지배한다. 모든 것이 거대하고 권태롭다. 집들은 수도원처럼 넓다. 온갖 공개적이고 특별한 유흥들에는 남성적 기질의 흔적이 담겨 있다. 여성들은 사회로부터 격리되어 있고, 오직 남편의 가슴에만 사랑의 불을 피운다. 여성들은 남성들을 놓고 다투지 않는다. 여성들은 시민을 낳고 그들을 양육하며 가정을 관리하는 일에 만족한다. 우리들 사이에서 우스꽝스러워진 것이 너무나 당연한 명목들, 즉 아버지의 권위, 남편의 권위가 온갖 서글픈 권리들을 누리고 있다. 결혼하는 사람의 수는 많다. 한결같고 단정한 생활방식이 이 사람들의 주요 특징이다. 그들은 거의 곰과 다름없다.

그렇지만 한 줄기 빛이 그들을 비추고 그들이 위압적이고 과묵한 엄숙성에서 벗어나자마자, 그들은 먼저 아름다운 것을 어렴풋이 느끼기 시작한다. 그들은 다듬고, 가공하고, 규칙들을 만들어낸다. 심미안과 섬세함이 생겨나서 훨씬 더 매혹적인 '사랑스러움'을 낳는다. 이제 식탁에는 소, 멧돼지, 사슴의 거대한 등짝이 보이지 않는다. 야만스런 영웅이 양고기를 탐욕스럽게 뜯어 먹는 모습, 공주들이 실을 잣거나 빨래를 하는 모습이 더 이상 보이지 않는다. 고상한 게으름이 자랑으로 여겨진다. 극히 세련된 정수(精髓)로 가득 찬 진미(珍味)가 이어지며 끊임없이 꺼졌다 되살아나는 식욕을 자극한다.

군인들은 (비록 먹기는 하지만) 꿩이나 자고새의 날개 고기를 가볍게 손댈 뿐이다. 심지어 그들 가운데 어떤 이들은 초콜릿이나 당과만 먹는다. 이제 그릇이 싹싹 비워지지 않는다. 유쾌하고 사랑스런 독(毒)인 고급 술의 맛이 음미된다. 강철 같은 팔뚝, 튼튼한 위장, 힘센 근육을 가진 남자들은 오직 장터에서만 볼 수 있다.

이 시대는 삶의 교류에 있어서 더 많은 여유가 보급된 시대, 모든 물품들을 '반짝거리게' 하는 시대, 영원한 권태를 몰아내기 위해 매일 새로운 유흥을 상상하는 시대이다.

마침내 연속해서 단계적으로 일어나는 상황의 완전무결한 결말로서 '상류사회'가 탄생하는 것을 보게 된다. 그리고 머리 손질이 긴요하고 중대한 문제가 된다.

이제 사랑은 아킬레스들을 울게 만들고, '편력 기사들'을 산과 숲으로 내몰던 그 애간장을 태우는 불꽃이 아니다. 그것은 허영의 문제이다. 그리고 그처럼 허영에 빠진 여성은 연인의 수에 비례해서 자신이 다른 여성들보다 더 재능이 뛰어나다고 생각한다. 그런 여성들은 제법 착한 마음을 갖고 있어서 자신이 많은 사람들을 행복하게 만들어 주어야 한다고 믿는다. 모든 것이 변화하고 있다. 하지만 잘된 일이다. 당신이 아들이라면, 순진하게도 자연으로부터 아들에 대한 얼마간의 영향력을 부여받았다고 생각하던 아버지에게 더 이상 비굴하게 의존하지 않을 것이다. 여성이라면! 당신은 남편에 개의치 않을 것이다. 거추장스런 구속들은 더욱 개의치 않을 것이다. 각 개인은 자유로우며 정치적 속박에만 복종한다. …

오, 모든 것이 얼마나 쉽고도 자연스러워지는가! 우수에 찬 우리 조상들의 상상력에 불을 붙였던 것이 한갓 우스갯거리라니. 정열적인 성격을 지닌 사람들을 혼란에 빠지게 하고, 그들에게 뿌리 깊은 맹신, 그럴듯한 관념에 집착하며 어쩌면 위인들을 낳기도 하는 맹신을 불러일으킨 그 고상한 사상들은 이제 아무짝에도 쓸모없는 종이 위에서만 모습을 보이는데, 거기서 그 사상들은 고귀함과 그것이 지닌 영향력의 등급에 의해서가 아니라 그 사상들을 포장하고 장식하는 표현에 의해서 판단된다. 라아르프는 당신에게 밀턴, 단테, 셰익스피어 등을 '기괴한' 작가들이라고 말할 것이다. 그 아카데미 회원이 그러한 '기괴함'과 거리가 멀다는 것은 사실이다.

그 아름다움 자체, 마치 생명이 없는 매끄러운 조각상처럼 정신에게만 말을 걸었던 그 아름다움 자체도 이젠 철학자들의 몽상을 위해 만들어진 지적 이미지에 불과한 것처럼 보인다. 하지만 사랑스러움에게 차례가 돌아왔고, 사랑스러움은 모든 방면에 충격을 주었다. 사랑스러움은 언제나, 심지어 변덕을 부릴 때까지도 매력적이다. 사실 그것은 관능에 매력을 제공한다. 그것은 사교모임의 대변자이다. 그것은 호기심을 준다. 그것은 모든 이점들로써 재능을 아름답게 꾸민다. 항상 경쾌하고 자기 자신에게 무관심한 그것은 자신의 모든 태도에서 심미안이 자신의 섬세한 구조를 지배하는 것을 본다.

자신이 모방하거나, 그보다도 자신이 능가하고 있는 자연물들에 가장 아름다운 색채를 부여하는 이 매혹적인 것에 형태를 부여하기 위해서는 우리가 가진 모든 지식이 필요했다.

아름다움이란 무엇인가? 관계, 정확한 비율, 대개 차갑고 애교가 없는 조화이다. 사랑스러움은 검토가 필요 없다. 그것은 눈에 띄자마자 도취를 불러일으킨다. 자신도 모르게 새어나오는 한숨이 그것의 완벽함에 존중을 표한다. 이들 매혹적인 작은 걸작들, 이 정교한 미니어처들, 이 부서지기 쉬운 경이로움을 보라. 그 때문에 그것들은 더욱 소중하다. 눈은 그것에 집중되어 흐뭇해한다. 눈은 찬사를 보내고, 상상력은 비록 제멋대로긴 하지만 만족해하며, 그 이상 아무것도 머리에 떠올리지 않는다.

옛날에 게르마니아의 숲속에 살았었고, 이제 우리 땅에 '타타르인', '헝가리인' 등의 이름으로 다시 나타난 사람들 중 한 사람을 상상으로 우리 도시로 옮겨와 보자. 당신들에게는 우뚝한 키, 넓고 강한 가슴, 거칠고 무성하게 턱수염이 자란 턱, 두툼한 팔뚝, 걸음을 걸을 때마다 탄력 있고 유연한 근육다발이 꿈틀거리는 몹시 팽팽한 다리가 눈에 띌 것이다. 그 사람은 건장할 뿐만 아니라 날렵하기까지 하다. 그는 배고픔과 갈증을 참는다. 그는 땅바닥에서 잠을 자고, 적과 계절의 변화와 죽음에 용감하게 대항한다. 그의 곁에 미의 여신들이 빚어내면서 쓰다듬어 준 듯한 우아한 인물을 놓아보자. 그는 멀리서 용연향 냄새를 풍긴다. 그의 미소는 달콤하고, 눈은 생기가 넘친다. 그의 턱은 간신히 남성의 흔적을 담고 있다. 그의 다리는 가냘프고 가느다랗다. 그의 손은 마르스의 작업을 위해서가 아니라 사랑의 보석들을 약탈하기 위해 만들어진 것처럼 보인다. 그의 장밋빛 입에서는 재치가 반짝이며 쏟아져 나온다. 그는 꿀벌처럼 이리저리 날아다니는데, 꿀벌처럼 오로지 꽃받침 속에서 쉬기 위해서만 만들어진 것처럼 보인다. 그는 미풍이 머리카락을 조금만 흩트리기만 해도 불평을 늘어놓는다. 참을성이 없어서 그는 한 가지 생각에 거의 머물러 있지 못한다. 그의 존재가 활기찬 만큼, 그의 상상력은 신속하고 변화무쌍하다.

자, 말해보라, 친절한 프랑스인들이여, 이 두 가지 재질 중에 어느 것이 더 마음에 드는가? 후자가 보거나 듣기에 즐거움을 주는 만큼, 전자는 당신들에게 두려움을 준다는 것을 고백하라.

화제를 예술로 바꿔보자. 등장인물들이 발작적인 감정의 동요로 흥분하고, 정념들의 진정한 면모가 그려져 있는 그러한 극작품들을 찬미하기 위해 사람들이 그 단어를 만들어 냈다고 나는 생각한다. 우리의 대극장들에 퍼져 있는 장중한 권태를 진정시키는 데는 그것이 매우 효과적일 수 있기 때문이다. 하지만 식탁에서 가장 감미로운 포도주보다도 훨씬 더 행복에 필요한 즐거움을 기원할 때, 과연 고대인들이 그랬던 것처럼 사람들이 그 무시무시한 셰익스피어 작품이나 불길한 소포클레스 작품의 비극적인 구절들을 노래할까? 오, 시간이 얼마나 더 잘 활용되는가! 형편없지만 유쾌한 시인, 사랑스러운 가수가 파르나소스 산의 주인들보다 더 낫다. 노래 가사, 보드빌, 마드리갈, 짤막한 콩트가 모든 주의 깊은 사람들의 마음을 쥐고 있다. 그것들이 좋건 나쁘건 사람들은 언제나 웃는다. 왜냐하면 사랑스러움은 기쁨의 원천이고, 자기 자신으로 되돌아가 옷을 벗은 인간이 자신의 취미와 변덕을 고백하며 실제의 자기 모습을 보일 때, 그 사랑스러움은 왕위를 차지할 자격이 있기 때문이다.

바틸의 노시인에 필적하거나 혹은 그렇다고 생각하는 오늘날의 경박한 아나크레온[101]들이여, 달려오라 사랑스런 '프리볼리스트'[102]들이여, 숭고한 호메로스, 신성한 플라톤, 그리고 그들을 닮은 모든 사람들을 사라지게 하라!

그렇다, '사랑스러움'은 내적 능력들을 작동시키고 그 능력들에 동력, 즉 그것들이 가장 아름다운 대상들을 보면서도 항상 받지는 못하는 활력을 부여한다. 위대함, 숭고함은 결코 드물지 않다. 그것들은 자연 속에 넘쳐난다. 우리의 눈은 그것들로 피곤하다. 숭고함은 이 광대한 숲 한가운데에, 이 무한한 사막 속에, 이 황량한 사원의 장엄한 어둠 속에 존재한다. 그것은 창공의 찬란한 궁륭 위에 펼쳐진다. 그것은 폭풍우의 날개를 달고 날아오른다. 그것은 검붉은 불꽃으로 하늘을 붉게 물들이는 이 화산과 더불어 높이 솟아오른다. 그것은 이 광막한 범람의 위엄에 수반된다. 그것은 두 세계를 연결하는 이 대양(大洋)에 군림한다. 그것은 대지(大地)가 자신의 벌어지고 찢어진 창자를 드러내는 이 동굴 속 깊은 곳에 머물고 있다. 하지만 사랑스러움, 그것은 얼마나 희귀한가! 그것은 자신의 친절함에 버금가는 세심함으로 자신을 감춘다. 그것을 찾아내야 한다. 다시 말하면, 그것을 알아볼 수 있어야 한다. 그것이 가진 매력의 비밀을 알고 있는 섬세하고 숙련된 눈은 어디에 있는가? 그것은 한 줄기 빛에 의해 타버리고 한 줄기 바람에 의해 흩어지는 피었다 지는 덧없는 꽃이다. 그것이 가진 부드러운 감촉을 잃게 하지 않고 그 꽃을 따는 것은 인간의 손에 달려 있다. 미인의 가슴을 위해 만들어지는 꽃다발을 제작하는 것은 오직 인간의 손에 달려 있을 뿐이다.

---

101 아나크레온(Anacréon)은 기원전 6세기의 그리스 시인이며 바틸은 아나크레온을 매혹시켰던 미소년이다. 현존하는 아나크레온의 작품은 사랑가와 술 마시며 부르는 노래처럼 가벼운 시에 대한 취향을 나타내며, 고대 전 시기에 걸쳐 널리 모방되었다. 18세기에 몹시 높은 평가를 받았던 경박한 시는 대개 아나크레온풍의 영감을 받은 것이다.

102 '프리볼리스트(frivoliste)'는 메르시에의 신조어로 '자질구레한 장신구 애호가'를 가리킨다.

별것 아니다. 인간은 자연의 작품에 자신의 솜씨를 연결하고, 그러면 갑자기 인간의 심미안이 자연의 오만한 작품을 넘어서는 것이다. 우리가 디자인 된 화단(花壇), 솜씨 좋게 가위질된 작은 숲, 우아한 자수, 요리, 판화, 소영창곡, 마치 샴페인의 투명한 방울들처럼 거품이 이는 찬란한 시구들이 태어나는 것을 보게 되는 것은 바로 그때이다.

사랑스런 아파트, 사랑스런 가구, 사랑스런 보석들, 사랑스런 문학 작품들을 갖고 있고, 이들 하찮지만 매력적인 것들을 열정적으로 평가하는 행복한 국민이여, 당신들의 사랑스런 사상 속에서 오랫동안 번영하기를! 당신들에게 유럽의 사랑을 얻게 해주는 그 사랑스런 야유를 세련되게 하기를! 그리고 언제나 훌륭하게 머리를 손질한 모습으로, 당신들의 경박한 생활을 부드럽게 달래주는 사랑스런 꿈에서 영원히 깨어나지 않기를!

255 장례행렬

우리의 붓을 갈색으로 물들이자. 그래야 할 때이다. 모든 것이 변화하고 놀랄 만큼 빠른 속도로 사라진다. 장례의 종소리는 그것을 내게 알려준다. 이곳의 주민들도 곧 관(棺) 속으로 사라질 것이다. 관은 활짝 열린 채 먹이를 노리고 있다. 상점에는 빈 자리가 없다. 알다시피 희생자의 수는 결코 줄지 않을 것이다. 죽음이 불시에 돌연히 타격을 가한다는 것을 사람들은 매일매일 경험한다. 하지만 이곳보다 죽음의 광경이 감흥을 덜 불러일으키는 도시는 없다. 사람들은 장례행렬에 익숙해져 있다. 그래서 자신이 죽은 후 애도를 받고 싶은 사람은 파리에서 죽어서는 안 된다. 파리인들은 장례행렬이 지나가는 것을 아주 무관심하게 쳐다본다.

신부들과 묘지 인부들은 죽음의 주기(週期)를 믿는다. 그들은 요란한 종소리가 더 빈번하게 허공에 울려 퍼지는 달들을 알고 있고, 잡화점에서 2파운드 무게의 양초들이 언제 팔려나가는지를 알고 있다. 장의관(葬儀官)[103]들은 일부러 밭에서 되돌아와 장례용 검은 장막을 미리 펼쳐놓는다. 묘혈을 파고 입구를 열어놓는다.

우리의 마지막 의복(라퐁텐은 '여름옷', '겨울옷'이라고 했다) 제작자인 '목곽(木槨) 제조인'은 교회로부터 관을 좀 더 많이 가져오라는 주문을 받는다. 주임신부와 소교구 교회들은 각자 자기 편에서 죽음으

103 장례용 검은 장막, 연미사, 화려한 대형 묘비, 영구대 및 기타 장례 예식들, 예컨대 거실 벽걸이 천, 유해 안치소 등과 같은 것들을 임대할 권리를 지닌 사람들.

로 생기게 될 돈을 계산한다.

사교계에서는, 훗날 「사교모임」이라는 희극에 삽입된 고대 우화 속의 짧은 대화만큼 엄정하게 진실한 것은 없다.

> … 아무개 씨가 죽었군요. … 나는 하트를 갖겠어요. … 정말 유감이에요. … 부인, 당신은 클로버를 내세요. … 그분은 신사였어요. 무엇 때문에 죽었지요? … 다이아몬드요. … 그는 자신이 갑자기 죽을 것을 알고 있었어요. …[104]

그리고 낯빛 하나 변하지 않은 채 카드놀이는 계속된다. 사람들은 눈살을 찌푸리는 시늉을 하기는 했다. 하지만 감정을 겉으로 드러내지는 않았다. 이들 목석같은 사람들에게도 똑같은 무관심이 예정되어 있다.

고대인들처럼 우리도 아마 장례식에 호곡(號哭)꾼들을 불러야 할 것이다. 왜냐하면 우리 부모와 친구가 죽어도 우리는 이제 눈물 한 방울 흘리지 않기 때문이다. 어떤 사람이 자기 아내가 방금 익사한 것을 알게 된다면, 아마 발을 구르며 이렇게 말할 것이다. "그것 참 안 됐군!"

100년 동안 아마도 250만 명의 사람들이 둘레 6천 투아즈에 달하는 장소에 그들의 해골과 '알칼리화된' 살을 맡겨놓을 것이다. 그리고 그 기간 동안 이 많은 시체들을 수용하는 데는 30개의 공동묘지로 충분하다. 모든 교구가 경쟁적으로 시신들을 요청하며, 그래서 좀 더 먼 곳으로 부패시키러 가려면 증명서가 필요하다.

104 1764년 9월 7일 코메디 프랑세즈 배우들에 의해 초연된 푸앵시네의 단막 희극 「사교모임 혹은 유행하는 야회」 12장에서.

사실, 이곳보다 더 죽음이 무시무시하고 더 쩌렁쩌렁한 목소리로 전쟁 용어들을 들려주는 전쟁터가 없다. "병사들이여, 대열을 좁혀라." 포탄만큼이나 빠르고 눈에 보이지 않는 타격에 의해 그 대열은 끊임없이 줄어든다. 하지만 빈발하는 죽음은 사람들의 얼굴을 스쳐 지나가는 일종의 무관심을 널리 퍼뜨린다.

장례행렬은 슬픈 의식이 아니다. 부자들에게는 커다란 조명기구, 교회의 모든 은그릇, 사원 기둥을 둘러싸는 검은 장막, 화려하게 수놓은 베일, 포부르동[105]으로 작곡된 '애도가(哀悼歌)'가 있다. 흰색 신부복을 입은 80명의 신부들이 불 켜진 초를 들고 있고, 모든 종들이 흔들리며 허공으로 멀리 소리를 울려 퍼뜨린다. 사람들은 조용히 저녁예배의 노래를 부른다. 의전장(儀典長)은 모인 사람들을 안내하고 배치한다. 고급 성수채가 모든 사람의 손에서 손으로 전해진다. 사람들은 한 줄로 늘어선다. 그들은 살롱에서 만난 것과 거의 다름없을 정도로 우아하게 인사를 주고받는다.

가난뱅이의 경우, 사람들은 구리 촛대에 받쳐진 4개의 희미한 촛불 아래서 '라우데스'나 '마티네스'[106]의 노래 몇 소절을 읊어주고는 그를 돌려보낸다. 빠져서는 안 될 '애도가'는 서둘러 해치운다. 관과 나무 십자가를 든 사람들은 조급하고 빠른 걸음으로 달려가 구덩이에 그를 던져버린다. 끈의 숱이 적고 낡아빠진 보잘것없는 성수채가 아주 인색하게 성수를 부어놓은 더러운 성수반에 잠긴다. 대개의 경

105 faux-bourdon: 주제에 6도와 3도 화음을 연속으로 붙여 다성화하는 15세기의 작곡 기법.

106 성무일도(聖務日禱)의 하나로, 가톨릭에서는 '라우데스(laudes)'나 '마티네스(matines)' 모두를 '아침기도'라 한다. 아침기도는 찬미가 시편, 성경소구, 응송, 즈가리야의 노래, 청원기도, 주의 기도, 본기도, 강복 등으로 이루어져 있다. 『아카데미 사전』에 따르면, 라우데스는 마티네스 다음에 행해진다.

우 성수반은 바닥이 드러나 있어서, 아들 또는 가난뱅이에게 친구가 남아 있다면 그 친구의 도움에 의해, 사랑하는 사람의 유골이 안치된 곳을 단지 눈물로 적실 수 있을 뿐이다. 아들이 눈물 젖은 손수건을 눈에서 떼어낼 때쯤이면 신부는 이미 멀리 가버리고 없다. 아들은 아버지의 무덤 위에 홀로 남겨진다. 절름발이 교회지기에 이르기까지 모든 것이 고인과 장례를 치르는 사람의 가난에 대해 불평하며 묘지를 떠난 것이다.

부고장은 초대장과 유사하다. '부디 참석해 주시기 바랍니다' 등의 표현 때문이다. 아래쪽에는 '미망인으로부터', '고인의 사위로부터' 같은 말이 쓰여 있다. 그곳에 사망자의 나이가 표시되어야 할 것이다. 하지만 파리에서는 죽은 사람의 나이와 살아 있는 사람의 나이를 묻는 것만큼 무례한 것은 없다.

사람들은 언제나 장례행렬, 미사, 매장의 비용을 교회에 미리 지불한다. 당신은 이미 인쇄가 되어 있는 가격표를 제시받는다. 당신은 신부와 양초, 횃불, 촛대가 얼마만큼 필요한지를 고른다. 작은 종소리를 원하는가, 큰 종소리를 원하는가에 따라 값을 지불하게 된다. 작은 것은 '3회 타종'하고, 큰 것은 '9회 타종'한다. '당신은 원하는 만큼을 갖게 될 것이다.'

죽은 이여, 우리를 내버려 두시오,
문제는 다만 보수일 뿐.

그 모든 것이 계산된다. 주임신부 등의 참석에 대해서도 마찬가지다.

생퇴스타슈 교회의 주임신부가 생피에르오뵈프 교회 주임신부보다 더 비싼데, 생퇴스타슈 주임신부가 생피에르오뵈프 주임신부보다 더 세력이 큰 귀족이기 때문이다. 생퇴스타슈 주임신부는 지체 높은 인사들의 장례에만 참석한다. 묘혈을 개봉하는 데 50프랑이 든다. 하관(下官) 때 날카로운 소리를 내는 선창자(先唱者)들의 몫도 '그만큼'이다. 주제단의 부품과 장식 값도 '그만큼'이다. 소규모 합창대나 대규모 합창대 값도 '그만큼'이다. 고해신부나 고해신부 흉내를 내는 사람 값도 '그만큼'이다. 그의 흰 장갑 값도 '그만큼'이다.

당신이 돈을 전달하고 나서야 비로소 사람들이 고인을 찾아올 것이다. 당신이 목곽 제조인에게서 관을 사는 것은 허락되지 않을 것이다. 교회가 관 가게를 열고 있고, 교회만이 당신에게 관을 팔 수 있어야 한다. 그것은 독점이다. 교회는 당신에게 관을 팔아 실질 가격의 거의 반을 벌어들인다.

어떤 사람이 숨을 거두자마자 그는 채 몸이 식기도 전에 침대에서 끌려나온다. 사람들은 그의 시체를 치워버리려고만 한다. 마치 국민들이 좋아하는 연극적 허구에서와 마찬가지로, 끔찍하고 치명적인 24시간의 법칙이 인생의 이 마지막 재앙에 절대적으로 군림하고 있는 것이다. 국민들은 이 2개의 고약하고 잔인한 규칙을 결코 포기하지 않을 것이다.

사람들이 떠나가고, 시신은 '야간 당직자'에게 맡겨진다. 이 '야간 당직자'는 가난한 하급 신부로서, 밤에 시체를 지키는 대신 '20수와 포도주 한 병'을 받는다. 때때로 그는 시신 곁에서 추도기도 대신에 티불루스의 작품이나 『동정녀』[107]를 읽어주기도 한다. 죽음과 친숙해져 있는 그는 영대(領帶)[108]를 걸친 채 무관심한 모습으로 이제

107 '사랑의 시인'이라는 별명을 가진 티불루스(기원전 1세기 때의 로마 시인)의 작품들과 볼테르의 그다지 정숙하지 못한 『동정녀』(1762)는 당시에 노골적이라고까지 할 수는 없지만 외설적인 읽을거리의 유형을 대표하고 있다.

는 더 이상 존재하지 않는 미인과 방금 삶의 여정을 끝낸 노인 곁을 지킨다. 장례식의 촛불은 그를 슬프게 만들지 못한다. 침대 발치에 성수반이 있는데도, 그는 침대보 한구석에 숨겨놓은 술병을 꺼내 술을 마시며 기나긴 밤 시간을 보낸다.

24시간이 지나기 전에 시신은 옷이 벗겨지고 천으로 싸여 관 속에 고정된 채 무덤으로 옮겨진다.

그 다음날이면 더 이상 그의 관을 알아보지 못한다. 4~5개의 새로운 관들이 위에서 그의 관을 내리누르고 있기 때문이다. 사람들이 그런 모습을 볼 수 있는 것은, 대개의 경우 그 관들이 드러나 있기 때문이다. 따라서 그럴 용기만 있다면 눈으로 그 수를 셀 수도 있다. 그 피라미드처럼 쌓아올린 관들이 필요한 규모에 달했을 때에 가서야 비로소 묘지 인부가 그 위로 흙을 덮는다. 그것들이 충분한 수에 달할 때, 그리고 구덩이가 완전히 채워질 때 비로소 그것들은 본래의 의미대로 땅 속에 매장되는 것이다.

사람들은 이처럼 비인간적인 졸속 매장에 반대했다. 하지만 뿌리 깊은 풍습에 대해서는 박물학자들의 경고조차 아무런 소용이 없다. 풍습이 고약하면 고약할수록 더욱 고치기가 어렵다.

108 미사나 성부 집행 때 성식자가 목에 걸치는 무릎까지 내려오는 긴 띠를 말한다. 영대(Stola)는 6세기부터 공식적으로 사용하였는데, 색깔은 언제나 제의 색과 같으며, 세례, 축성, 성체 강복, 병자 성사 등에는 흰색을, 고해소에서는 사죄권과 통회와 보속을 의미하는 자색을 착용했다.

256 어떤 가난한 사람에 대하여

그런데 혹시 죽어가는 사람들이 더 빨리 세상을 뜨고 싶어 하는 그런 도시는 없을까? 문명사회의 양 극단층은 행복하지 못한데, 한쪽은 권태 때문이고 다른 한쪽은 가난 때문이다. 전자는 감각을 혹사시켜서 향락에 필요한 힘을 더 이상 회복하지 못한다. 후자는 생리적 욕구에 대한 충족을 너무 비싼 값으로 구입한다. 후자는 전자가 시틋해 하는 삶에 찌들어 있다. 이 문제에 관해 나는 다음과 같은 이야기를 들려주려 한다.

특히 가난, 나쁜 공기, 그로 인한 맛없는 빵, 오염된 기름이 판을 치는 지역인 생마르셀 포부르에서 '설상가상으로' 성홍열이 퍼져 빈민 수백 명이 목숨을 잃었다. 그들을 시립병원으로 끌고 갈 시간도 없었다. 고해신부들은 집 밖으로 나가지 못했고, 종부성사는 다락방에서 8층까지로 내려왔다.[109]

권력이 묘지 인부들의 수중에 떨어졌다. 보름 전부터 집집마다 '공용(共用) 관'이 굴러다녔고, 단 한 번도 빈 관이 발견된 적이 없었다. 사람들은 죽어가는 사람들을 격려하기 위해 증원을 요청했다. 교구 신부단으로는 더 이상 감당할 수 없었기 때문이었다. 존경할 만한 성 프란체스코회 수사 한 사람이 왔다. 그는 전염병 희생자 한 사람이 고통을 겪고 있는 천장 낮은 마구간 같은 곳으로 들어갔다. 그

109 다락방이 9층이었기 때문이다.

곳에서 그는 병든 노인이 더러운 누더기 위에 누워 있는 것을 보았다. 노인은 혼자였다. 짚단 꾸러미가 이불과 베개로 쓰이고 있었고, 가구도 의자도 없었다. 병에 걸린 첫 며칠 동안 국물거리라도 마련하기 위해 모든 것을 팔아치웠기 때문이었다. 지저분하고 아무 장식도 없는 벽에 도끼 한 자루와 톱 두 자루만이 걸려 있었다. 그것이 그가 가진 재산의 전부였다. 움직일 수 있을 때는 두 팔이라도 있었지만, 이제는 두 팔을 들어올릴 힘도 없었다. "용기를 내세요." 고해신부가 그에게 말했다. "오늘 하느님께서는 당신에게 커다란 은총을 내리고 계십니다. 당신은 곧 이 세상을 떠나게 됩니다. 당신에게 오직 고통뿐이었던 세상을 말입니다." "무슨 고통 말입니까?" 꺼져가는 목소리로 병자가 말했다. "당신이 잘못 봤어요. 나는 그럭저럭 만족하며 살았습니다. 나는 내 운명을 탓해본 적이 전혀 없어요. 나는 증오도 질투도 몰랐습니다. 나는 평온하게 잠을 잤습니다. 낮에는 피곤했지만 밤에는 푹 쉬었지요. 당신의 눈앞에 있는 도구들로 나는 빵을 구해 맛있게 먹었고, 우연히 볼 수 있었던 음식들을 전혀 부러워하지 않았답니다. 나는 부자가 가난한 사람보다 더 병에 잘 걸리는 것을 보아왔어요. 나는 가난했지만 이날까지 제법 건강했습니다. 그러리라고 생각하진 않지만, 만일 건강을 되찾게 되면 나는 작업장으로 가서 이제까지 나를 보살펴 주셨던 하느님의 손길에 계속 감사할 것입니다." 이러한 환자 앞에서 고해신부는 놀라서 어떻게 해야 할지를 몰랐다. 그는 초라한 침대와 죽어가는 사람의 말을 조화시킬 수가 없었다. 하지만 그는 다시 정신을 차리고 환자에게 말했다. "보시오, 이곳에서의 삶이 당신에게 힘든 삶이 아니었다고 해도, 어쨌든 당신은 이 세상을 떠날 결심을 해야 하오. 하느님의 뜻에 따라야 하기 때문이오." "그럴지도 모르지요." 환자가 단호한 목소리와 확신에 찬 눈길로 다시 말했다. "모두가 자기 차례가 오면 죽어야지요.

나는 사는 법을 알아왔으니 죽는 법도 알게 될 겁니다. 나는 내게 생명을 주시고, 죽음의 단계를 거쳐 하느님께 도달할 수 있게 해주신 데 대해 그분께 감사드립니다. 때가 된 것 같군요. … 그분이 여기 오셨네요. … 안녕, 신부님."

나는 그가 바로 현자라고 생각한다. 살아오는 동안 그 사람은 어쩌면 삶을 제대로 누릴 줄도 모르고, 죽음에 닥쳐서야 비열하게 비탄에 잠기는 부자들에게 경멸을 받았을지도 모른다.

257 부자들에게

그러니 당신들에게 남아 있는 시간을 선을 행하는 데 사용하라. 모든 것이 당신들 손에서 곧 새어나가게 될 것이다. 당신들의 마음이 아무리 메말라 있을지라도, 어쩔 수 없이 당신들에게 닥쳐올 회한을 느끼지 않으려면 연민을 가져라. 가난한 사람들의 외침이 들리는가? 그들은 당신들이 그들의 생계에서 빼앗아가는 몫을 다시 요구하고 있는데, 당신들은 폭음·폭식으로 건강을 해치고 있다. 와서 가까이 다가가라. 얼마나 불쌍한 광경인가! 계속해서 불행이 증가한다면 이 도시의 운명은 어떻게 될 것인가?

여기 젖먹이 아들에게 젖을 먹일 수 없는 불쌍한 어머니가 자신의 말라버린 가슴으로 사랑하는 아이의 주린 입을 잠시 달래는 모습을 볼 수 있다. 아이에게 생명을 주었고, 아이의 생명을 빼앗아가려는 죽음을 단지 얼마간 늦출 수 있을 뿐인 어머니에게 그 아이의 존재는 힘에 겹다. 저기 힘든 막노동을 해온 50세의 나이 든 남자에게는 구빈원에 들어가 그곳에서 죽는 것 말고는 다른 위안이 없다. 그런데, 오, 당신은 어떤가! 호화생활에 빠져 있고, 바로 이러한 사람들을 말발굽으로 짓밟는 한편, 경멸과 오만을 곁들여 더욱 잔인한 눈길로 그들을 굽어보고 있다. 그들의 불행이 치유할 수 없는 것이라고 생각하지 말라. 대다수의 사람들에게 불행이란 피할 수 없는 숙명이라고 스스로를 설득하지 말라. 선행을 시작했더라도 그 속에 남아 있는 해야 할 선행을 보라. 그리고 고통받는 인간들을 도와줄 방법이 없다고 생각하지 말라.

가난한 사람들에게 적선하면서, 자신이 아주 쓸데없는 짓을 하는 것이 아니라고, 자신의 잉여분은 당연히 전적으로 극빈자들의 것이라고 생각한 사람들은 거의 없다. 하지만 사람들은 연민의 외침이면서 동시에 정의의 외침이기도 한 이러한 은밀한 목소리를 억누른다. 사람들은 자기 자신을 잊고, 자신에게 필요한 것을 실제 규모 이상으로 확대한다. 그런 사실을 사람들은 알고 있고, 그래서 자기 자신에게 그것을 감추려고 한다. 하지만 사람들은 스스로에게는 자신이 오직 저속하고 불완전한 동정심만 갖고 있을 뿐임을 털어놓는다. 진실의 윤곽은 우리 자신의 은밀한 고백을 벗어나 있다. 그만큼 양심은 우리 자신에 대항하여 무장한, 가슴 깊은 곳에서 우러나오는 지속적인 감정인 것이다! 양심은 약화될지언정 결코 소멸되지는 않는다.

내 글을 읽게 될 사람들에게 이러한 성찰을 남기는 것은, 만일 그들이 이러한 양심을 무시한다면 언젠가는, 이제 하고자 하기에는 너무 늦어버린 선행을 그때 했더라면 하고 바라는 바로 그 순간에, 양심이 아주 끔찍하게 그들에게 반기를 들 것이라고 확신하기 때문이다. 나는 부자들에게 경고한다. 최고의 청렴한 재판관인 이러한 내면의 목소리를 따르지 않았던 사람에게는 너무나 위험한 이 길을 그들을 위해 평탄하게 닦아주게 될 것은, 그들이 인간적이었고 기꺼이 도움을 주었다는 생각 말고는 없을 것이다.

258 자살

이 장에서 나는 우울한 절망의 그림을 그리게 될 것인가? 20여 년 전부터 파리인들이 왜 자살하는지 그 이유를 말하게 될 것인가? 감히 말하건대, 근본적으로 정치체제의 산물일 뿐인 것을 사람들은 최근의 철학 탓으로 돌렸다. 생활고와 더불어 다른 한편으로 도박과 지나치게 허가를 남발한 복권들이 수많은 자살을 유발하는 것들인데, 그것들은 예전에는 거의 들어보지 못했던 것들이다. 세금은 전혀 줄어들지 않고 있다. 상품반입세는 예나 지금이나 가공할 정도이다. 국내 거래는 제약을 받아 왔다. 차라리 국내 거래는 존재하지 않는다고 할 정도로 속박이 과중하다. 세관 업무는 국내 거래를 괴롭히고 배척한다. 사람들은 모든 식품 분야를 차례차례 황폐화시켰다. 사람들은 돈, 직책, 특권, 지배권 등 모든 것을 국왕의 손을 거치게 했다. 피도 눈물도 없이 이해관계를 따지며 죽은 자들의 피까지 빨아먹으려 하는 흡혈귀를 닮은 요즘의 금융 중개인들이 이미 억눌릴 대로 억눌린 민중들에게 최후의 타격을 가한다. 결국 쌓이고 쌓인 수많은 부담들로 인해 민중들이 죽게 된다. 끝없는 금령(禁令)들이 생업을 방해한다. 민중들은 기력을 빼앗긴 것이다.

더 이상 어떻게 살아가야 할지 몰라서 자살하는 사람들은 절대로 철학자들이 아니다. 그들은 가난한 사람들, 피곤한 사람들, 생활에 지친 사람들인데, 이들이 생계가 더 힘들고 곤란해졌기 때문이다.

언제쯤 식료품 소비가 좀 더 평온한 흐름을 갖게 될 것인가? 열매에는 신경 쓰지 않은 채 나무에 핀 꽃으로 꽃다발을 만드는 아이와 비슷한 정부는 언제쯤 식료품에 대한 과세를 중단할 것인가, 다시 말해 자신의 이익에 역행하기를 그만둘 것인가? 민중들을 어느 정도 풍족하게 먹이지 못한다면 어떻게 시민들의 힘, 건강, 애정을 기대할 수 있을 것인가? 파리인들은 흥분할 것이고, 대다수는 아이 낳기를 포기할 것이다.

경찰은 일반인들에게 자살이 알려지는 것을 막는 데 신경을 쓴다. 누군가가 자살하면, 옷도 입지 않은 채 경찰관이 와서 소리 없이 조서를 작성하고, 교구 신부에게 소문나지 않게 시체를 매장하게 한다. 무력한 법률에 의해 사후(死後)에 기소당한 사람들만 그 시체를 사립짝에 실어 말이 끌게 한다.[110] 그것은 임신한 여성들이 많은 도시에서는 불행한 결과들을 낳을 수도 있는 혐오스럽고 또 불쾌한 광경이다.

평년의 경우 '자살자(suicides)'의 수는 150명에까지 달할 것이다. 런던 시는 주민이 훨씬 더 많음에도 불구하고 자살자 수가 그만큼에 이르지는 않는다. 게다가 영국에서는 소비가 진짜 병폐인데, 이는 파리에는 존재하지 않는 것이다. 이러한 비교는 우리에게 다른 성찰을 할 필요가 전혀 없게 해준다.

그러니까 런던에서는 부자들이 자살하는데, 그 까닭은 '소비'가 부유한 영국인을 공격하기 때문이고, 부유한 영국인은 가장 변덕이 심하며 따라서 가장 지루해하는 사람이기 때문이다. 반면 파리의 자살자들은 하층 계급에 속해 있으며, 이러한 범죄는 대체로 다락방이나 가구 딸린 방에서 이루어진다.

110 자살한 사람, 자살한 것으로 간주되는 사람의 시신은 마차 뒤에 묶어 놓은 '사립짝'이라 불리는 커다란 골조형 사다리에 태워져 시내 전체를 끌려 다녔다. 전통적으로 결투로 죽은 사람들에게도 동일한 처벌이 정해져 있었다.

사망 이후에 맞게 될 어려움을 피하기 위해 몇몇 자살자들은 미리 치안총감에게 편지를 쓰는 관례를 따랐다. 사람들은 이러한 조심성에 대한 보답으로 그들에게 장례를 명한다. 어떠한 공식 문서에도 자살이라는 것이 표시되지 않는다. 지금으로부터 1,000년 후에 이러한 문서에 기초해서 역사를 쓰게 될 사람들은 지금 내가 주장하고 있는 것을 의심하게 될지도 모른다. 하지만 우리가 알고 있는 세계의 그 어떤 다른 도시에서보다 오늘날 파리에서 자살이 더 흔하다는 것은 부인할 수 없는 사실이다.

259 생클루의 그물

물에 빠져 죽는 불행한 사람들의 시신 모두가, 그들이 은근히 기대했던 것처럼 드넓고 웅장한 대양을 무덤으로 삼게 되는 특권을 누리지는 못한다. 얼음이 어는 기간을 제외하고 그것들은 '생클루의 그물'에서 멈춰 선다. 아무런 흔적도 남기지 않고 이 세상을 떠날 수 있다고 믿었던 사람들이 누구인지 알려지게 된다. 그의 유해는 '고리'에 걸려 그의 범죄와 불운과 실수를 증명하게 된다.

약 32년 전에 홍수로 물이 분 센 강변에서 열린 공식 축제 때 무질서와 방탕으로 인해 여러 사람이 강에 빠졌는데, 그 수가 상당히 많아서 '생클루의 그물'을 걷게 되었다. 수많은 불행한 희생자들이 생겼다는 것을 입증하지 못하도록 하기 위해서였다.[111]

이 그물에서는 센 강에 의해 수도(首都)에서 운반되어 와 어지럽게 쌓인 아주 기이한 유해들이 종종 발견된다. 사람들 말로는 그러한 일들 때문에 그물을 관리하며 혜택을 받는 사람들에게 이득이 있는 것만은 아니라고 한다.

111 이 책이 1783년에 나왔으므로 이 축제는 1751년으로 거슬러 올라갈 것이다. 이 그물은 최소한 섭정기 때부터 생클루에 존재해 왔다.

260 자본가들

민중에게는 더 이상 돈이 없다. 그것은 커다란 재앙이다. 많은 이들을 죽음으로 몰고가는 복권이라는 악랄한 도박에 의해, 그리고 끊임없이 되풀이되는 치명적 유혹의 부채에 의해 그들에게서 남아 있는 돈을 우려낸다. 자본가와 그 측근의 주머니에는 최소한 6억이라는 금액이 숨겨져 있다. 바로 이러한 자산으로 그들은 왕국의 시민들과 끊임없이 겨루고 있다. 그들의 지갑은 동맹을 결성했고, 그 금액은 결코 다시 유통되지 않는다.

말하자면 정체되어 있는 그 금액은 다시 또 부(富)를 불러오고, 법률을 만들며, 모든 경쟁자를 짓누르고 파멸시키며, 농업 · 산업 · 상업, 그리고 예술에까지 무관심하다. 그 금액이 투기에 바쳐지면, 그것이 야기하는 공백에 의해서, 그리고 그것이 국민을 억압하는 막연하고 끝없는 작용에 의해서 치명상을 준다. 5~6년이 지나면 그 돈은 강력하고 어쩔 수 없는 작용에 의해, 자신들 이외의 모든 것을 집어삼키기 위해 서로 협력하는 이들 자본가들의 수중으로 들어온다.

그럼에도 불구하고 사람들은 예술에 세금을 매기고, 기업에 조세를 부과하며, 상점에 집세를 지불하게 하고, 노동자에게 돈을 요구한다. 오직 '돈', '돈', '돈' 소리만 들리니, '돈'을 모으는 방법들을 잊어버리게 하라. 소수의 수중에 있는, 화폐로 주조되는 거대한 금속 덩어리를 모두가 조각내고 분할하고 해체하도록 하라. 그렇게도 기다리는 이 금속이 법, 지위, 기괴한 규정, 끝없는 금지사항들을 만드는 대신에 널리 퍼지게 할 경로를 뚫을 수 있는 모든 것을 도와주어라.

모든 것이 돈으로 이루어질 때, 불행과 빈곤의 토양에서 전적으로 애국적인 덕목들이 싹트기를 기대하지 말라.

261 징세청부 사무소

나는 징세청부 사무소 앞을 지날 때마다 깊은 한숨을 토해낸다. 나는 이런 생각이 든다. 전국 방방곡곡에서 폭력으로 빼앗은 돈이 저곳으로 몰려들고 있고, 이 길고 고통스러운 작업이 끝난 후 그 돈은 변형되어 왕의 금고 속으로 들어간다. 왕은 얼마나 치명적인 거래와 죽음을 부르는 허망한 계약에 서명을 한 것인가! 그는 대중의 불행에 동의했고, 그 결과 자신도 더 부자가 되지 못했다. 모든 시민의 목을 움켜쥐고, 저항할 수 없도록 그들의 피를 빨아먹으며, 대다수의 부를 소유하고 있는 200~300명의 사람들에게 그것을 나눠주는 이 거대하고 악랄한 기구를 뒤엎을 수 있으면 좋겠다. 사무원의 펜 하나하나가 거래, 활기, 산업을 억압하는 위협적인 총이다. 징세청부업체는 대담하고 용맹한 모든 계획들을 압박하는 도깨비이다. 이러한 혼란 속에서 사람들은 오직 도둑들 편에 설 생각만 한다. 과도한 재정은 횡령 그 자체에 의해 유지된다. 결국 그곳에서는 세련된 약탈을 가르치는 공립학교가 유지되는 셈이다. 그곳에서 사람들은 서로 앞다투어 더욱 가혹한 계획들을 내놓는다.

하급 세리는 정치단체를 무기력하게 만드는 촌충이다. 이 기생충은 중요한 체액들을 빨아먹고, 헛헛증을 일으키며, 결국엔 자신을 감싸주고 있는 품을 파멸시킨다.

특이한 것은 사람들이 하급 세리들을 용서하고자 했다는 것인데, 왜냐하면 그들은 오늘날 예전보다 벌이가 적기 때문이다. 그렇지만 하급 세리들이 활동 유지를 위해 그렇게 왕성하게 투쟁하는 것으로 보아 그들이 벌어들이는 이득이 아직도 대단함에 틀림없다. 우리 세기의 가장 멋진 기관이자, 가장 위대하고 사람들이 가장 소망하는 선을 가져다 주기에 가장 적합한 기관인 지방의회가 수많은 불행과 혼란의 주모자인 이 징세 단체를 약화시킬 수 있기를! 그 단체가 무너질 때에야 사람들은 그것이 그렇게 오랫동안 존속하면서 군주와 국민에게 해를 끼칠 수 있었다는 것에 놀라게 될 것이다. 이처럼 커다란 혜택을 마련해 준 사람은 그에 대한 기억이 결코 사라지지 않으리라는 것, 그리고 감사와 존경을 담아 부르는 이름들 중에 한 자리를 차지하리라는 것을 확신해도 좋다. 그것이 최상의 것임에는 이론의 여지가 없다. 나머지는! 아!

262 공영 전당포

마침내 '공영 전당포'[112]가 최근에 설립되었는데, 다른 곳에서는 그것을 '롱바르'[113]라고 부르기도 한다. 행정기관은 오랫동안 기다리던 이러한 분별 있는 기관을 통해, 항상 빈민들을 착취하는 데 혈안이 되어 있던 탐욕스런 고리대금업자들의 잔인하고 악착스러운 열정에 치명타를 가했다. 자신들의 억압적인 거래를 숨겨왔던 복면(覆面) 투기꾼들은 그들의 보이지 않는 진지에 머무를 수밖에 없었다. 투기꾼은 이제 불법 거래를 포기해야 한다. 그들은 강력한 미끼로 모든 투자와 모든 기업들을 질식시켜 왔다. 그들은 돈에 굶주린 사람의 파멸을 완성시키기 위해 돈을 흔들 줄만 알았다.

끝없이 몰려드는 신청자들이 파리에 이 '롱바르'가 필요했음을 그 어느 것보다 더 잘 증명하고 있다. 사람들이 너무나 특이하고 너무나 믿을 수 없는 것들을 이야기하고 있어서, 나로서는 그것들을 보증할 수 있게 할 만한 보다 더 특별한 정보를 입수하기 전에는 여기서 감히 그것들을 밝힐 수가 없다. 사람들이 '금시계로 가득찬 40개의 통'에 대해 이야기하고 있는데, 아마도 그곳에 운반된 막대한

112 파리 최초의 대중적 공영 전당포는 루이 16세 때인 1777년에 설립되었고 블랑망토 길에 자리를 잡았다.

113 lombard: 파리에서 돈을 취급하는 사람들인 환전상, 은행가, 대금업자에게 12세기부터 부여된 명칭으로, 이들 돈밖에 모르는 사람들은 언제나 이탈리아인들이며, 주로 포 평원의 대도시에서 온 사람들이었다. 18세기에는 시청의 감독하에 저당을 잡고 돈을 빌려주는 신용기관을 가리켰다.

양의 금을 표현하기 위해서인 것 같다. 내가 아는 바는, 현장에서 60~80명의 사람들을 보았고, 그들이 차례를 기다리다가 와서 각자 '6리브르'를 넘지 않는 돈을 꾸었다는 것이다. 어떤 사람은 속옷들을 가져왔고, 또 어떤 사람은 가구를 가져왔다. 또 어떤 사람은 부서진 찬장을 가져왔다. 또 다른 어떤 사람은 구두 고리쇠, 오래된 그림, 형편없는 옷 한 벌 따위를 들고 왔다. 이들 군중이 거의 매일 새로운 사람들로 교체된다고 하는데, 이는 대다수의 주민들이 처해 있는 극도의 빈곤을 아주 명확히 알려 주는 것이다.

가난하지만 천재성을 갖고 있는 저자가, 예컨대 아직 출판되지 않은 『법의 정신』이나 『양 인도 교역사』[114] 혹은 『에밀』의 원고를 갖고 오는 저자가 있다면 그에게 무엇을 줄 것인가? 경매 심사관이라면 어떻게 생각할까? 그라면 그 작품에 얼마의 값을 매길까? 부자들도 돈을 빌리기는 가난한 사람들과 마찬가지이다. 부유한 여성은 덮개가 씌어진 마차에서 나와, 그날 저녁의 도박 자금으로 2만 5천 프랑에 달하는 다이아몬드들을 그곳에 맡긴다. 가난한 여성은 속치마를 끄르고 빵을 살 만큼의 돈을 요청한다.

공영 전당포로 인해 다이아몬드 값이 폭락했다. 사람들이 제일 먼저 그곳에 저당잡히는 것이 다이아몬드이기 때문이다. 가장 부유한 사람들도 더 이상 쓸데없는 보석을 치장하고 나타나지 않는 것이 점차 눈에 띄었다. 이어서 이러한 궁핍에는 매우 많은 이유들이 있었는데, 이는 우리에게 잘 알려져 있다. 사치품들은 여러 가지로 중요한 것으로 여겨져 왔는데, 그것들 없이 지내는 것이 어려운 일은 아니다. 여자들이 그러한 모범을 보여주었다. 선행을 했다는 느낌 때

114 원 제목은 『양 인도에서의 유럽인들의 시설과 교역의 철학적·정치적 역사』로 1770년 암스테르담에서 익명으로 출판되었지만, 레날로 신부가 썼을 것으로 추정된다.

문에 그들의 고통스러운 영혼은 그처럼 연약하고 사소한 기쁨으로 풍요롭게 보상을 받았다. 저당 잡힌 그 재산 중 3분의 1은 되찾아가지 않았다고 하는데, 그것이 이상하게 주화가 부족한 데 대한 새로운 증거이다. 판매를 통해 사치품들이 저렴한 값으로 제공되었는데, 그로써 소상인들이 약간의 손해를 입을 수도 있다. 하지만 과도한 가치를 가졌던 이러한 사치품들이 오늘날 터무니없는 값을 상실하고 있다.

이 행정기관 내에 악습이 이미 스며들었다고들 한다. 가난한 사람들이 다소 지나칠 정도로 거칠게 다루어지고, 극빈자가 내놓은 물품들에 너무나 형편없는 값이 매겨지고 있다. 그로 인해 도움이 쓸모없게 된다. 전적으로 연민의 감정이 지배해야 하고, 하찮고 공허한 의견들을 물리쳐야 할 것이다. 이 기관을 고결하고 강력하며 관대한 '자비의 전당'으로 만드는 일은 어려운 일이 아닐 것이다. 선행은 시작되었다. 그 선행이 특히 가장 불행한 사람들을 만족시킬 수 있도록 완수되지 못할 이유가 어디에 있는가?

263 독점

한 사람이 상품 전체를 완전히 독차지한다. 그리고는 전제적(專制的)으로 행동한다. 이럴 때 거래는 위험하고 억압적이 된다. 본래 거래란 공정한 교환이었다. 균형이 더 이상 존재하지 않는다면 거래는 무산된다. 계약당사자 중 어느 한 편이 압도된다면 그것은 더 이상 거래가 아니라 독점이며 강요당하는 것이다. 이 억압적인 사람은 제값보다 더 비싼 값으로 물건을 판다. 그가 그 물건을 소유한 유일한 사람이기 때문이다. 그는 법률에 의해 처벌되어야 한다.

그런데 이러한 상품이 생필품이라면, 즉 그것이 빵이나 포도주, 채소, 기름 따위라고 한다면, 그 사람은 정말이지 상대방을 죽이는 것과 마찬가지이다. 궤변이 펼쳐지고, 경제학자들이 찾아와 밀이 그의 것이고 그가 임의로 그 값을 정할 수 있다는 것을 입증한다 해도, 어쨌거나 그 상인은 무뢰한일 것이다. 그는 상대방이 고통받는 모습을 보면서도 다음번 거래의 가격을 올리기 때문이다. 그는 굶어죽게 만들면서 그 사실을 무시하는 것이다.

그가 벌을 받을 것이고, 조만간 계산의 착오를 일으킬 것이라고 사람들은 말을 할 것이다. 하지만 착오를 일으킨 그의 생각은 그 자신에게보다 상대방에게 더욱더 위험스러울 것이다. 그는 돈을 잃는 것에 불과하지만, 상대방으로서는 목숨을 잃게 될 것이기 때문이다.

아니다. 사람들이 탐욕스럽고 타산적이고 냉담한 한, 생활필수품들이 탐욕의 검은 계획에 내맡겨져서는 안 된다. 내 눈앞에서 자라나는 것을 보았던 밀 값으로 1스티에에 30수를 더 얹어 외국에 내주는 것은 말도 안 되는 일이고 부끄러운 일이다. 시민들은 되도록 자기 땅에서 나는 산물을 먹어야 한다.

때로는 달걀에, 때로는 채소에, 과일에, 향신료에 대한 독점은 수도에서는 너무나 자주 일어나는 일일 뿐이고, 경찰의 앞잡이들을 공모죄로 비난할 수도 있을 것이다. 왜냐하면 가난한 주민들을 굶주리게 하고 그들에게 살아 있는 것을 증오하게 만드는 이러한 가증스런 악습을 처벌하는 데 경찰은 언제나 충분히 주의를 기울이지 않았기 때문이다.

유력 인사들은 그처럼 혐오스러운 거래를 위해 돈을 빌려주고 출자하는 것을 부끄러워하지 않는다. 그들을 덮고 있는 베일, 아무도 뚫고 들어올 수 없다고 생각하는 베일 아래 그들은 탐욕의 추악한 열매를 즐기고 있다. 일반화된 이 범죄가 이제까지 존경받아 오던 이름에 먹칠을 했다. 그것은 부유층의 새로운 범죄, 이 세기 이전에는 거의 알려지지 않았던 범죄이다. 나는 배추, 파, 상추까지 선금을 치르고 매점하는 것을 보아 왔다.

여기 언제 읽어도 내 마음에 꼭 들었던 독점 상인에 대한 4행시가 있는데, 이는 도라가 지은 것이다.

그들은 수치스런 뒷거래로 모든 것을 집어삼킨다.
심지어 그들의 손길은, 야비한 책략으로
케레스[115]의 확고한 재산을 횡령하며,
그리하여 그들 앞에서 풍요는 자취를 감춘다.

115 로마 신화에서 케레스는 농업과 수확, 풍요의 여신이다.

264 소매

'소매' 역시 수도 주민들 중 빈곤층을 절망하게 하는 것이다. 이들 불행한 계층은 식료품을 훨씬 더 비싼 값으로 구입하면서도, 다른 부유한 시민들이 사용하고 남은 찌꺼기를 차지한다. 빈곤층은 연간 식량 비축을 위해 다소 저렴한 투자를 할 방법이 없기 때문에 물건 값의 2배를 지불하고 있다. 이미 소매로 구입한 것들을 다시 소매로 판매하는 소상인들에게 의존하지 않을 수 없는 이들 불행한 계층의 경우 모든 것은 최소한 3분의 1 정도 값이 오른다.

그래서 구두 수선공, 석공, 양복장이, 짐꾼, 날품팔이 농민 등등은 오를레앙 공작이나 콩데 공보다도 훨씬 더 비싸게 포도주, 땔감, 버터, 숯, 달걀 따위의 값을 지불한다. 물론 상류사회가 그렇게 만든 것은 아니다. 사람들은 주민들이 먹고 사는 것을 방해하는 이러한 오류를 줄일 생각을 하지 않는다. 300만의 수입을 가진 사람이 훨씬 더 값싼 음식물들을 얻는다. 그가 마시는 포도주는 훌륭한 것이지만, 서민층이 선술집에서 사는 포도주보다 더 비싼 것은 아니다. 왜냐하면 서민층은 대개의 경우 포도주 저장고도, 물병도, 상당한 분량의 포도주를 확보하기 위한 돈도 갖고 있지 못하므로 식사 때마다 보잘것없는 적은 분량의 포도주를 사야 하기 때문이다. 그것은 '가난뱅이의 불행'이다. 당신이 가난하면 가난할수록 그 가난은 더욱더 당신을 약화시키고 당신을 초췌하게 만든다.

예컨대, '파운드당 13수'의 소매 가격으로 서민들에게 판매되는 소금은 원산지를 속일 뿐만 아니라, 거의 반 가까이 차지하는 오만

가지 오물들로 가득 차 있다. 징세청부 제도는 말하자면 이들 '소매 상인들'로 하여금 소비자들에게 그 소금을 13수에 판매하게 함으로써 불행한 소비자들을 독살시키지 않을 수 없게 하는 것이다. 소매 상인으로서는 거기서 자신들의 몫을 찾기 위해서는 소금을 변질시키는 것 말고 다른 방법이 없다. 그래서 그들은 소금에 물을 붓고 모래와 오물을 섞는 것이다. 그처럼 용납할 수 없는 악습이 공공연하게 이루어진다.

그래서 징세청부 제도는 타락에 대해 비판받아 마땅하다. 위에서 말한 소금은 이물질들을 제공하고, 이처럼 위험한 섞음질은 금전적 욕심의 소산이기 때문이다. 우리가 걸음을 옮길 때마다 마주치게 되고, 모든 것을 왜곡하고, 망치고, 그러고도 여전히 그들이 받아 마땅한 불명예를 피하려고 하는 이들 피도 눈물도 없는 시민의 적들에 대해 어떻게 적대감을 갖지 않을 수 있겠는가?

선술집에서 소매로 판매하는 포도주 역시 섞음질되어 있다. 이런 식으로 동포들을 죽였다고 해서 포도주 상인을 교수형에 처하는 것은 아직까지 본 적이 없다. 밀수업자의 경우는 자기가 판매하는 식품들을 손상시키지 않았는데도 중노동형에 처해진다.

불행하게도 포도주나 시드르, 브랜디 같은 주류(酒類)들은 섞음질하기가 너무나 쉽다. 상인은 자신의 지하 저장실에 틀어박혀서 아무도 모르게 혼합물들을 만들어내고, 탐욕 때문이건 무지 때문이건 거기에 일산화납을 흘려 넣는다. 그처럼 중요한 사항에 대해 게으르게 자신의 본분을 잊고 있는 경찰은 이러한 부정하고 위법적인 방식들을 충분히 엄벌하지 않고 있다.

마침내 상한 밀가루가 변두리 지역의 빵집 주인들에게 때때로 강제적으로 분배되는 일이 발생했다. 몇 차례의 사고로 밀가루가 상하자 '밀가루 상점'을 연 행정기관이 투자금을 잃고 싶지 않아서 주민들로 하여금 이 썩은 밀을 먹지 않을 수 없게 만들었던 것이다.

따라서 밀의 거래가 유력인사의 수중에 맡겨지면 아주 위험하다. 그들은 거래상의 잘못이나 실패를 다른 사람들에게 갚게 하기 때문이다. 독점을 제안하는 사람에게 "내가 상인이 된다면 누가 왕의 직무를 수행할 것인가?"라고 어떤 군주[116]는 말했다.

116 "내가 상인이 된다면 누가 왕의 직무를 수행할 것인가?" 루이 15세가 한 것으로 간주되는 이 말은 왕의 이미지에 대한 자유주의적 실험의 반향을 완벽하게 보여주고 있다. 사실, 시장 자체가 자신의 조정원리를 갖고 있다면 왕은 더 이상 책임이 없고 더 이상 권력도 없는 것이다. 그렇게 되면 왕은 정당한 밀 가격을 회복시키기 위해 정기적으로 개입하며, 가족을 먹여 살리는 아버지로서의 왕이라는 오래된 기능을 상실한다.

265 섞음질

따라서 제분업자, 제빵업자, 포도주 상인, 식료품 상인, 소금장수 등의 모든 작업을 더 자세히 밝혀야 할 것이다. 그들의 작업에 끊임없이 속임수가 끼어들기 때문이다. 그 속임수 대부분은 시민의 건강에 해를 끼친다. 이 문제에 관한 경찰의 경계 태만은 비난받아 마땅하다. 하지만 이들 섞음질하는 사람들은 하급 담당자들에게 선물 공세를 함으로써 위험한 처벌을 면한다. 단호하게 감시함으로써 공중위생에 기여하는 것보다 더 중요한 것이 있을까?

좀도둑은 눈에 불을 켜고 추적하면서 나를 독살하는 자는 추적하지 않을 것인가? 얼마나 큰 모순이란 말인가!

266 거지들

그렇게 많은 악습들이 퍼져 있는데 어떻게, 소위 '멋지다'고 하는 이 도시가 거지들로 넘쳐나지 않기를 기대할 수가 있겠는가? 외국인의 경우 그들의 수에 충격을 받아 불쾌감을 느끼며 놀라움에서 헤어나지 못한다. 거지들이 많은 만큼 주민들의 법체계에도 오점이 많다. 그렇다고 해서 '수용소'[117]라고 부르는 곳에서 한 것처럼 그들을 은폐해서는 안 된다. 그것은 혐오스럽고 근거 없는 잔혹 행위이다.

이처럼 지나친 혼란을 치료할 방법들을 찾으려는 노력이 충분하지 않았다. 그렇기 때문에 사법관들이 이러한 목적을 소홀히 한다면 그들의 명예는 분명히 훼손될 것이다. 그들은 몇 가지 괜찮은 계획들을 제안받았다. 그들로서는 선택하는 일만이 남아 있다.

고대에도 가난한 사람들은 있었지만 극빈자는 없었던 것 같다. 노예들에게도 옷과 식탁, 침대가 있었던 것 같다. 동정심을 강하게 불러일으키거나 자비의 손길을 거절하는 더럽고 혐오스러운 사람들을 도시에서 만났다고 쓴 사람은 아무도 없다. 이가 득실거리는 불결한 사람들이 귀에 거슬리는 신음소리를 내고 눈에 거슬리는 상처를 내보이며 거리를 돌아다니지는 않았던 것이다.

이러한 악습들이 가난한 사람들보다는 부자들을 보호하는 데 치중한 법과 뒤섞여 있다. 새로운 체계[118]가 뭐라 하건 간에 대지주들

117 '거지, 유랑인, 부랑자'들을 수용했던 생드니와 빌레르코트레의 걸인 수용소.
118 중농주의자들에 대한 새로운 암시로, 오직 자기들만의 총체적 번영의 토대를 구축

❦ 퐁뇌프의 거지(동판화, 1750년경)

은 불행을 초래하는 사람들이다. 그들은 토지를 숲으로, 그리고 암사슴과 사슴으로 가득 채우며, 화원(花園)에 모든 것을 탕진한다. 부자들의 억압은 가장 불행한 계층들을 갈수록 못살게 한다.

1769년[119] 그리고 그 이후 3년 동안은 '인간적이고 계몽된' 세기라고 불리는 세기로서는 지울 수 없는 오점이 될 정도로 가난한 사람들이 혹독하고 잔인하게 다루어졌다. 가난한 부류는 모두 없애려는 것 같았다. 그만큼 자비의 계율은 잊혀졌다. 그들은 거의 모두가 '수용소' 안에서 죽었는데, 그곳은 가난이 범죄처럼 처벌받는 일종의 감옥이었다.

밀명에 의해 밤중에 납치가 이루어지는 것도 보였다. 노인과 아이, 여자들이 갑작스레 자유를 잃었고 악취를 풍기는 감옥 속에 내던져졌지만, 그들에게 위안이 될 만한 일은 주어지지 않았다. 그들은 보호 법률과 유력인사들의 자비를 기원하며 헛되이 죽어갔다.

빈곤은 범죄와 유사하다는 것, 폭동은 이처럼 아무것도 잃을 것이 없는 무리에서 시작된다는 것이 이유였다. 밀을 거래하려고 했기 때문에 사람들은 이들 극빈자 무리가 절망할 것을 두려워했다. 사람들은 빵값이 오르리라는 것을 잘 알고 있었기 때문이다. "미리 그들을 죽입시다"라는 말이 나왔고, 그들은 결국 죽임을 당했다. 다른 방식은 고려되지 않았다.

이러한 잔인한 행위들은 대부분 중단되었다. 이에 대해 사람들은 권력을 남용하고, 무방비의 가난한 사람을 두들겨 패면서 가장 극단

하려는 것으로 추정되는 대지주들을 굳세게 옹호하는 중농주의자들을 비판하기 위한 것이다. 1780년경 이와 같은 대영지에 대한 비판은 특이한 것이 아니었다.

119 1768~1769년 사이의 혹독한 겨울이 지난 후 파리의 가난한 사람들과 극빈자들에게 가해진 노도와 같은 억압에 대한 암시이다.

적이고 가장 엄격한 수단으로 자신들의 임무를 잘 수행하고 있다고 믿는 탐욕스런 하급 직원들밖에 비난할 수 없을 것이다.

대체로 육체노동을 하는 사람들은 수도에서의 생활고에 비추어 볼 때 충분히 임금을 받지 못한다. 그러므로 거의 아무런 보람 없이 고통스런 삶을 살아가는 데 지친 사람들은 수치스런 구걸에 빠지게 된다.

습관에 물든 우리보다 첫눈에 훨씬 더 잘 판단하는 여행자라면, 파리 주민들이 세상에서 가장 많이 일하고 가장 슬퍼 보이는 사람들이라고 두고두고 말할 것이다. 에스파냐인은 싼 값에 먹을 것과 옷을 구입한다. 그는 망토를 두르고 나무 기슭에 누워서 잠을 자며 평화롭게 그냥저냥 살아간다. 이탈리아인은 편안한 휴식에 몸을 맡기고 간간이 가벼운 일을 하며 음악으로부터 얻는 매일매일의 즐거움에 자신의 영혼을 개방한다. 잘 먹어서 힘이 세고 활기차며 술집에서 행복하고 자유롭게 살아가는 영국인은 자신의 적극적인 일의 결실들을 모두 받아 개인적으로 그것들을 누린다. 독일인은 술을 마시고 담배를 피우며 아무런 근심 걱정 없이 살쪄간다. 스웨덴인은 곡주를 들이킨다. 러시아인은 귀찮게 앞일을 내다보려 하지 않고 예속된 상태 속에서 일종의 풍요를 찾는다. 하지만 파리인은 가난하고, 피로와 노동의 끝없는 무게에 허리가 휘며, 가축을 치고, 건물을 짓고, 쇠를 단련하며 직업적인 일에 빠져 있고, 지붕 꼭대기에 거주하며, 거대한 짐들을 운반하고, 모든 유력인사들의 자비에 내맡겨져 있고, 목청을 높이려 하자마자 벌레처럼 짓밟힌다. 그들은 간신히, 그리고 이마에 땀을 흘리고 나서야 비로소 보잘것없는 생계비를 벌게 되는데, 그것은 노후의 평화로운 운세를 보장하기는커녕 매일매일의 삶을 연장시켜 주는 데 불과하다.

267 건장한 거지들

가난 때문에 구걸할 수밖에 없고, 불행의 무게에 짓눌린 채 고통으로 인해 행동에 기력이 없고 눈에 어두운 절망의 빛이 담긴 거지들이 여럿 있다면, 다른 한편으로 사이비 거지들 역시 많이 있다. 그들은 가짜 신음소리와 꾸며낸 신체장애로써 당신의 적선을 얻어내고 당신의 동정심을 기만한다.

그들은 빈둥거리며 작위적이고 구슬프고 단조로운 목소리로 신의 이름을 부르고 그 신성한 이름을 들먹이며 길에서 당신을 쫓아다닌다. 하지만 이들 비열한 자들은 신의 정의도 신의 존재도 두려워하지 않는다. 그들은 지나가는 사람들 하나하나에게 거짓말을 한다. 동냥으로 살아가는 그들은 그들이 싫어하는 일을 피하기 위해 몸이 편치 않은 척, 신체 일부가 절단된 척한다.

오래전에 비겁자들이 전쟁터에 끌려가지 않기 위해 자신의 엄지손가락을 자르는 일이 있었다. 그들은 사람들의 동정심을 유발하기 위해 자신들의 몸을 끔찍한 상처로 뒤덮는다. 하지만 밤이 왔을 때 그들의 약속 장소인 어느 교외 지역 후미진 술집으로 이들 유랑인들을 따라가 보라. 당신은 이들 불구자들이 몸을 꼿꼿이 세우고 생기발랄한 모습으로 모여서 시끌벅적한 술파티를 벌이는 것을 보게 될 것이다. 절름발이는 목발을, 장님은 눈에 붙이는 고약을, 곱사등이는 말총으로 짠 혹을 내던져 버린다. 팔이 없는 사람이 바이올린을 꺼내 든다. 벙어리가 광적인 폭음의 시작 신호를 내린다. 그들은 술을 마시고 노래를 하고 괴성을 지르며 열광한다. 가장 문란한 방탕이 그 모임을 지배한다. 그들은 대중들의 동정심에 호소해서 거두어들인 수입과, 자신들이 동정심 많고 순진한 사람들에게 행하는 추행에 대해 자랑스럽게 떠벌린다. 그들은 자신들의 비밀을 서로 주고받는다. 그들은 음탕한 웃음을 날리며 가련한 역할들을 재연해 보인다. 한결같은 뻔뻔함 속에 아무런 원칙도 받아들이지 않고, 모든 문명인들에게 선천적인 것처럼 보이는 수치심을 버린 이들 파렴치한 자들 중에는 라케다이몬[120]에서와 같이 여성들의 공동체도 있다.

그들은 아무 일도 하지 않고 살아간다는 것에, 사회에 대한 책임을 알지 못하면서 그 사회의 모든 기쁨들을 함께 한다는 것에 만족해한다. 추악하고 불법적인 거래에서 생겨나는 아이들은 대중의 동정심을 유발하기 위해 순진무구한 대상을 필요로 하는 그들의 우두머리들에 의해서 양자로 입적된다. 그들은 애들 같은 목소리를 구걸의 어조로 훈련시킨다. 성장해 감에 따라서 아이는 자신이 받아온 가련한 교육을 직업으로 전환시킨다.

아이가 없을 때 그들은 다른 사람의 아이들을 납치해 오기도 한다. 그리고는 그들이 '하느님의 다리와 팔'이라고 부르는 것을 아이들에게 주기 위해 아이들의 사지(四肢)를 비틀거나 탈구시킨다.

이 문제에 대해 엄격한 치안에 비추어 볼 때, 오늘날보다 과거에 이 파렴치하고 범죄적인 직업으로 더 많이 벌어들였던 것 같다. 거지들은 딸을 결혼시키면서 3~4만 프랑을 내놓기도 했고, 많은 동냥을 얻어내기 위해 온종일 '헐떡거린' 후 집에 돌아가서는 아주 편안하게 생활하기도 했다.

그렇지만 합법적인 외관을 걸치고 있는, 다시 말해 축성(祝聖)의

120 스파르타의 옛 이름.

모습을 한 종교 교단의 구걸이 눈에 띌 경우 어떻게 감히 그것을 처벌할 것인가? 이들 교단은 부유하며 오로지 공손한 태도로 구걸할 뿐이라고 한다. 하지만 그러한 예는 위험한 것이 아닌가? 그리고 수사의 '후드'를 걸친 게으름뱅이들과 대중의 동정심에 기대어 살아가는 직업적인 게으름뱅이들을 어떻게 가려낼 수 있을 것인가?

저녁이면 약간의 돈을 받고 당신에게 성적 매력을 제공하는 모든 매춘부들은 젊은 여자 거지로 간주할 수 있다. 그들은 방탕하다기보다 굶주린 것이기 때문이다. 그들은 당신에게서 애무보다는 오히려 돈을 요구한다.

268 빈민

현재 우리의 통치 체제하에서는 다수의 죄인들이 존재하지 않을 수 없다. 왜냐하면 불안정한 삶을 영위하는 수많은 '빈민'들이 있고 살아가야 한다는 것이 제1의 원리이기 때문이다. 계속 심화되어 가면서 소수가 모든 것을 소유하고 다수는 아무것도 갖지 못하는 극심한 부의 불평등! 현대인의 재앙인 복권과 종신연금이라는 너무나 유혹적인 방법에 의해 돈을 털리고, 자식들에게는 그들이 죽으면 무효가 되어버리는 문서상의 계약 말고는 거의 아무것도 남겨주지 못하는 가장(家長)들! 가난의 짐, 인부의 땀과 삶을 흥정하는 부유한 자의 몰인정한 오만, 생업에 가해지는 속박, 늘어나는 세금, 신분의 변화와 불안정, 자금 유통의 결핍, 전대미문의 식료품값 인상, 막혀버린 거래 통로, 이러한 모든 것들이 역경을 피할 수 없는 혼란으로 몰고 간다.

사형집행인들을 대동하고 형법이 등장한다. 하지만 예상할 수 없었던 범죄가 바로 잡히는 경우는 거의 없다. 교수형, 참수형, 차형(車刑), 도형(徒刑), 모두 쓸데없는 징벌들이다! 똑같은 범죄들이 다시 시작된다. 그 원천이 봉쇄되지 않았기 때문이다. 썩은 피가 계속 흘러나오는 상처도 마찬가지이다. 감염된 부위를 치유하지 않기 때문이다.

몇몇 부자들은 더욱 비인간적으로 변했다. 법률 자체와 형벌에 의해 재산의 불공정한 분배는 고착되었다. 죄인들은 그들이 처한 상황에서 생겨나는 유혹을 느껴 왔다. 그들의 가난은 전혀 변하지 않왔던 것이다. 법이 무언가에서 그들을 보호해 주었더라면 그들은 충실하게 법을 준수하는 사람들이었을 것이다. 하지만 그들의 수중에는 아무것도 없고 법은 그들을 배척했다. 한편으로는 배고픔이, 다른 한편으로는 잔혹한 형벌이 그들을 불확실한 상황에 잡아두었다. 절대적이고 견디기 힘든 가난을 생각해보라. 그들로서는 목숨을 걸었던 것이다. 내가 여기서 말하려는 것은 복수와 배신이 낳는 잔혹하고 의도적인 범죄가 아니라, 재산분할 때문에 일어나는 무모한 범죄들이다. 악행을 시작한 것은 바로 상류사회이다. 상류사회는 모든 사람이 기대할 권리가 있는 공동의 생존을 위해 충분히 노력하지 않았기 때문이다. 그래서 내게는 사형대에 오르는 불행한 사람은 언제나 부자를 비난하고 있는 것처럼 보인다.

269 오텔디외 병원

"난 구빈원에 갈 거요"라고 가련한 파리인은 소리친다. "내 아버지가 그곳에서 돌아가셨고, 나 역시 그곳에서 죽을 거요." 그럼으로써 그는 반쯤은 위안을 받는다. 얼마나 큰 희생인가! 얼마나 깊은 무관심인가!

우리 구빈원이 베푸는 자비는 얼마나 잔인한 자비인가! 파멸로 이끄는 도움이라니, 얼마나 기만적이고 치명적인 유혹인가! 극빈자가 자기 집에서 홀로 자연에 맡겨진 채 맞이하는 죽음보다도 더 슬프고 더 무시무시한 죽음 아닌가! 하느님의 집인데! 그래서 그런 이름으로 불리는데! 인간에 대한 무시로 인해 그곳에서 겪게 되는 고통이 커지는 것 같다. 내과의사나 외과의사는 급료를 받는다. 좋다. 치료에는 아무런 비용이 들지 않는 것으로 알고 있다. 하지만 환자는 죽기 직전의 사람이나 시신 곁에 눕혀진다. 이미 겁에 질려 있는 그의 영혼에 공포로 인한 불안이 스며들 때, 그는 눈앞에서 죽음의 광경을 목격하게 되는 것이다. … 하느님의 집에서! 부패 과정에서 생기는 악취로 가득한 공기 속에 그는 잠겨들게 된다. 고통의 비명도, 항의도, 하소연도 들어주지 않는 횡포에 그는 굴복하게 될 것이다. 그를 위로하고 마음을 굳게 먹도록 해주기 위해 그에게 주어지는 사람은 아무도 없을 것이다. 죽은 사람으로서 그를 데려가든, 회복기 환자로서 그를 데려가든, 아무도 관심을 두지 않을 것이다. 연민마저 눈이 멀어 살의(殺意)를 품게 될 것이다. 왜냐하면 연민은 자신을 특징짓는 것, 즉 깊은 동정심, 기꺼이 도움을 주는 관심, 동정심에 흘리는 눈물 따위를 더 이상 갖지 않게 되기 때문이다.… 하느님의 집에서! 모든 것이 고통을 겪는 그 장소에서는 모든 것이 가혹하고 야만적이다. 전혀 상반되는 병을 앓는 환자들이 같은 이불을 덮을 것이고, 단순히 몸이 약간 불편한 것이 치명적인 병으로 전환될 것이다.

이처럼 참혹하고 타락한 구빈원을 누군들 회피하지 않겠는가? 자비의 침대가 극빈자의 헐벗은 병석보다 100배나 더 끔찍한 이 시설에 누가 발을 들여놓겠는가? 이처럼 불쾌하기 짝이 없는 공포가 외국인의 시선을 괴롭히고 성난 가슴들을 억압하는 한편으로, 사람들은 이곳의 중요 관리를 위임받은 사람들이 최소한 수치스런 비난을 피하기 위해서 한 일이 아무것도 없다는 것, 커다란 추문이 존속하고 있다는 것, 성직자의 모든 재산이 법률상 가난한 사람들에게 속해 있다고 교회 법령집에 쓰여 있지만, 성직자들은 고통받는 사람들을 도와준 것이 전혀 없다는 것, 그리고 성직자에게 당연히 부과되는 가장 신성한 의무에 대해 성직자들의 헌신은 미적지근했다는 것을 알고서 경악과 분노가 뒤섞인 놀라움에 사로잡힌다.

가난한 사람들을 위안하는 데 쓰일 재산들을 불경스럽게 훔치고 재물을 횡령함으로써, 자비에 토대를 둔 시설에서 잔인성이 표출된다면 어떻게 될 것인가? 모든 사람들의 저주를 더 많이 받아야 마땅한 범죄가 이 세상에 있는 것인가? 하지만 오로지 감동과 존경심을 갖고 그 이름을 언급해야 할 감독관들을 여론은 공공연하게 비난한다.

오텔디외 병원은 남성이든 여성이든, 신원에 상관없이 환자들을 받기 위해 생랑드리와 아르샹보 백작에 의해 660년에 설립되었다. 유태인, 터키인, 개신교도, 우상숭배자, 기독교도를 구분하지 않고 모두가 동등하게 그곳에 들어간다. 병상은 120개가 있고, 환자의 수는 5천에서 6천까지 이른다. 구빈원의 경우 1만 내지 1만 2천 명이고, 비세트르의 경우는 4천 내지 5천이다. 이는 어디에 머리를 두어야 할지 알지 못하는 불우한 사람들에 대한 조사이다. 왜냐하면 최근 우리의 관리 속에서 환자의 존재를 받아들이지만, 그 존재를 쉬게 할 곳을 확보하지 못하고 있기 때문이다.

오텔디외 병원의 수입이 어느 정도인지를 알기란 거의 불가능하다. 그 수입은 막대한데, 그 액수가 일반인에게 알려지지 않도록 감추려 조심하는 것으로 보아 그렇게 생각된다. 그렇게 번영하는 것에 비교해 볼 때 악습들이 훨씬 더 참을 수 없는 것으로 보일 것이다. '리옹 구빈원'과 '베르사유 구빈원', 오텔디외 병원을 비교해 보라. 한편으로 당신은 감탄할 만한 질서, 찬사를 들을 만하고 보는 사람을 감동시키는 관리방식을 보게 될 것이다. 그러나 다른 한편으로 영혼에 고통을 주고, 흥분시키며, 환자 곁을 지나면서 격렬한 분노를 드러내지 않을 수 없게 하는 온갖 악덕들도 보게 될 것이다.

사람들은 최근의 화재로 환자들에게 이익이 돌아가기를 바랐다. 새로운 부지에 더 넓고 더 위생적인 건물이 지어지기를 희망했다. 하지만 그들은 예전부터 있어 온 악습들은 거의 모두가 그대로 존속하도록 내버려 두었다.

오텔디외 병원은 구역질을 일으키게 하는 데 필요한 모든 것을 갖추고 있다. 축축하고 거의 환기가 되지 않는 환경 탓이다. 그곳에서는 상처가 더 쉽게 썩고, 환자가 그곳에 잠시만 머물러도 괴혈병과 옴이 맹위를 떨친다.

원칙적으로 가장 단순한 병들도 오염된 공기로 인해 심각한 합병증을 부른다. 같은 이유로 머리와 다리에 난 단순한 상처라도 이 병원에 오면 치명적인 상처가 된다.

매년 오텔디외 병원과 비세트르에서 죽어가는 극빈자들에 대한 조사보다 내 주장을 더 잘 확인시켜 주는 것은 없다. 환자들의 5분의 1이 죽는다. 어마어마한 수치인데, 그에 대해 사람들은 얼마나 무감각한지!

의사들의 경험과 관찰에 의해 100개 병상 이상을 가진 병원은 정말 지옥 같은 곳임이 입증되었다. 덧붙여 말하자면, 두 사람의 환자를 같은 방에서 치료하게 되면 그들은 서로에게 몹시 해가 되는 위험에 노출되고, 따라서 모든 자비의 원칙에 반하여 행동하게 된다고 할 수 있다.

외국인의 눈에 이와 같이 공공행정 부분을 타락시키는 것으로 보이는 것을 치유할 수 있을 만큼 용기 있는 사람들이 나타나기를! 아주 사소한 변화도 두려워하는 적들에게 그들이 용감히 싸울 수 있기를! 그리고 늘 강하고 완고하며 사람들의 관심을 끌 만한 모든 자비로운 계획에 가장 격렬하게 저항하는 악마를 천사가 이길 수 있기를!

오텔디외 병원의 수입이 매우 많아서 수도 파리 인구의 거의 10분의 1을 먹이기에 충분할 정도라고 여기서 단언할 수 있을 것 같다. 그리고 가난한 사람들의 신성한 유산은 무능한 행정의 악습에 넘겨지는데, 그에 관해서는 더 이상 이야기하지 않겠다. 왜냐하면 그 무능한 행정은 오래전부터 방법 선택과 실행에 있어 길을 잘못 들고 있기 때문이다.[121]

121 유랑민에 관한 최초의 법은 1413년 샤를 6세 치하로 거슬러 올라간다. 16세기 중반에는 최초의 노역장들이 출현했고, 거지를 소탕하기 시작했다. 구빈원은 1656년 설립되었고, 1676년 6월 16일의 칙령으로 지방의 모든 도시들이 이 시설을 갖추게 되었다. 1764년에 설립된 걸인수용소는 구빈원과 감옥 사이의 과도기적 시도로 모습을 드러낸다. 구빈원의 설립은 박애와 억압을 동시에 보여주는 모호한 행정적 결정이다. 콜베르는 그것을 실업 구제책으로 간주했다.

270 클라마르

매일매일 오텔디외 병원에서 배출되는 시신들은 클라마르[122]로 옮겨진다. 이곳은 언제나 묘혈이 개방되어 있는 넓은 공동묘지이다. 시체들에는 관이 따로 없는데, 그것들은 마대(麻袋)에 넣어 꿰매지기 때문이다. 사람들은 그 시체들을 침대에서 서둘러 들어낸다. 그러면 죽은 것으로 간주되던 몇몇 환자들은 이 조잡한 수의(壽衣) 속에서 잠에서 깨어나기도 했다. 어떤 사람은 묘지로 운반되어 가는 마차 안에서 자신이 살아 있다고 소리치기도 했다.

12명의 인부가 이 마차를 끌었다. 지저분하고 진흙투성이의 신부 한 명, 종 한 개, 십자가 한 개, 이상이 거지를 기다리는 도구의 전부였다. 하지만 모든 것은 평등했다.

이 음산한 마차는 매일 새벽 4시에 오텔디외 병원을 출발하여 정적에 잠긴 어둠 속을 달린다. 마차 앞에 달린 종이 지나는 길에 잠자는 사람들을 깨운다. 이 마차 소리가 불러일으키는 모든 것, 그리고 마차가 일으키는 모든 인상을 잘 느끼려면 길에 서 있어봐야 한다.

언젠가 떼죽음이 있었던 시절에는 24시간 동안에 네 번이나 마차가 지나가는 것이 보였다. 마차에는 50명의 시신까지 실을 수 있다. 아이 시체는 어른 시체의 다리 사이에 끼워 넣어진다. 이 시체들은 크고 깊은 구덩이 속에 던져지고, 이어서 구덩이에 생석회를 붓

122 Clamart: 생마르셀 포부르의 피티에 구빈원 뒤편에 있는 파리의 옛 공동묘지. 이 묘지는 1814년에 폐쇄되었고, 1833년에 이곳에 해부실이 건축되었다.

는다. 이 흙구덩이는 절대 닫히는 법이 없으며, 놀라서 눈이 휘둥그레진 사람들에게 파리에 거주하는 모든 주민들을 어렵지 않게 집어삼키리라는 것을 알려준다.

파리 시 성내의 모든 공동묘지를 없애라는 1765년 6월 7일자 고등법원의 명령은 아무런 효과도 거두지 못한 채 남아 있다.

주민들은 죽은 자들의 축일에 이 드넓은 공동묘지를 방문하는 일을 빼먹지 않는데, 그곳에서 그들은 자기 선조들의 뒤를 이어 조만간 죽음에 처해야 한다는 것을 느낀다. 그들은 무릎을 꿇고 기도를 한 후, 자리에서 일어나 술을 마시러 간다. 그곳에는 피라미드도, 묘비도, 비명도, 무덤도 없다. 그곳은 헐벗은 채로 있다. 젊은 외과의사들은 장례식으로 기름진 이 땅에서 그들의 미숙한 칼질에 이용될 시체들을 훔치기 위해 밤중에 담을 넘어 들어간다. 이처럼 거지가 죽은 뒤 사람들은 그의 시체까지도 훔쳐간다. 사람들이 거지에게 행사하는 지배권은 이와 같이 그가 인간의 모습을 나타내는 최후의 특징까지 잃고 나서야 비로소 끝이 난다.

271 유기된 아이들

유기아 보호소[123]는 또 하나의 나락(奈落)으로, 이곳에 맡겨지는 아이들의 10분의 1은 건강을 회복하지 못한다. 노르망디 지방의 경우는, 10년간의 경험에 비추어 볼 때 108명의 아이 중 104명이 죽는 것으로 예측되었다. 1771년 4월 9일자 『라 가제트 데 되퐁』을 보라. 왕국의 몇몇 지방에서 거의 유사한 결과가 나왔다.[124]

적법한 결혼을 통해 낳은 아이건 사생아이건 7천 내지 8천 명의 아이들이 매년 파리의 구빈원에 오는데, 그 수는 해마다 증가하고 있다. 따라서 7천 명의 불행한 부모들이 인간의 마음속에 내재하는 가장 소중한 감정을 포기하고 있는 것이다. 본성에 반하는 이 잔인한 유기는 빈민들이 수없이 많다는 것을 알려준다. 일반적으로 인간의 무지와 미개 탓으로 돌려졌던 혼란의 대부분은 언제나 가난 때문에 일어났다.

주민들이 어느 정도 유복한 생활을 누리는 지역에서는 최하층에 이르기까지 시민들이 자연의 법칙을 잘 지킨다. 즉 가난이 나쁜 시민을 만들었을 뿐이고, 앞으로도 그럴 것이다.

123 파리에는 2개의 유기아 보호소가 있었다. 하나는 오텔디외 병원 맞은편에 있었고, 다른 하나는 생탕투안 포부르 유기아 보호소인데, 그곳은 1650년경에 뱅상 드 폴이 설립한 것으로 자선수도회 수녀들에 의해 운영되었다.

124 1772년에 파리 인구는 60만이었다. 신생아가 18,713명이었는데, 그중 41%에 해당하는 7,676명이 구빈원에 유기되었다. 이 비율에서 7분의 1이 합법적인 결혼에서 태어난 아이들이었다.

아이들을 이 불행의 나락으로 몰고 가는 통상적인 원인들만 고려할 때, 불행하게도 이 잔인한 빈곤 상태로 떨어진 사람들 대부분에게는 수많은 절박한 이유들이 있다. 국가적 재난들로 인해 정치단체의 힘과 재원은 조금씩 고갈되었다. 하지만 부차적인 원인들도 많이 있는데, 수도 파리의 정치체제에 관해 조금만 생각해 보면 그것들을 쉽게 분간할 수 있을 것이다.

파리의 생활난이 점점 더 느껴지고 있다. 아무리 개개인들 모두가 그럭저럭 먹고 살 것을 얻으려는 욕망을 갖고 있다 해도, 그들이 똑같이 그렇게 될 수 있는 것이 아니다. 아이를 낳은 어머니가 가난에 쪼들리고 있고, 그녀의 침대에서 보이는 것이라고는 다만 헐벗은 벽밖에 없는데, 어떻게 어린아이의 생존을 생각할 수 있을 것인가?

파리 주민의 4분의 1은 다음날 일이 생겨서 먹고 살 것을 벌어들일 수 있을지 없을지 확실하게 그 전날 미리 알지 못한다. 오로지 물질적 어려움에만 관심이 쏠려 있는데, 도덕적 악행에 이른다고 해서 놀라야 하는 것인가?

밤이건 낮이건 가리지 않고 언제나 아무런 질문도 격식도 없이, 사람들은 이 보호소에 데려오는 신생아들 모두를 받아들인다.

사려 깊은 이 기관으로 인해 수많은 은밀한 범죄들이 예방되고 저지되었다. 영아살해는 과거에는 일상적이었지만 지금은 드물다. 이는 법제화가 주민들의 풍습을 전반적으로 변화시킨다는 것을 입증한다.

어떤 품행상의 과오를 저질렀던 미혼여성은 그것을 모든 이들에게 감춘다. 그렇다고 해서 그 미혼여성이 그로 인해 처벌을 받지는 않는다. 다소 제멋대로 방탕했구나, 괜찮다 하고 나는 생각한다. 하지만 모든 상류사회와 따로 떼어 생각할 수 없고, 없애려고 해봤자 소용없는 재난들이 있기만 한 것이 아니라, 수많은 불행과 추문과 범죄에 대한 해결책이 모색되기도 했다.

유기된 아이들 모두를 군인으로 만들자는 제안이 있었다. 참으로 비인간적인 계획이 아닐 수 없다! 어린아이를 먹여 살렸다고 해서 그 아이를 전쟁에 바칠 권리가 있는 것인가? 아이를 양육하고 그 대가로 아이에게 피를 요구하며 아이의 의사에 반해 자유를 박탈하는 자비라면, 그것은 비인간적인 자비일 것이다. 모든 시민이 너 나 할 것 없이 군인이 되긴 하지만, 태어날 때부터 군인으로 태어나는 사람은 아무도 없을 것이다.[125]

자비로운 뱅상 드 폴(데카르트와 마르쿠스 아우렐리우스의 찬미자[126]로부터 칭찬을 들을 만한)이 품행상의 과오나 유혹 혹은 방탕으로 인해 세상에 태어난 이 순진무구한 희생자들에게 피난처를 제공했을 때, 목숨이 걸린 명예에 관련된 문제 앞에서 모성애는 사라졌다.

나는 유기된 아이들의 수가 해마다 7천 명에 달한다고 말했다. 하지만 이 아이들 중 상당수가 지방에서 온다는 것을 주목해야 한다. 지방에서는 미혼여성이 아기를 낳으면, 곁에 두기를 두려워하는 그 아이, 만일 전혀 다른 상황이었다면 열렬히 사랑했을 그 아이를 아무도 모르게 떠나보낸다.

자신을 낳아준 어머니를 잃어버리고, 태어나자마자 편견 때문에 쫓겨난 이 불쌍한 아이는 돈을 좇는 사람들에 의해 이곳저곳을 전전

125 1751년에 왕립 군사학교가 설립되었고, 1764년에는 라플레슈 군사학교가 설립되었다. 두 학교 모두 가난한 귀족 젊은이들의 교육을 위한 것이었다. 1767년에는 전쟁터에서 죽은 군인들의 아들들이 도둑이 되는 것 이외에 아무런 희망도 없이 버려지는 것을 본 드 폴레 드 코마르탱 기사의 제안에 따라 고아 군사학교가 설립되었다.

126 아카데미 회원 토마를 가리킨다. 그는 데카르트 예찬으로 1775년 아카데미 웅변상을 받았고, 1770년 생루이 축일에 아카데미 프랑세즈에서 자신의 마르쿠스 아우렐리우스 예찬을 낭독했다. 뱅상 드 폴에게 찬사를 바치려는 생각은 마르몽텔이 자신의 『문학적 요소들』의 '찬사' 항목에서 거론한 바 있다.

한다. 아아! 어쩌면 '코르네유'이거나 '퐁트넬'이거나 '르쉬외르' 같은 사람이 될 수 있는 아이가 이렇게 이동하는 과정에서 계절에 따른 악천후와 여행의 피로에 짓눌려 죽게 되는 것이다. 영양 부족으로 죽는 경우도 있다. 믿을 수 없는 일은, 수많은 위험을 무릅쓰고 노르망디나 피카르디에서 온 아이가, '탁아소'에서 그에게 노르망디나 피카르디 보모를 붙여주게 되었기 때문에, 파리에 도착한 바로 그날 저녁에 왔던 곳으로 되돌아 간다는 것이다.

안감을 댄 상자에 신생아들을 넣어 등에 지고 운반하는데, 그 상자에는 아이 3명이 들어갈 수 있다. 아이들은 배내옷을 입은 채 서 있고 위쪽의 구멍으로 숨을 쉰다. 운반자는 식사 때에만 멈출 뿐이고, 아이들에게는 약간의 우유를 빨린다. 상자를 열면 대개는 그중 한 명이 죽어 있는 것이 발견되곤 한다. 빨리 짐을 내려놓고 싶어 하는 운반자는 다른 두 아이와 함께 여행을 끝낸다. 상자를 수용소에 내려놓고 나면, 그는 다시 그 자리에서 똑같은 일을 하기 위해 출발한다. 그것이 그의 '밥줄'이기 때문이다.

로렌에서 비트리를 통해 이동하는 거의 모든 아이들이 이 도시에서 숨을 거둔다. 메스에서는 겨우 1년 동안에 900명의 아이들이 유기되었다. 정말 생각해봐야 할 문젯거리 아닌가!

이러한 악습의 치유책을 강구해야 할 때가 된 것 같다. 자신의 힘으로 자신의 아이를 키우려 하고, 그렇게 어머니로서의 모든 배려를 통해 자신의 과오를 속죄하려는 정직하고 용기 있는 미혼여성을 경멸하는 일은 그만두어야 할 것이다. 아이들의 3분의 1을 죽게 만드는 이 고통스런 이동에서 아이들을 해방시켜야 할 것이다. 한편 나머지 3분의 1도 5세가 되기 전에 죽음을 맞이한다.

프로이센에서는 모든 미혼여성들이 자신의 아이를 공개적으로 양육한다. 자연의 신성한 임무를 수행하는 그들을 욕하는 사람은 처벌을 받게 된다. 사람들은 그들을 단지 어머니로서만 바라보는 데 익숙해 있다. 그것은 철학자 왕이 이루어 놓은 것이다. 어떻게 국왕이 자신의 국민에게 건전한 생각을 하게 만드는가는 이러한 일로 알 수 있다.

여성의 모유 대신 염소와 소의 우유를 쓰자는 제안이 있었다. 북쪽 지방은 이러한 체계를 대단히 만족스럽게 생각한다. 우리가 외국 국민들에게 전해준 생각을 어째서 우리는 이용하지 못하는 것인가? 우리가 아무런 결실도 맺지 못하고 생각만 하고 있는 것을 그들은 실천한다.

272 왕립 프랑스 복권사업부

이는 커다란 악습의 또 하나의 원천이자 새로이 문을 연 원천이다. 또한 매월 두 차례 되풀이되는 재앙이다. 가능한 모든 의미에서 치명적이라 할 이 복권은[127] 이탈리아에서 우리에게로 전해진 진정한 전염병이다. 그것은 먼저 로마에서 유죄판결을 받았고, 어기면 추방형에 처해졌다. 어째서 그것이 유럽의 거의 모든 대도시에 확산되어야 했을까? 파리에는 그것 말고도 맞서 싸워야 할 내부의 악습들이 충분히 많이 있다.

복권 기획자들은 그들의 이득이 막대하며 확실하다는 것을 잘 알고 있다. 잃는 사람의 수가 따는 사람의 수보다 훨씬 많다는 것, 거의 모든 확률이 그들에게 유리하다는 것, 건 돈과 당첨금이 전혀 같지 않다는 것을 알고 있는 그들은 가련한 민중들에게 매달 두 번씩 가장 무분별하고 가장 탐욕스러운 도박을 감행하도록 만든다. 어리석은 대중은 '콰테른'이나 '킨'[128]을 맞힐 수 있으리라는 환상을 품는

127 파리에서 복권의 존재는 아주 오래되었다. 프랑수아 1세는 특히 종교기관을 위해 수많은 허가를 내주었다. 루이 15세 치하에서는 복권이 보편화되었다. 복권은 돈을 수거하는 쉽고도 대중적인 수단이었다. 파리에서는 1776년 6월 30일 칙령에 의해 복권이 재정비되었다. 처음 2개의 복권에서 나오는 이득은 구빈원들을 위해 쓰도록 되어 있는 반면, 세 번째 복권의 이익은 공공연하게 국고로 편입되었다. 왕립 프랑스 복권사업부가 뇌브데프티샹 길에 설치되었다.

128 복권 용어에서 '엑스트레(extrait)'는 돈을 걸고 도박자가 지정한 순번에 나오는 한 개의 숫자를 가리킨다. 도박자가 지정한 순번에 따라 2개의 번호가 같이 나올 때 '앙브(ambe)'라고 한다. '테른(terne)'은 3개의 숫자의 조합인데, 한 번 추첨 시에 3개의 숫자가 동시에 나오는 경우에만 당첨이 된다. '콰테른(quaterne)'과 '킨(quine)'은

다. 이 비정한 복권의 치명적인 여파들은 이루 헤아릴 수 없이 많다. 헛된 기대 때문에 꼭 필요한 곳에 쓰여야 할 돈이 120개의 판매소로 몰린다. 위험한 유혹에 넘어간 하인들은 주인을 속이고 물건을 훔친다. 그들의 달콤한 말에 눈이 먼 부모들은 재산을 2배로 늘릴 것이라 생각하지만, 결국 재산을 전부 잃고 만다. 사무원들, 출납계원들은 자신들에게 위탁된 돈에 대담하게 손을 대고는 절망에 빠져 스스로 목숨을 끊는다. 파산을 부르는 이 도박 때문에 몇몇 가문이 몰락했다. 모든 불우한 사람들이 일종의 정신적 혼란에 사로잡혀 그들의 무기력한 삶을 지탱해 주는 최후의 지지대마저 잃고 만다. 처참하고 거의 매일 일어나는 이러한 비극적 사건들이 사람들에게 알려지는데, 명백한 위험과 복권을 억압적인 것으로 보게 만드는 감정의 힘에도 불구하고 사람들은 치명적인 복권 매매가 존속하게 놓아둔다. 그만큼 사람들은 돈에 굶주려 있고, 풍습과 가족의 평안은 거의 존중하지 않는 것이다!

이처럼 시민들에 대한 국가의 추악한 정복, 자신의 형제들에 대한 시민들의 추악한 정복이 우리 조국에 있어야 마땅한가? 사회가 그 모든 복권 추첨판을 돌리면서 자신의 아이들을 희생시키고, 그들에게 덫을 놓고, 피할 수 없는 혼란을 불러야 하는 것인가?

도시를 치장하고 건물들을 세운다고 사람들은 이야기한다. "여유와 미풍양속이 가장 아름다운 장식이다"라고 제논은 말했다. 신에게 부족한 것은 사원도 아니고 제단도 아니다. 특히 신의 눈을 기쁘게 하는 것은 행복하고 만족해하는 민중들의 여유롭고 일상적인 생활이다. 정치에서의 신중함은 다른 미덕들의 싹이다.

각각 4개와 5개의 숫자의 조합으로, 한 번 추첨 시에 숫자가 모두 나올 때에만 당첨된다.

'엑스트레, 앙브, 테른, 콰테른, 킨', 민중들에게 생소한 이러한 말들이 이미 민중들에게 얼마나 커다란 재앙을 야기했던가! 당신들은 그들에게서 아무도 모르게 얼마나 많은 돈을 빼앗아 갔던가! 아아! 민중들은 이 복권이 은행가에게 절대적으로 유리하다는 것을 모르고 '숫자들을 짜맞추며' 일생을 보낸다. 공포와 희망이 민중들을 미신에 젖게 하고 망연자실하게 만든다. '계산'조차 할 줄 모르면서 그들은 가장 지독한 환상에 잠겨 있다. 이 방면에서의 민중의 무지가 복권의 생명줄이라고 해야 할 것이다.

현명한 입법자인 프로이센 왕은 베를린에서, 그리고 여러 주(州)에서 복권을 추방했다. 강력하고 능란한 통치자가 보여준 이 커다란 모범은 다른 어떠한 추론보다 더 많은 것을 시사한다. 그의 오랜 경험은 민중들에게서 생활의 일부분을 빼앗음으로써 왕국의 생명력을 시들게 하는 도박들을 경감시켜 주었다.

273 애매한 문제

가장 위험하고 수적으로 가장 많아진 유혹들로 인해 자신도 모르게 파산한 주민들의 3분의 2를 끊임없이 위협하고 있는 기아(飢餓)로부터 어떻게 파리를 보호할 것인가? 타락한 도시에 말을 걸어보자. 부패한 도시에서 말이다. 사회가 자체의 법칙에 의해 크나큰 재산의 불평등을 받아들이고 인정한 이후로 대형 범죄들이 저질러졌다. 이후로 개개인은 자신의 존재 방식을 가지고 있고 가져야만 했다. 모든 것이 막대한 부에서 그 일부분이라도 떼어내기 위해 애를 쓰는 끝없는 전쟁이다. 여기서 문제가 되는 것은 플라톤적인 법칙이 아니다. 오늘날에는 자연 사회의 와해, 사치의 끔찍한 결과, 그리고 사치에 의해 초래된 전반적인 타락을 고려해야 한다. 국가는 부패한 병든 몸이다. 국가에 건강하고 활력에 넘치는 신체의 의무를 부과할 것이 아니라, 거의 치유 불가능해진 상처에 맞추어 국가를 치료해야 한다.

사치만이 사치로 인한 상처를 치유할 수 있다. 그것은 전체에 필요해진 독소이다. 첫 번째 법칙은 삶을 즐기는 것이다. 가장 추악한 광경은 팔짱을 낀 채로 불분명한 몇 마디 신음 소리를 내뱉으며 죽음을 기다리는 나태한 가난의 모습이다. 파리는 경작할 땅도 없고, 운영해야 할 공장도 없고, 완수해야 할 직무도 없으며, 일상의 빈곤의 짐에 짓눌려 있고, 즉각적이고 개별적인 일로만 살아갈 수 있는 사람들이 혼란스럽고 무질서하게 모여 있는 곳이기 때문에, 또한 죄는 이미 저질러졌고 무수히 많은 종류의 악습들이 용인되어 왔기 때문에, 더 나빠질 수도 있는 그 수많은 사람들에게 생계 수단을 마련해 주어야 한다.

국가는 공개적으로 복권을 허가하고 있는데, 이는 항상 은행가에게만 유리한 요행수에 불과하고, 그 이득도 은행가에게만 돌아간다. 그런데 그 개인들 각자에게 아무런 이득을 주지 못하는 방식으로 그들을 파멸시키면서 왜 개인들에게는 똑같은 도박을 금지하는가? 도박을 하는 것, 그것도 확실하게 잃지 않는 도박을 하는 것은 바로 국가이다. 따라서 국가는 개개인에게 이득과 혜택을 되돌려 주어야 한다. 어떤 사람이 강도, 사기꾼, 도둑이 되는 것보다는 도박꾼이 되는 것이 더 낫다. 나태가 대도시에 팽배하게 될 때, 어쩔 수 없는 파괴에 대비하는 유일한 방법은 어느 누구에게도 생계수단이 거부되지 않도록 하는 것이다. 합리적이고자 하는 법칙은 맹목적이고 비인간적인 것이 될 것이기 때문이다.

도박은 일시적이고, 순간적이며, 무한히 많은 기회를 허용하고, 너무나 많은 재산들을 훌륭하게 분배하는 데 적합한 거래이다.[129] 그것은 돈이 유통되게 하는데, 이로써 소비가 확산되고 활력을 얻으며, 게다가 촉진되기도 한다. 도박을 하지 않는 사람들은 따는 사람들의 이득을 느끼지 못한다. 당첨의 도취 속에 돈이 흐르고 새어나오며, 운 좋은 도박꾼의 모든 발걸음 위에 뿌려진다. 인색한 사람들의 씀씀이가 넉넉해지고, 희망과 기쁨의 활기찬 움직임에 의해 모든 사람들의 이마의 주름살이 펴진다.

129 이러한 역설을 전개하면서 메르시에는 극빈자들에게, 특히 그들 중 일할 수 없는 사람들에게 불확실하지만 가능성이 없지는 않은 수입을 얻어주기 위한 목적으로 도박의 보편화를 요구한다. 삶이란 활력을 필요로 하기 때문에 최초의 충동이 어디에서 왔느냐는 중요하지 않다. 모든 것을 고려할 때 도박은 다른 많은 활동들에 더 바람직하며, 어쨌든 현상 유지에도 더 바람직하다.

매우 빠른 유통이 돈에도 전달된다. 모든 상인들이 그 영향을 느끼고, 정치 단체의 가장 미세한 혈관들도 점점 풍요의 씨앗을 얻게 된다.

나는 파리에서 창가(娼家)보다는 도박장들이 눈에 띄었으면 더 좋겠다. 도박장들은 부를 초래할 수 있는 반면에, 창가는 모든 면에서 해만 끼칠 수 있을 뿐이다.

로[130]의 시스템은 대중적인 도박이었다. 프랑스가 그렇게 활기에 넘쳤던 적은 없었다. 거래의 움직임은 신속했고, 사업은 늘어났으며, 모든 보잘것없는 신분의 사람들이 즐거움을 누렸다. 과도하지 않고, 극단적이지 않으며, 각각의 대상에 속하는 한계를 벗어나지 않았다면 이 도박은 매우 유용했을 것이다.

그러니 오늘 우리는 착각하지 말고 사태를 있는 그대로 직시하자. 돈이 왕국의 생명력이 된 이후로, 그리고 국왕 자신이 오로지 돈에 의해서만 통치하게 된 이후로, 사람들은 오직 돈을 소유한 행복한 사람들 생각만 하고 있다. 가장 고위층에서도 다른 곳과 마찬가지로 돈을 수중에 넣기 위해 몸을 낮추며, 돈이 없으면 모든 것이 헛된 장식일 뿐이다.

아무런 결실을 맺지 못하는 품위는 더 이상 품위가 아니다. 가문(家紋)에 대한 지식은 사전 속으로 밀려났고, 우리는 이제 영국인과 마찬가지로 '그가 어떤 사람인가?'를 묻는 것이 아니라 '그의 재산이 얼마나 되는가?'를 묻는다. 사치가 무르익어야 개인들 간의 평등이 되살아날 것처럼 보인다면 누가 믿을 것인가! 우리를 절망에 몰아넣

130 John Law(1671~1729): 스코틀랜드의 은행가이자 경제학자로, 루이 15세 때 섭정 오를레앙 공작에 의해 프랑스의 금융 책임자가 되어 은행을 설립하고 지폐를 발행했다. 그가 세운 미시시피 회사의 주식은 투기에 이용되어 결국 난국을 초래했다.

을 때까지 사치는 우리를 심연의 가장자리에 평등하게 매달아 놓는다. 우리 도시에 스스로를 주인이라 여기는 사람들보다 더 많은 주인이 있을수록, 돈이 전혀 없는 사람들보다도 더 많은 노예가 있는 것이다. 돈을 갖고 있는 사람은 모든 사람을 정시할 수 있다. 군주에게 세금을 납부한 자는 군주에게 빚이 없는 것이다.

너무나도 필요한 이 돈을 차지하려고 사람들은 아귀다툼을 벌이며, 그것을 서로 나누어 갖는다. 이 싸움에서 오늘 승자가 되더라도 내일은 패자가 될 것이다. 그처럼 수없이 많은 망설임이 따르는 정치적 대립 속에서, 각자가 차지하고 있는 서로 다른 위치가 이성의 눈으로 보면 전혀 정당한 차이를 허용하지 않는다는 것을 누가 느끼지 못하는가? 돈을 제외하고는 실제적이고 영원한 다른 차별의 원인이 없다는 것, 따라서 각자가 그 일부를 차지할 권리를 갖기 위해서는 돈이 이 사람 저 사람의 손에서 손으로 전해지도록 사방팔방에 돈을 뿌려야 한다는 것을 누가 모르는가? 한편으로는 엄청난 유산을 신에게 바치면서, 다른 한편으로는 어떤 사람이 도박판에서 다른 사람을 상속하는 것을 금지시키는 것은, 스스로 은행가가 되어 '돈을 거는(pontent)' 사람들에게 필연적으로 온갖 불리한 조건이 따르는 이 엄청난 도박의 결과로 얻을 수 있었던 재산을 의식적으로 횡령해 온 현 정부에게조차 가장 터무니없고 가장 위험한 모순이라는 것이 느껴지지 않는가?

이러한 치유책이 보다 더 현명한 생각에 대립되는 듯이 보인다면, 나는 그것을 단지 일시적인 치유책으로, 그리하여 입법자에게 보다 더 미덕에 합치하는 방법들을 사용할 시간을 주는 치유책으로만 추천한다. 이러한 폐해를 일으킨 사람은 바로 콜베르이며, 그가 만든 제도와 그의 모방자들이 만든 제도에 의해 내 말은 충분히 입증된다. 콜베르는 상업과 수공업을 내세우며 그것들을 위해 농업을 희생시켰다. 그는 들판에 거름을 주던 수많은 사람들을 도시 가운데로 이주하게 했다. 그는 무수히 많은 금리생활자층을 탄생시켰다. 과거에는 고귀한 노동이 따르는 일이 있었고, 빵은 부족했다. 놀랍게도 기록에 따르면, 앙리 4세 이전의 프랑스의 혼란기 동안에 왕국은 주민들이 소비하는 것을 넘어 2배의 생필품을 생산했고, 루이 14세의 찬란한 군사작전이 이루어지는 동안, 회화와 조각에서 기적이 일어나는 가운데 국민은 빈곤의 고통을 겪었다. 빈곤은 그 이후로 빈번하게 되풀이되었다. 이러한 사실은 루이 14세에게 새로운 풍요의 수단들을 마련해 주었고, 국민을 하나로 뭉쳐 궁정에 봉사하게 했으며, 왕국의 힘을 증대시켜 자연적 경계를 넘어서게 했다고 그처럼 찬양을 받았던 콜베르 내각에 결함이 있었음을 입증한다.

주목해야 할 것은, 콜베르의 뜻에 반해서 수공업자와 상인들이 그들의 일에 합당한 존경을 받을 수 없었다는 것이다. 어째서 물건을 사는 사람이 물건을 파는 사람보다 자신이 우위에 있다고 생각하는가? 욕구란 상호적이지 않은가? 이 세상의 그 무엇이 돈으로 표시되지 않는 것이 있는가? 사람들은 왕권을 매수하고, 제단에도 값을 치른다. 군주도 교황도 그들 손으로 받는 화폐 소득이 있다. 모든 현대 국가에서 가장 혁혁한 보상은 돈을 기반으로 한다. 나는 완전히 돈이 바닥난 사람들만큼이나 돈을 획득하는 데 악착같은 대영주들의 모습을 본다. 간이무대에서 연기하는 배우에서 궁정에서 연기하는 배우에 이르기까지 세상의 모든 배우들은 돈을 지급받는다. 그것도 미리 말이다. 상당히 주목할 만한 일치이다. 상업은 이득에 토대를 두고 있다고 한다. 바로 그것이 상업을 타락시키는 것이다. 하지만 모든 것이 이득을 열망한다. 왕의 기상(起床) 의례에 참석하는 사람은 자신의 시간, 자신에게 주어진 심부름, 아첨, 굽신거림으로 일종의 거래를 한다. 하지만 그는 파리에서 베르사유까지만 여행한다.

상인은 유럽의 모든 항구들을 방문한다. 그는 모든 사람들에게 유익한 존재이다. 어떤 사람은 자신의 여행으로 수많은 지식을 들여왔다. 자신의 혈통만을 팔려고 하는 귀족은 여러 해에 걸쳐 자기 힘으로 어쩔 수 없는 많은 것들을 거래한다. 그 결과 그와 그의 자손들은 200년 동안 가난해진다.

내가 농담을 한 것인가, 아니면 추론을 한 것인가? 그 판단은 독자인 당신에게 맡긴다.[131]

131 상인의 유용한 활동과 아무짝에도 쓸모없는 조신(朝臣)의 나태함에 대한 이 비교는 상업에 대한 귀족 계급의 경멸을 규탄했던 볼테르로부터 아주 노골적으로 영향을 받고 있다.

274 쓸데없는 넋두리

그 정도로 부유하고 문명화된 민족을 욕되게 하는 모든 것을 보면서도, 모여든 군중을 상대로 이야기할 '연단'을 이 도시 안에서 찾아볼 수 없다는 것을 어떤 작가인들 유감스럽게 생각하지 않았겠는가? 그런 곳이 있다면, 거기서 사람들은 모든 지역에서 공개적인 반감을 보이며 규탄할 때에만 중단되는 잔인한 악습들에 항거할 텐데. 우리에게 남아 있는 가장 아름다운 고대의 웅변 작품들은 연단에서 나온 것들이다. 정치 지식이 보다 더 건전해진 오늘날, 연단이 있다면 그곳에서 사람들은 대중에게 유익할 수 있는 것을 제안할 텐데.

애국심의 고귀한 불꽃으로 몸이 뜨거워지는 것을 느끼지 않고서야 누가 감히 그곳에 올라가려 할 것인가? 오늘날 가장 자유로운 정치체제에서조차 주민들은 행정관리들이 무엇을 놓고 논쟁을 벌이고 있는지, 그리고 관공서의 악폐가 무엇인지는 오로지 공공문서들을 통해서만 알 뿐이다. 여전히 유용한 방식이긴 하지만, 거대한 군중 한가운데서 퍼붓는 말보다는 훨씬 못한 방식이다.

275 소망

이들 주민은 수가 늘어나고 있고 앞으로도 계속 증가할 것이다. 도로들이 개설된 이후 지방으로부터 모든 것이 들어와서 수도를 습격하고 있기 때문이다. 젊은이들이 집단적으로 그곳으로 몰려오며, 그곳에서 돈을 벌기 위해서든 아니면 그곳에서 좀 더 자유롭게 살기 위해서든 부모의 집을 떠나고 있다. 그로 인해 이처럼 무수히 많은 사람들이 일거리와 직업을 찾고 있는 것이다. 다량의 돈이 지방으로 역류하지 않는 만큼, 또 지방에서 그들의 돈을 수도에 끊임없이 쏟아 붓고 있는 만큼 더욱더 많은 돈이 수도로 몰리고 있다. 하지만 이 다량의 돈은 소수의 수중으로 집중된다.

이러한 고찰의 결과로 몇몇 사람들은 파리가 과거에 그랬던 것처럼 항구가 되었으면 하고 바라게 되었다. 확실히 프랑스만큼 인구가 많은 왕국의 수도에는 해상무역이 매우 적합하다. 특히 거의 모든 돈이 파리에 있다는 것을 고려한다면 말이다. 이러한 거래는 왕국의 다른 도시들에 아무런 해를 끼치지 않을 것이다. 왜냐하면 아메리카와 더불어 열린 새로운 교류가 바다를 항해하는 선박들의 2배, 3배를 차지할 수 있으며, 무역의 속성상 무역에 관여하는 모든 지역들에 생기를 불어넣기 때문이다. 또한 약간의 시간과 노력으로 영국과 홀란드가 자기들 것이라고 주장하는 거의 독점적인 제국의 일부를 그들에게서 빼앗을 수도 있다.

이러한 새로운 관점에서 얼마나 많은 활동과 산업이 증가될 것인가! 그것은 더 큰 수단이 없어서 투기꾼으로 변해 버린 금융가들의 투자를 확대하고 기품을 갖추게 할 것이다. 또한 용기와 재능을 갖고 기다리는 많은 사람들에게 무수히 많은 자원을 공급하게 될 것이다.

상선들을 화려한 튈르리 궁 기슭에 도달하게 하려는 계획은 실행이 불가능한 것으로 보이지 않는다. 심지어 온갖 난점을 극복하기 위한 전체 지출이 4,600만을 넘지 않을 것이라는 주장도 있다. 나는 모든 장애를 틀림없이 극복할 수 있을 것 같고, 사시사철 강에 배를 띄울 수 있게 할 것 같은 계획을 보았다.

그런데 지중해를 대서양에 연결시킨 국민이, 리케[132]와 로랑[133]을 낳은 국가가 훨씬 더 손쉬운 계획을 두려워한다는 것이 말이 되는가? 랑그독 운하의 물이 교량을 지나 강물을 가로지르고 산의 능선을 뚫고 흘러, 길을 잃지 않고 다른 산을 오르내리도록 해야 했을 때, 그 역시 극복해야 할 어려운 또 다른 공사였다. 극복할 수 없을 것처럼 어려워 보였다. 그렇지만 40리외 이상의 거리를 결국은 달성하고야 말았다. 당시에는 오늘날만큼 기계에 대한 지식이 완전하지도 않았었다.

이 이상으로 더 유용하고 더 필요한 계획이 어디 있겠는가! 우리는 왕들의 자만심을 입증할 뿐 그들의 위대함을 입증하는 것이 아니었던, 쓸모없는 대리석으로 가득 찬 숲을 위해서도 그 이상을 지출했다. 나의 이러한 소망은, 대개의 경우 해외로 이주하거나 아니면 정신을 타락시키는 일거리에 묻혀 천박한 생활을 할 수밖에 없는 이

132 Riquet(1604~1680): 1667년에 미디 운하 공사를 시작했지만, 완공되기 6개월 전에 사망했다.

133 Laurent(1715~1773): 루이 16세 시대의 대신으로 엔지니어였고, 특히 프랑스 북부에서 항구와 운하 건설의 전문가였다.

도시의 수많은 아이들을 위한 하나의 탈출구를 갖게 될 순간을 앞당긴다. 나는 확고한 생활의 보증, 기쁨의 보증을 이 도시에서 보며, 더 이상 이 도시의 미래의 운명에 대해 떨지 않을 것이다. 이 도시는 세계의 중심지들과 동등한 지위를 갖게 될 것이다. 그렇지만 나는 그 도시가 바다 한가운데로 진로를 뚫고 곧바로 성내에 풍요를 가져오게 되었을 때, 비로소 융성하는 도시로 간주할 것이다. 이러한 방법이 아니라면, 전혀 예기치 않은 불운으로 인해 갑자기 그 도시는 메마르고 생기를 잃고 그 주민들을 죽음으로 몰고갈 수 있다.

276 파리 항

터무니없고 아무 쓸모도 없으며 분별없는 전쟁을 위해 300~400만을 소비하면서도 어떻게 파리에 선박들이 들어오게 하는 계획은 실현시키지 못했는가? 과거에 그랬던 것처럼 '파리를 항구로' 만드는 것, 이 대도시가 예전에 누렸던 해상무역을 복원시키는 것, 세계 전역에서 닻을 내리러 오는 선박들을 이곳에 접근하게 하는 것, 이것이야말로 프랑스의 무역에 가장 활기에 찬 자극을 주는 것이 아니겠는가? 수도 파리가 갖고 있는 부, 인구, 주민들의 활동, 이 모든 것이 자금, 선원, 그리고 성공을 보증할 것이다.

그 계획은 실현 가능하다. 선박의 항행이 가능하도록 하상을 파기만 하면 될 것이다. 이처럼 웅장하고 중요한 작업에 비용을 아껴야 할까?

아마도 국왕의 해군(비용이 많이 들고 쓸모없는 장식품에 불과한) 말고도 선주(船主)들이 와르르 몰려나와 가공할 모습을 보여줄 것이다. 왜냐하면 그들은 주민들로 가득 차고 근면하며 부유한 도시의 단합된 힘으로 진군할 것이기 때문이다. 수도의 운명은 더 이상 불확실하지 않을 것이다. 왕국의 모든 '신민들(régnicoles)'에게 신속한 자원이 확보될 것이다. 프랑스 영토에는 5~6개의 일급 연해도시(沿海都市) 건설이 가능한데, 우리는 지금 현재 겨우 3개밖에 갖고 있지 못하다.

경박한 사치와 쓸데없는 쾌락으로 파리에서 지출되고 있는 모든 것이 자연히 대규모의 풍부한 거래를 향해 방향을 잡을 것이고,

그로써 영혼과 정신이 고양될 것이다. 투기는 사라지고 상업에 길을 내줄 것이다. 고리대금업은 더욱더 크고 이익이 많이 나며 합법적인 수단이 있음을 알고 부끄러움으로 낯을 붉히게 될 것이다. 또한 동원되는 권력의 크기에 상응해서 성공의 크기가 결정된다고 하더라도 상당한 이득을 기대할 수 있지 않은가!

그와 같은 왕국의 모습은 수많은 선박들로 둘러싸여 보다 더 화려하게 나타날 것이다. 주변을 황폐화시키고 사람과 말, 그리고 길을 피곤하게 만들고 나서야 비로소 찾아오는 풍요가, 힘들이지 않고 또 아무런 노력을 기울이지 않더라도 수도의 웅대한 성벽 아래로 떠내려 올 것이다. 사방에서 자극을 받은 기업은 더 이상 무기력하지도 막연하지도 않을 것이다. 산업은 계획에 따라 확장될 것이다. 그리고 모든 사람들의 반응은 중요한 무언가를, 다시 말해서 왕국의 실제 권력과 관련된 무언가를 야기하게 될 것이다.

이러한 새로운 정복은 현대 정치의 관례상 그 소유가 불분명한 외딴 섬 몇 개를 정복하는 것과 같은 가치를 가질 것이다.

역사를 거슬러 올라가다 보면, 4만 명에 이르는 스웨덴, 덴마크, 노르웨이 국민들이 시주프루아를 앞세워 885년에 작은 배들을 제하고도 700척의 범선을 타고 와서 파리를 포위했다는 것을 알게 된다. 그리하여 생제르맹데프레 수도원의 수사로서 당시의 목격자이고 이 전쟁에 관해 라틴어로 된 2권의 책을 쓴 아봉[134]의 보고서에 따르면, 강에는 20리외에 걸쳐 그들의 선박들로 덮여 있었다고 한다. 그는 그들이 이미 동세기에 두 번이나 왔었다고 부언한다.

134 일명 '곱사등이'인 아봉(Abbo Cernuus)은 9세기 중엽에 태어나서 923년 생제르맹데프레 수도원에서 죽었다. 885~886년의 포위를 목격한 이 수사는 896년 편찬된 3권으로 된 서사시에서 그에 관한 이야기를 했다.

율리우스 카이사르가 『갈리아 전기(戰記)』 제3권에서 말한 바에 따르면, 그는 골 정복 당시 겨울 동안에 파리 주변에 있던 나무들로 600척의 선박을 건조했다. 봄이 되었을 때 그는 이 선박들에 무기와 화물, 말과 식량을 갖추고 군대를 승선시켰고, 센 강을 따라 내려가 디에프를 지나 영국으로 가서 그곳을 정복했다.

우리는 몇 년 전인 1766년 8월 1일에 베르틀로 함장이 용골(龍骨)의 길이가 40피에에 이르고 가장 큰 돛대 높이가 80피에에 이르는 160톤급 선박을 타고 튈르리 궁을 마주보고 있는 퐁루아얄에 도착하는 것을 보지 않았는가? 그가 같은 달 22일에 상품을 싣고 떠났을 때, 센 강의 물은 거의 같은 높이, 다시 말해 25피에였다. 이 선박은 루앙에서 7일 만에 파리에 도착했고, 루앙에서 푸아시까지는 4일, 그리고 다시 르 아브르에서 파리까지는 10일 만에 도착했다.

루앙의 과학, 문학, 예술 아카데미는 1759년 8월 1일 열린 공개회의에서 다음 해 학술상의 주제로 '센 강에서 현재 운행할 수 있는 선박보다 더 큰 선박들이 과거에는 항행할 수 없었던가, 그리고 이러한 장점을 센 강에 돌려주거나 얻어줄 방법은 없는 것일까?'라는 문제를 제안한다고 발표했다. 1760년에 아카데미로 보내온 논문들에 만족하지 못했기 때문에 학술상은 연기되었다. 1761년에는 새로운 논문들이 더 나아 보이지 않았기 때문에 아카데미는 학술상의 주제를 바꾸기로 결정했다.

엔지니어들은 그 계획이 실현 불가능한 것이라고 전혀 생각하지 않았고, 몇몇 건축가들이 서명한 작업 견적서는 정부에까지 전달되었다.

파괴적이고 불확실한 전쟁을 위해, 노망 든 정부의 헛소리를 위해 쓸 돈은 있지만, 거대한 도시를 풍요롭게 하고 도시가 지방에 요구하는 막대하고 부담스러운 조세를 면제해 줄 돈은 없다.

❦ 밀가루 항구의 전경(펜화, 수채화, 부분 고무수채화), 레스피나스(1782년)

277 감옥

이처럼 고상한 계획에서 현존하는 것으로 다시 돌아가자. 아름다운 꿈을 포기하고 우리의 빈곤과 현실적인 가난을 직시하자. 인간성과 아주 밀접하게 관련된 모든 것에 대한 우리의 극도의 무관심을 살펴보자. 위안이 되는 이미지들이 내 주위를 맴돌았다. 감옥, 사슬, 열쇠 소리가 그 헛된 꿈을 날려버린다!

범법행위를 확인해야 할 필요가 있을 때 법률은 무고한 사람을 범인으로 체포한다. 하지만 감금이 이미 매우 무거운 징벌이기 때문에 법률은 가능한 한 완화되어야 한다. 내 신원을 확보하기 위해서 내 건강을 공격하고, 내게서 태양과 대기의 시선을 빼앗고, 나를 불결한 거처에 던져두고, 한 번 쳐다보는 것만으로도 고통스러운 강도들 무리 속에서 내가 번민하게 해서는 안 된다.

내게 혐의가 있어 내 자유를 박탈할 필요가 있다고 해도, 내가 간수의 탐욕에 좌우되지 않도록 해야 한다. 나를 집에서 끌어내더라도, 교수대로 가게 될 사람들과 나를 뒤섞어 놓지 말아야 한다. 왜냐하면 내가 무고할 수도 있기 때문이다.

내가 무고하다는 것을 인정하게 되더라도 법률은 내게 아무런 손해배상을 하지 않을 것이다. 그것은 그렇다고 하자. 왜냐하면 법률은 공동의 이익을 내세울 것이고, 그것에 모든 것이 따라야 하니까 말이다. 하지만 내가 갇힌 상태에서 끔찍한 병을 얻게 되지는 말아야 한다. 내게서 이러한 공포를 없애주는 것은 아주 쉬운 일이다. 나 홀로 있는 곳에 약간의 공기의 흐름만 허용하면 될 일이다.

감옥들은 좁고, 비위생적이며, 불결하다. 그것은 깊고 넓은 우물에, 좁고 끔찍한 오막살이를 지탱하는 벽에 비유되어 왔는데, 맞는 말이다. 죄수가 그곳에서 다른 사람들과 분리되기를 원하면, 그는 '한 평 남짓한' 작은 자릿값으로 '매달 60프랑'을 지불해야 한다. 그곳에서는 모든 것의 값이 2배인데, 마치 '창구'[135]에서 특별 세금이 붙는 것 같다. 그 때문에 죄수들의 빈곤은 더욱더 심해진다.

간수들과 더불어 몸집이 큰 개들이 경비를 서고 치안까지 담당한다. 그 개들에게서 비슷하게 나타나는 특성만큼 놀라운 것은 아무것도 없다. 이 개들은 죄수의 목을 물고 그를 감옥으로 데리고 가도록 훈련을 받는다. 그것들은 손짓만 까딱해도 복종한다.

좁고 작은 문은 15분에 30회 열린다. 대화와 식사에 쓰이는 모든 것이 그곳을 통해야 한다. 다른 입구는 전혀 없기 때문이다.

감옥은 인간의 모든 두려움과 불행의 집결지이다. 가장 끔찍한 악습들이 그곳에 유입되고, 게으른 범죄자는 거기에서 새로운 범죄로 빠져든다.

이러한 지하감옥에서 여전히 숨이 붙어 있는 범죄자들을 '갈 때가 된 사람'이라고 부른다. 이렇게 비참한 관점에서 볼 때, 인간이란 정말 끔찍하고 흉측한 존재이다. 이제 막을 내리자.

감옥 문 앞에는 죽어가는 죄수들과 '갈 때가 된 사람들'을 위한 '공용(共用) 관'이 있다. 그들은 결코 일반인을 위한 자비의 관을 얻지 못한다. 그들에게는 염포(殮布)만이 허락될 뿐이다. 아주 좁고 단단한 이 관에는 매일 모든 시신들이 아무런 구분 없이 넣어진다. 죽은 자가 미성년자일 때에는 그 속에 2구의 시신이 담기기도 한다. 샤

135 "감옥의 좁은 문을 일컬으며 […] 감옥과 동의어이다."(『트레부 사전』)

틀레 재판소 감옥의 공용 관은 그 후로도 80년 넘게 사용된다. '갈 때가 된 사람들'은 그 공용 관을 '파이 껍질'이라고 부른다. 오, 북아메리카의 숲속을 헤매는 야만인들이여! 당신들은 적들을 먹고, 그들의 머리카락을 참혹한 전리품으로 삼는다. 하지만 당신들은 적어도 이곳에서 내가 그려야 할 것 같은 그림들을 역사가의 떨리는 손에 제공한 적은 없었다. … 타락한 인류의 엄청나게 파렴치한 행위들일랑 그들을 덮고 있는 두꺼운 베일 아래 내버려 두자. 이들 죄인들을 지키는 잔인한 간수들은 결코 동정하는 법이 없으며, 그들 직무상의 몰인정함에 그들 자신의 몰인정을 더하고 있다.

자비롭고 인자한 칙령이 이러한 악습들의 상당 부분을 멈추게 할 것이다. 지금 이루어지고 있는 선행은 앞으로 이루어질 선행의 보증이 된다. 그 선행이 너무 천천히 이루어지고 있구나!

278 사형선고

어떤 불길하고 우렁찬 목소리가 거리와 광장을 가득 메우며 지붕 꼭대기까지 울려 퍼지고, 한창때의 젊은이가 사회의 이름으로 타인에 의해 냉정하게 참수되어 죽을 것이라고 외치고 있는가? 서적 행상인은 이리저리 뛰어다니고 외치며 아직 잉크도 마르지 않은 판결문을 판매한다. 사람들은 죄인의 이름이 무엇이고 무슨 죄를 지었는지 알아보기 위해 그것을 산다. 그들은 그 이름과 죄목을 금세 잊어버렸던 것이다. 전혀 기대하지 않았던 순간에 갑작스레 내려진 유죄판결이 나와 사람들을 아연케 한다.

서민들은 사형수가 사람들 앞에서 고통 속에 어떻게 멋지게 죽는 모습을 보여줄 것인지 지켜보기 위해 작업장과 상점을 떠나 처형대 주변으로 모여든다.

철학자는 자신의 은신처 안에서 사람들이 판결문을 크게 읽는 소리를 들으면서 고통스러워한다. 그는 가슴은 터질 듯하고 눈시울은 젖은 채 자기 책상으로 되돌아가서 형법에 관해, 그리고 처형을 필요하게 하는 것에 관해 글을 쓴다. 그리고 정부와 법률이 서로 모순된 것은 없는지 검토한다. 그가 자신의 고독한 서재에서 인간 본성의 입장을 지지하며 베른 상(賞)[136] 수상을 꿈꾸는 동안, 사형집행인은 커다란 쇠몽둥이로 그 불행한 자를 두들겨 때려서 그를 으스러

136 1759~1766년까지 절정기를 누렸던 베른 경제학회의 학술대회들을 가리킨다.

뜨려 놓고 그의 사지를 접어 바퀴 위에 묶어놓는데, 명령에 정해진 대로 얼굴을 하늘 쪽으로 향하게 하는 것이 아니라 끔찍하게도 아래로 늘어뜨린다. 부러진 뼈들이 살을 뚫고 나오며, 머리카락은 고통으로 곤두서고, 피로 물든 땀방울이 떨어진다. 사형수는 이 기나긴 형벌을 받는 동안 물을 원하다가 이어서 죽음을 원한다. 주민들은 시청의 시계를 뚫어지게 바라보며 종이 울리는 시간을 헤아린다. 그들은 놀라서 몸을 떨며 바라보다가 침묵한다.

하지만 그 다음날 다른 또 한 명의 죄인 때문에 처형대가 세워지게 되는데, 전날의 끔찍한 광경도 새로운 범죄를 막지는 못한 것이다. 사형집행인은 자신의 피 묻은 손을 닦고 시민들의 무리 속으로 섞여든다.

암살자는 죽는다. 그런데 전군(全軍)에 기아(飢餓)의 공포를 경험하게 했고, 조국의 병사들에게는 적군의 칼과 총보다 더 무서웠던 사람, 밀가루를 실은 마차들을 행방불명이 되게 만들었고 구빈원들을 사람들로 가득 차게 했던 사람, 그 사람이 자신에게 속아 도둑맞은 군주의 초상 앞에 대저택을 건축하러 오다니! 그는 거기서 국가의 투덜거림을, 그가 영양실조로 죽게 만들었던 병사들의 불평의 외침을 들을 것이 틀림없다. 그는 공포에 사로잡혀 잠에서 깨어날 것이고, 위협적인 유령들이 자기 주위를 떠도는 것을 보게 될 것이다. 하지만 그는 안전하게 잠을 잔다. 그가 노략질한 물건들에 매수된 법률가들의 서명 장부에 의해 그의 도둑질은 합법화되었다. 가짜 계산서의 도움으로 그는 무고한 것처럼 보인다. 그의 저급하고 파렴치한 직무가 말하자면 그에게 신용을 가져다 주고, 황금에 굶주린 이들 족속 가운에서 한 자리를 차지하게 한 것이다. 기분이 좋을 때면 그는 많은 사람들의 목숨을 빼앗은 공적까지도 이야기하며, 창고에 직접 불을 지르고 자신에게 이미 대금이 치러졌던 것을 국가에 어떻게 되팔았는지를 이야기한다. 독일의 선동자이며 살인자였던 그는 파리에서 그 일을 농담처럼 이야기한다.

저녁을 성대하게 차려 먹고 나서 생각에 생각을 거듭하던 백만장자는 가난한 주민들에 대한 기발하고 주도면밀한 '증세(增稅) 계획들'을 고안해 낸다. 힘든 인내에 시달리는 순간에 그는 그러한 정치적 범죄로부터 자신이 얻을 수 있는 것이 무엇인지를 계산한다.

나는 결코 그를 용서하지 않을 것이다. 나는 끊임없이 그를 인류의 법정에 소환할 것이다. 나라면 차라리 단지 총 한 자루와 용기만을 갖고서 그가 필요로 하는 식량들을 대표하는 표상을 내게서 빼앗기 위해 길모퉁이에서 나를 공격하는 불행한 사람을 용서하겠다.

그렇다. 나를 암살하려는 사람이 내게는 조국의 이 모든 억압자들보다 덜 흉측하게 보일 것이다. 이러한 불행이 내게 일어난다면 그 사람을 미리 용서하겠다. 모욕을 당하는 입장이지만, 나는 그에게 애정을 보내고 그를 정당화시키기까지 하며, 사치와 부에 파묻혀 목을 조르는 흉악한 존재에 대한 증오의 감정과 이들 가증스런 범죄들을 멈추게 하거나 처벌할 힘을 갖지 못한 법률에 대한 경멸감을 간직하고 있다.

279 사형집행인

사형집행인은 연 1만 8천 리브르의 보수를 받는다.[137] 6년 전에는 1만 6천 리브르밖에 받지 못했다. 그에게는 대중의 식량에 더러운 손을 대고 그중 일부를 가져갈 권리가 있었다. 사람들은 그에게 돈으로 보상을 했다.[138]

약 40년 전부터 지금까지 파리에서 참수된 사람은 단 한 사람밖에 없었다. 그래서 사형집행인 역시 그 일에 경험이 없다.

최하층 계급의 민중은 사형집행인의 모습을 아주 잘 알고 있다. 설명할 수 없는 호기심으로 인해 끔찍한 광경을 떼지어 찾아다니는 무지한 하층민들에게 있어서 사형집행인은 위대한 비극 배우이다. 그리고 범죄 혹은 죄인이 유명한 경우 교양 있는 계층의 군중까지도 이러한 호기심에 사로잡힌다.

다미앵의 처형 때 그것을 보러 여성들이 떼지어 몰려갔다.[139] 그 끔찍한 장면에서 최후까지 시선을 돌리지 않은 사람들은 바로 그 여

137 16세기부터 사형집행인은 더 이상 고정급을 받지 않고 사형집행 비용에 따라 임금을 지급받았다. "사형집행인의 급여는 루이 16세 치하에서 확립되었다. 프랑스 대혁명 이전, 샤를앙리 상송의 급여는 연 1만 6천 리브르로 결정되었으며, 거기에 처형대와 공시대의 유지를 위해 2천 에퀴의 기본료가 더해졌다."

138 1775년 6월 3일의 명령에 대한 암시이다. 이 명령으로 튀르고는 사형집행인의 '채탄' 권리, 다시 말해서 판매되는 곡식 부대에서 사형집행인이 손으로 움켜쥘 수 있는 양만큼을 공제할 수 있는 권리를 폐지했다.

139 1757년 1월 5일에 국왕 루이 15세의 등 오른쪽을 칼로 찔러 시역죄로 고소된 로베르 프랑수아 다미앵(1715~1757)은 2개월 이상을 끔찍한 고문에 시달리다 3월 28일에 처형되었다.

성들이었다.

서민들은 종종 사형집행인에 대해 이야기를 나누고, 그가 가난한 생루이 기사단 기사들에게 식탁을 개방하고 있다고 말하며, 교수형으로 죽은 사람의 기름[140]을 얻으러 사형집행인의 집을 찾아간다. 사형집행인은 자기 의향에 따라 시체를 외과의사들에게 팔거나 자기 자신이 보관하기 때문이다. 런던에서와 마찬가지로, 살아 있는 동안에는 죄인을 판매할 수가 없다.

사형집행인이 비록 무시무시한 일을 수행하고 있다 해도, 그 사람을 다른 일반시민들과 구분할 수 있게 하는 것은 아무것도 없다. 그의 일은 그다지 호평을 받지는 못한다. 그는 곱슬머리에 얼굴에 분칠을 하며, 장식 줄을 달고, 흰색 비단 양말에 무도화를 신고 처형대에 오른다. 그러한 것이 내게는 불쾌하기 짝이 없어 보이는데, 왜냐하면 그처럼 가혹한 순간에는 권위 있는 죽음의 기색을 나타내야 할 것이기 때문이다. 정녕 상상력에 호소할 줄 모르는 것인가? 많은 사람들에게 공포를 느끼게 할 필요가 있기에 감동적인 형식의 영향력을 알지 못하는 것인가? 이 사람의 외모가 그것을 말해주고 있음에 틀림없을 것이다.

그가 도시의 주민들 중 최하층민이라는 것은 이론의 여지가 없고, 그의 직무 때문에 그는 어쩔 수 없는 불명예를 감수하는 유일한 인물이다. 그에게는 자신이 6천 에퀴를 받고 하는 일을 100에퀴에 해주는 고용인들이 있다. 사형집행인이 고용인을 얻다니!

우리 형법의 대행자인 그가 특별히 누구에게 소속되어 있는가를 알기 위해서는 그에 관해 많은 것들을 고찰해 봐야 할 것이다. 하지

140 교수형당한 사람의 시체에서 채취한 기름에 치료 효과가 있다는 미신이 있었다.

만 그렇게 검토를 하다 보면 우리는 그 결과의 성격과는 아무 관계가 없는 논의에 빠지게 될 것이다.

사형집행인에게 딸이 있는 경우, 그는 그 딸들을 지방의 사형집행인과 결혼시킨다. 그들끼리는 서로를 '파리 양반, 샤르트르 양반, 오를레앙 양반' 등으로 부른다(주교들은 모르는 일이다). '샤를로와 베르제'[141]는 민중들의 대화에 마르지 않는 화젯거리를 제공해 주고 있다. 어떤 구두수선공은 마치 상류사회 사람이 유럽 국왕들과 신하들의 이야기를 알고 있듯이 교수형당한 사람들과 사형집행인들의 이야기를 알고 있다.

141 샤를로는 다미앵의 처형을 맡았던 사형집행인이었다. 베르제는 아마도 다른 사형집행인이었던 것 같다.

280 그레브 광장

처벌이 면제될 것을 은근히 기대했던(그들이 어떻게 이처럼 극단적인 착각을 하게 되었는지는 아무도 알 수 없을 것이다) 모든 사람들이 이곳에 왔다. '카르투슈', '라바야크', '니베', '다미앵' 같은 사람들이 그들인데, 그들보다 더한 악당으로 '데뤼' 같은 사람이 있다. 이곳에서 데뤼는 뻔뻔하기 짝이 없고 대담무쌍하기 그지없는 위선을 보여주었다. 나는 샤틀레에서 그의 모습을 보고 목소리를 들은 적이 있다. 당시 그는 『자연철학』의 저자[142]와 같은 감옥에 있었기 때문이다. 나는 그 저자를 만나려 하고 있었다.

데뤼는 하느님, 종교의 신성한 이름들만 입에 올리고 있었다. 범죄의 천재가 바로 곁에 있었던 것이다. 자신의 범죄행위들에 대한 심사숙고와 주도면밀함을 통해 그는 인간의 마음이 온통 왜곡되어 있을 때, 그 마음의 어둡고 침투 불가능한 심연이 내포하고 상상할 수 있는 것에 대한 끔찍한 본보기를 제공해 주었다.

이 광장은 새로 확장되기는 했지만 아직도 좁은 편이다. 아마 사형집행은 다른 곳에서 이루어졌을 것이다. 왜냐하면 왕에게 돈을 낸 수많은 금리생활자들에게 사형집행의 불쾌한 준비물들을 전부 보여야 했기 때문이다. 그처럼 추잡하고 법의 위엄에 어울리지 않는 것은 아무것도 없었다. 하지만 우리 형법에 관련된 모든 것이 너무 혼

142 장바티스트 클로드 이주아르(1741~1816), 일명 데릴 드 살을 말한다. 바로 이 대단한 책 때문에 샤틀레에 기소된 그는 계몽철학 일파의 지지를 받았다.

란 속에 빠져 있어, 유혈 살인이나 잔인한 복수와 구분해 주는 것을 사형집행에 부여하기 전에 개혁해야 할 다른 것들이 많다.

그 살인자가 정말 숲속 깊은 곳에서 한 남자를 생탕드레 십자가[143] 위에 눕히고 11차례의 가격으로 그의 뼈를 부러뜨렸는가? 그리고 나서 그 남자를 풀어줄 수도 없어 고통을 참으라고 하는 고해신부를 옆에 대동한 채 마차 바퀴에 사형수의 몸을 접어놓았는가? 확실한 것은 법정이 범죄보다 더 끔찍하다는 것이다. 살인자는 칼로 찌르고는 희생자의 얼굴을 바라보기를 두려워하며 후회에 가득 차서 도망치는 데 비해, 법정은 수많은 사람들에 둘러싸인 불행한 사람이 지르는 절망적인 비명의 횟수를 24시간 동안 헤아린다.

사람들은 서민들이 이 끔찍한 광경을 떼지어 찾아다닌다고 비난한다. 하지만 주목할 만한 사형집행이 있거나 화제에 오른 유명한 범죄자가 있을 경우에는 상류층 사람들도 가장 천한 서민과 마찬가지로 그곳으로 달려간다.

마음이 너무나 여리고 태도가 우아하며 거미 한 마리만 봐도 기절하는 우리의 여성들은, 반복해서 말하건대, 다미앵의 사형집행에 참석하여 국왕들의 복수를 위해 법정이 이제껏 생각해 낼 수 있었던 가장 끔찍하고 가장 혐오스러운 처형 장면을 보며 끝까지 시선을 돌리지 않았다!

이러한 장면을 좋아하는 사람들과 호기심 많은 사람들의 관심을 끌었던 이 끔찍한 작업을 도와주기 위해 인접한 도시의 사형집행인들이 모두 소환되어 있었다.

143 생탕드레 십자가 혹은 부르고뉴 십자가는 'X'자 모양을 하고 있다. 이 말은 특히 바퀴 모양의 사형도구를 구성하는 나무 부품들이 조립된 모양을 가리킨다.

도박벽에 관해 최근 책을 쓴 저자[144]는 그날도 사람들이 기름이 끓고, 납이 녹아내리며, 집게가 불에 빨갛게 달궈지고, 4마리 말이 살인자의 사지를 찢기를 기다리면서 "그레브에서 도박을 했다"고, "그곳에서 돈을 걸고 노름을 했다"고 말한다. 그런데도 우리는 스스로를 문명화되고 개화되었다고 생각한다. 우리는 가당찮게 우리의 법률과 풍습에 대해서 말한다. 하지만 작가들의 설득력 있는 외침이 없었다면, 우리는 이처럼 끔찍하고 파렴치한 행동에 대해 부끄러워하는 법을 배우지 못했을 것이다. 정말이지 우리는 아직도 인정과 이성으로 인도될 필요성이 너무나 많다!

관습의 영향력이 그만큼 크기에 사형수는 결코 대중을 상대로 말하지 못한다. 영국에서는 사형수가 대중을 상대로 연설하는 일이 아주 잦다. 그렇지만 프랑스에서는 결코 허락을 얻지 못할 것이다. 랄리 장군[145]이 민중들에게 말하고 싶어 하는 눈치를 보이자, 사람들은 그에게 '입마개'를 씌웠다. 어디에서나 통치의 형식은 그런 식으로 특징지어지며, 최후의 순간에조차 목청을 높여 외치는 것을, 그리고 숨을 거두기 전에 한순간이라도 연설을 하는 것을 누구에게도 허락하지 않는다.

배에 구리 표찰을 달고 사형 판결을 소리 높이 외치는 서적행상인들은 때때로 사형수의 귀에까지 그 죽음의 판결이 울려퍼지게 한다. 용서할 수 없는 잔혹성이다! 특히 그들은 '살인행위자에게 형을

144 『도박 열기에 대한 고찰』(1778)과 『고대에서 현대까지의 도박벽에 대하여』(1779)의 저자인 장 뒤소(1728~1799)를 말한다.

145 톨랑달의 남작이기도 한 랄리 백작은 퐁디셰리에서 오랫동안 저항한 후 영국인에게 항복했다는 이유로 사형이 선고되었다. 그는 입마개를 한 채 그레브 광장으로 이송되었고, 1766년 5월 8일에 처형되었다. 곧이어 그에게 내려진 부당한 결정에 대한 항의 여론이 일어났는데, 그중에는 볼테르의 목소리도 포함되어 있었다. 그 판결은 1778년에 파기되었다.

선고한다'라는 말을 크게 강조한다. 이 지나친 어법상의 오류는 그들의 창작품이다. 하지만 그것은 '살인자'라는 말보다도 더욱더 민중의 청각기관에 강한 인상을 남기고, 그래서 민중들은 계속해서 '살인행위자'라는 말을 쓰고 또 쓰게 된다. 그 말이 그들에게는 더 힘찬 표현으로 보이는 것이다.

몇 년 전에 자기 아버지를 죽인 아들이 살인을 실행한 공범과 더불어 도핀 광장에서 처형되었다. 공범이 기도를 드리고 체념하는 모습을 보인 반면에, 아주 하찮은 이득을 미끼로 연약한 인간을 범죄로 이끌었던 존속살해범은 처형대에서 너무도 몰인정하고 거만하며 잘못을 거의 뉘우치지 않는 모습을 보였기 때문에, 첫 번째 쇠막대 타격으로 그가 비명을 내지르자 모든 사람들의 무차별 가격이 시작되었다.

나는 유례를 찾아볼 수 없는 이러한 특징이 수도 파리 주민들의 풍속화에 속하는 것이 틀림없다고 생각했다.

더 이상 참수(斬首)는 행해지지 않는다. 이는 '대귀족들'이 직무를 유기하지 않는다는 것을 증명한다. 귀족들의 머리를 자르던 칼은 칼집 속에서 녹슬어 있고, 사형집행인은 자신의 일을 잊어버렸다. 그는 교수형과 차형만을 시행한다. 경험 부족으로 랄리 장군의 경우 사형집행인이 제대로 목을 치지 못한 것이다.

해마다 다른 특성을 가진 새로운 부류의 도둑과 흉악범들이 나타난다. 지난해에는 '수면 강도'라는 이름으로 알려진 독살자들이 있었는데, 그들은 담배와 술에 잠을 자게 만드는 위험스럽고 치명적인 독극물을 넣곤 했다. 올해 나타난 것은 '교회 강도', 즉 신성모독범들인데, 그들은 밤중에 성당에 침입해서 제식 용구실을 털고, 성합(聖盒), 성배(聖杯), 십자가, 촛대 따위를 가져갔다. 파리 주변 지역에서와 마찬가지로 플랑드르로 가는 길목에서도 거의 40개의 교회들이 도둑맞았다.

성합을 훔친 이들 신성모독범들 중에서는 그 안에 담겨 있는 면병(麵餠)들 중 하나를 봉랍(封蠟)으로 대신 사용해서 편지 속에 그 면병들을 담아 지역 주임신부에게 보낸 사람도 있다고 한다.

횃불 아래서 이루어지는 야간 사형집행에 대해서는 이의가 제기되었다. 그것만큼 비현실적인 것이 없다는 것이 확인된 듯하다. 어떻게 법률이 은밀히 실행되는 살인을 즐기는지 이해가 되지 않는다. 아무리 어쩔 수 없는 해석이라 하더라도 법률에 이처럼 끔찍한 성격을 부여할 수는 없다. 사형은 오로지 본보기로서만 간주되어야지 결코 처벌로 간주되어서는 안 될 것이다. 그런데 잠들어 있는 시민들 모르게 어둠 속에서 한 사람을 목 매달아 죽이는 것은 도대체 무슨 짓인가? 만일 당신들이 그에게 공개되는 것을 면제해 준다면, 그의 목숨도 사해 주어라. 오직 사회의 이름으로만 그의 목숨을 빼앗을 수 있다. 만일 그가 어떤 죄를 저질렀고 어떤 처벌을 받았는지를 사회가 모르고 있다면, 당신들의 판결은 범죄이다.

영국인과 스위스인들에게는 정의, 이성, 자비가 인정할 수 있는 형법이 있다. 그런데 우리는 아직도 초라하고 미개한 우리의 예절로 인해 얼굴을 붉혀야 한다. 우리는 맹목적인 권력과 의도적인 악행의 침범으로부터 우리의 자유, 생명, 명예를 지키는 법을 아직까지 배우지 못했다. 법률은 대담하게 범죄로 인정할 것인지 소심하게 무죄로 할 것인지 결단을 내리지 못하고 우물쭈물하고 있다. 법률은 뻔뻔스런 범죄와 우유부단한 무죄 사이에서 결단을 내리지 못하고 망설이고 있다. 그것들을 구분하기가 힘들기 때문이다. 심리(審理)가 어둠 속에서, 시민들의 눈과 귀가 닿지 않는 곳에서 이루어져 왔던 반면에, 형벌은 시민들의 시선을 공포에 빠뜨리러 온다. 공공 광장에 세워진 혐오스런 처형 도구들을 보고서 시민들은 죄인이 누구이고 그의 범죄가 무엇인지를 물어야 한다.

281 제대로 교수형이 이루어지지 않은 하녀

대략 7년 전에, 아주 아름답게 생긴 젊은 시골 소녀가 대도시에서 타락할 대로 타락하여 온갖 악덕을 지닌 한 남자의 집에서 하녀로 일을 하게 되었다. 그녀의 매력에 사로잡힌 남자는 그녀를 유혹하려는 온갖 수단을 동원했다. 그녀는 정숙했고, 따라서 그녀는 저항했다. 그러나 이 소녀의 정숙함은 주인의 열정을 자극할 뿐이었다. 주인은 소녀를 자신의 욕망에 굴복시킬 수 없자, 가장 사악하고 가장 고약한 복수를 꿈꿨다. 그는 이 소녀가 자기 옷가지들을 넣어두는 작은 상자 안에 몰래 자신의 이름이 새겨진 몇 벌의 옷을 넣어두었다. 그리고는 도둑맞았다고 외치며 경찰관을 불러 법정 증언을 했다. 작은 상자를 열자 그가 말했던 옷가지들이 나왔다.

감옥에 갇힌 불쌍한 하녀는 눈물만 흘릴 뿐이었다. 취조에 답하며 그녀는 자신이 아무 죄가 없다고 말했다. 재판관들은 고발자의 악의를 전혀 의심하지 않았고, 법을 엄격하게 따랐다는 것을 생각할 때 우리 형법을 아무리 비난해도 지나치지 않을 것이다. 법률의 지나친 엄격함은 우리 법전에서 사라지고, 사소한 절도는 처벌하지 않고 놓아두는 간단한 징벌로 대체되어야 할 것이다.

결국 죄 없는 소녀는 교수형에 처해졌다. 그러나 그녀의 교수형은 제대로 시행되지 않았다. 사형집행인 아들의 첫 번째 형 집행 시도였던 것이다. 한 외과의사가 시체를 구입했고, 시체는 병원으로 옮겨졌다. 그날 저녁 시체에 해부용 칼을 대려 하다가 의사는 체온이 남아 있는 것을 느꼈다. 그는 칼을 놓쳤고, 자신이 해부하려 했던 소녀를 침대에 눕혔다.

소녀의 생명을 되살리려는 의사의 노력은 헛되지 않았다. 그와 동시에 의사는, 이 기이한 사건에 대한 조언을 듣고 자신의 행위에 증인으로 삼기 위해 입이 무겁고 경험이 있다고 알려진 성직자를 불러들였다.

눈을 떴을 때 이 불행한 소녀는 자신이 저승에 와 있다고 생각했다. 하지만 머리가 크고 얼굴 윤곽이 아주 뚜렷한 신부의 모습(이렇게 말하는 것은 내가 그 신부를 알고 있기 때문인데, 이 사건을 알게 된 것도 그를 통해서이다)을 보고, 소녀는 몸을 떨며 합장을 하고 소리쳤다. "하느님, 당신은 제가 아무 죄가 없다는 것을 알고 계십니다. 저를 불쌍히 여기소서." 소녀는 하느님의 모습을 직접 보고 있다고 믿고 이 성직자에게 계속해서 기도를 드렸다. 소녀에게 그녀가 죽지 않았다는 것을 설득하는 데는 한참의 시간이 걸렸다. 그만큼 형벌과 죽음이라는 생각이 그녀의 상상력에 타격을 주었던 것이다! 궁극의 심판관인 신(神)으로 보이는 사람을 향해 터져 나온 순진한 영혼의 외침소리보다 더 감동적이고 더 의미심장한 것은 아무것도 없었다. 소녀가 그렇게 아름답지 않았더라도 이 기묘한 광경은 예민한 사람과 관찰력 있는 사람들의 관심을 끌 만했다. 화가에게는 얼마나 멋진 장면인가! 철학자에게는 얼마나 멋진 이야기인가! 법률가에게는 얼마나 훌륭한 교훈인가!

『주르날 드 파리』에 실렸던 대로, 소송은 다시 법정에 회부되지 않았다. 공포에서 벗어나 의식을 되찾은 하녀는 자신이 좋아하던 사람, 숭배할 만한 유일한 존재인 신을 향한 기도를 떠올리게 만든 사람을 알아보고, 그녀와 그에 대해 이중으로 걱정하는 외과의사의 병원을 밤중에 떠났다. 소녀는 외딴 마을로 몸을 숨기러 가면서 눈에 떠오르는 재판관들, 추종 무사들, 끔찍한 교수대를 만나게 될까 두려움에 몸을 떨었다.

추악한 중상모략자는 처벌을 받지 않았는데, 개별적인 제3자의 눈에는 명백한 그의 범죄가 사법관과 법률의 눈에도 그러한 것은 아니었기 때문이다.

사람들은 이 소녀가 되살아났다는 것을 알았다. 그들은 그 파렴치한 행위의 흉악한 장본인에게 욕설을 퍼부었다. 하지만 이 거대한 도시에서 그러한 범법행위는 금세 잊혀졌고, 그 추악한 인간은 아마도 여전히 숨을 쉬고 있을 것이다. 적어도 그는 사람들 앞에서 그가 마땅히 받아야 할 처벌을 받지는 않았다.

오류의 원인들을 검토하고 추후에 그 오류를 피하기 위해 앞으로 써야 할 책은 『무고죄 인명부』가 될 것이다. 이처럼 중요한 작업을 맡을 사람은 결국 사법관이 되지 않겠는가?

282 바스티유

국립감옥, 이 말로 바스티유를 규정짓는 데 충분하다. "그곳은 크지는 않지만 유럽에서 가장 무시무시한 성채이다"라고 생푸아[146]는 말했다.

바스티유에서 무슨 일이 일어났는지, 그 안에 무엇이 유폐되어 있고, 무엇이 유폐되어 있었는지 누가 알겠는가? 하지만 바스티유의 역사를 쓰지 않는다면, 루이 13세, 루이 14세, 그리고 루이 15세의 역사를 어떻게 쓰겠는가? 가장 흥미롭고, 가장 관심이 가고, 가장 특이한 일이 그 성벽 안에서 일어났다. 바스티유의 역사를 쓰지 않는다면, 우리 역사에서 가장 흥미로운 부분이 영원히 감춰져 있게 될 것이다. 무덤의 적막한 심연에서 아무것도 흘러나오지 않는 것과 마찬가지로, 그곳의 심연으로부터 누설되는 것은 아무것도 없을 것이기 때문이다.

앙리 4세는 바스티유에 국고를 보관하게 했다. 루이 15세는 그곳에 백과전서파의 『백과전서』를 유폐시켜 놓았는데, 그것은 아직도 그곳에서 썩고 있다.

1588년에 파리 시장이었던 기즈 공작은 또한 바스티유와 병기창의 책임자이기도 했다. 그는 고등법원 검찰관인 뷔시 르클레르[147]를

146 생푸아(Saint-Foix)는 그가 쓴 문학작품보다도 논쟁과 결투로 더 유명하다.

147 고등법원 검찰관 장 뷔시 르클레르는 '16인회'의 일원이었다. 그들은 가톨릭 동맹 기간 동안 파리 시 행정 전체를 관장하고 있었다. 뷔시 르클레르는 파리 시민들이

그곳의 사령관으로 삼았다. 뷔시 르클레르는 프랑스인들을 충성과 복종의 서약에서 해방시키기를 거부하던 고등법원을 포위한 후, 재판장과 판사들을 모두 법복을 입고 사각모를 쓰게 한 채로 바스티유로 데려갔다. 그곳에서 그는 빵과 물을 주지 않고 그들을 굶겼다.

오, 바스티유의 두꺼운 벽들이여! 최근 3대의 통치 아래 그처럼 많은 희생자들의 한숨과 비명을 맞아들였던 너희들이 말을 할 수 있다면, 끔찍하고도 믿을 수 있는 너희의 이야기들이 역사의 소심하고 아첨으로 가득 찬 말을 거짓이라고 반박할 텐데!

바스티유 근처에 병기창이 있는데, 그곳에는 바스티유만큼이나 무시무시한 화약고가 감춰져 있었다.

뱅센의 탑에는 아직도 국사범(國事犯)들이 갇혀 있는데, 그들은 그곳에서 비참한 생애를 끝마쳐야 할 것 같다. 지난 3대의 통치 아래 발부된 봉인장의 수를 누가 정확히 셀 수 있었겠는가?

총 5권으로 된 바스티유 역사책[148]이 있는데, 그것은 특별하고 기이한 몇 가지 일화들을 제시한다. 하지만 사람들이 무척이나 알고 싶어 하는 것은 아무것도 없다. 한 마디로, 뚫고 들어갈 수 없는 장막으로 덮인 국가의 몇 가지 비밀들에 언젠가는 관련될 수 있는 것이 아무것도 없다. 그 역사가의 말을 따르면, 그곳에서는 이미 자유의 상실로 도에 지나치게 벌을 받은 죄수들이 다르장송[149] 휘하에서 유

국왕인 앙리 3세를 파리에서 몰아내던 그 유명한 1588년 5월 10일의 파리의 소요에서 가장 활동이 컸던 장본인 중 한 사람이었다.

148 1702년에서 1713년까지 바스티유에 갇혀 있었던 르네오귀스트콩스탕탱 드 렌느빌(1677~1723)은 출옥 후 영국으로 추방되어, 그곳에서 『프랑스의 종교재판 혹은 바스티유의 역사』를 썼다. 초판(암스테르담, 1715)은 프랑스에서까지 해적판이 나왔으며, 여러 나라 말로 번역되었다.

149 1697년에 치안총감으로 임명된 마르크르네 드 부아예 다르장송(1652~1721)은 바로 이러한 관리 방식의 진정한 시조였다. 그는 섭정에 의해 재무참사회장직에 임명되

례없이 엄격하게, 그리고 폭력적으로 잔인하게 다루어졌다고 한다.

앙리 4세의 사망 이후 그랬던 적이 없었는데, 오늘날에 와서 더 온화해지고 더 인간미 넘치게 된 정부가 아마도 그러한 잔혹성을 많이 포기한 것 같다. 그래서 이젠 그곳에서 더 이상 그처럼 끔찍하고 쓸모없는 처벌이 행해지지 않는다.

바스티유에서 죄수가 죽으면 새벽 3시에 생폴 묘지에 매장된다. 신부 대신에 간수들이 관을 운반하며 수뇌부원들이 장례에 참석한다. 그렇게 시체는 묘지에 이르는 길을 통해서만 무시무시한 권력에서 벗어나게 된다.

파리 바스티유에 대해서 말이 나오기만 하면 사람들은 갑자기 너도나도 '철가면'[150] 이야기를 입에 올린다. 사람들마다 자기 입맛에 맞게 이야기를 각색하고, 순전히 상상이라고 할 수 없는 견해들을 거기에 덧붙인다.

그러나 민중들은 바스티유보다도 샤틀레[151]를 더 두려워한다. 그들은 바스티유 감옥을 무서워하지 않는데, 왜냐하면 바스티유는 그들에게 문을 열어줄 가능성이 없는 외국이나 마찬가지이기 때문이다. 따라서 그들은 바스티유에 수감되어 있는 사람들은 거의 불쌍히 여기지 않으며, 대개의 경우 수감자들의 이름조차 모른다. 그들은 바

고 국새상서가 되기 전까지(1718) 21년간 그 직무를 수행했다.

150 1690년부터 바스티유 사령관직을 맡은 므슈 드 생마르스는 1698년 9월 18일 피뉴롤 감옥과 생트마르그리트 섬에 투옥되었던 철가면을 쓴 수수께끼의 죄수를 그곳으로 이송시켰다. 미지의 그 인물은 1703년 11월 19일 사망했는데, 그의 신분은 수많은 논란과 다양한 각종 가설(베르망두아 백작설, 보포르 공작설, 푸케설, 몽무트 공작설 등)의 대상이 되었다. 루이 14세의 숨겨진 사생아 형이라는 견해가 많은 사람들의 신뢰를 얻었다.

151 그랑 샤틀레와 프티 샤틀레는 바스티유보다 더 대중적인 감옥이었다. 프티 샤틀레는 1782년에 파괴되었고, 수감자들은 포르레베크 감옥 수감자들과 더불어 포르스 감옥으로 이감되었다. 그랑 샤틀레는 1802년에 파괴되었다.

스티유의 입장을 용감하게 옹호하는 사람들에게 아무런 감사의 뜻을 표하지 않는다. 파리인들은 자신들이 윤택한 삶을 살 권리가 있다는 것을 입증해 주는 가장 멋진 연설보다도, 먹고 살기 위한 빵을 사는 것을 더 좋아한다. 예전에는 아주 사소한 것을 이유로 작가들을 바스티유에 잡아넣었다. 작가, 책, 작가의 의견은 그곳에서 더 많은 명성을 얻게 된다는 것을 사람들은 인정했다. 사람들은 다음날의 견해에 의해 전날의 견해가 지워지게 내버려 두었다. 사람들은 체력이 있을 때는 천성적으로 변덕스럽고 변화무쌍한 정치 및 윤리 사상들에 대해 걱정할 필요가 거의 없다는 것을 알았다.

유명한 랭게[152]가 그곳에서 신음하고 있다. 아니 더 이상 신음하고 있지 않을지도 모른다. 그의 죄목이 무엇인가? 그것은 아무도 모른다.

결과는 끔찍한데, 원인은 알려져 있지 않다.

- 볼테르

152 Linguet(1736~1794): 저명한 변호사이자 신문 발행인으로, 1777~1792년까지 특히 『18세기의 정치, 시민, 문학 연대기』를 간행했다(179호). 1780년 4월, 제59호에서 비난의 도마에 올랐던 뒤라스 공작이 당국으로부터 신문의 발매 금지권과 랭게 앞으로 발부된 봉인장을 얻어냈다. 1780년 9월 27일자로 체포된 랭게는 바스티유에 투옥되었고, 1782년 5월 19일에 가서야 비로소 석방되었다. 이같은 투옥 경험을 토대로 그는 『바스티유에 관한 회상록』(런던, 1783)을 출판하여 큰 성공을 거두었다. 메르시에의 텍스트는 랭게의 운명에 대해 애매함이 감돌게 하고 있는 것으로 보아 1780년 9월과 1782년 5월 사이에 쓰인 것 같다.

283 일화

루이 15세가 왕위에 오르자 인도적인 신임 대신들이 바스티유 수감자 대상을 재심사하고 많은 죄수들을 석방하며 공정성과 관용의 행위를 전개했다.

그중에 47년 전부터 두껍고 차가운 사방의 벽에 갇혀 신음해 왔던 노인이 한 명 있었다. 인간이 죽지 못할 때 오히려 인간을 강하게 만드는 역경으로 단련된 그 노인은, 굳세고 용기 있는 인내력으로 수감생활의 권태와 공포를 견뎌 왔었다. 하얗게 세고 듬성듬성해진 그의 머리카락은 거의 철사처럼 뻣뻣했고, 너무나 오랫동안 돌로 만든 관 같은 곳에 파묻혀 있던 그의 육체는 오히려 고밀도로 견고해져 있었다.

경첩이 삐걱거리며 돌아가고 무덤과도 같은 그의 방의 낮은 문이 평소 때처럼 반쯤 열린 것이 아니라 활짝 열리고, 들어보지 못한 목소리가 그에게 나가도 좋다고 말한다.

그는 꿈이라고 생각한다. 그는 주저하다가 몸을 일으키고, 떨리는 발걸음으로 나아가며, 자신이 밟고 있는 공간에 경악한다. 감옥의 계단, 홀, 마당, 모든 것이 그에게는 너무 넓고 광막하며 거의 끝이 없는 것처럼 보인다. 그는 길을 잃고 헤매는 사람처럼 걸음을 멈춘다. 그의 눈은 한낮의 햇빛을 감당하기가 힘들다. 그는 처음 보는 물건처럼 하늘을 쳐다본다. 그는 눈을 깜박이지도 않는다. 그는 눈물을 흘릴 수도 없다. 위치를 바꿀 수 있다는 데 놀란 그의 다리가 자신도 모르게 그의 혀와 마찬가지로 움직이지 않고 있다. 그는 마침내 무서운 쪽문을 넘어선다.

자신이 예전에 살던 곳으로 데려다 줄 마차에 올라탄 그는 마차가 움직이는 것을 느끼자 알아들을 수 없는 비명을 질렀다. 그 기이한 움직임을 견딜 수 없었던 것이다. 그는 마차에서 내려야만 했다.

인정 많은 사람의 도움을 받으며 그는 자신이 살던 거리를 묻는다. 그는 그곳에 도착한다. 그의 집은 더 이상 그곳에 없고, 그의 집이 있던 자리에는 공공건물이 들어서 있다. 그는 동네도, 도시도, 그가 예전에 보았던 물건들도 알아보지 못한다. 그가 기억하는 이웃 사람들의 집들도 모양이 바뀌었다. 그는 눈으로 모든 형상들을 검토해 보지만 소용이 없다. 그는 조금이라도 자기 기억에 남아 있는 것들은 하나도 만나지 못한다.

겁에 질린 그는 걸음을 멈추고 깊은 한숨을 내쉰다. 그 도시가 살아 있는 사람들로 가득 차 있어도 그에게는 그들이 죽은 사람들과 마찬가지이다. 그를 아는 사람이 아무도 없고, 그가 아는 사람도 아무도 없다. 그는 눈물을 흘리며 자신의 감옥을 그리워한다.

그가 안식처로 내세우며 간청하는 바스티유라는 이름을 듣고, 또 그가 과거 시대의 사람임을 확인시켜 주는 그의 복장을 보고, 사람들이 그를 에워싼다. 호기심과 동정심에 이끌린 사람들이 그의 주변으로 몰려든다. 가장 나이든 노인 축에 속하는 사람이 그에게 질문을 하지만, 그가 상기시키는 일들을 아는 사람은 아무도 없다. 우연히 사람들이 그에게 다리가 후들거리는 늙은 하인 한 사람을 데려오는데, 과거에 그의 문지기였던 하인은 14년 전부터 집안에 틀어박혀 있어서 이젠 방문의 끈을 당겨 열 수 있을 정도의 힘밖에 남아 있지 않았다.

늙은 하인은 자신이 섬겼던 주인을 알아보지 못한다. 하지만 하인은 그의 아내가 30년 전에 슬픔과 가난에 못 이겨 죽었고, 그의 자식들은 어디인지 알 수 없는 곳으로 떠나갔으며, 그의 친구들은 모두가 이 세상 사람이 아니라는 것을 그에게 알려준다. 하인은 이 잔인한 이야기를 과거에 일어나 거의 잊혀진 사건들에 대해 증언하는 듯이 담담하게 한다.

불행한 그 사람은 끙끙거리며 혼자서 신음한다. 그에게 완전히 낯선 얼굴들일 뿐인 수많은 군중이 그에게 이전에 맛보았던 끔찍한 고독보다 더한 불행을 느끼게 만든다.

고통에 짓눌린 그는 동정심으로 그에게 자유를 선물해 주었던 대신을 찾아간다. 그는 머리를 조아리고 말한다.

> 나를 꺼내주신 감옥으로 다시 돌아가게 해 주십시오. 부모와 친구들, 같은 세대 사람들을 전부 잃고 누가 살아갈 수 있겠습니까? 가족, 친지들이 모두 죽은 것을 알고도 죽음을 바라지 않는 사람이 누가 있겠습니까? 다른 사람들에게는 하나씩 단계적으로만 일어나는 이 모든 죽음이 내게는 한순간에 들이닥쳤습니다. 사회로부터 격리된 채로 나는 나 혼자서만 살아왔습니다. 이곳에서는 내가 혼자서도 살 수 없고, 새로운 사람들과 어울려 살 수도 없습니다. 그들에게 내 절망은 단지 꿈에 불과할 뿐입니다. 가장 무서운 것은 죽는다는 것이 아니라, 마지막으로 죽는다는 것입니다.

측은한 마음이 든 대신은 아직도 그의 아내와 자식들에 대해 이야기해 줄 수 있는 늙은 문지기를 이 불행한 사람에게 보내주었다. 그 문지기와 이야기하는 것 말고 그에게는 다른 위안이 없었다. 그는 태어나는 것을 보지도 못한 새로운 세대와 교류하고 싶지 않았다. 그는 자신이 거의 반세기 동안 살았던 감옥 못지않게 고독한 일종의 은신처를 도시 한가운데에 장만했다. 그러나 "우리가 예전에

서로 만났었지요"라고 그에게 말해줄 수 있는 사람을 아무도 만나지 못한다는 슬픔으로 그는 얼마 되지 않아 생을 마감했다.

284 강제수용소

국사범들에게 할당된 바스티유 성, 뱅센 성과는 상관없이 대신들은 봉인장에 의해 혹은 특별한 서식에 의해 당신들을 비세트르[153]와 샤랑통으로 보낸다. 샤랑통은 정신이상자들과 광인(狂人)들을 위한 곳이다. 하지만 이런 이름을 가진 곳에도 여전히 몇 명의 국사범들은 존재한다. 이러한 감옥들의 간수는 자선수도회의 수사들이다.

가족의 제소에 의해 젊은 무신론자들은 생라자르[154]에 감금된다. 여자들은(여자들 역시 감금된다) 마들렌 수녀회, 생트펠라지, 그리고 살페트리에르[155]로 인도된다.

153 파리의 두 대형 강제수용소인 살페트리에르(여성을 위한 수용소)와 비세트르(남성을 위한 수용소)는 원래 루이 14세 때인 1656년에 수도 파리의 가난한 사람들을 수용하거나 수감하기 위해 창설된 구빈원의 일부였다. 사법적 판결에 의해 유죄가 확정된 사람들과 치안조치나 봉인장에 의해 체포된 사람들을 대상으로 하는 구금소들이 순식간에 이들에 합류되었다. 프랑스 대혁명이 일어나기 직전에 비세트르는 대피소인 동시에 구빈원, 강제수용소, 교도소였다. 당시의 보고서에 따르면, "이 고통받는 사람들의 수용시설은 가난과 굶주림의 끔찍한 결과인 절망과 죽음의 수용시설일 뿐이었다." 그곳에는 약 4천 명이 유폐되어 있었다.

154 소년원이자 규율을 준수하지 않는 신부와 젊은 무신론자들을 위한 감옥으로, 가족이 받은 봉인장에 의해 혹은 사법적 판결에 의해 이곳에 보내진다. 이곳에는 상당한 고액의 기숙사비를 낸다.

155 이곳에는 1684년 4월부터 매춘부들에게 할당된 '코묑(le Commun)'이라는 특별 감호소가 있었다. 1787년에 이곳에 있던 매춘부들의 수는 2,400명이었다. 살페트리에르는 또한 가족의 요청이 있을 때 신분이 낮고 나이가 25세 이하인 젊은 여성들을 위한 교도소 역할을 했다. 형편이 조금 나은 집의 젊은 여성들은 생트펠라지에, 상류층 젊은 여성들은 흔히 마들로네트라고 부르는 마들렌 수녀회에 감금되었지만, 행실이 나쁜 경우에는 살페트리에르로 이송되었다.

이들은 때로 긴급한 상황에 의해 강제로 유폐가 이루어지기도 한다. 하지만 한 시민의 감금이 사법관 한 사람에 의해 좌우되지 않고, 그처럼 중대한 권력행위가 법률의 눈을 피해 불법이 되는 일이 언제 그칠지 감시하기 위한 일종의 법원이 있는 것이 바람직하다.

몇 가지 장점들이 있어 이들 들쑥날쑥한 절차들을 보완하고는 있지만, 사실 수없이 많은 혼란이 존재하며, 우리 법정의 현재 수준으로는 그 혼란들을 알 수도, 멈추게 할 수도, 예견할 수도, 처벌할 수도 없을 것이다. 대담하거나 교묘한 죄인이라면 우리 민법의 얽히고설킨 미로 속에서 승리를 구가할 것이다. 더 직접적으로 연관된 공안(公安) 법률들이 죄인을 감시하고 다그치며, 더욱 가까이서 그를 에워싸고 있다. 자비와 더불어 학대가 있다는 것을 나는 인정한다. 하지만 많은 사적인 폭력행위와 비열하고 수치스런 범법행위들은 자신의 규범을 공포하고 그 규범을 계몽된 시민의 감시에 맡기는 이 세심하고 능동적인 힘에 의해 처벌된다.

우리 법체계에서 새로운 인물들인 수사관들은 치안총감으로부터 많은 신뢰를 받는다. 특히 특수하고 모호한 사례에서 더욱 그렇다. 하지만 그들의 보고서는 부정확하고 과장되며 열정적일 수도 있다. 너무나 광범위한 업무에 비추어 볼 때, 하나하나의 대상을 겨우 재빨리 한 번 슬쩍 훑어볼 수 있을 뿐인 사법관의 뇌리에는 첫인상이 남아 있게 된다.

많은 사람들을 체포하는(그들은 체포에 관심이 있기 때문이다) 수사관들은 다만 범법행위의 '조사자'이자 '착복자'에 불과할 것이다. 그렇지만 명확한 절차가 없으므로 그들은 이를테면 재판관이 된다. 범죄행위의 증거와 처벌이 단지 그들의 공술서에만 의존해서 결정되기 때문이다. 그런데 이들 수사관들은 대개의 경우 영향력도 없고 방어수단도 없으며 이의신청도 하지 않는 민중의 몫을 침해하기 때문에, 그리고 그들이 죄인을 찾는 일에 연루되어 있기 때문에, 다른 열정들은 말할 것도 없이 실수와 열의만으로도 엄격한 공정성을 침해하는 어떤 일들을 일으킬 수 있는지 쉽게 상상할 수 있다. 기분에 따른 일처리와 조급함에는 위험이 따르는 법이다.

30년 전에는 지방의 주교들이 여전히 봉인장에 의해 개신교도들의 딸들을 납치하여 수녀원에 가두어 두고, 그럼으로써 부모의 종파로부터 그들을 떼어놓을 수 있었다. 그러나 이러한 폭력은 수도 파리에서는 아주 드문 일이었다.

285 수용소 또는 유치장

이는 거리에서 신속하게 거지들을 몰아내기 위해 고안되어 새로 설립된 감옥이다. 다시 말해, 오만한 부자들에게 구걸하는 가난한 사람들 모습을 더 이상 볼 수 없게 할 목적으로 지어졌다.

사람들은 악취가 나고 어두컴컴한 집안에 그들을 무자비하게 잡아들여 그곳에 그들끼리만 있도록 내버려둔다. 아무것도 하는 일 없고, 제대로 먹지도 못하며, 아무도 돌봐주지 않고, 가난한 동료들이 우글대는 곳에서 그들은 얼마 못 가 하나씩 하나씩 죽어간다.

이들 '수용소들'(어떤 구실을 붙여 미화한다 하더라도 수용소이다)은 자연의 공정성, 민법, 건전한 정책, 종교, 그리고 인간성을 동시에 훼손시키고 있다. 그처럼 많은 불우한 사람들에게서 자유를 빼앗은 후, 그들에게 일자리를 주기는커녕 서서히 죽어가게 만들 정도로 재원과 자금력이 그다지 풍부하지 않은 것이 틀림없다. 인간의 어떤 권력도 걸인에게 고통을 주지 않고 그들의 팔을 쓰는 직업을 그에게 즉시 제공하지 않는다면, 그를 가두어 둘 권리를 갖고 있지 않다.

어떤 변명으로도 용납되지 않을 이 비난받을 만한 억압들은 가장 냉담한 사람들까지도 슬프게 만든다. 우리는 가장 목석같은 사람들도 마음 아프게 할 수 있을 여러 가지 사건들을 여기서 말할 수도 있을 것이다. 하지만 공정하고 힘 있는 사람들에게서 아주 명백히 확인되는 이러한 잔학한 행위들을 고발한 것으로 충분하다. 상당히 느슨하지만, 다른 한편으로 보면 따스하고 인간적인 정부 치하에서는 이러한 잔학행위들이 종식되지 않을 수 없다. 아무런 범죄도 저지르지 않은 걸인들을 그런 식으로 다루어서는 안 된다는 것을 정부는 감지할 것이다. 또 자발적인 것이든 강요된 것이든, 그들에게서 게으름을 빼앗아 똑같은 새로운 게으름을 부과할 필요가 없었다는 것을 알게 될 것이다. 그 새로운 게으름은 고통이 되고, 이어서 절망과 죽음이 된다.

어떤 대신이 봉인장이나 구두명령으로 어떤 사람을 체포하게 할 때, 그리고 잘 알려진 이유들 때문에 그를 바스티유로 보내지 않을 때면, 그 사람은 샤틀레에 감금된다. 그곳에 그 남자는 '위탁되어' 있는 것이다. 그것은 아주 새로운 표현이며, 마찬가지로 새로운 억압에 적용되는 표현이다. 외국인들에게는 우리말이 매우 풍요롭다는 것을 잘 알려주어야 한다. 그렇게 해서 '수용소'라는 단어는 여러 가지 의미들을 갖게 된다. 이상으로 증명을 마친다.

봉인장에 의해 한 인간은 납치되고 감옥으로 이송되어 남은 생애를 그곳에서 썩게 된다. 하지만 그 봉인장으로도 그의 재산을 압류하고 박탈할 수는 없다. 수감자의 재산은 본래의 상속인들에게 돌아가게 된다. 이처럼 우리에게서 돈이란 개인의 자유보다도 훨씬 더 신성한 것이다.

286 고위직 인사의 생활

대신이 잠자리에서 일어난다. 대기실은 그를 기다리는 사람들로 이미 꽉 차 있다. 그가 모습을 나타낸다. 그의 곁에서 차가운 표정에 미동도 없는 풍채 당당한 비서 두 사람의 손을 통해 수많은 '진정서'[156]가 건네진다. 그가 외출한다. 청원자들은 그가 나가는 길목에 자리를 잡고, 마차에까지 그를 쫓아간다. 그가 저녁을 먹는다. 좌우에서 날아오는 추천장들이 식사 중인 그를 에워싸고, 후식을 먹는 동안 여성들이 그에게 귓속말을 한다. 그가 집무실로 돌아온다. 그는 책상 위에 읽어야 할 편지가 100통이 놓여 있는 것을 본다. 특별 접견들 역시 그를 괴롭힌다.

'그 사람은 어떻게 살까?' 하고 사람들은 생각할 것이다. 어떻게 사느냐고? 그는 사람들이 그에게 말할 때는 멍하니 있고, 들은 말은 모두 잊어버린다. 모든 사람들에게 답장을 하고 막대한 양의 일을 신속하게 처리하는 수고는 사무관들에게 맡긴다. 편지에 서명하는 일이 그가 하는 일의 거의 전부이다. 하지만 그는 자신을 위해 어떤 궁정 음모를 만들어 그것을 교묘하게 꾸미고, 그것의 진행 상황에 끈기 있게 주의를 기울이며 결말을 준비한다. 그는 평생 자신의 지위에서 해야 할 일을 생각하는 것이 아니라, 그 지위를 유지할 생각을 한다.

156 "국왕, 대신 혹은 판사들에게 어떤 은혜, 알현을 청하기 위해 제출하는 요약된 탄원서 혹은 청원서."(『트레부 사전』)

요직에 있는 사람들은 소름 끼칠 정도로 근엄한 사람들이다. 그들의 대화는 메마르기 짝이 없다. 그들은 오로지 단음절어로만 의사를 표시한다. 하지만 이처럼 외부로 보여지는 모든 표시들은 공적인 것이다. 개인적으로 더 이상 자신의 평판이 위태로워지는 것을 두려워할 것이 없기 때문에, 그들은 자신들의 향락에 방해가 될 근엄한 태도를 공공연하게 버린다. 그래서 그는 어느 한순간도 자신의 허영에 쉽게 속아 넘어가지 않는 사람으로 보인다.

고위직 인사의 침실 하인은 때로는 4만 리브르의 연소득 혜택을 누린다. 침실 하인 자신에게도 침실 하인이 있고, 또 이 침실 하인에게는 그의 명령을 받는 또 하나의 침실 하인이 있다. 바로 그 하급 침실 하인이 '나리'의 의복을 깨끗이 손질하고, '다듬어진(artisée)' 가발을 준비한다. 수석 하인은 여러 사람의 손을 거쳐 가발을 받고, 그것을 국가의 중대한 운명을 좌우하는 대신의 머리 위에 씌워주기만 하면 된다. 이처럼 엄숙한 일을 하고 난 후에 그는 자신의 하인들에게 자신의 옷을 입혀달라고 한다. 그는 그들을 큰소리로 부르고 꾸짖는다. 그는 자신의 손님들을 접대하고 후원을 하며 자신의 마차에 말을 매라고 명령한다. 침실 하인의 침실 하인은 호화 사륜마차를 완전히 갖추고 있지는 않지만, 상당히 대접을 잘 받는다.

왕의 시종이 베르사유에서 위풍당당한 모습을 하고 있다면, 대신의 하인은 파리에서 그러하며, 자신이 주요 직책에 있기라도 한 것처럼 자신이 만나는 사람들에게 은혜를 베풀 것을 약속한다.

오전 11시에 대신은 절대 권력자이다. 그가 접견을 하는 응접실에는 사람들이 가득 들어찬다. 그는 한 번의 눈길로 총애를 분배한다. 그의 눈길을 받는 사람들은 얼마나 행복한가! 그들은 희망과 기쁨으로 가슴이 두근거린다. 권력가는 자신이 총애하는 사람들을 식탁으로 초대한다. 그들은 머리를 조아리고, 얼굴에는 기쁨과 만족으로 화색이 돈다. 그런데 오후 1시에 어떤 사람이 들어와 대신을 찾아 그를 집무실에서 나가게 한다. 즉 그에게 '대신의 직'의 반환을 요구한 것이다. 대신은 이제 아무것도 아니다. 그는 작은 소리로 2필의 말을 자신의 가장 수수한 마차에 연결시키게 하고, 자신을 쫓아내는 주인의 얼굴을 다시 쳐다보지도 않고 베르사유를 떠나 슬픔에 차서, 자신에게 존경과 아첨을 아끼지 않던 그 화려한 무리에서 멀어진 채 파리로 홀로 저녁식사를 하러 간다. 소식을 알게 된 무리들은 뿔뿔이 흩어져 다른 곳으로 저녁을 먹으러 가며 각자 마음속으로 이렇게 생각한다. '내일은 후임자를 찾아가서 축하를 해 주어야겠군.'

권력가가 손안에서 주무르던 이 왕권의 일부가 어떻게 갑자기 그에게서 멀어지는 것일까? 마치 꿈인 듯하고 요술과도 같아 보인다. 고위직에 있는 사람들은 디드로가 말했던 것처럼 꼭두각시에 불과한 것인가? 그를 움직이게 만들던 줄을 끊으면 꼭두각시는 미동도 하지 않는다.

자기 자신으로 되돌아간 꼭두각시는 무엇을 할까? 그는 자신을 넘어지게 만든 사람을 거꾸러뜨리려 한다. 그는 새로운 권세를 꿈꾼다. 그는 더 이상 아무것도 아닌 존재가 되기로 작정할 수가 없다. 그는 현재 자신이 누리고 있는 평온과 여가를 혐오한다. 그것은 그가 수많은 사람들을 지배하고, 그들에게 차례차례 두려움과 희망을 불어넣고, 세도가로서 그들의 타산적인 찬사와 꾸며낸 존경과 거짓 굽실거림을 받으려는 특이한 취향을 갖고 있음을 증명한다.

예를 들어, 치안총감의 생활은 얼마나 멋진 생활인가! 그에겐 자기 시간이 한순간도 없다. 그는 매일 처벌하지 않으면 안 된다. 그는 나태에 빠질까 두려워한다. 왜냐하면 그는 언제 그 나태를 자책하게 될지 어떨지를 알지 못하기 때문이다. 그는 엄격할 필요가 있다. 그리고 속마음으로 좋아하는 것과는 반대 방향으로 갈 필요가 있다.

그는 불명예스럽거나 냉혹한 인상을 받지 않을 죄는 하나도 저지르지 않는다. 사람들은 그에게 오직 못된 인간들과 악습에 대해서만 이야기한다. 매순간 사람들은 그에게 와서 말한다. "살인입니다, 자살입니다, 폭력입니다!" 그가 대책을 명령할, 그것도 즉시 명령할 필요가 없는 사건은 하나도 일어나지 않는다. 그는 한순간에 생각하고 행동해야 하며, 마찬가지로 자신에게 위임된 권력을 남용하지나 않을까, 그것을 적절하게 사용하지 못하지나 않을까 걱정해야 한다. 대중의 소문, 기상천외한 이야기들, 연극 분파들, 잘못된 경보, 그 모든 것에 그가 관여한다.

그가 휴식을 취한다고? 화재 때문에 그는 갑자기 잠자리에서 불려나온다. 화재가 없다면? 상류층 젊은이들이 밤중에 소란을 피우고 구역 검찰관의 포고문을 훼손한다. 이들 생각 없이 날뛰는 사람들을 판결하기 위해 사람들은 사법관인 그를 깨운다. 궁정, 도시, 지방에서 되풀이되는 질문들이 그에게 쏟아진다. 그는 모든 것에 대답해야 하고, 범죄를 저지른 강도, 누군지 모를 살인자의 흔적을 추적해야 한다. 왜냐하면 아침 일찍 법정에 범인을 넘기지 못하면 비난받을 수 있기 때문이다. 그는 자신의 부하들이 그 체포에 들이는 시간을 계산한다. 그의 명예 때문에 범죄와 투옥 사이의 시간 간격이 가능한 한 짧을 것이 요구된다. 얼마나 가공할 만한 일들인가! 얼마나 고통스러운 생활인가! 그런데도 그 자리를 탐내다니!

오늘날 사람들은 단지 돈을 벌기 위해서만 동분서주한다고 뒤클로는 말했다. 진정한 야심가들은 드물어지고 있다. 사람들은 유지되기 기대하지도 않는 자리들을 물색하고 있다. 하지만 그 자리가 가져다 줄 호화로운 생활이 그 불운을 덜어주게 될 것이다. 우리 조상들은 아주 솔직한 영광을 갈망했다. 그 시대는 계몽의 시대는 아니었기에 그럴지도 모르겠다. 하지만 그 시대는 명예의 시대였다.

오늘날의 아첨꾼 하나가 말했다. “대신들이 현직에 있는 한은 그들의 오줌통이라도 맡아야 한다. 그리고 그들이 더 이상 현직에 있지 않을 때 그들의 머리 위에 그것을 부어야 한다.” 지금, 아첨꾼들은 그들의 말대로 행동하고 있다.

287 추도연설자

파리에서는 설교자들만이 운집한 민중들을 상대로 말할 권리를 누린다. 그들이 그 권리의 모든 면을 감지하는 것이 바람직하다. 철학 지식을 습득한 몇몇 사람들은 설득력 있는 사실들을 진술했다. 그처럼 고귀한 일을 어리석게도 웃음거리로 만드느니, 차라리 그들에게 부과된 의무로써 그 얻기 힘든 특권을 정당한 것으로 만드는 것이 더 낫지 않을까? 인간과 시민의 의무로써 말이다. 그것들이 있는 그대로의 모습을 보이고 보편적으로 존중을 받아야 마땅한 때가 왔다.

대중적 윤리 교사로서 종교의 신성한 기치를 내세우는 그들은 설법을 통해 가장 지배적인 악습들과 실제로 싸울 수 있을 것이고, 복음의 규범들을 전개하면서 가장 괘씸한 독직을 사방에서 공격함으로써 신성한 자비의 교훈을 최대 범위까지 확장할 수 있을 것이다.

가장 큰 것에서 가장 사소한 것까지 모든 범죄는 탐욕과 몰인정에서 나온다. 설교자들은 민중의 불행을 야기하는 모든 정치적 범법 행위들을 그들의 심판대에 세울 수 있을 것이다. 이러한 정신의 외침을 그 어느 것도 막을 수 없을 것이다. 있는 그대로의 단순한 진실은 전복적인 힘을 갖고 있다. 게다가 당국이 신성한 진리를 감히 직접적으로 처벌한 적은 전혀 없었다.

이러한 관점에서 볼 때, 설교자들은 정부의 감정을 상하게 하지 않으면서 그에 봉사할 수 있을 것이다. 그들이 보편적으로 널리 알려져 있는 건전한 사상들을 다룰 수 있게 하라. 인류에게 유용한 모든 사상들이 복음서 안에 들어 있는데, 복음서는 오직 사랑과 자비만을 내세운다. 오늘날의 철학은 기독교의 한 분야이다. 재차 말하건대, 몇몇 사람들은 이미 절대군주 앞에서 이 고결한 의무를 이행했다. 군주가 들을 수 없는 고통의 신음소리를, 그리고 왕정 내에서 금지시키고자 하는 존엄한 사상들을 군주에게 들려주는 것은 얼마나 숭고한 일인가!

나는 설교단의 웅변을 대단히 소중하게 생각한다. 나는 널리 퍼져 있는 재난에 위안을 줄 수 있는 이들 웅변가들을 대신해서, 사도(使徒)의 어조로 민중들에게 말을 걸고, 신의 말씀이 담긴 책의 존엄한 윤리 속에 새겨져 있는 그대로 신의 말씀을 전파할 수 있기를 진정으로 갈망한다. 바로 그렇게 할 때 신부직의 위엄이 절정의 모습을 보일 것이다. 설득하고, 납득시키고, 위로하고, 가장 고귀하며 인간에게 평화와 자비의 사랑을 주기에 가장 적합한 도덕의 모든 보전(寶典)들을 상세히 설명한다는 것은 얼마나 존경스러운 일인가!

재기 넘치는 신부들로 말하자면, 그들은 '대림절 궁정 설교'를 위해 미사여구들을 꾸며내면서 가능한 한 이익을 추구하고, 한몫 잡기만을 바라고, 다른 사람의 자산에서 몇몇 부분들, 웅변적 표현들을 표절하며, 고통 받는 군중들에게는 아무 말도 하지 않는다. 이들 수사 옷을 걸친 무뢰한들은 철학자들에 대해서 조잡한 욕지거리를 내뱉는데, 그들은 그 철학자의 글을 읽을 줄도 들을 줄도 모르며 가치를 평가할 줄도 모른다. 그들은 이성(理性)과 대립해 왔고, 설교의 재능을 중상모략을 꾸며내는 재능으로 변환시키고 있다. 나는 그들이 그처럼 존엄한 직무를 더럽히고, 그들의 진정한 힘이 무엇인지를, 그리고 그들의 진정한 호의에 토대를 두고 인간들에게 말을 하려 애쓴다면 사람들의 정신에 얼마나 영향력을 끼칠 수 있을지를 깨닫지 못하는 것을 불쌍하게 생각한다.

겉으로 열렬한 신부인 척하는 보르가르라는 전 예수회 신부가 스스로 웅변술의 극치에 도달했다고 생각하고 우스꽝스럽고 열광적인 흥분에 빠져 이렇게 외쳤다고 한다. "우리에게 관용이 없다고 비난들을 한다. 허! 자비에도 분노가 있다는 것, 그리고 열의에도 복수심이 있다는 것을 모르는가?" 또다시 그는 다음과 같은 연설을 시작했다. "가까이 오라, 시종들이여, 장막을 걷어라, 성전을 포장으로 가려라.… 내가 계몽주의 철학자들에 대해 이야기할 터이니…." 상당히 우스운 일이다.

그러한 또 하나의 설교자가 파리 교외에서 혹은 가난한 동네에서, 사치에 맞서 자신이 작성한 설교를 전파하고 있다. "형제들이여." 그는 누더기를 걸친 청중들을 불러 세우며 말한다. "당신들 식탁의 쾌락, 인기 있는 이 음식들, 달콤한 이 진수성찬이 당신들의 굳어버린 감각, 향락에 지친 감각을 되살린다.…" 그는 일요일이면 빵과 돼지비계, 물과 소금에 절인 양배추밖에 먹지 못하는 가엾은 사람들에게 이런 말을 지껄이는 것이다.

무슨 짓을 하는 것인가? 그는 다음날 재정적으로 풍요로운 동네인 생록에서 하게 될 연설을 연습하는 것이다. 민중들은 설교시간에 잠을 잔다. 왜냐하면 그 설교가 그들의 말투와 그들의 지식에 거의 들어맞지 않기 때문이다. 브장송의 울리에는 1739년에 스톡홀름의 생트클레르 교회에서 긴 지팡이를 짚은 교회지기가 설교시간에 잠자고 있는 사람들의 머리를 때리는 것을 본 적이 있다고 한다. 만일 프랑스에서 이런 임무가 채택된다면, 우리 교회에서는 담당자의 손이 쉴 틈이 없을 것이고, 아마도 여러 사람이 더 필요할 것이다.

288 영국인에 반대하는 사람들

사교계에서는 프랑스를 비방하는 사람들을 몇몇 보게 된다. 하지만 외국인을 비방하는 사람들, 특히 영국인을 비방하는 사람들이 많은데, 거기에는 아마도 이유가 없는 것 같다. 외국인들 사이에 일종의 경쟁 관계가 존재하고, 그들이 서로의 결점과 실수, 어리석음을 꾸짖는 것은 아주 좋은 일이다. 그들이 서로 예술 발전에서 맞서고, 마침내 서로를 감시하는 것은 좋은 일이다. 이로 인해 그들은 자신의 발견을 이용하고 각자의 지식을 혼합할 수 있을 것이다.

프랑스는 위치상으로, 또 산업과 국민들의 기질상으로, 외국에 비해 크게 유리한 것 같다. 프랑스에 가해지는 비난들은 프랑스가 될 수 있는 한 아름답고 번창하기를 바라는 연인들의 진심 어린 질책 같은 성질의 것이다.

2,000만의 국민에, 국토 면적 1,500만 평방 아르팡[157] 정도! 얼마나 강력한 군주국가인가! 게다가 자연은 이 나라에 온갖 종류의 필수적이고 값비싼 식품들을 풍부하게 공급해 주고 있다. 프랑스가 유럽의 모든 나라들보다 우위에 있을 만하지 않은가? 프랑스는 자연으로부터 우월적인 지위를 부여받았고, 그 위치로 인해 위력이 결정되었다. 그런데 왜 이 국가는 그 위대함에 필적하는 지복(至福)을 누리지 못하는가? 왜 영국 국민은 내전(內戰)에, 세 강대국 연합에, 사적

157 프랑스의 옛 측량 단위로, 구체제에서 1아르팡(arpent)은 약 71.46m이다.

인 파당들에 저항하게 만드는 이러한 자신감, 힘, 능력, 대담하면서도 침착한 용기를 갖고 있는가? 참! 영국의 정치체제가 영국인들을 위엄 있게 보이는 사람들로, 천재성과 단호함과 지식과 법률을 통해 폭정을 억제하고 대서양을 호령하게 할 만한 사람들로 만들었다는 것을 이해하지 못하는 사람은 누구인가?

289 아카데미 프랑세즈

위풍당당한 전나무 울타리로 둘러싸여 있고 그 너머로 더 이상 사람이 살지 않는 유명한 아카데미 프랑세즈, 그것은 우리의 붓을 피할 것인가? 그렇지 않다. 그것은 특히 대도시의 수다거리가 될 만하기 때문이다.

리슐리외로서는 본능적으로 전제 군주제를 지향하지 않는 기관은 설립할 수가 없었다. 아카데미 제도는 명백히 군주적 제도이다. 그는 영주들을 수도로 불러들였던 것과 마찬가지로 문인들을 수도로 불러들였는데, 이는 똑같은 이유로 그들을 장악하기 위해서였다. 문인들은 멀리 있을 때보다도 가까이 있을 때 더 꼼짝 못하게 된다.

아카데미에 속하고자 하는 작가는 그곳에 들어가기 훨씬 전부터 견제를 당한다. 회원들이 만장일치로 찬성하더라도 자신을 못 들어오게 막을 수 있는 이 궁정의 동의가 언젠가 필요하게 될 것이라는 생각이 들 때 작가의 펜은 약해지게 마련이다. 작가는 눈 밖에 나지 않으려 하고, 적어도 그러한 걱정만은 피하려 한다. 왜곡된 표현 아래 진실은 더 이상 생생한 모습을 갖지 못한다.

몇몇 사람들은 야심 때문에 아첨을 하기도 하며, 대중의 평가보다도 그 궁정의 신임을 더 좋아한다.

아카데미 프랑세즈는 존경받고 있지 못하며 오로지 파리에서만 존경받을 수 있을 뿐이다. 사방에서 그곳에 퍼붓는 독설들이 오히려 그곳을 망각에서 구해주는 데 기여하고 있다.

아카데미 프랑세즈가 갖고 있는 배타적인 안목은 게다가 우스꽝스러움을 불러일으키기에 아주 적합하다. 모든 사람들은 느낌으로 스스로 예술을 판단하도록 되어 있다. 그들은 그렇게 생각한다. 그래서 그들은 극히 일부의 사람들이 감히 예술에 관한 자신들의 사상을 가장 정당한 사상으로, 자신들의 생각을 특별한 생각으로 제시하는 것을 이상하게 생각할 것이다. 그들의 특별한 안목이 보편적인 안목이 될 수는 없다.

이러한 종류의 모임에서 항상 생겨나고 생겨나게 될 처세술이 더욱 기분을 상하게도 할 것이다. 이는 모방의 특성상 답답함과 구속이 드러나기 때문이고, 자신의 특별한 관용어법 속에서 스스로를 자유롭다고 생각하는 작가들 하나하나가 자신의 태도를 타인의 태도에 맞추려 하지 않을 것이기 때문이다.

또한 재치가 넘쳐나는 도시에서 어떤 사람을 40번째의 재치 있는 사람으로 공개적으로 선언하는 이 기이한 특권은 한결같이 우리 대화에 활기를 불어넣는다. 아카데미 회원 자격으로 펼치는 주장은 다른 모든 주장들보다 더 가혹하게 평가된다. 모든 사람이 마음속으로 전날까지만 해도 평범한 사람이었던 신입회원보다 자신이 더 어리석다고 생각하지 않기 때문이다.

이어서 아카데미는 문인들 사이에서 거의 부당하다고 할 차별을 확립한다. 아카데미 회원의 지위가 아니라면 문인들에게는 말하자면 계급이 없는 것처럼 보인다. 아카데미는 정당한 이유를 갖고 평등을 열망하는 공화주의자들 사이를 완전히 갈라놓는다. 그들은 똑같이 노력하고, 영광의 길 위에서 똑같은 재판관, 똑같은 열정, 똑같은 의연함을 갖고 있는데, 그럼에도 불구하고 동등한 조건으로 맞서 싸우지 않기 때문이다.

정말이지 단결심은 언제나 그 단체의 품에서 나오는 작품에 최고의 신용을 부여하지만, 이를 위해 다른 모든 작품은 제물로 삼는다. 저자가 단체의 외부인이라면, 암암리의 비판이나 비열하고 계획적인 침묵이 이용된다. 광고하는 사람들이 많으면 많을수록 그만큼 찬양하는 사람들도 더 많아지는 법이다. 책은 자신의 힘에 의해 스스로의 가치를 향상시켜야 한다. 어떤 책이 처음부터 자신의 가치를 높이 평가받았는가? 은총의 근원에 자리 잡은 아카데미 회원들에게 우선적으로 주어지는 연금과 보상은 마침내 문학 내에 불만과 불화의 원인을 제공한다.

아카데미 프랑세즈가 언어에 준 도움이 아주 없다고 할 수는 없지만, 그 정도는 미미하다. 이 단체가 없었더라면 언어는 아마도 더 빠르고 더 대담한 진보를 이루었을 것이다. 새로운 개념들을 많이 배출하는 자유학예 속에서 언어를 '고정'시킨 것보다 더 치명적인 것이 무엇인가? 아카데미가 때때로 보여주는 독단적인 어조보다 더 우스꽝스러운 것이 무엇인가? 소르본을 조롱하면서도 아카데미는 마치 의자에 앉아 말꼬리를 잡는 신학자들과 마찬가지로 '쓰이지 않는 말'과 '낡은 영향력'을 계속 끌어대고 있지 않은가?

또한 국가의 훌륭한 작가들로 구성되어 있으면서도 그 작가들 모두를 포함할 수는 없는 이 단체는 무척 가치가 있긴 하지만, 그 가치는 개별적이다. 작가들이 함께 모여 있을 때, 그들은 불가항력적인 단체의 법칙을 어쩔 수 없이 따른다. 그들은 왜소해지고 자잘한 사상들만을 갖고 있고, 조잡한 방법을 사용하며, 사소한 동기에 이끌린다. 이 단체를 둘러싸고 있는 가련한 편견들을 언젠가 떨쳐내게 되면, 그리고 이 단체를 이끌어가는 사람과 완전히 반대되는 안목을 채택한다면, 다시 말해서 어떤 회화 유파의 색깔을 닮은 어조와 지엽적인 태도 대신에 마침내 사상을 표현하는 예술의 위대함을 깨닫는다면, 모든 어조, 모든 문체, 모든 태도를 창안하고 받아들인다면, 그리고 이러한 미지의 예술, 우리 사상의 힘과 감정의 열기를 종이 위에 재현하는 예술에 '고정된 규칙'이 없다는 것을 알게 된다면, 이 단체는 유용한 단체가 될 것이다.

이 문학 단체 내에서 문인들의 수가 가장 적기 때문에, 이 단체는 변질되고, 스스로에게 반대하며, 자신도 모르게 품안에 적들을 받아들인다. 이 단체는 이질적인 성격의 장식물을 포기할 용기가 없었다. 자금과 술책이 이 단체에 여러 차례 손해를 입혔기 때문에, 가난하고 자존심 세고 신중한 문학은 조국이 마련해 준 유일한 자리, 그리고 문학 작품들에 보상을 해 주기에 가장 적합한 자리를 곧 상실하게 될 것이다. 가진 것이라고는 오직 여론뿐인 문인에게서 권리를 빼앗는다는 것이 어떤 귀족에게는 또 하나의 기쁨이다.

목줄의 구속을 받지 않았던 호인 파트뤼는 아카데미가 유명한 작가를 받아들이지 않고 무식한 상류층 인사를 지명하려 했을 때 다음과 같은 교훈적인 이야기를 했다.

> 어떤 고대 그리스인에게 훌륭한 현금(玄琴)이 있었는데, 그 현금의 줄 하나가 끊어졌다. 그는 현금에 장선(腸線) 줄 대신 은으로 만든 줄을 다시 매기 원했다. 그 리라는 더 이상 화음을 만들어 내지 못했다.[158]

문인들이 일찍부터 이처럼 기만적인 보상을 포기할 결심을 한다면 훨씬 더 나을 거라고 생각한다. 그들의 재능은 그로써 더 많은 활력과 자유를 가질 것이다. 그들은 항상 몰렸다가 이내 사라지고 마는 파리에서의 변덕스러운 명성을 얻기 위해 어리석게도 수도의 성벽

158 유명한 변호사이자 아카데미 회원인 올리비에 파트뤼(1604~1681)의 것으로 알려진 이 우화는 콩라르의 후임이 문제가 되었을 때 낭송되었다. 우화의 표적이었던 '무식한 상류층 인사'의 이름은 알려져 있지 않다.

바깥 멀리에서 그들을 기다리고 있는 영광을 바꾸지 않을 것이다.

아카데미 안에서 문인들은 너무 가까이에서 서로를 보고 있다. 각자의 결함들은 더 크게 보이며, 자존심은 신랄함으로 바뀐다. 관심이 분열되어 더 이상 화합은 없으며, 조화는 파괴된다.

나는 시인 레네가 했던 답변이 마음에 든다. 아카데미 프랑세즈 회원 하나가 그에게 이 단체에 들어가기 위한 운동을 하라고 제안했다. 그는 거만하게 대답했다. "그러면 누가 당신을 판정할까요?"

특별한 이해관계에 의해 움직이는 아카데미는 독자인 민중들이 그들의 선택을 감시하고 판정하며, 이름이 잘 알려진 사람을 아카데미로 모시지 않는 입회식은 우스꽝스럽게 생각한다는 것을 충분히 감지하지 못하고 있다. 미지의 상태에서 솟아나는 재능을 분석해야 할 경우 대중은 반발하고, 무명의 신입회원을 조롱한다.

몇몇 아카데미 회원들은 마치 '천재'처럼 모습을 드러내고 싶어 할지도 모른다. 하지만 천재성은 순수와도 같은 것이다. 천재성을 가장한다는 것은 불가능하다.

아카데미 프랑세즈는 이제 그들이 매년 시상하는 상들의 주제로 루이 14세 치하에서 그랬던 것처럼 "왕의 모든 덕목들 중 가장 위대한 것은 무엇인가"와 같은 것을 제시하지 않는다.[159] 오늘날 아카데미 프랑세즈를 구성하고 있는 문인들(우리가 누리는 이러한 정의는 그들 덕분이다)은 문체를 정화하는 데 한정되지 않고, 자신들이 국가의 풍습을 만들어 낼 임무가 있는 것으로 자처하며, 그처럼 비열하고 수

159 누아용의 주교이자 아카데미 프랑세즈 회원인 클레르몽 토네르 경이 17세기 말에 토대를 세워 루이 14세의 영광을 찬양하기 위해 만들어진 시 작품상은 1750년에 종신 사무국장 뒤클로가 콩쿠르들을 개혁하면서 폐지되었다. 루이 14세에 대한 찬양은 경쟁 참여자들이 선택한 주제에 관한 교훈적 편지로 대체되었다. 1759년에는 웅변상이 변형되어 위인들에 대한 찬양이 경합에 올려졌다.

치스러운 문제를 다루려는 생각을 절대 하지 않을 것이다.

아첨은 피했지만, 그들 역시 어느 정도의 현학적인 태도를 벗어날 수는 없었다. 고백하자면, 그 현학적인 태도는 옛날 사람들보다도 지금 사람들이 더 세련되고, 더 교활하며, 더 교묘하다. 하지만 아카데미가 안목을 쥐고 있는 현실적인 법정이고, 그 안목을 규제하기 위해 만들어졌다고 모든 사람은 믿고 있으며, 또 그렇게 믿게 만들고 싶어 한다. 아카데미 회원의 지위는 그 자체로 예술의 절대적인 판관이라는 개념을 수반한다는 것이다. 그들이 자신들의 방식에 대해 갖고 있는 극단적인 선입견, 그들 학파의 문체에 따르지 않는 모든 것에 대한 그들의 부자연스런 경멸, 게으르거나 잡일 때문에 그들이 읽고 검토하지 못하는 수많은 외국 및 국내 작품들에 대한 그들의 무지에 비추어 볼 때, 그들이 판관이라는 것은 어불성설이다.

290 '안목'이라는 말에 대하여

신학자가 '은총'이라는 말에 흥분하며 광신도가 되고 이성에서 벗어난 말과 행동을 하듯이, 아카데미 회원은 '안목'이라는 말에 대해 그러하다. 신학자가 교조주의적인 어조를 취하는 것과 마찬가지로 아카데미 회원은 당신들 위에 군림하고자 할 것이며, 그들 둘은 욕설을 하는 데 있어서는 난형난제(難兄難弟)일 것이다. 그렇지만 그들 각자가 고정관념을 갖고 있다는 것을 어떻게 인정하지 않을 수 있을까? 그런데 신학자와 마찬가지로 아카데미 회원이 자기에게는 오류가 없다고 믿는 괴이한 자부심을 갖고 있을 때, 그 아카데미 회원은 신학자 정도는 안중에도 두지 않을 것이다.

가장 훌륭하고 순수한 활동에 악의적인 의도가 부여됨으로써 그 활동의 모든 공적이 파괴되는 것과 마찬가지로, 매정하고 엄밀한 비판으로써 멋진 작품이 아무것도 아닌 것이 된다. 이러한 일이 또한 시샘하거나 울적하거나 현학자인 체하는 아카데미 회원의 취미생활이다.

어떤 아카데미 회원이 '내겐 안목이 있다'고 말하는 것은 자신이 '나는 천재이다'라고 감히 말할 수 없기 때문이다. 그는 모든 사람이 천재가 무엇인지를 알고 있다는 것을 감지한다. 따라서 아카데미 회원은 그러한 면에서 자신이 존경심을 일으킬 수 없다는 것을 알고 스스로를 '안목이 있는 사람'의 지위로 한정하는데, 그에 대해 그에게 동의하는 것은 별것 아니지만 이의를 제기하는 것은 어려운 일이다.

그가 이러한 지위를 획득하게 되면 그는 자신의 작품들에 '안목'이 들어 있다고 생각한다. 사실은 그렇지 않다. 왜냐하면 그런 사람은 타인의 작품들을 평가하기 위한 '안목'을 조금 가지고 있는 것이지, 자신이 만들어 내는 작품에 대해서는 안목이 없기 때문이다.

291 금석학 아카데미

여기에서 고고학자는 '호메로스' 또는 '에우리피데스'라고 불리지 않는 현대 시인을 비웃는다. 아리스토텔레스가 데카르트와 뉴턴보다 더 뛰어나다. 사상이 오래되면 오래될수록 더 가치가 있다. 메디치 가문의 시대도 그곳에서는 아직 지배층의 자격이 없다.

어느 석학은 자신이 엔타블러처와 처마도리 등등을 복원해 낸 오래된 케레스 사원에 대해서는 이야기하면서도, 루브르 궁의 주랑은 인정해 주지 않을 것이다. 만일 전쟁에 패하게 되면 그 까닭은 마케도니아 보병 대형의 힘을 잊었기 때문이다.

아펠레스와 제욱시스[160]는 세계 최초의 화가였다. 그들의 그림은 너무 낡아서 더 이상 존재하지 않는다.

만일 우리가 무언가 괜찮은 일을 하고 있다면, 그것은 순전히 무의식적 차용(借用)에 의한 것이다. 고대인들은 모든 것을 말했고, 모든 것을 보았고, 모든 것을 예언했기 때문이다. 우리는 우리 자신도 모르게 윤회(輪廻) 효과에 의해 그것들을 되풀이하고 있다. 왜냐하면 우리는 예술에 있어서는 퇴화되고 타락한 세대이기 때문이다. '그리스인 만세!'

160 아펠레스는 기원전 4세기의 그리스 화가로, 알렉산드로스의 초상화와 신상, 영웅, 왕들의 초상을 주로 그렸다. 현존하는 작품은 없으나 고대의 가장 위대한 화가로 꼽힌다. 제욱시스는 기원전 5세기의 그리스 화가로 빛과 그림자의 효과, 즉 음영을 이용한 기본적인 명암 효과를 창출한 화가로 알려져 있다. 역시 현존하는 작품은 없다.

우리 언어는 신성한 언어인 히브리어만한 가치가 없다. 우리는 4천 년이 지나서야 비로소 무언가 가치를 갖기 시작할 것이다.

이들 현대를 경멸하는 사람들은 모두가 고대인들을 모방해 4절지에 글을 쓴다. 그들의 글은 고대인에게 읽혀야 한다. 그들은 고대인들의 작품을 번역하는데, 그들이 번역한 그 고대인들의 작품은 이치에 닿지 않고 가치가 없어 보인다. 그들은 호메로스의 전 작품을 평운으로 옮겨 독서를 영원히 불가능하게 만들어 놓고도, 아마도 자기들끼리만 그것을 예찬할 것이다. 어떤 사람들은 형편없는 산문을 지어서 우리로 하여금 우리 고유어를 혐오하게 만들고도 여전히 큰 소리로 "그리스인 만세!"를 외칠 수 있다. 참 재주도 좋다.

슈판하임[161]은 고대 메달에 심취했다. 일단 메달을 관찰하는 것은 괜찮다. 하지만 그것으로 족하다. 그리스인들에게 전해진 것이든 아니든, 오래되기로 따지자면 어떤 바위가 페니키아 문자보다도 더 오래되었을 수도 있는 것이다. 어떤 문인이 호기심이 많다고 하자. 고대의 메달이 그의 마음에 든다면 그것이 그에겐 좋은 일일 것이다. 하지만 어떤 사람은 메달에서 지나치게 즐거워할 이유를 찾지 못한다.

이 단체의 회원들은 아카데미 회원들이라 불린다. 하지만 파리에서 이 지위는 크게 탁월한 지위가 아니다. 왜 그런지 이유는 잘 알려져 있지 않다. 진정한 아카데미 회원이 되려면 아카데미 프랑세즈에 속해야 하기 때문이다.

루브르 궁에서 단지 칸막이 하나로 나뉘어 있는 이웃들[162] 사이

161 Spanheim(1629~1710): 외교관으로뿐만 아니라 문헌학자이자 고전(古錢)학자로도 명성이 높았다. 그의 『프랑스 궁정 묘사』는 프로이센 선제후(選帝侯)에게 보낸 보고서이다.

162 아카데미 프랑세즈와 금석학 아카데미는 루브르 궁에 자리 잡고 있었다. 아카데미 프랑세즈는 1672년에 그곳에 자리 잡았는데, 금석학 아카데미는 루부아 치하에서

에 왜 이러한 차별이 생기는 것인가? 서로 상대방에 대해 편견도 많고 요구사항도 많다. 몇몇 회원들은 심지어 한 방에서 나와 이웃한 방으로 간다. 그들은 대등하게 분류되어야 할 것이다. 그들은 이방 저방 드나들며 시를 짓고 산문을 쓴다.

일반인 혹은 여론은 이 두 단체 사이에 커다란 간격을 두었다. 금석학 아카데미가 그러한 이름을 갖고 있는 만큼 문학에 다소 순응하고, 현대 문학을 경험하고, 몇몇 프랑스 시를 암송하고, 재치와 반목하지 않는다면, 그것과 아카데미 프랑세즈를 비교하는 일은 쉬운 일일 것이다. 그때 이들 고고학자들은 문인들로 간주될 것이고, 그들에 대해 말할 때 그들에게 '재치'가 있다고 하는 데 익숙해질 것이다. 안목이 그 다음을 차지할 것이고, 40인의 아카데미 프랑세즈 회원들은 명성과 불멸성에서 누렸던 독점적인 특권을 상실하게 될 것이다.

그러한 일이 일어나건 않건 간에 나는 계속 아카데미 프랑세즈에 다음과 같이 말하겠다.

로마여, 그대의 가장 큰 적들이 코앞에 와 있다.

이 아카데미는 자신의 회원들이 아카데미 프랑세즈로 옮겨가는 것을 바라지 않는다고 한다. 왜냐하면 단지 평범한 인간으로서 '학자'와 '재치 있는 사람'이라는 상반되는 지위를 조화시킨다는 것은 너무 과한 영광이기 때문이다. 선택을 해야만 하고, 시기하고 경쟁하는 두 주인을 동시에 섬기는 것은 더 이상 불가능할 것이다. '박학'과 '재능'은 일치하지 않는다.

아직까지 '소 아카데미(la petite académie)'에 불과했다.

292 공동체

튀르고 장관 재임 시 공포된 제1차 칙령으로 우리 정부의 '수치스러운 부분들'인 동업조합 간부 단체와 상업조합들이 폐지되었다. 그런데도 모든 것은 제법 잘 굴러갔다. 18개월 후에 제2차 칙령에 의해 6개의 상인 단체와 44개의 기술공예 공동체들이 생겨났다.

이상한 족쇄들이 제거되었고 상업에 좀 더 큰 자유가 주어졌다. 서로 간에 유사성이 있지만 과거에 끝없는 소송에 휘말려 우스꽝스럽기도 하고 많은 비용이 들어가던 그들끼리의 논쟁으로 법정을 피곤하게 만들던 직업들이 화해했다.

일하고자 하는 모든 사람에게 산업의 문호가 개방되어 있다. 하지만 아직도 그러기에는 많은 비용이 든다. 그 돈은 이제 더 이상 공동체들에 주어지지 않는다. 그렇다면 그것은 누구에게 주어지는가? 왕의 금고이다. 눈에 띄지 않게 모든 것이 이 유일한 저수조 속으로 들어간다.

꽃 파는 여자, 여성 미용사, 정원사, 무용 선생, 구두 수선공, 오물 수거인 모두가 바로 그 칙령에 의해 '그들 직업에서 자유롭고' 세금을 지불할 의무가 없다고 선포되었다.

이 칙령 이전에는 시시한 수호성인의 축일 전날에 광주리에 꽃을 담아 팔던 가련한 여성이 기소되곤 했다. 사람들은 그녀의 꽃을 짓밟고 그녀에게 벌금을 물렸다. '국왕과 법정의 이름으로' 구두창을 반쯤 갈다 만 구두가 압류되기도 했고, 마침내는 머리를 곱슬곱슬하게 하고 포마드를 바르도록 허가를 해주는 '면허장' 없이 여성의 머리에 컬 페이퍼를 붙이는 경솔한 사람이 구속되기도 했다. 우리는 이 모든 고약한 관습의 시대에서 벗어나 있지만, 여전히 이러한 권위와 거의 유사한 몇 가지 관습을 갖고 있다. 그것들은 위대한 우리 국가의 예전 관리인들의 작품이다.

293 장식물 제조인

환상에 젖어 무한한 변화를 가능케 하는 이 즉석 제품을 주문하는 귀부인들은, 아마 자신의 옷을 꾸미는 이 장식품을 제작하는 장인들이 '장식물 제조인(agréministes)'이라 불린다는 것을 모를 것이다.

이 장인은 비단으로 가능한 모든 형태를 만들어 낸다. 다양한 그림, 능란하게 연결된 갖가지 색채, 자연스런 모조 꽃들이 바로 그의 안목과 천재성에서 태어난다.

사람들은 아름다운 여인과 그녀의 옷차림에 감탄한다. 하지만 그녀의 깃털 장식, 방울 술, 술 장식의 결과로 얻어진 매우 세련된 옷차림을 보았을 때, 서정시인은 불쌍한 장식물 제조인의 방추, 북, 능숙한 솜씨를 다소나마 찬양할 생각은 전혀 하지 못했다. 모든 것이 우아한 옷을 착용하는 여성을 위한 것이고, 그녀에게 이러한 화려함, 신선함, 공기처럼 가벼운 경쾌함을 심어준 장인을 위한 것은 아무것도 없다.

294 핀 제조인, 못 제조공

미개인은 못 하나에도 감탄하는데, 그가 옳다. 관찰력이 뛰어난 사람은 그 기술에 얼마나 많은 배합과 경험, 그리고 정성이 필요한지를 파리에서 보게 된다. 핀 하나를 만드는 데도 30명의 손과 30개의 도구가 필요하다. 그런데 당신들은 12수를 내면 1천 개의 핀을 가질 수 있다.

바늘 제조인과 핀 제조인들은 그들의 직업이 가장 오래된 직업 중 하나라고 생각한다. 그들은 에녹[163]이 바늘과 핀의 발명자라고 주장한다.

거의 모든 직인들의 일에는 바늘이 필요하다. 바늘이 무르거나 부러지지 않게 하기 위해서, 그것에 허용된 완벽한 상태를 갖기 위해서, 20가지 이상의 작업이 필요하다. 그 작업들 모두는 똑같이 생략할 수 없는 것이며 극히 섬세한 것들이다.

못 제조공들은 성 클루를 수호성인으로 간주했다. 그리고 핀 제조인들은 성 세바스찬을 수호성인으로 간주했는데, 그 이유는 성 세바스찬이 화살에 맞아 순교했기 때문이다.

163 성경에 나오는 이 족장은 카인의 아들이며 이랏의 아버지(「창세기」, 4장 17절)이거나 야렛의 아들이고 므두셀라의 아버지(「창세기」, 5장 18~24절)이다.

295 출판의 제약

책의 적(敵)은 지식의 적이며, 결과적으로 인간의 적이다. 출판물에 과도하게 지워져 있는 구속이 그 적들과 용감히 맞서도록 유도한다. 사람들이 올바른 자유를 누리고 있다면 더 이상 방종에 도움을 청하지 않을 것이다. 출판의 자유에 의해 미연에 방지되는 정치적 재난들이 있으니, 출판의 자유는 그 자체로 이미 상당한 효용이 있다. 국가 내부의 치안은 사심 없는 글들에 의해 밝혀질 필요가 있다. 개인적 이해관계에 의해 생겨난 의혹의 배후에서 관습의 남용을 보여줄 수 있는 사람은 시민들의 존경만으로 만족하는 철학자밖에 없다. 결국 출판의 자유는 언제나 시민의 자유의 척도가 될 것인데, 그것은 국민이 무엇을 잃었거나 얻었는지를 한눈에 알기 위한 일종의 척도이다.

이 자명한 이치를 수용하고 있는데도 우리는 매일 패배하고 있다. 왜냐하면 출판은 날이 갈수록 더욱더 방해받고 있기 때문이다.

역사, 정치, 혹은 국가의 윤리를 화제로 삼는 경우, 오늘날 파리에서 출판되는 책들은 초라하기 짝이 없다.

사유하고 말하게 내버려두라. 대중이 판단할 것이며, 그들은 저자들의 잘못을 고쳐줄 수도 있을 것이다. 출판을 정화시키기 위한 가장 확실한 수단은 그것을 자유롭게 하는 것이다. 장애물은 자극만 줄 뿐이다. 금지, 반대는 불평의 대상이 되는 소책자들을 낳는다.

자신의 신전(神殿)에서 사상을 말살하고, 우리 사상의 특징이 동포들의 정신 속으로 퍼져 나가게 하는 것을 막을 수 있다면, 전제군주제는 아마 그렇게 할 것이다. 하지만 철학자의 혀를 뽑고 손을 절단할 수는 없는 일이기 때문에, 전제군주제는 노상 검문을 확립하고, 국경 지역에 관리들을 득실거리게 하며, 추종자들을 퍼뜨리고, 금고를 모두 열어 윤리와 진리의 필연적인 발전을 저지한다. 참으로 무익하고 유치한 노력이다! 일반사회의 자연권과 특정 사회의 애국적 권리에 대한 지나친 침해이다! 이성은 나날이 아주 요란하게 국민들을 사로잡고 있다. 이성은 맑은 하늘에서 밝게 빛날 것이다. 사람들이 천재를 두려워하거나 박해해도 소용없다. 그 무엇도 그의 수중에 든 진리의 빛을 끌 수 없을 것이다. 그의 입에서 흘러나오는 판결은 부당한 인간에 대항하는 모든 후손들에게 전해질 것이다. 전제군주제는 동포들에게서 모든 권리 중 가장 고귀한 권리, 즉 존재의 권리와 따로 떼어 생각할 수 없는 사유의 권리를 강탈하려고 했다. 그것은 자신의 취약점과 부조리를 천명한 것이고, 독재와 무능이라는 이중의 비난을 받아 마땅할 것이다.

오, 용감한 영국인들이여! 우리의 수치스런 굴종과는 거리가 먼 고결한 민족이여, 당신들의 출판의 자유를 정성들여 보존하라. 그것은 당신들의 자유의 담보이다. 오늘날 당신들은 거의 유일하게 인류를 대표하고 있다. 당신들은 인간이라는 명칭에 맞는 위엄을 유지하고 있다. 독단적인 권력의 오만과 불손을 강타하는 벼락은 당신들의 혜택 받은 섬의 고결한 품에서 비롯된다. 인간의 이성은 세계에 깨우침을 줄 수 있는 안전한 장소를 당신들 나라에서 발견했다.

압제자들이 인류에게 침묵을 강요하고 있다고 생각하고, 그들이 인류를 괴롭혀도 인류가 신음조차 내지 못할 것이라 생각할 때, 그들의 신의 없는 계획들이 낱낱이 밝혀질 것이고, 그들의 뻔뻔스러움은 진리의 성스러운 벼락에 의해 치유될 것이다. 그들은 타락에 빠져 현재와 미래의 민족을 경멸하고 혐오하게 될 것이다.

오, 용감한 영국인들이여! 당신네 나라 서적들은 '르카뮈 드 네빌의 명령서'[164]를 따르지 않는다. 그래서 국새상서나 국새를 보관 중인 프랑스 대상서 혹은 대상서 대리가 사람들이 읽지도 않을 얇은 책자가 제브르 강둑길에 진열되어 팔리는 것을 어떤 방식으로 막는지를 당신들에게 설명하려면 긴 주석이 필요할 것이다.

당신들 앞에서 우리는 너무나 우스꽝스럽고 보잘것없어서, 당신들로서는 우리의 지나친 무력과 굴종을 이해하기 힘들 것이다.

게다가 이 제약은 수도 파리에서 중대한 잘못을 낳으며, 외국은 그것을 이용하고 있다. '병적인 글쓰기'는 우스꽝스러운 면도 있지만, 각양각색의 직업을 존속시키기도 한다. 생트주느비에브 언덕에는 행상들, 가제본공, 제본공 등등이 득실대는데, 그들은 서적상의 대규모 거래가 없으면 굶어 죽을 것이다. 이러한 거래가 사회에 해로울 것은 아무것도 없다. 고대인들도 우리만큼 글을 썼고, 자신의 글을 출판하려는 동일한 욕구를 가졌다. 그러한 욕구를 우리는 언제나 홀란드, 독일, 플랑드르, 제네바의 출판사에 돈을 주고 만족시킬 것이다.

164 le Camus de Néville: 1776~1784년까지 왕립 도서관장의 직무를 수행했다.

296 우체국

우체국의 창시자인 샤무세[165]는 200가지의 서로 다른 종류의 계획을 가지고 있었는데, 그 모두가 공익과 관련된 것이었다. 그것은 실행 가능한 것들이었는데, 아주 늦게서야 실행될 수 있었다. 왜냐하면 요직에 있는 사람들은 모든 새로운 것들에 반대하며, 굽힐 줄 모르는 신념에 의하거나 일종의 폭력에 의해 어쩔 수 없을 때에 가서야 비로소 공익에 굴복하기 때문이다. 대신들이 제일 처음 내뱉는 말은 언제나 "반대합니다"이지 결코 "찬성합니다"가 아니다.

이 우체국은 아침부터 저녁까지 편지와 소포들을 나르며 움직인다. 파리는 큰 도시이기 때문에 30리외를 이동하고 나서야 어떤 사람을 그 동네에서 찾아내는 일이 잦았을 것이다. 사람들은 그 사람에게 편지를 쓴다. 편지는 시간을 절약하고, 방문을 대신하며, 하찮은 일들 때문에 이동하지 않게끔 해준다. 옛날 이탈리아에서 여성들에게 보내는 연애편지를 전달하는 사람들은 병아리 판매상들이었다. 그들은 가장 큰 놈의 날개 밑에 편지를 숨겨 넣었고, 통지를 받은 아낙은 잊지 않고 그 편지를 챙겼다. 이러한 수법이 발각되어 체포된 최초의 사랑의 심부름꾼은 살아 있는 병아리들을 발에 묶은 채 '높이 매달았다가 떨어뜨리는' 형을 받았다. 그 이후로 '병아리'는

165 Chamousset(1717~1773): 무엇보다도 보건 분야에서 아주 폭넓은 활동을 한 대중적 자선가였고, 그 덕분에 구빈소들이 상당히 개선되었다. 예컨대, 환자 각각의 개인 침대가 그렇다.

'연애편지'와 동의어가 된다. 우체국 집배원들은 연애편지를 끊임없이 나르고 또 나른다. 허술하지만 존중되는 봉랍에 의해 이 사랑의 비밀들은 베일 아래 가려진다. 신중한 남편은 자기 아내에게 오는 연애편지들을 결코 열어보지 않는다.

연인들은 그들이 함께 지내고 싶은 날들을 서로에게 알린다. 이처럼 손쉬운 방법으로 교제가 더욱 아름다워진다. 그런데 사람들이 편지를 쓰는 것은 일 때문이거나 기쁨을 위해서이다. 다른 이유로 편지를 쓰는 것은 상당히 경솔한 일이다. 대단치 않은 것까지도 알고자 하는 경찰의 손에 모든 것이 달려 있기 때문이다.

단점은 익명의 사람들이 더욱 편하게 당신에게 모욕의 편지를 쓴다는 점이다. 하지만 익명의 편지는 모두가 비겁자의 것이고, 따라서 무시해도 상관없는 것이다. 이러한 잘못이 전반적인 유용성과 맞설 수는 없을 것이다.

고위직에 있거나 이름이 알려진 사람들은 쓸데없는 편지들을 많이 받는다. 이처럼 몰려드는 편지가 반드시 그들을 즐겁게 할 수 있는 것은 아니며, 결국엔 그들을 피곤하게 만든다. 막대한 양의 편지가 주는 부담은 명성에 따르는 불행이라 할 수 있다. 그들은 쓸데없는 편지들에 답하고, 편지에 쓰여 있는 아무짝에도 쓸모없는 찬사나 극히 모호한 일들을 좇느라 귀중한 시간을 허비한다.

당신은 절친한 친구들에게만 당신의 진정한 생각을 쓴다. 다른 사람들에게는 감추지 않을 수 없는데, 왜냐하면 다른 사람들은 언제나 당신의 편지를 자랑삼아 내보이고, 돌아다니게 만들며, 심지어는 그것들을 출판하려 하기 때문이다. 많은 사람들과 상대할 때는 매우 신중해야 한다. 열정을 내세우면서 당신에게 덫을 놓고, 당신의 신뢰나 당신의 고지식함을 속일 수 있었다는 데 만족하면서 그들이 파악할 수 있는 우스꽝스러운 것들을 잡아내려고만 하는 사람들이 얼마나 많은가!

『강탈당한 우체국』이라는 제목의 얇은 책자가 출판되었다. 이 책의 편지들은 가상의 편지들이다. 하지만 단순히 호기심으로 봉랍을 뜯고, 단 하루 동안의 교신 전체를 읽어볼 수 있다면, 맙소사! 야릇하고 흥미로운 읽을거리들이 얼마나 많은지! 이 편지들이 단 한 사람만을 위해 쓰였고, 심정이 자유분방하게 토로되었다는 확신은 독특한 대비와 특이한 해석을 만들어 낼 것이다. 저자 한 사람의 상상력으로는 그에 근접하는 것은 아무것도 낳지 못할 것이다. 고뇌, 불행, 곤궁, 사랑, 질투, 오만이 다양하고 신랄한 그림들을 보여주며, 사실성을 의심할 수 없기에 더욱더 흥미진진해질 것이다. 사업가, 후작, 궁녀, 사랑에 빠진 처녀, 소교구의 보좌신부, 돈을 꾼 사람, 모든 계층의 위선자의 문체를 적나라하게 볼 수 있다는 것은 얼마나 큰 기쁨인가! 데퀴의 원본 편지들을 위해서라면, 삶의 어떤 상황 속에 처한 유명인의 연애편지를 얻기 위해서라면 무엇인들 내놓지 않을 것인가! 문인들이라면 거기에서 아주 잘 쓴 편지들을 발견하게 될 것이다. 철학자들이라면 인간의 애정에 대해 새로운 발견을 할 것이고, 문법학자들이라면 100편의 편지 중에서 80편이 철자법에 전혀 신경 쓰지 않았다는 것을 알게 될 것이다. 하지만 대체적으로 이러한 결점이 있는 편지들이 그렇지 않은 다른 것들보다 더 재치 있고 더 자연스럽다는 것을 알게 될 것이다. 게다가 그 편지들은 대개의 경우 여성들이 쓴 것이다. 저자들이라고까지는 말하지 않더라도, 남자들 중에서 몇 가지 문법적 규칙들을 모르는 남자들이 더 세련되고 자유로우며 힘차게 자신을 표현하고 있다. 그러니 냉정하고 활기 없고 지나치게 기교를 부리는 작가들이여, 누가 문법을 알고 모르는지를 다시 한 번 생각해보라.

이곳의 모든 편지들을 있는 그대로 출판한다면 아주 흥미로운 기념비적 작품이 될 것이다. 하지만 그러기를 바라는 것은 적법하지 않다. 왜냐하면 그런 식으로 공공의 신뢰에 해를 끼치게 할 수는 없기 때문이다.

이 우체국은 중앙우체국에 통합되었다. 프랑스 내의 모든 우체국 시설들이 차례차례 '국영'이나 '독점적 징세청부업자들'에 속하게 될 것으로 결정되었기 때문이다.

297 채무자들

"빚쟁이들에게 돈을 갚는 일은 얼마나 감미롭고, 얼마나 유쾌한 일인가!" 영국 작가 리틀턴은 이렇게 말했다.

빚을 갚는 데서 오는 만족감은 우리 젊은 귀족들과는 관련이 별로 없는 것처럼 보인다. 그들은 채무 문제에 대해 결코 걱정하는 법이 없다. 그들은 그것을 농담의 주제로 삼는다. 그들은 희극에서나 나올 것 같은 말들을 자신의 업무 담당자에게 아주 진지하게 말한다.

> 채권자들에게 내가 거듭 미안해한다고, 하지만 내가 결혼을 하는데 그들이 나를 귀찮게 한다면, 그냥 총각으로 남아 있겠다고 전하시오.

채무자를 좀 더 다그쳐야 할 것이다. 그래야 그 수가 적어질 것이다. 왜냐하면 돈을 꾸는 사람은 진짜 가난한 사람이 아니라, 탕아이거나 광인, 정신 나간 사람, 난봉꾼, 낭비가이기 때문이다.

채권자는 언제나 법으로부터 푸대접을 받는다. 그 때문에 사기꾼은 대담해지고 정직한 사람은 파멸한다. 법은 사기꾼에게 충분히 엄격하지 못하다. 사기꾼들은 감옥을 너무 쉽게 피한다. 법률은 너무 느슨해서 그들에게 더 이상 최소한의 두려움도 주지 못한다. 그로 인해 소유권이 타격을 받고 거래가 불안해진다. 법률의 무기력함을 예상하고, 법률이 대금업자들에게 보호해 줄 수 없었던 것을 미리 확보하는 뻔뻔스런 구매자들이 많이 생겨나고 있다.

불성실한 채무자에게는 일종의 파렴치한이라는 낙인을 찍어야 할 것이다. 자신이 거래하는 양복점 주인, 요리점 주인, 실내장식가, 그리고 정육점 주인에게 돈을 갚지 않는 것은 수치스러운 일이 아닌가? 사람들은 도박 빚은 잘 갚는다. 왜 그럴까? 더 이상 모임에 입장할 수 없을 것이기 때문이다. 더욱 강력하고 적극적인 법률로 채무자들로 하여금 채무를 이행하게 강제하는 것은 쉬운 일일 것이다. 가장 엄정한 계약 앞에서 뒷걸음치는 것은 갚을 수 없기 때문이라기보다는 갚을 생각이 없기 때문이다.

채무자는 부유하면 부유할수록 갚는 일에 더욱더 인색하다. 그는 자기 재산의 일부로써 자신의 다른 부(富)를 보호한다. 그는 온갖 곤란거리를 가진 소송으로 채권자를 속이고, 채권자를 복잡한 소송 절차에 빠뜨린다. 채무상환 기한을 너무 뒤로 미루기 때문에 그는 상대방을 지치게 하고 피곤하게 만들며, 채권자는 결국 채권의 반 혹은 4분의 3을 그에게 양도한다.

40년 전에는 젊은이들이 소동과 소란을 좋아했고, 거의 매일 밤 가로등을 깨뜨리거나 경비병을 습격하는 것을 하잘것없는 명예로 삼곤 했다고 내가 말했던 것 같다. 나는 이러한 악습들이 당연히 그래야 했듯이 엄하게 진압되었다고 말했다. 오늘날 시끄럽기는 덜하지만 신의는 더 없는 고상한 척하는 자들은 빚진 것을 자랑삼아 떠벌리고, 끝까지 자신들을 쫓아다니는 보석상, 말 판매상, 마차 제작공, 비단 판매상에 대해 이야기하며 그들을 '버릇없는 놈들'이니 '별난 놈들'이라고 한다. 그들은 마침내 집행관들의 방문에 대해서까지 농담을 한다. 그리고 주머니에서 한 무더기의 영장을 꺼낸 다음, 거울 속에 자신의 모습을 비춰보면서 그것들을 난로에 넣고 서서히 불태운다.

대귀족이면서도 파산에 이르는 가짜 채무자에 대해 말하고 싶다고 해도 우리가 무슨 말을 하겠는가? 그런데 우리가 모든 것을 낱낱이 말하겠다고 약속했던가? 아니다.

4권

무모함도 두려움도 없이

-중세 라틴어 속담

298 반론

모든 것을 '비관적으로' 생각하고 파리, 즉 가장 세련된 관능의 중심지를 헐뜯기 위해 책을 벌써 3권이나 쓴 이 '허풍선이' 또는 '분개한 묘사작가' 아니면 '침울한 인간'이 말하고자 하는 것은 무엇일까? 그의 견해에 맞서 나는 이 도시에서만 자유롭게 사는 방법을 찾아낼 수 있다고 주장하는 바이다. 이 도시는 이렇게 말해도 괜찮다면 고대의 니네베, 고대의 바빌론이 될 것이다. 아 참, 엄청난 해악이라 했던가! 나는 그 퇴폐를 좋아한다. 부자가 자신의 재산으로 인생을 즐기지 말아야 할까? 인간에게는 다양한 쾌락이 필요하지 않을까? 이미 너무나 많은 쾌락이 있는 걸까? 인간에게는 악덕이 필요하지 않을까? 악덕은 인간의 내밀한 존재를 일정 부분 구성하고 있지 않을까? 악덕은 내가 알고는 있지만 감히 말하기 곤란한 뭔가가 아닐까? … '나쁜 설교자'여, 당신은 누구나 자기 뜻대로 살아가고 있는 이 찬란하고 유쾌한 도시에 도대체 어떤 색깔을 입히고 있는가? 이 도시의 모든 것에, 심지어는 나를 즐겁게 하는 막대한 인구에 대해서도 질겁하고 불안해 하다니, 위대한 왕국의 수도가 많은 인구로 북적거려서는 안 된다는 말인가? 가난한 사람들은 일한다. 즉 가난하므로 일할 필요가 있다. 나는 부자이기 때문에 즐긴다. 만약 내가 가난하게 태어났다면, 나도 역시 부자를 위해, 가난한 사람이 나를 위해 하는 것을 할 것이다. 인간의 운수는 동등할 수 없는 법이다. 낙첨과 당첨으로 길이 갈리게 마련이다.

'파리를 벗어나면 더 이상 구원은 없다!' 왜 당신은 내게 자유에 관해 말하는가? 자유도 역시 몽상가들이 말하는 다른 많은 낱말처럼 의미가 없는 것이다. 나는 내 모든 환상에 몰두할 자유가 있지 않는가? 더 이상 무엇이 필요한가?

파리는 생각하지 않고 즐기기에 좋은 곳이다. 생각하는 것보다 더 한심한 무엇이 있겠는가? 가장 숭고한 사상이란 무엇인가? 당신에게 나는 묻는다. 내가 '타유세'를 납부한 이상, '국왕의 포도(鋪道)'는 온전히 내 것이다.[1] 나는 마음 내킬 때마다 국왕의 포도를 이용하여 향락으로 쏜살같이 내달린다.

길을 가다가 어떤 서민과 부딪혀 그와 주먹다짐을 벌인다거나, 나처럼 월등한 부자를 존중하도록 가르치기 위해 그를 약간 심하게 때린다거나, 그의 딸이 마음에 들었다가 일주일 후에는 싫증이 나게 되는 일이 일어난다 해도, 약간의 돈으로 난처한 상황에서 벗어나면 된다. 나는 결코 국사에 참견하지 않는다. 배의 키를 조종하는 것이 나와 무슨 상관인가? 나는 배의 승객으로 족하다. 정부를 이끄는 것은 내 일이 아니다. 오, 신이여, 나를 그런 일로부터 보호하소서! 그런 일은 정부를 장악한 이들이 해내기를! 나는 그들의 굳센 용기에 탄복한다. 나라면 가장 유용한 정치적 진실을 모조리 손아귀에 넣고, 현명한 퐁트넬처럼 단 하나도 흘리지 않도록 새끼손가락만큼의 틈도 벌리지 않을 것이다.

생활에 필요한 식료품이 약간 비싸다고들 불평할 수 있다. 그럴지도 모른다. 그렇지만 나는 그렇게 느끼지 않는다. 어쨌든 절제하고 소식하고 절식하기만 하면 된다. 늘 밥통만 생각해야 할까? 진정한 즐거움은 정신의 즐거움이 아닐까? '엄격주의자' 선생, 당신도 그러

1 누구라도 세금을 내면 거리와 광장에서 자유롭게 돌아다닐 온전한 권리가 있다는 것을 의미한다.

하다고 인정할 것이다. 정말이지 정신의 즐거움은 값싸다! 다른 곳에서는 황금으로도 얻을 수 없는 다양한 기쁨이 얼마나 많은가! 파리는 세계에서 가장 많은 대중오락, 가령 오페라, 연극, 오디노의 소극, 니콜레의 소극, 중국 축제, 콜리제, 복스홀, 불로뉴 숲, 샹젤리제, 신작로, 카페, 도박장, 그리고 훨씬 더 유쾌한 유흥시설을 제공하는 도시이다. 이 끊임없이 바뀌고 생동감 있는 소용돌이의 한가운데에서 놀지 않을 사람이라면 권태를 타고났음이 틀림없다.

노는 데 많은 돈이 필요할까? 그렇지 않다. '48수'만으로도 심금을 울리는 글루크[2]의 음악을 1시간 반 동안 들을 수 있고, 여자 재인(才人) 기마르와 여성 철학자 테오도르[3]는 춤으로 눈길을 사로잡아 즐겁게 해준다. '20수'로도 충분히 코르네유, 몰리에르, 볼테르의 걸작 연극을 골라 즐길 수 있다. 이러한 즐거움을 위해 그들의 천재가 발휘된 셈이다. 이해하기 쉽고 유쾌한 아리에타를 좋아하는가? 같은 날 여전히 '20수'로 3곡을 들을 수 있다. '시간당 30수'로 마차, 말, 채찍을 들고 고삐를 잡는 마부를 부릴 수 있다. 전날 흙탕물을 뒤집어 썼다면, 이번에는 금박을 입힌 마차에나, 마차의 주인이 걷고 있을 경우에는 그에게 직접 흙탕물을 튀겨 복수할 수 있을 것이다.

장서가 전혀 없는가? '40수'로 '열람실'[4]에 틀어박혀, 점심 후의

2 Gluck(1714~1787): 독일의 오페라 작곡가로, 1774~1779년까지 파리에서 활동했다.

3 크레페, 이른바 테오도르는 1775~1781년 파리 오페라에서, 그러고 나서 노베르 무용단의 일원으로 런던에서, 그 이후로는 남편 도베르발과 함께 보르도에서 활동했다. 루소의 열렬한 숭배자라고 알려져 있다.

4 17세기 중엽부터 몇몇 서점에서 매장에 인접한 독서실을 열었다. 공공 도서관에 거의 접근할 수 없기 때문에 18세기 동안, 특히 1770년대부터 독서실이 발전했다. 이 독서실에서는 누구나 회원가입을 신청하고 나서 정기간행물과 새로 나온 문학작품을 열람할 수 있다. 또한 '독서당'도 출현했다. 지방 아카데미를 모델로 한 이곳은 대화와 논쟁 그리고 문학 모임의 장소가 되었다.

시간 내내 두터운 『백과전서』는 물론이고 신문까지 읽을 수 있다. 이렇게 정신의 쾌락이 충족된다. 그러고 나서 사람이 싫다거나 사람과 잘 어울리지 못해서 부잣집의 식사자리에 끼고 싶은 기분이 아닐 경우에는, 음식점 주인이 언제라도 먹을 것을 내놓을 것이다. 일단 식비가 지불되면, 음식점 주인은 누구에게라도 요리를 내놓는다.

끝으로 애인이 없어 불행에 빠지지 않을까? 자, 그다지 많은 비용을 들이지 않고서도 모슬린과 비단 아래에서보다 보잘것없는 샤 직물[5] 아래에서 더 흔하게 여자의 매력을 찾아낼 수 있을 것이다. 이 분야의 애호가들에게 물어보면, 그들은 지구를 한 바퀴 돌아봐야 이만큼 재미있고 희소하고 특이한 연애를 경험하지는 못하리라고 대답할 것이다. 미녀들이 어느 구역에서는 매우 도도하지만, 또 다른 구역에서는 쉽게 관능을 베풀어 주는 법이라고 당신은 생각할 것이지만 말이다.

그러므로 '익살꾼' 선생, 우리의 성향에 놀라지 마시길. 얼마나 많은 취미, 감정, 섬세한 통찰력, 새로운 안목이 수도 사람과 우리로부터 30리외 정도만 떨어져 사는 투박한 시골 사람을 갈라놓는가! 시골 사람은 확실히 다른 종에 속한다. 그런 만큼, 즉 우리의 동향인이 아닌 만큼, 우리를 따르거나 우리를 이해할 수 있을까? 놀란 눈으로 멍하니 입을 벌리고 있는 시골 사람의 모습을 마음속에 그려보라! 시골 사람은 행복의 존재를 믿는다. 그렇지만 세상에는 쾌락밖에 실재하는 것이 없다. 통상적으로 쾌락은 더없는 인간적 행복의 화폐이다. 이 세상에서 엄청난 액면가의 화폐는 어느 누구의 것도 아니다. 나는 전원의 단조로운 행복을 추호도 원하지 않는다. 왜냐하

5 루이 14세 치하에서 샤 대사가 오고부터 알려진 견직물이 아니라, "루앙 인근에서 제조되는 마와 면이 섞인 직물"(『트레부 사전』)이다.

면 볼테르가 말했듯이 그것은 '무미건조한 쾌락들 중에서도 으뜸가는' 것이기 때문이다. 나는 표면을 스치듯 지나가고 싶다. 그래서 다채롭고도 언제나 감미로운 육체적 쾌락을 선택한다. 이런 쾌락을 파리 아닌 어느 곳에서 푸짐하게 맛볼 수 있겠는가?

모든 면에서 나는 어려움도 거리낌도 없다. 내가 단골 양복점에서 옷을 맞춘다면, '프륀 므슈'[6]보다 요즘 유행하는 색깔 '카카 도팽'[7]을 택하는 편이 낫다. 이를 두고 당신은 너무 터무니없는 짓이라고 소리칠 것이다. 그렇지만 궁정에서는 모든 이가 그렇게 한다. 이 문제와 관련하여 정답을 구하려 해서는 안 된다. 취향과 색깔에 관해서는 결코 논쟁할 필요가 없다. 오늘 저녁에 나는 '오페라 브륄레' 예복, '깜부기불' 연미복[8]을 벗고, 주지의 진정한 전형을 좇아 '카카 도팽' 옷을 입는다. 나는 색조들을 정확히 구별할 줄 아는 사람으로 통할 것이고, 그야말로 상류 계급의 인사처럼 자신감을 갖고 '이게 그거야'라거나 '이건 그게 아니야'라고 말할 것이다.

자, 염세주의자 선생, '카카 도팽' 예복 아래에는 매우 오묘한 것들이 있소. 나는 세 가지 공연에서 의기양양하게 이 옷을 입고, 이것을 자랑으로 여길 것이오. 실제로 널리 유행하는 풍조의 가장 사소한 색조를 외면하고 싶지도, 수도와 베르사유를 단지 1리외라도 벗

6 prune monsieur: 보라색을 띤 이 옷감은 프륀이라는 과일과의 유사성 때문에 '프륀 므슈'로 불리게 되었다. 이 색깔은 온갖 용모에 어울리므로, […] 투박한 직물의 옷을 입은 농부가 '프륀 므슈' 나사로 옷을 해 입으면 소원이 없겠다고 했을 정도로 명성이 자자했다.

7 caca dauphin: 당시 유행한 새로운 색깔, 즉 칙칙한 올리브 녹색에 붙게 된 이름으로서 '왕세자의 똥'이라는 뜻이다. 1781년 10월 왕세자의 탄생을 경축하는 분위기가 이 용어에 담겨 있다.

8 이 옷들의 색깔은 1781년의 오페라 화재를 암시한다. 연미복(검은색 예복)이라는 용어는 보마르셰의 희곡 「외제니」(1767)에서 이미 사용되었다.

어나고 싶지도 않다는 것을 알아주길 바라오. 내 당신에게, 단언컨대 거기를 벗어나면 오탕토, 카프르, 에스키모, 미적 감각이 없는 미개한 부족들이 존재한다오.

이 탄복할 만한 반론에 무슨 대꾸를 할 수 있을까? 전혀 없다. 계속하자.

299 『왕실 연감』

『왕실 연감』은 거의 한 세기에 걸쳐 있다. 이것은 지상의 신, 대신, 유력 인사, 프랑스군 원수, 최고 행정관에 관한 정보를 제공해 준다. 이 책에는 또한 그들의 주소, 그들과 면담하고 부속실에서 그들에게 아첨할 수 있는 날과 시간, 운명의 총애를 받는 사람들의 이름이 빠짐없이 기재되어 있다. 운명의 톱니바퀴에 조금이라도 변동이 생기면 어김없이 이 책에 표시된다. 야망의 길로 뛰어든 이라면 누구나 진지한 마음으로 주의 깊게 『왕실 연감』을 살펴본다. 거기에는 왕족의 이름부터 샤틀레 재판소의 법정 경위[9]의 이름까지 적혀 있다. 이 책에 이름이 올라 있지 않는 사람에게 화 있으리라! 그는 지위도 공직도 작위도 일자리도 없다. 주요 10분의 1세 징수권자들,[10] 다복한 그들은 『왕실 연감』에서 말하는 것보다 훨씬 더 부유하다.

얼마나 많은 다양한 이름이 동일한 표지 아래 포함되어 있는가! 법원 서기는 재판장보다, 짧은 법복의 경관[11]은 침전 시종보다 더 많

9 이 법정 경위들은 "고등법원을 비롯한 여러 재판소의 공판에서 소송 당사자를 큰소리로 호명한다."(『트레부 사전』) 파리의 왕실 전담 법원인 샤틀레 재판소에는 "20명의 법정 경위가 있는데, 그들 중에서 2명은 수석 법정 경위, 18명은 보통 법정 경위로 불린다."(『백과전서』)

10 주요 10분의 1세 징수권자는 밀, 포도주, 큰 가축에 대한 10분의 1세, 이른바 '주요 10분의 1세'를 받는 수혜자이다. 주요 10분의 1세 징수권자는 신부나 심지어 종교와 무관한 영주일 수 있다. 주요 10분의 1세 징수권자는 이 수익 업무를 담당하는 성직자에게 '적절한 보수'를 보조금으로 지불하고 종교 의식에 필요한 것을 제공할 의무가 있다.

11 몇몇 기병부대, 특히 기마헌병대의 장교이다. 『백과전서』에 의하면, 기마헌병대는 31개 부대로 나누어져 있는데, 그중의 하나가 '짧은 법복' 부대이다. 법률 지식에 관한

은 지면(紙面)을 차지하지 않는다. 그들이 언젠가 무덤에 묻힐 때에도 그들의 이미지는 거의 그대로일 것이다.

국왕 참사의 명단도 보인다. 국왕 참사들은 결코 군주에게 조언하지 않았으며, 앞으로도 진언하지 않을 것이다. 국왕 비서의 명단도 찾아볼 수 있다. 국왕 비서들은 결코 국왕의 구술을 'a의 팡스'[12]도 받아쓴 적이 없다.

여러 젊은 여자가 『왕실 연감』을 열람한다. 이는 자신의 애인이 보좌관인지 여단장인지, 참사인지 참사회의 장인지, 증권 중개인인지 은행가인지 알아보기 위해서이다. 이 책자에서 대신의 비서는 아카데미 회원보다 훨씬 앞자리에 이름이 올라 있다. 젊은 여자들은 누구를 막론하고 어느 선으로 만족할지 정확하게 알기 위해 이 『왕실 연감』을 구입한다. 한쪽은 떨어지고, 다른 쪽은 올라간다. 곤두박질한 이름은 죽은 이름과 같다. 플루토스 또는 테미스[13]의 신전에서 쫓겨난 이들은 더 이상 고려의 대상이 아니다.

어느 유명한 매춘부의 집에 『왕실 연감』이 있었다. 그녀를 찾아오는 사람은 반드시 그녀에게 이름을 말해야 했는데, 이 연감에 그의 이름이 없으면 그녀는 그를 보잘것없는 사람으로 판단하여 그에게 몸을 허락하지 않았고, 그때부터 그는 그녀의 집에 드나들 수 없었다.

이 책을 두고 퐁트넬은 가장 많은 진실이 담겨 있다고 말했다.

시험을 치르지 않고 직무를 맡게 된 자를 짧은 법복의 경관이라 한다. 그러므로 '침전 시종'이라는 영광스런 직함과는 대조적으로, 법정 경위나 서기처럼 아주 낮은 직급이다.

12 "팡스(pense)는 문자의 볼록한 부분을 말한다. 예를 들어, a의 볼록한 부분."(『백과전서』)

13 플루토스는 부(富)의 신이고, 테미스는 정의의 신이다.

사람들은 이 『왕실 연감』을 훑어보면서 얼마나 많은 생각을 하는지! 작은 글자로 소송대리인의 이름이 빽빽하게 채워져 있는 16종행을 볼 때면, 송달[14] 집행관은 셈에 넣지 않는다 해도 의사 200명, 약사 150명의 명단을 쭉 따라 읽을 때면, 누구나 오싹해진다. 왕가의 수많은 하인의 이름에 눈길이 가면 갈피를 잡기 힘들다. 그토록 많은 다양한 이름 아래 노예상태를 유지하려고 하는 이 무슨 하인 나부랭이란 말인가!

더 아래로는 공증인, 변호사, 법원 서기, 그 밖에 펜으로 벌어먹는 이들의 이름이 나온다. 일반민중 아닌 누가 이들을 먹여 살리겠는가! 모두가 먹고 살아야 한다. 얼마나 많은 탐욕의 무리인가!

뒤이어 각 주교구에서 매년 얼마나 많은 리브르를, 검소한 사도의 계승자가 얼마나 막대한 금액을 대지로부터, 그리고 가난한 농부로부터 탈취하는지 추정해 보라. 정말로 오싹해질 것이다. 상류 계급으로 올라가도 못지않게 두려워진다. 이 인사들은 무위도식의 허가장인 직함만을 지니고 있을 뿐이면서도 나라의 황금 전체를 뒤집어쓴다. 얼마나 많은 입이 정치체(政治體)를 빨아먹고 갉아먹는가! 가위 흡혈귀의 '목록'이다.

이 『왕실 연감』에 나오는 이들은 농부도 상인도 장인도 예술가도 아니다. (연감에 이름이 실려 있는) 국민의 일부분이 (이름 없는) 나머지 전체를 지배하고 있다. 상상으로 이 모든 이름을 없애보아라, 그래도 나라는 여전히 존속하지 않겠는가? … 오! 단언컨대 아주 잘 존속할 것이다.

『왕실 연감』은 해마다 4만 프랑의 이익을 낸다. 『일리아드』도

14 법원의 명령서, 다시 말해서 "어떤 사람에게 소환 날짜를 지정하거나 어떤 사람을 담당 판사 앞으로 호출하는" 모든 증서의 송달을 의미한다.(『트레부 사전』)

『법의 정신』도 인쇄업자에게 그만큼의 이익을 가져다주지 않았다. 직함이 딸린 그 많은 이름은 어떻게 되는가? 그것들은 죄다 결국 보호받지 못하고 가장 깊은 어둠 속으로 사라지게 되어 있다. 그래도 역시 인쇄되리라는 것을, 그리고 세기가 바뀌기 이전에 올해의 『왕실 연감』이 온통 망각될까봐 내가 걱정한다는 것을 호메로스가 상상이나 했겠는가? … 1699년 이후의 『왕실 연감』을 모조리 살펴보고 기억에 남아 있는 이름을 세어보라. 호기심에서건 공론에서건 세어보라.

300 『메르퀴르 드 프랑스』

『메르퀴르 드 프랑스』에 넘쳐나는 수수께끼, 글자 수수께끼를 누가 만들까? 바로 지방의 황량한 성에서 지루해 하는 한가한 사람들이다. 이 많은 순진한 시를 누가 지을까? 사랑에 빠져 걸핏하면 명상에 젖을 뿐 아니라, 애인의 매력을 예찬하고 『메르퀴르 드 프랑스』에 사랑의 탄식을 신지 않을 수 없다고 양심에 거리낌없이 생각하는 연인들이다. 볼테르가 말했듯이 "시시한 시라도 연애시절에는 멋져 보이는 법이다." 시시한 시인은 행복하도다! 그렇기 때문에 흔히 조잡한 시와 사랑은 서로 잘 맺어진다. 『메르퀴르』는 사랑의 슬픔을 호소하는 듯한 스탕스로나 연애 마드리갈로 표현되는 온갖 촌스러운 애정을 기탁하는 공간으로 남게 된다.

이 시들은 우편으로 발송된다. 우편요금은 선불이다. 이는 적절한 대비책이다! 우편업무에 의한 수입이 벌써 상당하다. 물론 우편으로 전달되는 모든 시가 우편요금만큼의 가치를 갖는 것은 아니다. 발행인과 사무원은 모두 내 의견에 동의할 것이다. 서투른 시인은 누구나 시를 지으면서 이 파란 소책자를 통해 명성을 얻을 것이라고 생각한다. 어떤 사람은 자신의 소도시를 찬양하려고 애쓰고, 또 어떤 사람은 자신의 풍채를 자찬하려고 한다. 저마다 자신의 직함을 써서 온 세상에 자신을 알리기에 열심이다. 어떤 사람은 자신이 변호사 또는 세무 소송대리인이라는 사실을, 또 어떤 사람은 자신이 기마경찰 또는 장교임을 내세운다.

사무원은 우편배달부가 올 때마다 자신의 책상 위에 쌓이는 소포를 건성으로 개봉한다. 왕자가 태어날 때에는 우편물이 2배로 쏟아지고 카드가 넘쳐난다. 가요, 마드리갈, 서간시(書簡詩), 스탕스 등이 비 내리듯 한다. 싫증난 서기는 급기야 봉인을 뜯는 수고도 마다한다. 그는 가장 시에 물리고 시를 가장 싫어할 사람일 것이 틀림없다. 그는 이 모든 작품을 모아서 커다란 종이상자 안으로 몰아넣는다. 그것들은 이 종이상자 안에 잠들어 있다가, 필요할 때마다 하나씩 활용된다. 채우고자 하는 지면에 비해 너무 길거나 너무 짧은 작품은 화를 입으리라! 그럴 경우에는 아무리 뛰어난 작품일지라도 내던져진다. 빈 공간에 정확히 들어맞는 길이의 작품이 선정된다.

지방 시인은 자신의 작품에 누구나 탄복하고, 자신의 작품을 누구라도 서둘러 인쇄하리라고 생각한다. 하지만 그의 작품은 여전히 사무원의 상자 밑바닥에 처박혀 있다. 지방 시인은 초조하게 『메르퀴르』를 기다린다. 그것이 도착하면 떨리는 손으로 황급히 펼쳐 자신의 작품을 찾다가, 자신의 작품이 실리지 않은 것을 알면 심사자들이 자신의 작품을 경멸했다고 생각하기보다는 오히려 우편업무의 불충실성을 탓한다.

100편을 읽어야 웬만한 작품, 다시 말해서 큰 허물이 없는 작품 하나를 겨우 건질 수 있을 뿐이다. 내가 모르는 어느 고장의 몇몇 서투른 시인으로 말하자면 시풍이 얼마나 우스꽝스럽고 진부한지 모른다. 이 수많은 시와 따분한 산문을 쓰는 선량한 사람들에게 평화와 안식이 있기를! 그러나 프랑스에서는 사람들이 미녀를 위해 그토록 대단하게 시를 짓지만, 미녀를 기리는 글보다는 미녀 자신이 아마 더 아름다울 것이다. 그러니 권태와 사랑이 프랑스에 얼마만큼 퍼져 있는지 이보다 더 잘 보여주는 것도 없다.

지방 사람은 자신의 시가 자신의 이름과 함께 인쇄되어 있는 것을 우연히 보게 되면 뛸 듯이 기뻐하고 감격하면서 마음속으로 다음과 같이 생각한다. '지금 파리, 국왕, 궁정의 사람들이 내 마드리갈을 읽고 있으니, 내 이름이 영원히 유명해져 그들의 입에 자주 오르내리고 있는 것이다. 국왕이나 대신이 내 시행들 중의 하나로 공상에 빠지지 않을지, 그리고 뜻밖의 기쁨과 놀라움에 겨워 내게 어떤 직무를 맡기지 않을지 누가 알겠는가!' 그는 친척을 불러 모으고는, 자신을 서민과 구별되게 하고 자신의 이름을 영원히 남게 하는 지면을 보여준다. 조세 재판관부터 공증인까지 모든 이가 그 책을 돌려보면서, 인쇄된 작품과 이름에 말없이 감탄하고 마음속으로 시샘한다.

예전에 『메르퀴르』는 속보이는 칭찬을 헤프게 베풀었다. 그러다가 한 현학자의 손에 맡겨지고부터는 갑자기 논조가 무례하고 냉혹하게 바뀌었다. 뒤이어 무미건조함과 어리석음으로 인해 모습이 흉하게 변질되었고, '세부 묘사에 대한 집착'이 비평가의 기술로 간주되었다. 놀랍게도 애송이나 이름 없는 작가가 가소롭거나 단조로운 과장으로 예술을 평가하고, '훌륭한 취향'의 돈키호테가 잘 알지도 못하면서 자신의 신조를 위해 맹렬하게 돌격한다. 몇몇 무익한 지적, 몇몇 세세한 트집, 바로 이것이 거기에서 찾아볼 수 있는 모든 것이다. 오, 파리에서는 얼마나 많은 삼류 작가가 별것도 아닌 것에 관해 길게 이야기하는 데 능숙한가!

그것은 상업적 기업이므로, 그리고 '여러 사람'이 '연금' 때문에 그것의 영리성에 관심을 갖고 있으므로(왜냐하면, 누가 믿으랴마는 정직한 사람들이 그 시시한 시와 그 터무니없는 산문으로 살아가기 때문이다), 인쇄업자가 아니라 서적상인 팡쿠크에게로 그것의 인가서가 넘겨졌다.[15] 그는 장당 얼마간의 돈으로 임시 고용인을 채용하는데, 이 치

15 여기에 『메르퀴르』의 간략한 역사가 서술되어 있다. 메르시에는 이 잡지를 '가장 형편없는 것'으로 여긴다. 특히 도노 드 비제와 뒤이어 샤를 뒤프레니에 의해 운영된

사한 랩소디는 언제까지나 계속된다. 괴상하고 오래된 습성 때문에 지방 주민은 『메르퀴르』를 예약하고 앞으로도 계속 예약할 것이다.

격찬해야 하는 작품과 사정없이 박살내야 하는 작품을 저자의 이름으로 사전에 가려낼 수 있다. 몇몇 아카데미 회원은 능란하고 은밀한 술책으로 『메르퀴르』에서 자신을 신격화한다. '자기 자신을 인용'하면서도 전혀 부끄러워할 줄 모르고 염치없이 자화자찬을 늘어놓는 저자도 있었고, 친구들로 하여금 칭찬하게 하는 저자도 있다.

1751년에는 '기욤토마 레날'[16]이 『메르퀴르』의 필자였다. 『두 인도의 철학사 및 정치사』를 쓴 그는 이 책만으로도 명성에 부족함이 없었다. 이 따분하고 진부한 잡지에서 찬탄할 만하고 소신에 찬 역사책까지는 거리가 멀다.

팡쿠크는 (실제로 그는 이제 서적상이 아니라 저자이다) 『메르퀴르』에 「미에 관한 서설」을 기고했다. 당신은 미가 무엇인지 아는가? 팡쿠크에게 귀를 기울여 보라. 그는 우선 '미가 확고부동하고 어느 나라에서나 동일한 것'이라고 주장한다. 이 주장은 독자인 당신을 약

『메르퀴르 갈랑』에서 뒤프레니, 라 로크, 퓌즐리에에 의해 합의제로 운영된 『메르퀴르』로, 그리고 1724년부터는 빈약한 작품과 문학계 및 과학계 소식 사이의 균형을 찾아내고 일반적인 정보를 제공하는 월간지가 되면서, 젊은이와 여성뿐 아니라 교양 있는 대중 전체를 겨냥하려는 새로운 야심에서 출범한 『메르퀴르 드 프랑스』로 바뀐 과정을 암시하고 있다. 『메르퀴르』는 원래 월간지였다가 1778년 6월 순간지가 되었고, 같은 해 7월에는 주간지로 바뀌었다. 『메르퀴르 드 프랑스』의 엄청난 상업적 성공에 주목한 당국은 발행인을 임명하게 된다. 발행인은 잡지의 수익을 국가에 보고하고, 반드시 잡지에 협력하지는 않더라도 자신이 선정한 문인에게 연금을 주는 데 이 수익을 사용한다. 팡쿠크(1736~1798)는 1778년 5월 『메르퀴르 드 프랑스』의 실권자가 되었다. 1778년 6월 베르젠은 그에게 '정치 잡지의 독점권과 인가서'를 25년간 양도하기로 했다. 그때부터 팡쿠크는 모든 정치 수서(手書) 신문을 독점했고, 다른 잡지들은 그에게 사용료를 내야 했으며, 1786년까지 아홉 가지 잡지가 연속적으로 『메르퀴르』에 통합되었다.

16 레날은 1750년 7월 1일에서 1755년 1월 1일까지 『메르퀴르 드 프랑스』를 운영했다.

간 아연케 한다. 당신은 그가 결국 무엇을 추구하는지 알게 된다. 그는 전권을 쥐고 '상대적인 미'와 '자의적인 미'를 '존재하지 않는 것으로' 간주하여 추방한다. 팡쿠크는 특별한 근거를 제시한다. 기다려 보라. 그는 미가 '불변하고 확고부동하다'고 결정한 후에, '누가 미를 판정할지' 자문하고는, '개명된 나라에서 사는 이들, 그런 나라에서 믿을 만한 안목을 갖고 태어나 세련미의 중심으로 가장 가까이 다가가는 이들'이라고 대답한다. 저자가 우리를 이끌고 가고자 한 그 중심은 무엇일까? '모든 장르에서 미에 관해 의사를 표명할 권리가 있는 사회'이다. 그러한 사회는 무엇일까? 취미가 고상한 사람과 연금 수령자가 인정하는 '세계의 으뜸가는 잡지'를 위해 일하는 사람, 불변의 미에 관해 말할 자격이 있고 미의 척도를 갖고 있는 임시 고용인, 공동 제작자를 '포함하는 사회'이다. 이로부터 명백히 '변함없이 아름다운' 것은 팡쿠크의 『메르퀴르』에 매달 4회 개재되는 것이라는 결론이 나온다. "그것은 발표되어야 했다."

이상이 파리에서 출판되고 투 저택[17]에서 배포되는 것의 구체적인 정황이다. 오, 술처[18]여! 예술에 관해 무모하게 글을 쓰고 메마르고 빈약한 붓으로 예술을 가장 좁은 전망으로 떨어뜨리는 탐욕스럽고 무지한 무리 때문에 그대의 이름이 무시되고 있다. 국왕에게 헌정되고 가장 탁월한 문인들의 저작물임이 틀림없는 것으로 우리에게 광고된 이 파란 소책자가 사실은 얼마나 보잘것없는가! 그 메르

17 Hôtel de Thou: 지금의 당통 길 3번지 부지에 위치한 법관 투의 저택. 메르시에의 책을 간행한 뷔이송은 본채 중 하나에 출판사를 갖고 있었고, 팡쿠크는 다른 본채에서 출판업을 하고 있었다. 1819년 샤를조제프 팡쿠크의 아들 샤를루이는 당시에 자기 매형의 소유였던 이 부동산을 매입했다.

18 Sulzer(1720~1779): 1772년에 『미술에 관한 일반이론』을 펴냈다. 거기에서 그는 미술이 다양한 조화에 의해 훌륭한 시민을 양성하도록 미술을 사회의 이익에 연관시켰다.

쿼르 사람들의 패거리 정신보다 더 따분한 것도 없다.

그런데 이 장에서 나는 문학 분야에 관해서만 말하고자 했다. 정치 분야는 대신의 수중에 있어서, 사실과 견해 그리고 표현이 사전에 결정되기 때문이다. 그럼에도 불구하고 불운한 문학 분야는 여전히 정치 분야에 의해 좌우되고 있다.

301 파리에서 태어난 작가

파리는 프랑스 왕국의 여타 지역만큼 많은 문학계의 위인을 배출했다.

나는 기억에 떠오르는 대로 그들을 알파벳 순에 따라 열거할 것이다. 실제로 살아 있는 사람들의 미덕에 '값을 정하는' 콜레주 교사나 잡지 발행인 양반처럼 등급이나 순위를 매기는 일은 하지 않을 생각이다. 내가 제시하는 명단은 다음과 같다.

'달랑베르', 유명한 기하학자 겸 탁월한 문인. '아미오', 대궁정 사제 겸 유명한 번역자. '앙크틸', 가톨릭 동맹의 역사가 겸 『궁정의 음모』의 저자, 그리고 동인도로 여행한 그의 동생. '앙제옹', 여러 희곡의 저자. 예수회에 맞선 변론과 뛰어난 조제프 번역으로 유명한 '아르 당디이'. 위대하고 많이 쓰지만 무익한 작가들 중의 하나인 '앙투안 아르노'. '바퀼라르 다르노', 『코맹주』와 『외페미』의 저자, 『멜라니』는 표절에 지나지 않는다. 천문학에 관해 글을 쓰고 미지의 민족에 관해 몽상한 '바이이'. '르보', 문예 아카데미의 비서, 『동로마 제국의 역사』의 저자. 다른 글보다 월등히 좋은 『회고록』으로 유명한 '카롱 드 보마르셰'. '벨랭', 해군 병기 제작자, 『프랑스 수리학』의 저자. 영어 번역에서 어느 정도 성과를 거둔 '블로' 부인, 메니에르 재판장 부인. '뒤 벨루아', 처음부터 궁정의 바람을 타고 순항한 비극 『칼레 공략』의 저자. 『백과전서』에서 "전술" 항목을 집필한 '르블롱'. 작시가들 중에서 으뜸가는 '부알로'. '부앵댕'. 법학자 '부셰 다르지'. 『안티루크레티우스』를 번역한 아카데미 프랑세즈의 '부갱빌'. 역사책을 쓴 '뷔리'. 『고대의 참모습』의 저자로서 풍부한 창의성으로 유명한 '불랑제'. 고미술 전문가 '켈뤼스'. 교황 강가넬리의 허구적인 『서한집』의 저자 '카라치올리'. '카시니 드 튀리'. 천문학자 '자크 카시니'. 애국 작가 '샤무세'. 의사이자 상상력을 타고난 저자 '르카뮈'. '라쇼세', 극시인. 과학 아카데미의 '클레로'. '코생', 국왕 집무실의 미술품 관리관. '콜레', 독창적인 음조를 지니고 있는 특이한 가요, 풍자적 속요, 희곡, 선전 공연의 작가. 기행문으로 유명한 '콩다민'. '콩탕 도르빌', 유익한 다작 작가. 재기 넘치는 소설로 널리 알려진 아들 '크레비용'. '크르비에', 퇴직 교수. '다캥', 유명한 오르간 연주자의 아들. 왕립 과학 아카데미의 '디오니스 뒤 세주르'. '데잘리에 다르장빌', 회계법원 심사관. 아카데미 프랑세즈의 '뒤시스'. 르자주와 함께 수집한 장터 극의 대본을 쓴 '도르느발'. '도라', 유쾌한 시인. '뷔텔 뒤몽', 『사치론』의 저자. 아카데미 프랑세즈의 '뒤프레 드 생모르'. 과학 아카데미의 '뒤아멜 뒤 몽소'. 런던 왕립학회의 '르드랑', 외과의사 '파강'. '파바르', 아리에타 희곡의 작가. '푸시', 과학 아카데미의 종신 비서. '퓌즐리에'. '플롱셀'. 과학 아카데미의 '푸주루 드 봉다루아'. 박식한 '푸르몽'. '푸르니에', 조각가 겸 활자 주물공장 경영자. '갈리마르', 기하학자. '고게', 『법, 예술, 과학의 기원』의 저자. 고메스 부인, 『100가지 단편소설』과 『즐거운 나날』의 작가. 박학한 '구제'. '기요 드 메르빌'. 의사인 아버지 '엘베시위스'. 너무나 유명한 책 『정신에 관하여』의 저자인 아들 '엘베시위스'. 재판장 '에노'. '라테냥', 렝스 대성당의 참사회 회원, 다작의 가요 작가. '로라제' 백작, 희귀한 비극 2편의 작가. '로스 드 부아시'. 아카데미 프랑세즈의 '르미에르'. '랑글레 뒤프레누아'. 과학 아카데미의 '드 릴'. '로리', 변호사. '로리', 의사. '로리', 법학 교수. '동 리에블', 베네딕트파 수사. '마시', 화학교수. 과학 아카데미의 '마케'. '마르샹', 쾌활한 작가. '마리에트', 그림 애호가,『비석 개론』의 저자. '마리보', 기발한 세부묘사에 능한 세련된 작가. 강렬한 상상력을 타고난 유명한 '말브랑슈'. '몰리에르'. '무아시', 몇몇 희곡의 작가. '모로', 방스의 주교. '모로', 샤틀레 재판소의 국왕 소송대리인. '미뇨', 셀리에르의 신부로서 거기에 삼촌의 무덤을 마련한 볼테르의 조카. 마지막 프랑스인으로 불린 '몽크리프'. 과학 아카데미의 두 '르모니에' 형제. '마레샬', 아나크레온파의 시인. 4편의 영웅 서간시와 한 편의 비극을 쓴 '블랭 드 생모르'. '모랑' 부자. '파트', 건축가. '페슬리에'. '프티 드 라크루아', 아랍어 교수. '팽그레', 천문학자. '파르페', 『프랑스 연극사』의 저자. '푸앵시네', 『동아리 연극』의 저자. '푸앵시네 드 시브리', 플리니우스의 번역자. '퐁세 드 라비비에르', 투루아의 전직 주교. '필리프 드 프르토', 『로마사의 정경』의 저자. '뒤퐁', 『시민 일지』의 편집인. '르포트', 다양한 천문학 논문의 저자. 베를린 아카데미의 '프레몽발'. '퓌이지외' 부부. '키노'. '케네' 박사, 경제학파의 우두머리. 아들 '라신'. 시인 '루소'. 박식한 '롤랭'. '레몽 드 생마르크'. '레몽 드 생트알빈', 『배우』라는 책의 저자. '리코보니' 부인. '로베르 드 보공디', 지리학자. '루아', 『관능의 시』의 작가. '사주', 유명한 화학자. 아카데미 프랑세즈의 '소랭'. '스쿠스', 변호사. '스덴', 희가극 작가. 아카데미 프랑세즈에서 어떤 때는 상을 타고 또 어떤 때는 아깝게 상을 놓친 '소레'. '생샤몽' 후작부인. '세넥테르' 백작. '티부', 유명한 인쇄업자. '티통 뒤 티예', 『프랑스 파르나스』의 저자. '투생', 풍속서의 저자. '빌라레', 『프랑스사』의 계승자. '빌뇌브' 부인, 소설 작가. '빌레트' 후작. '볼테르'. 아카데미 프랑세즈의 '바틀레'. '빌맹 다방쿠르', 작시가. 비극 『아말라송트』와 『에피카리』를 쓴 '시메네스' 후작.

나는 몇 명은 이름을 잊어버렸을지 모르지만, 누구나 그들에 관해 말하기를 바란다. "그러나 카시우스와 브루투스는 초상화가 없다는 사실 자체로 인해 누구보다 빛났다."[19] 지방에서 태어난 유명한 사람은 전혀 없다고들 생각한다면, 누구라도 배움을 위해 파리로 올 것이다. 파리에서 살기를 선택할 것이고, 향토애에도 불구하고 이 대도시를 떠날 수 없어서 파리에서 죽을 것이다. 왕국의 다른 도시들은 믿을 수 없을 정도로 메마른 황야이다. 식견을 갖춘 이 부류의 사람들은 모두 동일한 지역에 몰려 있다. 모든 문인을 수도로 몰아넣고 마치 요술처럼 그들을 수도에 붙들어 놓는 실제 원인은 무엇일까? 이는 깊은 성찰을 요한다.

자연은 서민과 구별된 이 사람들에게 귀중한 재능을 아낌없이 주었다. 반면에 운명은 이에 대해 앙갚음하려는 듯이 그들에게 호의를 거부했다. 이러한 운명의 심술은 오래전부터 잘 알려져 있다. 데모스테네스는 대장장이의 아들이었다. 베르길리우스는 빵집 아들이었다. 호라티우스는 해방된 노예의 아들이었다. 테오프라스토스는 헌옷 장수의 아들이었다. 아미오는 무두장이의 아들이었다. 라모트는 모자 제조업자의 아들이었다. 시인 루소는 신발 제조인의 아들이었다. 몰리에르는 융단 직조공의 아들이었다. 키노는 빵집 조수의 아들이었다. 플레시에는 양초 제조업자의 아들이었다. 롤랭은 날붙이 제조업자의 아들이었다. 마시용은 피혁 제조업자의 아들이었다. 장자크 루소의 아버지는 제네바의 시계상이었다. 카롱 드 보마르셰와 뒤퐁 또한 시계상의 아들이었다.

예술과 과학에서 이름을 떨치고 축적된 연구로 인간의 진정한

19 타키투스, 『역사』, 제3권, 76. 카토의 질녀이자 카시우스의 배우자이고 브루투스의 여동생인 유니아의 장례 장면에서 인용한 문장이다. 로마의 가장 유명한 스무 가문의 초상화를 든 사람들이 장례 행렬의 선두를 이루는데, 거기에 카시우스와 브루투스의 초상화는 보이지 않는다.

정신적 보고를 형성한 거의 모든 사람이 젊은 시절에 궁핍을 경험했고, 메로프가 말하듯이 '가난에 동반되는 그 멸시'를 받았다. 호메로스는 구걸을 했다. 타소, 밀턴, 페트라르카는 빈곤을 겪었다. 코르네유는 사망할 때 가난했다. 불랑제는 신작로에서 배회했다. 장자크 루소는 죽을 때… 이 자리에서 감히 말하지 못하겠다.

오늘날 군주가 하사하는 은급은 작품에 비추어 가장 받을 만하거나, 생활형편 때문에 가장 필요로 할지 모르는 문인에게 돌아가지 않는다. 요컨대, 문학의 품위에 이르기까지 모든 것이 호의나 신용 또는 음모에 의해 획득된다.

302 짐꾼

길모퉁이에는 으레 '헤라클레스'와 '크로톤의 밀론'이 있다. 우리는 가구를 들이거나 들어내고 상점의 무거운 짐을 옮기고자 할 때 그들의 힘을 빌린다. 당신이 손짓으로 그들을 부르면, 그들은 대문이나 담의 귓돌에 기대어 놓은 지게를 메고 다가와서 일거리 지시를 기다린다. 이 남자들은 신장이 보통 이상이고 안색이 진홍빛이며 다리가 튼튼하고 몸집이 건장하다고 생각할지 모르지만, 그렇지도 않은 것이 그들은 창백하고 작달만하며 뚱뚱하다기보다는 오히려 마른 편이고, 먹는 음식의 양보다 마시는 술의 양이 훨씬 더 많다.

언제나 그들은 아주 무거운 짐을 등에 짊어질 준비가 되어 있다. 마차들로 혼잡한 가운데에서, 그리고 비좁은 거리에서 그들은 몸을 살짝 구부리고 지팡이에 의지하여 짐을 나른다. 짐은 어떤 때는 거리의 폭만큼 크고 뒤나 옆의 주택들을 춤추게 하는 거울이고, 또 어떤 때는 깨지기 쉬운 귀중한 대리석으로 된 예술의 걸작이다. 이 남자들은 짊어진 짐과 거의 일체가 되어 돌면서 빠져나가고 비스듬히 걷는 덕분에 성급하고 거친 군중으로부터 밀려오는 충격을 피하며 적절한 순간에 멈추고, 일정하게 발을 내딛고, 행인들에게 경고하기 위해 욕설을 내뱉으며 행인들을 위협하고, 온몸으로 짐을 지고 있는데도 짧은 지팡이를 이용해 많은 장애물을 가로질러 어떤 것도 깨뜨리지 않고 목적지에 도착한다. 그들에게는 마른 길이건 진창길이건 또는 미끄러운 포도이건 상관이 없다.

자기 그릇들이 긴 들것에 실려 도시의 한쪽 끝에서 다른 쪽 끝으로 운반되기도 한다. 운반 과정에서 창문으로부터 뭔가 떨어지지만 않는다면, 받침접시 하나도 파손되지 않을 것이다.

짐꾼의 몸에서 어떤 근육이 가장 많이 사용되는지 아는가? 다리의 신근(伸筋)이다. 잘 살펴보라, 쉽게 감지할 수는 없지만 신근이 바르르 떨린다.

영하의 날씨에 마차의 바퀴가 대로 위에서 미끄러지고 봇도랑의 비탈 안으로 굴러 떨어져 서로 맞물릴 때면, 마차 안에 4명이 타고 있어도, 마차에 2~3개의 궤가 실려 있어도, 마부는 마차에서 내려와서 어느 누구의 도움 없이 등으로 마차를 들어올려 끌어낸다. 남자의 등골에는 얼마나 큰 힘이 있는가! 거대한 건축용 석재를 실은 마차가 균형을 잃고 넘어졌는가? 마차를 일으켜 세우려면 60명의 일손이 달려들어야 하고 6시간이 필요할 것이지만, 마부는 이 작업을 눈 깜빡할 사이에 해치운다. 몸체를 지탱하는 혁대가 끊어지거나 바퀴 하나가 망가져 마차가 굴러 떨어졌을 때에도 마부는 거의 언제나 신속하게 마차를 들어올린다. '사고가 났다'는 말이 들리기가 무섭게 인접한 사거리의 모든 짐꾼이 도움의 손길을 내밀고, 사고는 금방 수습된다. 공로(公路)가 막히자마자 그들이 달려와서 당장 길을 치운다. 그들의 이 일상적인 노고에 보상이 주어져야 할 것이다.

터키에서는 짐꾼이 7~8파운드의 무게까지 운반한다고들 한다. 우리의 짐꾼은 어림도 없다. 신(新) 도매시장[20]의 밀가루 인부는 모든 짐꾼 중에서 가장 기운이 좋다. 그들은 목이 매우 짧고 발이 평평

20 1765~1769년 오텔 드 수아송의 부지에 르 카뮈 드 메지에르의 설계로 건축된 곡물 도매시장, 즉 비아름 길로 연결되고 오래전부터 파리 중앙시장과 아주 가까운 원형의 거대한 건물이다. 1770년 이후 가죽 도매시장이 세워지고 뒤이어 생선 도매시장이 들어서면서 파리 중앙시장은 동쪽으로 확장되었다. 이노상 공동묘지는 1788년에야 비로소 새로운 채소 도매시장으로 바뀌었다.

해져 있으며, 척추 뼈가 단단하고 늘 휘어 있다.

이 남자들은 대단한 체력을 타고나지는 않았다. 그들은 주먹다짐이나 격투에 약하고, 노를 젓거나 톱질을 하는 데 서투르다. 그러나 그들은 등이나 목덜미로 짐을 나르는 습관을 들였고, 놀라울 정도로 균형을 잘 잡을 수 있다. 능란한 솜씨가 체력보다 더 효과를 보인다. 따라서 그들의 경우 막대한 무게 때문에 탈구가 일어날 염려가 없다. 외과 연감에서도 이러한 예들을 찾아볼 수 없다.

그러나 보기 딱한 것은 해 뜨기 전에 일어나 등에 무거운 채롱을 지고 낯빛이 붉고 눈이 거의 핏빛인 모습으로 진창길이나 첫걸음을 내딛자마자 얼음 갈라지는 소리가 들리는 포도를 걸어가는 가련한 여자들이다. 그녀들의 목숨을 위태롭게 하는 것은 바로 빙판이다. 그녀들의 여성성은 기이하게 훼손되어 있다. 그래서 누구나 그녀들을 보면 마음이 괴로울 것이다. 그녀들의 근육은 남자들의 경우와는 달리 별로 변질되어 보이지 않는다. 근육의 변질이 남자의 경우만큼 얼른 눈에 띄지는 않는다. 그렇지만 그녀들의 부푼 목, 힘겨운 호흡에서 근육의 변질을 짐작할 수 있다. 그녀들이 힘겹게 걸어가면서 거칠고 날카로운 목소리로 내뱉는 욕설을 들을 때면 누구라도 마음속 깊이 동정이 스며들 것이다. 그녀들의 목소리는 원래 이 거세고 상스러운 말에 어울리지 않았다고, 그녀들의 몸은 본래 이 과도한 짐을 견디도록 되어 있지 않았다고 누구나 느끼게 된다. 그도 그럴 것이 뙤약볕, 나날의 노동, 투박해진 팔, 손에 박힌 못도 그녀들을 남자로 변하게 할 수는 없었기 때문이다. 오페라의 무도회에서 가면과 도미노에도 불구하고 공작부인을 알아볼 수 있듯이, 그녀들은 두텁고 조악하고 더러운 옷 속에, 몸의 때 속에, 굳어진 피부 속에, 본래의 모습을 여전히 간직하고 있다. 예민한 눈으로 보면 그녀들의 여성성은 결코 없어지지 않았고, 눈썰미가 날카로운 이에게 이 가련한 여성들은 가장 깊은 연민을 불러일으킨다. 어떻게 하필이면 여자들이 자연으로부터 받은 체력에 어울리지 않는 과도한 노역으로 몰리게 되었을까? 여자들을 집안에 가두어 두는 민족이 여자들을 이 비정하고 반복적인 노동에 빠뜨리는 민족보다 더 잔인할까?

얼마나 대조적인가! 한편의 여자들은 커다란 호박을 여러 개 짊어지고 '비켜, 어서!'라고 소리치면서 땀을 뻘뻘 흘린다. 반면 다른 한편의 여자들은 바퀴가 나는 듯이 구르고 엄청난 크기의 무거운 채롱을 바짝 스쳐 지나가는 멋진 마차 안에서 입술에 루즈를 칠하고 손에 부채를 들고 나태에 겨워 죽을 지경이다. 이 두 부류의 여자는 같은 성일까? 그렇다.

때로는 한 짐꾼이 자신의 지게에 어느 가난한 사람의 세간 전부, 즉 침대, 밀집 매트, 의자, 식탁, 장롱, 취사도구를 빠짐없이 싣는다. 그는 가난한 사람의 소유물 전체를 6층에서 내려 7층으로 다시 올린다. 그가 가난한 사람의 전 재산을 나르는 데에는 단 한 번으로 족하다. 짐꾼은 이사하는 사람보다 부유하다. 실제로 이 한 번의 운반에 가난한 사람은 아마 자기 재산의 실질가치 중에서 10분의 1을 대가로 지불하게 될 것이다. 아, 슬프다! 가난한 사람은 1기분 월세의 절반밖에는 낼 수 없어서 3개월마다 주거를 옮기지 않을 수 없고, 게다가 집주인은 저마다 그를 더 멀리 내쫓으려 한다.

그러나 세입자는 어떻게 하면 동정을 받을 수 있을까, '집주인'에게 월세를 지불할 필요가 없지 않을까 하고 생각하게 된다. 그리고 집주인은 국왕에게 얼마 전에 오른 '두 20분의 1세'와 리브르당 8수[21]를

21 1749년에 마련된 20분의 1세는 소득 전체에 대한 직접세였고, 1756년의 두 번째 20분의 1세는 이 세금의 2배였으며, 1771년에는 20분의 1세에 리브르당 4수가 추가되었다. 여기에서 언급된 리브르당 8수는 (메르시에가 암시하듯이) 두 20분의 1세에 맞춰

낼 필요가 없지 않을까 하고 궁리하게 된다. 누구나 늘 이런 이유를 내세워 가난한 사람의 사정을 조금도 봐주지 않는다.

프랑스 왕가의 후손이 태어나면 짐꾼, 지게꾼, 가마꾼, 굴뚝 청소부, 식수 배달부들은 저마다 무리를 지어 음악, 다시 말해서 머리에 바이올린을 이고 베르사유의 '대리석 안뜰'로 국왕을 알현하러 간다. 바로 거기에서 그들은 발코니 위로 나온 국왕에게 축하의 말을 드리고, 생업의 상징물을 손으로 치켜들며, 때로는 재미있는 익살을 생각해내 펼쳐 보이곤 했다.

어떤 때는 굴뚝 청소부 4명이 들것으로 운반하는 프로이센 식 벽난로[22] 안에 한 굴뚝 청소부가 숨어 있다가 갑자기 굴뚝 밖으로 머리를 내밀고는 프랑스 왕에게 엄숙한 연설을 한다. 그는 국왕의 멋진 도시 파리의 집들을 화재로부터 보호하겠노라고 말한다. 또 어떤 때는 가마꾼들이 거구의 인물을 태우고 다닌다. 무수한 백합꽃이 수놓아 있는 덧옷을 걸친 이 인물은 튼튼한 두 팔로 젖먹이를 안고서 젖먹이에게 열렬한 입맞춤을 퍼붓는다.

그러나 저잣거리 아낙들은 특별히 회랑 안으로까지 들어가서 국왕에게 축하의 말을 건네는 특권을 누린다. 여기에는 무릎을 꿇어야 한다는 조건이 붙는다. 뒤이어 그녀들 대다수에게 식사가 제공된다. 왕실총감 휘하의 수석관리 한 사람이 그녀들을 접대한다. 식사는 진수성찬이다.

이 저잣거리 아낙들은 파리로 돌아와서 의기양양하게 행진하고, 자신들이 받은 훌륭한 대접을 도매시장에서 떠들어댄다. 6개월 동안

서 부풀린 것이다.

22 자기 타일로 장식되고 방안으로 돌출되어 있는 난로로서, 실제로 "작은 몸집의" 굴뚝 청소부가 그 안에 넉넉히 들어가 있을 수 있다.

도매시장은 궁정에 대해 매우 만족해한다. 이 기간에 국왕이 방문한다면, "국왕 만세"를 외치는 크고 힘차고 거의 전율적인 목소리가 이 지역에서 모베르 광장과 다른 시장들로 퍼져나갈 것이다.

이 모든 엄숙한 연설과 축하의 말은 사전에 문인들이 지어낸 것이다. 그들은 막후에서 이 연설과 축하의 말을 듣고 즐거워하며, 자신들이 직접 나서서 해야 했을 때보다 더 좋은 결과를 얻는다. 나는 제법 흥미로운 연설과 축하의 말을 읽었지만, 모든 것이 알려지거나 말해지지는 않았다. 우리는 결코 사투르누스 제(祭)라는 예로부터의 철학적이고 유쾌한 축제를 기꺼이 재현하지 못할 것이다. 그렇지만 사람들이 단 한 번만이라도 그런 축제를 되살리고자 한다면 모든 이가 여흥만큼은 더 많이 얻으리라고 생각한다.

303 멜론

파리의 포부르에서 자라는 멜론은 모양만 멜론이다. 롬바르디아의 맛있는 멜론, 홀란드의 달콤한 '캉탈루' 멜론을 맛본 사람은 이 맛없는 엉터리 과일에 손을 댈 수 없다. 이 멜론은 세계에서 가장 맛좋은 과일들 가운데 하나의 이름을 부당하게 차지하고 있다. 이 멜론은 몹시 퇴화하여 열병을 일으키고 건강에 해롭게 된 나머지, 경찰이 멜론의 재배와 유통을 금지하고 9월 25일 무렵에는 멜론을 강으로 내던지게 해야 할 정도이다.[23]

유리를 높이 설치하여 햇볕을 집중적으로 받을 수 있는 새로운 유형의 온실에서는 멜론이 더 잘 익을 것이고, 건강에 덜 해롭게 될 것이다.

10월 말에 디에프 또는 캉칼에서 새로 난 굴이 공급되고부터는 호박이 가장 유해하다. 그렇지만 나는 굴이 제철일 때라도 첫 추위 이후가 아니면 누구에게도 굴을 먹으라고 권하지 않는다. 경찰은 '가정부'가 어린애들을 돌보듯이, 파리의 식도락가들을 위해 기호식품의 위해성 여부를 살필 필요가 있다.

23 메르시에는 물의 경우와 유사한 멜론의 해악에 관한 논쟁 전체를 '열병 환자' 항목에서 재검토한다. 수분이 많은 모든 것은 건강에 해롭다는데, 이는 문제가 있는 물뿐만 아니라 옛날의 체액 의학에 근거를 두고 있는 오래된 주제이다.

304 결혼 적령기의 처녀

결혼 연령을 넘긴 처녀가 셀 수 없이 많다. 결혼보다 더 어려운 것도 없는데, 그 이유는 이 인연이 영원하기 때문이라기보다는 오히려 공증인의 입회하에 지참금을 공탁하러 가야 하기 때문이다. 결혼 적령기의 못생긴 처녀는 넘쳐나고, 예쁜 처녀는 거쳐야 할 난관이 여전히 많다. 어쩌면 파리에서는 바빌로니아인들의 풍습을 되살려야 할지 모른다. 그들은 결혼 적령기의 모든 처녀를 공설시장에 모이게 했다. 그러면 젊은 남자들이 와서는 당연히 가장 아름다운 처녀를 샀고, 이로부터 생겨나는 돈은 못생겨서 아무도 거들떠보지 않는 처녀들의 지참금으로 사용되었다.

누구나 알고 있다시피, 결혼은 무거운 멍에가 되었다. 그래서 사람들은 온 힘을 다해 결혼을 피한다. 얼마 전부터 사람들은 독신을 더 안락하고 더 안전하고 더 평온한 생활로 생각해 온 것이 사실이다. 오늘날은 중간 계급[24]에서도 독신을 선택한 처녀가 드물지 않다. 자매나 여자 친구끼리 합의하여 함께 살고, 2배가 된 소득으로 종신 연금을 붓는다. 여자들이 줄곧 소중히 생각하는 인연의 이 자발적인 단념, 이 반(反)부부의 관례는 우리의 풍속에서 주목할 만한 현상이 아닐까?

스파르타에서 여자들은 매년 베누스 신전에서 독신자들을 채찍

24 18세기에 이 표현은 일반적으로 '서민'도 작위가 있는 사람도 아닌 부르주아를 가리킨다.

으로 때렸다. 오늘날의 아가씨들이 결혼의 재단을 경시하고 독신을 선택하여 독신의 옹호자로 밝혀지고 일종의 남성적 자유, 지상의 어떤 민족에게서도 여성의 몫이 아니었던 자유 속에서 살아가는 것을 리쿠르고스가 보면 무슨 말을 할 것인가?

이 기이한 무질서로부터 무슨 일이 일어날까? 결혼하지 않거나 늦게 결혼하는 유복한 사람은 거의 아기를 갖지 못한다. 반면에 용감하게도 일찍 결혼하는 가난뱅이는 아기를 너무 많이 낳는다. 그래서 갈수록 부가 극소수 사람들의 수중으로 집중되고, 사회에서 부를 가장 필요로 하는 계급이 가장 적은 부를 갖는다.

어느 사회 계층에나 배우자와 어머니의 의무를 회피한 나이든 처녀가 있다. 이런 여자는 이집 저집으로 떠돌아 다니면서 살아가고 결혼생활의 고통과 쾌락에 얽매이지 않는다. 자식으로 둘러싸인 가정주부가 마땅히 받아야 하는 경의와 존경을 이런 여자가 부당하게 차지해서는 안 된다. 이런 여자는 포도를 맺는 대신에, 햇볕을 받아 누렇게 변한 드문 잎사귀만이 돋아나는 불모의 포도나무로 간주되어야 할 것이다.

노처녀는 남편과 자식이 있는 여자보다 일반적으로 더 심술궂고 더 고약하며 더 까다롭고 더 매정하고 더 인색하다.

나이든 총각과 처녀에게 세금을 부과해야 할 것이다. 또한 남녀 가릴 것 없이 강요되는 경솔한 맹세의 시기를 뒤로 미룰 필요가 있다. 그리고 처녀의 독신을 초래하는 병사의 독신을, 더더구나 기혼의 병사라면 더 용맹스럽고 더 애국심이 강할 것이므로, 폐지해야 할 것이다.

끝으로 결혼의 문턱을 낮추기 위해 입법자는 '옛 왼손의 결혼'[25]을 부활시켜야 할 것이다. 옛날에 첩은 상스럽지 않은 여자였다. 인간의 자유를 지나치게 제약하려고 하다가 인간을 새로운 일탈로 몰아넣었으니, '죄를 짓게 하는 것은 흔히 법'이라는 말을 여기에서 되풀이하지 않을 수 없다.

25 18세기의 모든 사전에서 "왼손으로 결혼하다"는 "더 낮은 신분의 여자와 결혼하다"라는 의미로, 이 경우에는 결혼식 중에 신랑이 신부에게 오른손 대신에 왼손으로 혼인서약을 하는 데서 유래했다.

305 방문

방문은 많은 시간을 앗아간다. 수위실에서 면담 대기자 명단에 자신의 이름을 써넣어 보지만 보람이 없다. 어떤 시기에는 어쩔 수 없이 이 저택에서 저 저택으로 다니면서 문안인사를 하고, 앉아서 몇 마디 하찮은 말을 하고 나서는 물러나와 이웃집으로 가서 똑같은 과정을 되풀이한다. 이처럼 한 저택에서 나와 또 다른 저택으로 들어가는 것은 노동이자 일과이다.

보호가 필요한 사람들은 마지못해서만 대(大)귀족을 방문한다. 의무나 오만 또는 탐욕 때문에 그들은 부속실을 가로질러 억지로 걸음을 옮긴다. 그들은 고통을 느끼고 아주 낮게 중얼거리며 일반규범을 감내한다. 틀림없이 좋은 기억력을 지니고 있을 하인이 누가 들어가는지 큰 목소리로 알리는데, 이는 사려 깊은 관습이다. 여자의 경우에는 문을 활짝 열어주는데, 바로 그때 회중에게 모습을 드러내는 개인의 귀에 작위를 가진 이들의 이름이 떠들썩하게 들려온다. 작위가 붙지 않은 이름은 뭔가 불명예스러운 것이다.

의례적인 인사말은 많이 줄어들었다. 원한다면 아무런 말도 하지 않고 앉을 수도 있다. 도착한 여자는 안주인과 가장 가까운 안락의자를 차지하고, 또 다른 여자가 들어오면 그 자리를 양보하고, 이런 식으로 자리 이동이 계속된다. 여자들은 서로에게 짐짓 언강부리면서도 발끝에서 머리까지 서로의 모습을 살펴본다. 이때부터 소식이 돌기 시작하고, 그래서 저녁 8시에 일어난 사건이 10시면 파리 전역에 알려진다. 결론을 짓는 논평과 재치 있는 말들이 벌써 뒤따르고,

이튿날 그것에 관해 말하는 것은 이제 어줍잖은 일이 된다.

소식을 주고받은 후에는 각자 특별한 견해를 늘어놓지만, 이제야 기회를 잡았다는 듯이 선박 조종술을 공공연히 가르치려고 드는 해군 장교의 경우를 제외하면 이야기는 길지 않다. 여자들은 지루함을 감추며 능란하게 화제를 새로운 오페라로 옮겨가고, 중앙 돛대에서 오케스트라의 바순으로 내려오고, 조화로운 폭풍우에 관해 이야기한다. 내가 글을 쓰고 있는 순간에도 음악과 해군에 관한 논쟁은 끝이 없다. 왜 그토록 논쟁이 오랫동안 계속될까? 서로 이해하지 못하기 때문이다.

전문 수다쟁이들의 공연목록은 뻔하다. 그들의 정신은 이런 공연목록에 의해 짜인다. 그들은 공연목록을 다양화하는 데 관심이 없다. 당신을 딱 한 번 놀라게 할 뿐인 사람만 많다. 나도 다른 많은 사람처럼 열심히 수다를 떨었던 때가 있었다.

306 은둔

파리에서는 아무리 오랫동안일지라도 두문불출할 수 있는데, 다른 도시들에서는 이것이 불가능하다. 한 달 동안 집안에 처박혀 있어도 시골에 내려가 있나 보다고들 생각한다. 그렇게 되어 한 달 동안은 아무도 귀찮게 하러 오지 않을 것이 거의 틀림없다. 당신이 집구석에서 혼자 실쭉한 낯을 하고 있는 동안, 문지기는 당신이 여행하고 있는 것처럼 가장하는 데 매우 유용하다. 이를테면 문지기는 당신의 역마가 되는 셈이다.

예전에 나는 「내 빗장에 부치는 서한」이라는 제목의 운문 희곡을 읽었다. 착상이 기발했다. 한 철학자가 자신의 서재에 '내 시간을 아껴주시오'라는 말을 크게 써서 붙여놓았다. 이로써 그는 귀찮은 사람들을 물러나게 했을까?

믿기지 않는다. 빗장 이외에는 성가신 방문객에 대한 다른 방어물이 없다. 그러므로 결코 '자신의 빗장에 부치는 서한'을 써서는 안 되고, 실제로 빗장을 질러야 한다.

얼마나 많은 거짓 우정, 얼마나 많은 무용한 관계가 있는가! 인생에는 이성적인 사람이라면 무엇을 해야 할지 알아야 할 단계, 그리고 자신이 자주 만나는 이들을 시험하고 겉으로만 친구인 이가 친구에게서 시간을 부당하게 앗아가는 것을 그만두어야 할 단계가 있다. 그렇게 되면 지혜, 철학을 더 기꺼워할 것이고, 일찍부터 시간을 절약하고, 또 시간을 낭비했다는 회한을 예방할 수 있을 것이다.

어떤 사람들은 자기 자신에게 몹시 진저리가 나서 잠자리에서 일어나고 몸단장하는 것을 지켜볼 4~5명의 사람이 방에 있을 때에만 삶을 꾸려나간다.

307 벽보

날마다 저녁에 세 곳에서 호화판으로 공연될 연극들이 아침 일찍 공고되고, 불르바르 극과 장터 극도 역시 이런 식으로 공연 소식이 알려진다. 「세탁소의 아탈리와 자노」, 「카스토르와 폴룩스」, 「작은 악마의 춤」의 벽보가 나란히 게시된다.[26] 따라서 누구나 취향에 따라 골라잡을 수 있다. 그런데 쾌락에 관해서는 희곡이 저속하지 않기만 하다면 누가 어떻게 하건 잘잘못을 따질 수 없다는 것이 내 주장이다. '배우들'이 '도덕의 검열관'으로 나서지 않을 때, 희곡은 더 이상 저속하지 않게 된다.

연극을 보러 가지는 못하지만 벽보를 통해서 어떤 희곡이 공연될지 알게 되어 관람하지 못하는 것에 대해 위안을 삼는 다수의 가난한 사람이 있다고 누가 생각하겠는가? 그들은 책을 빌려 잠자리에서 읽고는 공연을 보았다고 상상한다.

치안총감의 지시 없이는 어떤 벽보도 붙일 수 없다. 가령, 개나 팔찌를 분실했을 경우에도 이 사법관의 서명을 요청하러 가야 한다. 서명이 언제라도 준비되어 있고 잃어버린 스패니얼 개, 가발, 토시, 지팡이를 쉽게 찾도록 미리 서명된 백지 명령서를 발급하는 부서가 있는 것은 사실이다.

26 「카스토르와 폴룩스」는 1737년 10월 24일 장티 베르나르의 소책자에 의거하여 왕립 음악 아카데미에서 창작된 J. P. 라모의 오페라이고, 「작은 악마의 춤」은 유명한 줄타기 곡예사 니콜레(국왕의 대무용가 극장)의 단골 공연물이다.

파리에서 '허가'를 받지 않고 인쇄할 수 있는 것은 두 가지, 즉 '부고'와 '결혼 청첩장'뿐이다. 그러나 매우 개화된 정치체제에서는 이와 같은 파격이 오랫동안 계속될 수 없을지 모른다. 오래지 않아 부고와 결혼 청첩장도 아마 '올바른 질서'에 따라 검열관의 검토와 대상서 각하나 국새상서 각하의 승인을 반드시 거치게 될 것이다. 왜냐하면 구혼자와 사망자가 아무리 다급하다 해도 인쇄 행위가 '자유롭게' 허용되어서는 안 되기 때문이다. 그것은 '직권'을 침해하는 파렴치하고 경솔한 짓이다.

또한 개인들이 '권한'도 '특권'도 없는데 제멋대로 '명함'에 이름을 인쇄하고, 급기야는 '시종', '백작', '후작', '남작', '기사', '변호사'로 자처한다(나는 이런 풍조를 개탄한다). 그들의 행위는 아마 사칭일 것이다. 그렇다! 수위실로나 자물쇠 안으로 슬그머니 밀어넣을 온갖 명함을 '인가'하고 '조사'하기 위해서는 국왕의 검열관을 임명하는 것이 시급하다. '명함'에 인쇄하는 것과 '문서'에 인쇄하는 것 사이에 어떤 차이가 있을까? 인쇄 활자는 결코 '서명'과 '수결' 없는 더럽거나 구겨진 종잇조각에 찍혀서는 안 된다. 이런 '명함'에 무엇인들 넣을 수 없을 것인가! 이 점에 대해서는 경계심이 둔화되는데, 이는 정말로 바로잡아야 할 일이다. 기이하게도 관인(官印) 사무관이 이에 대해 분개한다.

벽보 부착자는 가슴에 구리 표찰을 달고 있어야만 희곡, 책, 팔려고 내놓은 토지의 광고지를 벽에 붙일 자격이 있다. 이 동일한 벽보 부착자들[27]이 범죄자의 판결문을 사라고 외치고 사형집행을 반긴다. 이 점에서 사형집행은 인쇄업자에게처럼 그들에게도 얼마간의 돈을

27 아카데미 프랑세즈의 회원처럼 그들은 40명이다.

벌 수 있는 기회이다.

이 벽보들은 이튿날 떼어지고 그 자리에 다른 벽보들이 붙는다. 벽보를 붙이는 일손이 벽보를 폐기하지 않는다면, 일종의 판지, 함께 뒤섞인 성(聖)과 속(俗)의 거친 결과물, 가령 '명령서', '약장수의 광고지', '고등법원 재판관의 판결', 고등법원의 판결을 파기하는 '참사회의 결정', '압류 재산', '사망 이후 최고 입찰자에게 낙찰되는 방식의 경매', '계고장', '잃어버린 개', '샤틀레 재판소의 판결', '독실한 사람들에 대한 조언', '인형극', '설교자', '성체 현시', '용기병 연대', '영혼 개론', '탄성 붕대' 등, 요컨대 일반인이 쳐다보지만 읽지는 않고 아무 장식이 없는 벽을 숨기는 데에만 소용되는 그 모든 문서에 의해 길이 막힐지도 모른다.

일반대중이 이 벽보들에 익숙해진다면 프랑스어 맞춤법은 아마 덜 훼손될 것이다. 그렇지만 일반대중은 맞춤법에도 이 많은 게시문의 내용에도 별로 신경을 쓰지 않는다.

법원의 판결문이 때로는 가로 약 1m 세로 약 2m이고, 활자는 자그마하다. 그야말로 쓸데없는 문자들의 범람이다! 누구나 이런 벽보를 경악의 눈으로 바라보지만, 아무도 읽지는 않는다. 그것은 글자가 잔뜩 적힌 종이로서, 승소가 불확실한 소송을 벌인 두 개인이 마침내 파산하여 벽면의 일부를 가리는 데에나 소용될 터이다. 그런데도 이 고딕체의 산문에 때로는 6만 프랑의 비용이 든다. 법원 서기와 재판비용 징수관은 이런 문체에 대해 경탄할 만할 뿐 아니라 불가결하다고 생각한다.

공증인, 소송대리인, 경매심사관 등의 이름은 모든 길모퉁이에 굵은 활자로 인쇄되어 나붙지만, 그렇다고 해서 이 부르주아들이 더 유명해지지는 않는다. 그들은 늘 벽보에 이름이 나는데도 변함없이 변변찮다. 그들은 명망이 없어서 돈을 밝힌다. 등기된 '재산목록'은 좋은 책보다 훨씬 많은 이득을 가져다준다.

공연물의 벽보는 천연색으로 인쇄되지만, 지나치게 높은 곳에 나붙는다. 예닐곱 가지의 공연물 벽보를 볼 수 있는데, 이것들은 맨 위의 '비(悲)가극'에서 맨 아래의 '줄타기 곡예사'까지 그야말로 등급이 정해져 있다. 대개의 경우 '불르바르 극의 공연' 벽보는 '세 군데 극장의 벽보'에 대한 경의의 표시로 이것으로부터 멀리 떨어져 나붙는다. 질서와 위계는 그런 것이다!

308 회화, 소묘, 판화 등

회화와 소묘를 엄청난 가격으로 구입하는 무분별한 편집증은 파산을 초래하는 성향으로서 정말 상상할 수 없다. 다이아몬드와 도자기의 경우를 제외하면 이보다 더 편협하고 비상식적인 호사는 결코 없다. 이는 그림이 가격만큼의 값어치를 갖지 못하기 때문이 아니라, 유용성도 제한되어 있고 한없이 향유할 수도 없는 그림에 금칠을 해대기 때문이다.

군주가 집무실을 만들 때에는 온갖 미술 작품을 이것저것 알아볼 필요가 있다. 그러나 개인이 언제나 불완전할 수밖에 없는 미술품 수집을 사적으로 시도한다면, 분명히 그 막대한 비용 때문에 그는 좋은 부모, 좋은 친구, 친절한 시민이 되기 어렵다. 실제로 그는 그림에만 돈을 쏟아 붓는다. 그는 많이 소유하면 할수록 더 많이 소유하고자 할 것이다. 따라서 그의 가문, 그의 가족, 그를 둘러싸고 있는 이들은 그가 편집증 때문에 끊임없이 치르는 엄청난 희생에 모두 고개를 설레설레 내두를 것이다. 이 편집증의 특성은 이로 인해 고통을 받는 사람에게 결코 만족을 주지 않는다는 데 있다.

오해하기는 쉽고 실수는 날마다 일어난다. 오해와 실수는 다시 번민과 당혹감의 원인이 된다. 즉 취미의 자리에 고집이 들어서고, 맹렬한 소유욕 때문에 평온한 즐거움이 가로막힌다.

원작이 없을 때 좋은 모방작에 만족해하지 않는 이유를 나는 결코 이해할 수 없다. 가장 숙련된 안목을 가진 사람은 흔히 두 회화 작품 사이에서 망설인다. 이렇게 신중히 판단한다면 그림 하나에 붙어 있는 가격으로 아름다운 그림 30편을 구입할 수 있을 터인데도, 어찌하여 단 하나의 그림에 많은 돈을 쓴단 말인가?

이런 사람은 자기 집과 땅을 팔아 판화를 수집하고는, 눈에 띄지 않는 종이 끼우개에 처박아두고 1년에 네 번도 꺼내보지 않는다. 그는 여전히 경매장을 어슬렁거리고, 집행관에게 힘없는 목소리로 "1수" 하고 외치고, "내가 미쳤지" 하고 큰소리로 말하고는 물건을 가져가는데, 그가 자신의 획득물을 자세히 살피기 위해서는 도수 높은 안경이 필요하다. 그가 죽을 때 이 모든 것은 여러 사람의 손으로 흩어지게 되고, 그가 그토록 심혈을 기울인 '과업'은 결코 완벽하게 이루어지지 않는다.

색깔이 산뜻하고 보기 좋은 현대적이고 흥미로운 그림보다는, 어떤 것도 분간할 수 없는 부분적으로 채색되고 빛깔이 바랜 낡은 그림을 사람들은 독창적이라고 해서 선호하게 된다. 전자의 결함은 도대체 무엇일까? 화가가 살아 있다.

그림과 조각상에 엄청난 금액을 들이는 특권은 지나칠 정도로 호사롭게 살아가는 군주 또는 대귀족에게나 어울리지 개인에게는 맞지 않다. 유산을 진기한 물건에 탕진하는 것은 미친 짓이고, 회화작품이나 판화를 위해 부모와 친구를 소홀히 하는 것은 악덕이다. 미술품은 공공 미전에 출품하기 위한 것이지 서재를 장식하기 위한 것이 아니다. 무절제한 애호가는 미치광이일 뿐이다.

나쁜 결과를 가져오는 이 광기를 아직은 어느 누구도 무대에 올려 웃음거리로 만든 적이 없다. 이 광기는 희극작가가 그려볼 만한 소재일지 모른다.

309 경매

우리의 나리들은 수집 애호가로 불리지만, 대개의 경우 부유하고 호쾌한 골동품상[28]으로서, 필요도 열정도 없이 그저 유리한 거래를 하기 위해 보석이나 말, 그림, 아주 오래된 판화 등을 사들인다. 그들은 종마사육장 또는 진열실을 만들지만, 그들의 종마사육장이나 진열실은 순식간에 상점이 된다. 그들은 미술에 열광하는 사람이라고 여겨지지만, 단지 돈을 좋아하는 사람일 뿐이다.

그들이 우상처럼 집착하고 숭배하는 꽃병, 청동상, 걸작은 누구라도 그들에게 금전을 지불하고 구입할 수 있는 것이다. 소유자가 자랑해 마지 않는 정말 오래된 메달도 보관함에 남아 있지 않는다. 누군가가 그것을 쟁취하게 된다. 이 허울 좋은 골동품상들은 이런 식으로 상업 계층의 이익을 부당하게 차지하는데도, 오로지 예술가를 위해 구입할 뿐이라고 말할 것이다. 그러나 예술가에게 그들은 사실상 폭군이다.

게다가 경매에서는 그림의 실제 가격이 분명히 드러나고, 오만한 소유자의 응접실에서와는 달리 그림이 더 이상 강한 인상을 주지 않는다. 거기에서는 무능하고 거만한 사람에 의해 부당한 취득이 일어날 수 없고, 자칭 감정가의 비현실적인 선고가 효력을 잃으며, 당당한 프랑스 화파의 과시적이고 오만한 태도가 누그러지게 된다. 수석

28 brocanteur: 18세기에 이 낱말은 "본래 그림을 되팔기 위해 사들이는 일을 하는 사람"이라는 의미로 사용되었다. 그런 만큼 미술계의 용어였다.

궁정화가[29]로 불리는 화가의 작품일지라도 높이가 4피에인 것 하나를 (캔버스의 가격인) 10에퀴에 구입할 수 있다. 경매심사관은 그에게 친절을 베풀지 않고 냉혹하게 그의 작품을 구매자에게 넘기는데, 구매자는 담배연기 자욱한 응접실이나 식당을 이 작품으로 장식하게 된다.

왕국의 섭정인 오를레앙 공작 필리프는 그림 그리기를 즐겨했다. 그가 유럽을 움직이는 데에는 능숙했을지 몰라도, 그의 그림 솜씨는 매우 서투른 화가의 수준을 넘어서지 못했다. 무슨 일이 일어났을까? 그의 주요 작품이 그의 이름에도 불구하고 모든 진열실로부터 계속 내몰렸고, 지금은 튈르리의 상점가에서 안식처를 제공할 구매자를 헛되이 유인하고 있다. 누구나 그의 그림을 바라보고 그의 존엄한 이름에 미소를 짓지만, 36리브르를 주고 그의 그림을 사려는 사람은 아무도 없다. 이 사례에서 분명히 알 수 있듯이, 천재에 기인하는 예술의 영역에서는 직함으로 일반대중의 관심을 살 수 없다.

29 구체제하에서 '수석 궁정화가'라는 직함은 국왕이 지시한 회화 및 조각 작업의 감독을 맡은 미술가를 일컫는다.

310 모자

파리인은 견해나 기벽, 유행을 모두 다 쉽게 바꾼다. 인간의 모든 물건처럼 우리의 모자 모양도 필연적으로 변해왔다. 문예의 제국에서 새로운 방법이 잇따라 나타나듯이, 상점에서 모자도 새로운 것이 잇따라 나타난다. 마침내 쇠퇴하여 이제는 누구도 모방하지 않는 '아카데미 문체'처럼 '높은 뾰족 모자'가 한동안 유행했다.

변하는 모든 것에 대한 이 공감, 새로운 유행을 창조하도록 우리를 부추기는 이 열정으로 인해, 우리는 왕족이 놀면서 또는 변덕으로 고안해 낸 것을, 가령 어떤 때는 '커다란 구두 매듭'을, 또 어떤 때는 '연미복'을 뒤좇아 간다. 가령, 어느 구두에는 알키비아데스라는 이름이 붙었는데, 알키비아데스는 이 구두가 자신의 창안물이라는 말에 속으로 흡족해 했을 것이다.

때로는 특이한 이점 때문에 유행이 생겨나기도 한다. 예를 들어, '살대[30] 치마'는 혼외 임신을 일반인의 눈에 띄지 않게 하고 마지막 순간까지 감추기 위해 생겨났고, 널따란 장식 소맷부리는 놀음에서 속임수를 쓰고 카드를 슬쩍하고자 하는 사기꾼에 의해 도입되었다.

우리는 넓은 펠트 모자의 높은 가장자리를 아주 약간만 잘라냈고, 뒤이어 펠트 모자를 작게 만들었으며, 마침내 펠트 모자의 몹시 불편한 '세 귀퉁이'를 사라지게 했다. 우리는 둥근 모자를 쓰는데, 바

30 '살대'는 여자가 몸의 자세를 바르게 하기 위해 치마 안쪽에 대는 나무나 상아 또는 고래수염으로 된 일종의 받침살이다.

로 이것이 오늘날 유행하는 모자이다.

아침에 모자를 겨드랑이에 끼고 집을 나서지 않는 법이다. 모자는 몸에서 가장 고귀한 부분을 덮는 것이고, 이것이 모자의 용도이다. '터번'을 겨드랑이에 끼고 있는 터키인, '주교관'을 손에 들고 있는 주교를 본 적이 있는가? 그러므로 약한 뇌를 햇빛으로부터 보호하기 위해, 그리고 이 귀중한 둥근 지붕으로 뇌척수의 액체가 증발하지 않도록 머리에 '모자'를 줄곧 올려놓자. 예의와 애교를 위해 모자를 끊임없이 손으로 사용하는 것은 우스꽝스럽지 않을까?

여기에서 나는 결코 모자의 역사를 이야기하지도,[31] 줄기차게 써서 기름때로 끈적끈적해진 루이 11세의 모자로 거슬러 올라가지도, 모자의 커다란 마술적 효력에 관해 말하지도 않을 생각이다. 어떤 모자는 불량한 사제를 대귀족으로 보이게 하고, 또 어떤 모자는 박사를 얼간이로 보이게 한다. 모피로 안을 댄 척탄병의 모자가 어떤 효과를 내는지는 잘 알려져 있다. 또한 왕관은 뭔지 모를 열광을 불러일으키는 모자가 아닌가?

나는 젊었을 때 가장자리가 꽤 넓은 모자를 보았는데, 이 모자는 가장자리를 꺾어 내리면 우산과 흡사했다. 장식용 끈을 이용하여 가장자리를 어떤 때는 올리고 어떤 때는 내릴 수 있었다. 그 후로는 '배' 모양의 모자가 나타났다. 오늘날에는 장식 없이 둥근 형태가 주도적인 듯하다. 실제로 모자는 쓰는 사람의 취향에 따라 온갖 모양을 띠는 프로테우스 같은 물건이다.

여자들에게 물어보라, 그녀들은 그토록 많은 다양한 시도 후에

31 "샤를 6세의 치하 이전에는 결코 모자를 볼 수 없었다. 샤를 6세의 시대에 시골에서 모자를 쓰기 시작했다. 그랬던 것이 샤를 7세의 치하에서는 도시에서도 비가 오는 날에, 루이 11세 치하에서는 어느 때나 모자를 썼다."(『트레부 사전』)

영국에 대한 반감에도 불구하고 마침내 '영국식 모자'를 쓰게 되었다. 나는 그녀들에게 계속 영국식 모자를 쓰라고 조언하고 있다. 그녀들은 진주, 다이아몬드, 깃털, 끈, 리본, 술, 단추, 꽃으로 영국식 모자를 장식한다. 시인들은 언어로 별과 혜성을 거기에 매댄다. 그녀들이 쓰는 모자의 색깔은 붉은색, 푸른색, 검은색, 회색, 노란색으로 다양하다. 그렇지만 그녀들은 한결같이 '영국식 모자'를 고집한다. 왜냐하면 못생긴 여자도 잘생긴 여자도 이 모자를 쓰면 더 좋아 보이기 때문이다.

우리는 이제 너무 작은 모자도 너무 큰 모자도 쓰지 않는다. 남자들이 보라는 듯이 작은 모자를 썼을 때, 부인들은 우스꽝스럽게 머리 모양을 높이 올렸다. 오늘날 남자들은 모자의 부피를 넓히고 둥글게 했다. 반면에 부인들의 머리 모양은 크게 낮아졌다.

그 당시에 어느 시인이 다음과 같이 말했다.

클로리스를 보았네, 젊은 엘렌을 보았네,
'볼라르' 리본으로 이마를 장식했더군.
갑갑한 고래수염 받침살의 코르셋으로
꽉 조인 몸에서 신음소리가 나는 듯했지.
머리털이 머리에서 멀리 비죽 솟아 있었고,
꼭대기에는 장식 깃털이 오만하게 나부꼈어.
근처에서 얼핏 본 메디치베누스 상이여,
자유롭고 꾸밈없는 몸매에
둥그스름한 윤곽이 너무나 자연스러웠지.
모든 것이 소박했고, 모든 것이 매혹적이었어.
완전한 우아미에 탄복하며 낮게 중얼거렸지.
'클로리스는 너무 꾸며서 미모가 예전만 못해.'

남녀를 불문하고 모자가 훨씬 더 맵시로워졌다. 사륜마차 안에서도 우리는 구석에 머리를 둘 수 있고, 옛 삼각모의 뾰족한 끝으로 옆 사람의 눈을 찌를 위험도 없다.

정장을 하고는 언제나 겨드랑이에 끼고 나서는 것이 바로 모자이지만, 일주일에 두세 번 중요한 방문을 할 때에만 정장을 한다. 품위 있는 사람은 공연 중에도 모자를 벗지 않는다.

마지막 변화는 내 생각에 최선의 것으로서, 색깔에 영향을 미쳤다. 모자는 이제 검은색이 아니다. 지금은 누구나 100여 년 전의 카르멜회 및 피양회 수사처럼 회색 모자를 쓴다. 그러면 특히 여름철에 햇볕이 내리쬐어도 머리가 덜 뜨겁다. 처음에는 눈으로 보고 놀라도 나중에는 모든 것에 익숙해지는 법이다. 붉고 파란 모자, 밝고 선명한 초록색과 자홍색의 모자가 등장할지 모른다. 이럴 경우에도 그렇거니 할 것이다. 각자 자신이 좋아하는 색깔을 공공연히 드러낼 것이고, 그렇게 되면 새로운 볼거리가 생겨난 셈일 것이다.

누구나 새로운 유행을 처음에는 비난한다. 각자 어처구니없는 변화에 격렬히 항의한다. 한 달이 지날 때쯤이면, 가장 격렬한 반대자도 이 변화를 따른다. 오늘 이 변화를 야유하는 아무개라도 엉뚱하다고 반대했던 것을 받아들이게 된다.

챙 없는 새로운 모자가 세계에 넘쳐나게 할 차례이다. 그러므로 우리의 창의적 재능을 유감없이 발휘하여, 우리 남자의 모자를 스위스와 홀란드 사람들의 머리에 씌우자. 계속해서 모자의 유행을 선도하자. 모든 여자가 우리의 모자를 써온 만큼 빈, 베를린, 페테르부르크에서도 우리의 모자를 쓰도록 하는 것이 중요하다. 그러면 우리는 행복한 승리자로서 눈부신 정복의 범위를 훨씬 더 멀리 넓힐 수 있지 않겠는가?

311 혼례

농촌의 혼례, 정답게 손을 잡고 순박한 욕망의 눈길을 주고받으면서 교회를 향해 나아가는 촌락의 커플, 자신들이 결혼한 바로 그 제단으로 이 남녀를 뒤따르는 친척, '나들이 옷'을 입고 모자에 리본을 달고 한쪽 손에 꽃다발을 든 축제일의 총각들, 끈으로 졸라맨 흰 상의를 입고 그날따라 애인을 더 대담하게 바라보는 처녀들, 그리고 약간 날카로운 소리를 내지만 행진을 흥겹게 이끌고 행렬을 마감하는 바이올린을 본 사람이라면, 성당의 웅장한 주랑에서는 이 활기차고 순수한 즐거움과 천진하고 개방적이며 자연스러운 기쁨의 보기 좋은 정경은 기대하지 않는 것이 좋을 것이다.

여기에서는 결혼에 많은 비용이 든다. 꽃핀 생울타리를 따라 잔디밭 위로 행진하여 행복의 제단에 이르는 일이 결코 없다. 유리창 달린 호화로운 사륜마차 안에 처박히고, 무겁게 치장을 하며, 미용사들이 오전 내내 바쁘고, 우울하게 서로 감시하고, 모든 과정이 격식에 따라 이루어지며, 부유한 커플이 값진 예복으로 몸을 감싸고 있지만, 이마에는 벌써 이후의 나날에 동반될 권태의 기미를 띠고 있다. 농촌 처녀는 시골 사제 앞에서 서약을 엄숙히 확인하기 전에 진정으로 사랑하고 있는 반면, 파리 처녀는 호사로운 반지를 받으면서 변함없이 사랑할 것이라고 맹세하지만 아직 사랑하는 것은 아니다.

마을의 향연도 동일한 차이를 보인다. 티 없이 맑은 웃음, 풀밭 위에 차려진 식탁, 일가 친척의 기쁨, 늘 가득 채워지는 포도주 단지, 통째로 잡아 잘게 썰어 굽는 송아지는 어디에 있는가? 발랄한 춤과 참된 환희의 동작은 어디에 있는가? 머리가 하얗게 세고 애정 어린 눈물로 촉촉한 눈을 훔치는 노인네들은 어디에 보이는가? 젊은 신부의 은밀한 눈길에서 쾌락에 대한 기대를 읽을 가능성은 어디에 있는가? 기운이 넘치고 저녁 별이 빛나기를 초조하게 기다리는 신랑의 모습은 어디에 있는가? 어디에서 신부는 이튿날 약간 창백하고 부끄러워하고 놀라면서도 행복하고 당당한 모습을 보이는가? 도시에서는 이 모든 것이 결코 존재하지 않는다.

오래전부터 서로 만나지 않았고 이 예식일이 지나면 좀처럼 다시 만나지 않을 반쯤 분열된 양가 친척의 회합, 노쇠를 숨기는 노인들, 신분의 과시, 부자연스러운 존경의 표시, 신중한 인사, 약삭빠른 관찰, 쌀쌀맞은 축하의 말, 가식적인 예절, 음울하고 위압적인 자존심, 바로 이런 것이 수도에서 행해지는 결혼의 양태이다.

옛 혼례의 몇몇 모습을 보려면, 제2 등급의 부르주아 계급으로 내려가야 한다. 거기에서는 혼례가 덜 화려하지만, 활기와 떠들썩한 소리가 전해져온다. 거기에서는 80~100명의 회합이 벌어지고, 하객들 각자가 차례로 젊은 신랑과 신부에게 향연을 베풀어 준다. 11주 동안 식사 모임이 연속적으로 이어진다.

요리점 주인들은 하나같이 결혼식 향연이 갈수록 드물어진다고, 누구나 연회를 베풀지 않으려고 시골로 달아나 버린다고 크게 불평한다. 그들은 우리의 조상이 모두 거침없는 진솔함과 가장 완전한 열의로써 기념한 인생의 가장 성대한 날에 좋은 음식을 마련해 실컷 먹는 전통이 이어지지 않고 있는 만큼 기쁨이 쇠락하고 있다고, 우울증이 나라에 퍼져 있다고 말한다. 결혼식에서 바이올린을 켜는 사람들도 이제는 아무도 예전처럼 춤추지 않는다고 투덜댄다.

주인의 한탄이 새어나오는 이 요리점들에는 회식하는 사람과 춤추는 사람만을 위한 널따란 홀이 있다. 엄청나게 긴 식탁을 놓고 동

그렇게 원을 이루어 카드리유 춤을 추기 위한 자리도 마련되어 있다. 아직도 서민은 오랫동안 요란하게 춤을 춘다. 왜냐하면 사방에서 오락의 가치를 떨어뜨리고자 해도, 서민은 누구보다도 유쾌한 관습을 버릴 수 없는 계층이기 때문이다.

모든 부르주아 혼례에서는 무람없는 말들이 오간다. 거기에서 이야기되는 모든 것들의 모음집을 만든다면, 그 농담들은 별로 우아하지는 않겠지만 상류사회에서는 찾아볼 수 없는 독창성을 일정 부분 지니고 있을 것이다. 그런 날이면 부르주아는 얼굴에 웃음을 띠는데, 이 웃음은 그가 지금 축제일을 보내고 있다는 것을 모든 행인에게 알려준다.

그다지 부유하지 않은데도 천성이 대식가이고 따라서 (상당한 연수입 없이는 하지 못하는) 훌륭한 식사를 좋아하는 어떤 사람이 평생 동안 날마다 먹고 마시며 흥청대기 위해 특이한 방법을 찾아냈다. 그는 검은색 예복을 매우 단정하게 차려입고서, 오전 내내 생퇴스타슈, 생폴, 생쉴피스, 생로크, 요컨대 규모가 큰 모든 소교구에 규칙적으로 나갔고, 행렬이 약간 긴 결혼식을 보면 무리 속에 섞여들었다. 어떤 날은 선택을 해야 했다. 왜냐하면 흔히 동일한 시간에 동일한 교회에서 상이한 계층의 결혼식이 3~4차례 거행되기 때문이다.

미사가 끝난 후에는 언제나 사전에 주문되고 통상적으로 요리점에서 벌어지는 축하연이 시작된다. 각 배우자의 친척은 한 식탁에 앉는 것이 관례이고, 대개의 경우 그들은 서로 얼굴을 이번에 처음 대한다. 그런데 신랑의 부모는 미사에서 그의 낯선 얼굴을 보고서 신부 쪽의 초대 손님이라고 생각했고, 반면에 신부의 부모는 그를 신랑 쪽의 손님이라고 생각했다. 따라서 그는 모호한 역할에 따라 양쪽에 가벼운 축하의 말을 건네면서 많이 먹었고, 정말로 그가 당일의 품격과 화제에 철저히 정통했다고들 생각한다.

4~5년 전까지도 이 술책이 계속 성행했다. 일주일 전부터 우리의 '검은색 예복'과 세 차례 마주친 한 친척이 눈치를 채고 그에게 어느 쪽인지 물으면, 그는 '문 쪽'이라고 대답하면서 식탁 위에 냅킨을 올려놓고 자리에서 일어났다. 이미 후식이 나온 후였다.

마을에서는 결혼에 비용이 많이 들지 않는다 해도, 시골의 주민에게는 기쁨을 성스럽게 하는 데 별로 돈이 들지 않는다 해도, 파리에서는 사정이 다르다. 구혼자는 미래를 생각하고 자기 부모의 어리석은 허영에 맞추기 위해 사치와 체면유지의 온갖 비용을 감당한다. 혼례 이후 일주일이 지나면 후회와 한탄이 찾아든다. 납품업자들의 계산서가 날마다 이어지고, 다이아몬드 상인, 옷감 상인, 보석상, 재봉사, 요리점 주인, 내의류를 파는 아낙, 장신구 상인, 융단직조공, 거울판매상, 미용사가 번갈아 가련한 남편에게 상환을 요구한다. 지불해, 지불해! 오로지 이 모든 것 때문에 여자가 너를 잡은 거야. 너의 즐거움이 순전히 공짜일 것이라고 생각했어?

따라서 생생한 판화가 완성된 셈이다. 거기에서 신부의 지참금은 갖가지 지출 항목으로 분출되어 여러 도매상 및 소매상의 손아귀와 앞치마로 떨어진다. 어쩔 수 없이 자신의 현금이 흩어져 버리는 것을 처량하고 놀란 눈으로 뒤쫓는 남편은 돈주머니를 만져보나, 텅 비어 있다는 것을 고통스럽게 확인한다. 보상이라고는 옆에 번지르르한 겉치레와 싸구려 장신구로 반짝이는 영원한 아내가 있을 뿐이다.

첫 아기가 태어나면 그나마 남아 있는 지참금마저 날아간다. 잘못 생각한 남편은 쓰라림을 맛본다. 부부 사이에 서로 비난하는 목소리가 높아진다. 각자 마음속 깊은 곳에서 헛된 결혼, 그리고 허영을 좇은 사치스러운 혼례를 저주한다.

312 결혼생활, 간통

결혼의 파기 불가능성 때문에 간통이 일어난다. 즉 매듭을 풀 수 없어서 매듭을 끊어버리는 것이다. 이것에 놀랄 필요가 있을까? 다른 점에서 보면 용모, 재산, 직업, 생각이 너무 다른 사람들을 대상으로 동일한 계약이 맺어져 왔다! 속박이 여기에서는 느슨하고 저기에서는 너무 팽팽하며, 여기에서는 전제적이고 저기에서는 탐욕을 가리는 장막의 구실을 한다. 병사, 선원, 재판관, 군인, 작가, 상인, 농부, 마부가 동일한 관례를 따른다.

그런 이후에 아내를 감시하는 남자는 질투의 화신으로 간주되어 비난을 받는다. 부정한 아내? 누구나 남편을 조롱한다. 이혼을 가로막는 법은 성격의 불일치를 고려하지 않는다는 점에서 기묘한 법이다. 이 법이 파리를 지배하는데, 이로부터 무슨 일이 일어나는가? 누구나 아는 바이다!

부르주아 혼례의 이튿날 또는 길어야 일주일 후 다정한 남편의 정신에 엄청난 변화가 일어난다! 이 정직한 장인(匠人)의 소망이 깊은 나락으로 떨어진다! 그는 알뜰하고 얌전하고 가정적인 여자와 결혼했다고 믿었다. 그는 그녀에게서 갑자기 낭비의 기질을 발견한다. 그녀는 이제 가정에 충실할 수 없고 게으르기까지 하다. 그녀가 어린 시절부터 보고 배운 유용한 것의 자리에 무일관성, 경박성, 광기가 들어선다. 그녀는 사려 깊은 일처리를 통해 살림살이에 여유와 평화를 구현하기는커녕, 광적인 몸치장에 몰두한다.

결혼생활이 여성의 타고난 기질을 이렇게까지 바꿔놓으리라고 누가 말했던가? 소심하고 겁이 많고 아버지 집에서 일에 바쁘던 소녀가, 자기 자신의 향락만 생각하는 까다롭고 오만한 여자로 변했다. 왜냐하면 아내의 역할은 무절제한 생활에 전념하는 것인 반면에, 집안 살림은 남편의 책임이라는 생각이 그녀의 머릿속에 박혀버렸기 때문이다.

이 장인이 근면하고 검소해도 소용없을 것이다. 경각심, 애정, 절약을 팽개친 가정주부의 일상적인 무사태평으로 인해 집안이 서서히 피폐해지고 망가진다. 처음의 무질서에서 온갖 무질서가 생겨난다. 아이들은 부모의 가난을 대물림한다. 파리에서 부르주아의 두 번째 계급[32]이 영위하는 결혼생활 절반의 내력은 이로 미루어 충분히 짐작할 수 있다.

옛날에 간통의 처벌은 죽음이었다. 그러나 오늘날 준엄한 옛 법에 관해 말하는 사람이 있다면, 그는 엄청난 야유를 받을지 모른다.

우리의 온갖 연극에서 늘 남편이 조롱당하는 것은 아닌지 살펴보라. 우리의 경박한 시인들이 써놓은 하찮은 시를 읽어보라. 그들은 모든 이를 즐겁게 해주는 재치를 발휘하여 결혼생활에 관해 끊임없이 농담한다. 이 악담들은 간통에 대한 영속적인 예찬일 따름이다. 여자들의 매력이 한 남자만의 것일 수 없다는 것을 여자들이 너무 일찍 깨닫지나 않을까 두려워하는 것 같다.

모든 예술이 부정(不貞)을 이처럼 은밀히 부추긴다. 모든 이가 부정의 관념을 지우고 마음속에서 양심의 가책을 모조리 몰아내는 데 열심이다. 우리의 그림, 조각상, 판화는 무엇을 보여주는가? 가련한 결혼의 신을 우롱하는 다행하고 성공적인 온갖 간계이다. 이제는 우

32 (여차하면 하층민으로 전락하는 이른바 서민과 가까운) 하층 부르주아 바로 위에 자리하는 부르주아를 말한다.

리의 회화도 우리의 시와 마찬가지로 정숙하지 않다.

그런데 오늘날에는 오, 교묘한 죄악이여! 간통도 미미한 것에 지나지 않을 정도가 되었다. 가장 준엄한 제도마저 어지러워졌다. 법 자체가 방종을 신성화하고, 대담하게도 방종의 결실을 거두는 데 이용되었다. 금세기에 나타나고 있는 이 퇴폐, 이 새로운 파렴치는 여전히 사치스러운 생활의 죄악이다.

부유한 남자는 '처녀'에 집착하고 법에 따라 사생아가 될 아기를 갖는다. 그는 이 아기에게 명성과 신분을 부여하기 위해, 고결하지만 역경으로 말미암아 패기가 없는 사람을 찾아오라 명한다. 그런 사람이 나타나고 흥정이 이루어진다. 그는 명성이 있지만 가난한 집안 출신으로, 하는 일은 없지만 자존심을 버리지 않은 분위기 속에서 키워졌고 생계의 수단이 없다. 이와 같은 극단의 상황으로 내몰린 그에게 명예는 한낱 신기루에 지나지 않는다. 그에게 이 '처녀'와 결혼하고 아기를 친자로 인정하라는 제안이 들어온다. 그는 연금을 받아 한적한 지방의 구석진 곳에서 먹고 살아가게 된다.

이 고결한 사람은 처음에 약간 싫은 기색을 내보이지만, 불공정한 행위의 강력한 동인인 금전에 어느새 마음을 고쳐먹는다. 공증인 사무실로 이끌려간 그는 정말로 연금이 보장되지만, 사전의 재산분할이 규정되어 있는 계약서에 서명한다.

이튿날 어두운 예배당에서 증인 4명을, 그리고 제단 앞에서 결코 본 적이 없는 젊고 매력적인 여인을 만나는 이 남자를 상상해보라. 마침내 아내가 생겼지만, 그녀가 결코 그에게 속하지 않으리라는 명백한 조건으로 그렇게 된 것이다.

이 순간 그녀는 쾌락의 품에서 놓여나오지만, 예식 이후에는 다시 거기로 돌아간다. 사제가 신성한 말을 하는 동안, 남편은 그녀의 손을 딱 한 번 만지게 된다. 이 순간이 지나면 그는 영원히 그녀와 떨어져, 자신이 정혼한 여자의 얼굴을 알아보지도 못하게 될 것이다. 서로 반지를 교환하고 '예'라고 말한다. 좀 더 정확히 말하자면 거짓 서약과 신성모독이 행해진다.

아내는 예배당에서 나오자마자 남편에게 인사도 없이 마차 안으로 올라타고는, 얼마 전에 떠났던 침대 속으로 다시 들어간다. 남편은 1년분의 연금을 선불로 받아 지방으로 달아난다. 아내가 있지만, 그녀의 거처를 방문할 수도 도시에 거주할 수도 없다. 자식이 있지만, 자식을 결코 본 적도 없고 앞으로도 못 보게 된다. 그렇지만 자식들에게 그의 성(姓)이 붙는다.

그의 아내가 부부재산 계약서, 결혼식 거행 증명서를 보여주면서 돈으로 산 성을 공공연하게 과시할 때, 그는 소도시로 추방되어 치욕스러운 연금을 갉아먹는다. 남편은 후미진 은신처에서 감히 자신의 이름을 분명히 말하지 못하는 반면에, 멋진 저택의 정면에는 그의 이름이 황금색으로 새겨진 대리석 문패가 내걸린다.

법의 눈이 시퍼렇게 지켜보는 가운데 이런 일이 벌어진다. 법은 능욕당하고도 침묵할 수밖에 없다. 왜냐하면 비난받아 마땅하나, 교묘한 방식으로 법 자체의 형식이 법을 거역한 셈이기 때문이다. 이번에는 단호하고 극단적인 법에 대해 인간이 복수하는 것처럼 보였다.

여자의 명예가 손상되지 않고 순진한 아이들이 희생과 치욕 사이에 끼어 짓눌리지 않았던 옛 결혼, 다른 종교나 민족의 용이한 결혼을 폐지하지 않는 편이 더 낫지 않았을까?

어떤 사람은 이 방종을 질타하려면 유베날리스의 문체가 필요할지 모른다고 말할 것이지만, 가장 맹렬한 풍자라고 무슨 뾰족한 수가 있겠는가? 무엇이 시정되겠는가? 풍속의 타락은 대개의 경우 법의 미비와 오류 그리고 모순에서 연유한다.

313 소형 출판물

'소형 출판물'에 대한 편집증 이전에는 넓은 여백에 대한 편집증이 있었다. 15년 전에는 넓은 여백이 매우 중시되었다. 그때에는 필시 책장이 빨리 넘어갔을 것이다. 책을 산다는 것이 거의 백지의 구입이나 마찬가지였지만, 애호가들은 이런 점을 마음에 들어 했다.

몇몇 작가들은 여전히 판화 또는 저명하고 게다가 살아 있는 이른바 유명인사의 초상화를 팔지만, 아직 도라의 인기를 결코 누리지 못했다. 그는 최초로 판화 상인이 되었다가 파산했다.[33] 몇몇 책의 주요한 장점이고 고대의 모든 훌륭한 작가의 작품 전체보다 더 많은 비용을 잡아먹는 갖가지 판화가 책에 들어가기 시작한 것은 바로 그에 의해서이다.

유행이 변했다. 이제는 '소형 출판물'이 인기이다. 가령 뛰어난 시작품의 재판이 이 판형으로 출간되었다. 이 책들은 호주머니에 들어가 산보할 때 오락거리가 되고, 여행의 지루함을 덜어줄 수 있다는 장점이 있다. 그러나 돋보기도 들고 가야 한다. 왜냐하면 글씨가 매우 작아서 좋은 시력이 요구되기 때문이다.

디도는 아르투아 백작 각하를 위해 엄선한 시인 총서를 소형 판형으로 찍어냈다. 이 총서는 활판인쇄의 걸작이지만, 매우 희소하고

33 시인 겸 극작가로서 성공한 도라(1734~1780)는 으레 자신의 작품을 도판과 장식 삽화로 장식했는데, 거기에 들어간 많은 비용 때문에 그의 서적판매 사업이 위태롭게 되었다.

결코 팔기 위한 것이 아니다.

가장 권위 있는 철학책들을 아주 작은 판형으로 축소하고 종이에 대해서나 활자에 대해서나 엄정한 정밀성을 강요함으로써 독서 자체를 가로막는 이토록 열렬하고 조급한 문학판 종교재판은 피할 수 없는 것일까? 이 새로운 방식 때문에 사상이 갈수록 더 비가시적이게 될지 모르고, 활판 전체가 분갑 크기로 줄어들지 모른다. 이 기발한 활판인쇄에 간결한 문체를 결합한다면, 능변의 책을 담뱃갑이나 분갑, 사탕봉지에 담아가지고 다닐 수 있을 것이다. 사상이 고정되는 구체적인 봇짐들을 모든 '검열' 사무관이 조악한 문외한의 솜씨로 점검하느라 야단법석을 피울 것이 뻔하다. 보이지 않게 되는 천재의 작품은 끊임없이 덤벼드는 모든 저열한 반대자를 농락할 가능성이 있다. 따라서 눈에 금방 드러나는 소책자의 외관이 지탄받을 수도 있고, 조악한 어리석음이 표면화될 수도 있다. 반대로 철학은 현자처럼 이 세상에서 가장 협소한 자리를 차지할 것이다.

뒤이어 자그마한 글자를 바라는 만큼 크게 보이게 해줌으로써 눈의 피로를 방지할 렌즈를 구입하려는 사람들이 안경사를 찾아갈지 모른다. 서로 손잡은 인쇄술과 광학은 불가분의 관계가 될 소지가 있다. 바로 이런 식으로 그들은 기술의 제휴를 도모하면서 거의 무한한 놀라운 세력을 얻었다.

활자 주조공들에게 우리는 윤곽만 잡혀 있을 뿐인 이 착상에 세심한 관심을 기울이라고 권한다. 또한 문예와 철학의 제국을 황폐하게 하는 냉혹한 사람들이 우리의 사상을 쉽게 탈취하지 못하도록 공장주들에게 종이를 가능한 한 얇고 가볍게 만들 것을 권고한다. 이 세력이 우리에게서 빼앗고자 하는 것을 멋지게 되찾자. 쉽게 사라지는 사상을 두려움 때문이건 무지 때문이건, 공격하려고 드는 사람에게 사상의 본질적 성격에 맞춰 우리의 정성에 의해 정련된 물질로 용감히 맞서자.

화학, 특히 광학을 적극적으로 활용하여 흰 종위 위에 '생생하고 우렁차고 벼락같은 문자'를 순식간에 나타나게 했다가, 뒤이어 얼마간의 시간이 지나면 저절로 사라지게 할 수 있으리라는 것을 우리는 알고 있다. 그러나 비밀이 쉽게 밝혀질 수 있을 것이고 '물질성'이 파괴되지 않을 수 있으므로, 심사숙고는 해야겠지만 최초의 계획으로 만족하자. 아니, 그게 아니라, 위정자들이 획득한 새로운 지식에 비추어, 이 계획의 실행은 아마 필요하지 않게 될 것이다. 우리의 사상은 그들을 해치기는커녕, 상당한 지위에 있는 사람들이 솜씨 좋은 키잡이처럼 '순풍에 돛을 올릴' 줄 알게 될 때, 그들에게 매우 이로울지 모른다. 바로 여기에 정치가의 온전한 기예가 놓여 있다.

314 필경의 장인

여기에서 내가 말하고자 하는 사람은 코르네유, 파스칼, 라퐁텐, 라브뤼예르, 페늘롱, 볼테르, 장자크 루소, 뷔퐁, 레날, 파우[34]가 아니라, 파야송, 도트레프, 롤랑, 리베르로즈[35]이다. 그들은 안정된 손놀림으로 글자체를 도안하고, 펜촉을 완벽하게 다듬으며 '선'을 긋고, '둥근 세로획 서체', '절충 서체', '흘림체'를 적절하게 구사한다. 그들은 글쓰기의 기술이 아니라, 글씨체의 기술이 탁월한 사람들이다.

글자를 잘 쓸 줄 아는 것이 필요한데, 왜냐하면 잘 쓰지 못한 글씨는 알아들을 수 없는 말과 같기 때문이다. 그러나 글자는 읽기 쉬우면 그만이다. 한편으로 대귀족들, 예쁜 여자들, 저자들은 글씨가 서투르다고 뻐기는데, 이 또한 잘못이다. 다른 한편으로 필경의 장인이 아름다운 글자를 중시하는 것도 웃기는 일이다. 약간 선명한 것으로 충분하다. 로시뇰[36]과 경쟁하고자 하는 것은 시간낭비이다. 이 명인들은 글씨를 잘 쓰지만, 일반적으로 빨리 쓰지는 못한다. 가령, 공증인 사무소나 재판소의 어느 서기가 우아하고도 경쾌하게 일을

34 Cornelius Pauw(1739~1799): 『미국인에 관한 철학적 탐구』(1768~1769), 뒤이어 『이집트인과 중국인에 관한 탐구』(1774)로 알려졌다. 디드로와 달랑베르가 그를 『백과전서』의 '보유'를 집필하는 데 끌어들였다.

35 이 '필경의 장인' 4명 중에서 첫 번째 파야송이 가장 유명하다. 바로 그가 『백과전서』에서 '필경의 장인'이라는 항목을 맡아 집필했다.

36 렌 출신의 루이 로시뇰은 올리비에 소바주의 제자로서 금세기의 가장 유명한 '필경의 장인' 가운데 한 사람이었다. '문자의 화가'라는 별명으로 불린 그는 오를레앙 공작의 교사 노릇을 하다가 1739년 45세의 나이로 사망하였다.

신속히 처리하는 것과는 달리, 이 전문가들은 정확하고 꾸민 듯하고 꼼꼼한 글자 그리기 때문에 결코 이렇게 신속하게 일할 수 없다.

얼마 전에 이 단체에서 '아카데미'를 설립했다.[37] 루이 14세도 '검술 아카데미'와 뒤이어 '무용 아카데미'를 설치했다. 아직 뿌리를 내리지 못한 것은 '미용 아카데미'밖에 없지만, 워낙 미술의 세기인 만큼 이것도 생겨날 것이다.

온갖 종류의 아카데미가 특허장에 의해 설립되었다. 가령 툴루즈에는 '랑테르니스트'[38] 아카데미가 있다. 옛날에는 이외에도 다수의 아카데미가 있었다. 엘리엥이 이야기하듯이 "아카데미에서는 온갖 종류의 조롱거리를 피하기 위해 웃는 것을 완전히 금지했다." O, M, F를 그토록 완벽하게 도안하고 추가로 이니셜을 새기는 '왕립 서체 아카데미'의 둥근 지붕 아래에서는 정말 웃지 않도록 조심하자.

이 '공공연히 작가라고 자부하는 장인들'의 가장 중요한 직무는 '재판에서 논란의 소지가 있는 필적의 검증'인데, 이것은 중요한 일이 된다. 이 '검증'은 추측의 재간에 지나지 않는다는 것이 『백과전서』의 주장이지만, 이 방면의 전문가들은 위조를 입증하는 일정하고 확실한 규칙이 있다고 역설한다. 그들은 두꺼운 돋보기를 이용하여 필적을 감정한다. 하지만 필적 감정을 정확히 하기 위해서는 돋보기와는 다른 것이 필요하지 않을까? 리슐리외 원수의 최종적인 소송을

37 필경사들은 오래전부터 주목할 만한 특권 단체를 형성했다. 이 단체는 가장 훌륭한 명필이라는 위세 외에도, 장식 서체뿐만 아니라 특히 이니셜, (거래 장부의 유지에 필요한) '복식 및 단식 회계,' 그리고 심지어는 '외국환'에 관한 교육을 독점함으로써 경제력을 갖추게 되었다. 필경사들은 이 특권적인 돈벌이에 집착한 나머지, 1719년 '이니셜'을 가르치도록 인가받은 '소규모 강습소'와 맹렬한 싸움을 벌여, 1724년 파기원의 판결로 이니셜 교육의 독점권을 되찾게 되었다.

38 lanterniste: 이 '기묘한' 이름은 이 협회가 아카데미로 구성되기 전에 개최한 처음 몇 차례의 야간 집회에서 그들이 작은 초롱을 들고 모여든 데서 유래했다.

들여다보라.[39] 상관관계가 혼란스럽고 모호하다.

그러므로 때로는 한 사람의 생명이 이 검증 전문가들에게 달려 있다. 위조를 간파하기 위한 수단이 전혀 없다고 선언한다면, 이는 위조자들을 너무 자유롭게 놓아두는 결과를 초래할지 모르지만, 해결해야 할 귀찮은 반론을 『백과전서』가 제기한다는 것, 그리고 '필경의 장인'과 동시에 철학자 작가에게 문의하는 것이 바람직할지 모른다는 것을 인정할 필요가 있다.

39 1777년 리슐리외 공작은 10만 에퀴에 달하는 가짜 어음 발행 사건에 휘말렸다. 먼 친척인 생뱅상 부인이 그것을 유통시켰는데, 급기야 어느 방탕한 늙은이가 리슐리외로부터 받은 호의에 대한 보답으로 예의 어음을 리슐리외에게 건네주었다. 이 사건이 그토록 복잡해진 것은 바로 전제적으로 행동하는 데 익숙한 원수가 여러 사람을 감옥에 처넣었기 때문이다. 실제로 리슐리외 공작은 생뱅상 부인과 그녀의 공범으로 추정된 이들을 철저히 수사하지 않은 채 포르레베크에 감금했다. 여론은 그가 어음을 발행해 놓고서 지불을 거절했다는 쪽으로 기울었다.

315 옛 활풍단에 관하여

나는 현학자보다 견유학자[40]를 훨씬 더 싫어하지만, 파리의 한가운데에서 통 속에 들어가 있는 디오게네스(이는 무례한 짓으로서 금지되어 있다)를 보고는 싶다. 이러한 기질의 사람에게는 시민을 호통치고 시민의 악덕을 나무라는 것이 허용되기를 나는 바라고 있는지도 모른다. 아테네의 경우와는 사정이 다르겠지만, 파리에도 그런 사람이 있는 게 좋을 듯싶다.

적어도 로마시대에 감찰관이 있었던 것처럼 우리에게도 공공연한 파렴치, 풍속을 단속할 감찰관이 매우 필요할 것이다. 실제로 신분상의 혼란을 우리의 불완전한 법에 의해 방지할 수 있을까? 보잘것없는 재산을 탕진케 하는 지나친 사치를 법으로 처벌할 수 있을까? 파산을 법으로 막을 수 있을까? 거침없는 방탕을 법으로 멈추게 할 수 있을까?

책에 대해서는 검열관이라는 직책이 생겨났다. 검열관은 예의범절을 거스르는 모든 것, 정숙의 규범에 어긋나는 모든 것 등을 엄격하게 금한다. 할 일이 없는 많은 사람에게 그들의 일과에 대해 해명을 요구하고, 커다란 파렴치에 과감하게 맞서며, 부정행위를 예방하는 감찰관은 왜 없는 것일까? 우리는 처벌할 줄밖에 모른다. 공공연

40 메르시에는 이 용어의 두 가지 의미를 이용하고 있는데, 이 용어는 여전히 안티스테네스와 디오게네스의 학파를 가리키지만, 의미가 확장되어 뻔뻔하고 파렴치한 사람도 가리킨다.

한 퇴폐 행위가 인쇄된 문장보다 덜 위험할까?

파리에서는 '빈둥거리다'가 '파산하다'와 동의어이다. 무희들은 억제력이 전혀 없는 젊은 남자들에게 얹혀 사는데, 그들은 청소년의 티를 막 떨쳐버린 이에게 타락의 전범(典範)이 된다.[41] 그런데도 가족의 상실을 초래하는 이 무질서에 대한 어떤 방비책도 마련되어 있지 않다. 경찰은 악이 행해지기를 기다리지, 악의 근원을 없애려고 들지 않는다. 한편으로는 위험한 키르케들이, 다른 한편으로는 대담한 모사꾼들이 사회질서를 온통 어지럽힌다. "교수형을 당하지 않을 만큼만 정직하라"[42]는 몰리에르의 말이 실제로 금과옥조가 되었으니, 이 얼마나 한탄스러운 일인가!

1661년 프랑스에서 일종의 단체가 생겨났다. 좋은 풍속의 복원에 대한 뜨거운 열정에 휩싸인 이 단체는, 법에 의해 처벌받지 않는 온갖 부정직한 행위를 감찰하기 시작했다. 그들은 풍속과 사람에 관해 은밀한 조사를 벌였고, 모여 보고서를 작성했으며, 만장일치의 의욕적인 의결에 따라 불량배의 '부정행위'와 불명예를 공개했다.

이 두려운 작가들은 자신들의 동아리에 '활풍단(Compagnie des oeuvres fortes)'이라는 이름을 붙였다. 그들은 유력 인사라고 해서 관대하게 대하지 않았고, 개인의 행위뿐만 아니라 왕의 행위도 너그럽게 봐주지 않았으므로, 이에 격노한 루이 14세는 "활풍단의 모든 회원을 엄하게 다스려라"고 명했다. 그들은 국왕의 권위에 저항할 수

41 '오페라 극장 여배우들'은 오를레앙 공작의 섭정 시대에 출현했다. 그녀들은 인기 있는 주역이건 평범한 단역이건 누구나 관대한 귀족이나 부유한 '징세청부업자'에게 얹혀 살았고, 유난한 사치와 품행으로 장안의 화제가 되었다.

42 몰리에르가 했다고 간주되는 이 관례적인 문구는 보마르셰의 『세비야의 이발사』 1막 4장에 나오는데, 이 작품은 1775년 첫 공연부터 커다란 성공을 거두었다. 알마비바 백작은 피가로에게 바르톨로의 인간적 면모에 대해 묻는다. "그의 정직성은? 피가로." "정확히 교수형을 당하지 않을 만큼만 정직해요."

없었고, 날마다 새로운 열기로 활발하게 전개되던 '활퐁'은 수도에서 자취를 감추었다.

악덕과 나쁜 풍속을 공격하는 이러한 종류의 단체에는 유명한 사람들이 속해 있기 마련이지만, 이 용감하고 열렬한 작가들은 가톨릭 동맹과 프롱드의 잔당이라는 말이 (연합의 성격을 갖는 모든 것에 관해 지나치게 불안해하는) 루이 14세의 귀에 들어갔다. 그는 이 말을 곧이곧대로 믿었고, 그들을 모두 캐나다로 보내버리겠다고 위협했다.

그런데 토마[43]가 말했듯이 "추방하겠다고 위협하는 이에 대해서는 대응할 마음이 좀처럼 생기지 않는 법이다." 활퐁단은 침묵했고 더 이상 어떤 사람도 감찰하지 않았다. 그렇지만 몇몇 회원은 수도에서 멀리 떨어진 부르고뉴 지방에서라면 자신들의 대담한 계획을 더 수월하게 재개할 수 있으리라고 생각했다. 당국에서는 그들을 여전히 추적했다. 디종 시의 참사회에서는 그들에게 추방령을 내렸고, 이를 어길 경우 더 중한 벌로 다스리겠다고 그들을 위협했다. 그래서 이 '활퐁단'의 주모자들은 소명을 포기했고, 영원히 침묵하게 되었다. … 나는 그들을 그리워하고 있다.

1742년 파리에 대담한 걸인이 한 사람 나타났는데, 그는 사상과 표현에서 천부적인 재능과 힘을 지니고 있다고들 했다. 그는 거리에서 행인을 큰소리로 불러 세우고 갖가지 신분에 대해 속임수와 사기를 폭로하고 공격의 말을 활기차게 퍼부으면서 공공연하게 적선을 요구했다. 이 새로운 디오게네스는 통도 등불도 없었다. 그는 특히

43 시인 겸 문인 앙투안레오나르 토마(1732~1785)이다. 아카데미 프랑세즈에서는 그를 회원으로 받아들이기 전에, 경연대회에 여러 차례 출품된 「찬사」에 의거하여 여러 차례 그에게 상을 주었다. 그는 이것들 중 몇 편에서 정부를 너무 공공연하게 비판한 까닭에 하마터면 감옥에 갈 뻔했다.

사제, 행실이 나쁜 여자, 법관에 대해 원한을 품고 있었다. 그의 대담함을 '후안무치(厚顔無恥)'라고, 그의 질책을 '건방진 짓'이라고들 했다. 어느 날 그는 찢기고 지저분한 옷을 걸치고 어느 징세청부업자의 집으로 들어가서 식탁에 떡 버티고 앉아 징세청부업자에게 교훈을 주고 자신이 탈취당한 것의 일부분을 되찾으러 왔다고 말했다. 그의 엉뚱한 짓은 전혀 통하지 않았다. 그는 불행히도 2천 년 전에 태어나지 않은 까닭에 체포되어 감옥에 갇혔다.

이 걸인은 재치가 있었으므로 아테네에서라면 찬미되었을 것이 파리에서는 어김없이 광기라는 꼬리표를 달게 되리라는 것을 틀림없이 알고 있었을지 모른다. 가장 사악하고 가장 저급하고 가장 비겁한 불량배는 우리 사이에서 묵인되는 반면에, '견유학자'라고 명명되는 사람이나 그와 유사한 사람이 조금이라도 접근하면 모두가 치를 떨고 구역질을 느낀다. 그런 기질의 사람은 우리의 통치와 우리 사회의 풍조에 그야말로 절대적으로 맞서는 셈이기 때문에 파리에는 존재하지도 않는다.

우리에게는 도덕 및 정치 담론이 넘쳐나고 설교가 무수히 들려온다. 아마 우리를 바로잡기 위해서는 모욕적인 농담, 기발한 풍자, 일말의 감동이 묻어나는 폭언이 필요할지 모른다. 그러나 모든 사악한 것을 야유하고, 모든 비루한 것을 경멸하며, 진실을 우렁차게 외치고 진실의 적을 겁에 질리게 하는 일에 누가 발 벗고 나설 것인가? 누군가가 악인의 반감에 과감히 맞서는 용기를 내보인다면, 그는 '광신도'나 '사나운 짐승' 또는 '미친 개'라는 말을 듣는 반면에, 아첨꾼과 간신배 그리고 사기꾼은 공손한 사람, 훌륭한 사람으로 대접받는다.

316 대문

작위가 있는 사람은 병중일 때 마차의 소음이 덜하도록 대문 앞과 주변에 두엄을 깔게 한다. 이 잘못된 특권으로 인해 조금이라도 비가 오면 거리가 끔찍한 시궁창으로 변한다. 많은 사람이 무릎까지 빠지는 검고 역겨운 두엄 수렁을 걸어서 지나가야 한다. 거리 전체에 짚을 까는 이 방식으로 마차의 소리음은 덜 나게 되지만, 그만큼 더 위험해진다.

머리가 아프거나 우울하다고 해서 이런 방법으로 마차의 덜컥거리는 소리를 줄이려고 들면, 수많은 보병의 생명이 위험에 처하게 된다. '기병'이 보병을 비웃는 것은 사실이다. 그렇지만 후작 양반이 열병이나 소화불량에 걸렸기 때문에 보병이 조용한 마차바퀴 아래에서 숨지는 일은 없어야 한다.

소크라테스도 호라티우스도 걸어 다녔다. "나는 평소처럼 신성한 길을 따라 발길 닿는 대로 가고 있었다."[44] 장자크 루소도 걸어 다녔다. 현대의 '주르댕' 같은 미천한 자가 영국제 대형 사륜마차와 널따란 대문을 소유하고 있다면 잘된 일이다. 그가 행인에게 흙탕물을 튀긴다면 "이런!" 하고 닦아내면 그만이다. 그렇지만 그가 우리를 진창 속으로 처박는 것은 딱 질색이다. 왜냐하면 자신의 다리를 사용할 줄 알거나 길에서 어느 정도 몽상에 젖는 것은 결코 차형(車刑)

44 호라티우스, 『풍자시』, IX, v. 1.

을 받아 마땅한 범죄가 아니기 때문이다.

대문에서는 흔히 마차가 불시에 밖으로 튀어나와 재빨리 길을 가로막는다. 이 느닷없는 위험을 피하는 것은 불가능하다. 마차가 오른쪽으로 돌지 왼쪽으로 돌지 몰라서 낭패를 보는 일이 잦다. 문지기로 하여금 호각을 불거나, 아니면 다른 어떤 방식으로건 행인에게 위험을 예고하게 할 수는 없을까? 그러면 행인은 신호에 따라 몸을 피할 것이다. 마차가 대문 안으로 들어갈 때에는 위험이 덜하다. 왜냐하면 하인이 다급하게 망치로 종을 치게 해서 마차의 도착을 미리 알리기 때문이다.

대문이 있는 저택에서 살지 않는 사람은 거의 천하게 여겨진다. 대문이 중간 크기이더라도 그 모습이 출입로와는 달리 괜찮아 보인다. 출입로는 무척 안락한 거처로 이를지 모르지만, 그곳이 아무리 넓고 깨끗하고 밝더라도, 거기로 다니려는 사람은 없을 것이다. 들락거리는 마차로 혼잡한 어두운 대문도 있는데, 거기에서는 수레의 채와 굴대 밑에 몸통을 누일 위험이 있다. 그러니 출입로라 불리는 평민의 길보다는 이 좁은 통로가 선호된다. 기품이 있는 여자는 절대 이런 곳에 거주하는 이를 방문하러 가지 않는다.

대문은 빚을 지고 있는 사람에게 매우 유용하다. 영장은 수위실까지만 이르고, 집행관은 안으로 더 들어가지 않으며, 그가 압류에 착수한다 해도 수위실에 비치되어 있는 하찮은 재산에 대해서만 압류가 집행될 뿐이다. 집행관은 출입로를 7부 능선까지 돌파하지만, 대문의 문턱을 넘지는 못한다. 바로 여기에 대문의 특이한 용도가 있다. 이 용도는 특이하지만 그래도 역시 널리 퍼져 있다. 이 용도가 사라진 후에도 부르주아의 출입로에 대한 비호의적인 태도는 놀랍게도 여전히 남아 있다.

출입로가 정말로 불편한 것은 모든 행인이 거기에서 물을 뺀다는 점, 그리고 당신이 귀가할 때 계단 밑에서 소변 보는 자가 당신을 보고도 하던 일을 태연하게 계속한다는 점 때문이다. 다른 곳에서라면 그런 자는 당장 내쫓길 것이지만, 여기에서는 해소해야 할 생리적 욕구가 일어날 경우 일반인이 출입로의 주인이다. 이것은 여자들을 몹시 난처하게 하는 매우 야비한 짓이다.

317 우르스 길의 스위스 문지기

해마다 7월 3일이면 술에 취해 동정녀 마리아 상을 검으로 찔렀다고들 하는 그 스위스 문지기의 허수아비를 불태우는 행사가 벌어진다. 전하는 이야기에 의하면, 그로 인해 마리아 상에서 피가 흘렀다는 것이다. 이보다 더 우스꽝스러운 일도 없지만, 이미 오래된 이 풍습은 여전히 유지되고 있다.

이 허수아비는 예전에 스위스 문지기의 복장을 하고 있었다. 이에 스위스 문지기들이 분개했다. 그래서 긴 작업복을 걸쳐야 했다. 해마다 화형이 되풀이됨에 따라 이 기적을 믿게들 되는 것은 아닐까? 한 남자가 대형 버드나무 조각상을 어깨에 들쳐 메고 동정녀 석고상에 마주칠 때마다 그 앞에서 경배하게 하는 것을 보면 웃음을 터뜨리지 않을 수 없다. 북소리가 이 볼거리를 예고하는데, 이 대형 조각상의 높이는 호기심 때문에 창문으로 고개를 내미는 사람의 눈높이와 거의 일치한다. 이 조각상은 소맷부리가 매우 넓고, 머리에는 주머니 달린 긴 가발이 씌워져 있으며, 오른손에는 붉은색을 칠한 나무 단검이 쥐어져 있다. 들고 가는 사람이 도약할 때마다 깡충거리는 이 인형의 모습은 우습기 짝이 없어서, 이렇게 춤추게 하는 것이 '신성모독'으로 간주될 정도이다.

그러므로 아무리 변함없는 관습이라도 거기에 한 민족의 진정한 신앙이 오롯이 깃들어 있는 경우는 드물다. 그것은 대개의 경우 서민을 위한 볼거리에 불과하다.

가장 장엄한 의식들도 역시 기본적으로는 볼거리라는 점에 토대를 두고 있다. 가령, 왕의 대관식에서 왕에게 성유를 부을 때 여전히 성스러운 병이 사용되고 있다. 회중의 어느 누구도 그것이 하늘에서 비둘기의 부리로 내려왔다고는 믿지 않는다. 왕이 손을 얹거나 댄다고 해서 나력(瘰癧)이 기적적으로 낫는다고는 아무도 믿지 않는다. 그렇지만 작은 병은 변함없이 사용될 것이고, 군주는 치유의 효과가 없을지라도 여전히 나력 환자에게 손을 댈 것이다.

이처럼 풍문에만 의거하여 가장 거짓된 단정을 낳는 일이 얼마나 잦았는지 모른다! 제도의 취지, 몇 세기 이후에 퍼지는 취지의 관점에서 접근하지 않는다면, 공적 의식보다 더 기만적인 것도 없다.

그러므로 '우르스 길의 스위스 문지기'는 이것을 보고 몹시 즐거워하는 사부아 사람들의 소소한 즐거움과 여흥을 위해 여전히 행진을 계속할 것이다. 그들은 모든 거리에서 웃고 춤추면 그것과 동행할 것이고, 어둠이 내리면 화형대의 불꽃 속에서 요란하게 터지게 되어 있는 화전과 폭죽을 기쁨이 넘치는 가운데 설레는 마음으로 준비할 것이다.

예전에는 이 동일한 민중이 사실상 우상파괴의 몸짓으로 스위스 문지기를 불태웠고 똑같이 즐거워했다. 우리 조상의 이러한 관습은 어느 정도 변하고 완화된 것이지만, 즉 이는 사람보다는 인형을 불 속에 던지는 것을 보는 것이 더 낫다는 것을 입증하지만, 언제 인형을 불태우지 않게 될지에 관해서는 … 나도 전혀 모르겠다.

318 사부아 사람

해마다 사부아에서 도착하고
그을음으로 막힌 긴 연통관을
손으로 날렵하게 청소하는
이 정직한 어린이….[45]

그들은 굴뚝청소부, 심부름꾼으로 파리에서 나름대로 규범이 있는 일종의 연맹을 형성하고 있다. 가장 나이든 자는 가장 나이 어린 자에 대한 감독권이 있고, 허튼 짓을 하는 이는 벌을 받는다. 가령 그들 중에서 누군가가 도둑질을 했다면, 그에 대해 시시비비를 따지고 비판을 하고 교수형을 집행했다.

그들은 생필품을 절약하여 해마다 가난한 부모에게 돈을 보낸다. 불효한 어린이들은 금빛 의복으로 감싸는 반면, 이 모범적인 효자들은 누더기를 걸치고 있다. 그들은 숯검정이 묻은 얼굴, 하얀 치아, 순진하고 쾌활한 표정으로 아침부터 저녁까지 거리를 두루 돌아다니는데, 그들이 외치는 소리는 길고 애처롭고 음울하다.

모든 것에 대해 '재무관리'를 하려는 과도한 열정은 그들을 한결같이 '굴뚝청소'의 일로 몰아넣었다. 관리인들은 이 사부아 어린이

45 볼테르, 『가련한 악마』(1760), v. 385~388. 주이가 『앙탱 둔덕의 은자』(1813)에서, 그리고 위고가 『레미제라블』, 2부, t. I에서 인용한 유명한 시행.

들을 불러들였고, 으레 햇볕에 타서 검어진 그 얼굴들은 모두 일감을 기대하며 새로 지은 밝은 집의 창문을 기웃거렸다.

우체국 설립은 사부아 사람들에게 손해를 끼쳤다.[46] 오늘날은 그들의 수가 줄었고, 오랫동안 경험으로 확인된 그들의 충실성이 예전 같지 않다고들 하지만, 향토와 부모에 대한 그들의 사랑은 여전히 이채롭다.

8세의 가련한 어린이가 눈을 붕대로 싸매고 머리에 자루를 뒤집어 쓴 채 50피에의 좁고 높은 굴뚝 속에서 무릎과 등으로 기어 올라가는 것, 위험한 꼭대기에서만 숨을 쉴 수 있는 것, 허술한 지지대 아래 석고가 노후하여 조금이라도 허물어지면 목이 골절될 위험을 무릅쓰고 올라갈 때처럼 다시 내려오는 것, 그리고 입에 그을음이 가득하고 거의 숨막혀 하고 눈꺼풀이 무겁게 처지는 상태에서 위험과 노고의 대가로 '5수'를 청구하는 것을 보면, 몹시 마음이 쓰리다. 바로 이런 식으로 파리의 모든 굴뚝을 청소한다. 관리인들은 이 불행한 어린이들의 하찮은 급료에서 돈을 떼기 위해서만 그들을 조직에 끌어들였다. '독점적 특권'을 청원한 모든 이와 함께, 이 무능하고 야비한 청부인들이 완전히 파산해 버리면 좋겠는데!

이 촌사람들은 남녀노소 구별 없이 심부름꾼이나 굴뚝청소부 노릇을 하는 것으로 그치지 않는다. 어떤 사람들은 중세의 현악기를 켜면서 콧노래를 부르고, 또 어떤 사람들에게는 마르모트 상자 하나가 전 재산이다. 후자의 사람들은 환등을 등에 지고 다니면서 저녁이면 야간 오르간으로 환등의 상영을 알린다. 고요한 어둠 속에서는

46 우체국이 설립되기 전에는 거리에서 이 어린이들 중에서 아무나 불러서는 그에게 보수를 주고 편지의 전달을 맡기는 것이 관례였다는 점에서, 우체국은 사부아 사람들에게 손해를 초래했다.

이 오르간 소리가 더욱 매력적이고 감동적이게 된다. 못생겼지만 생식 능력이 대단한 여자들이 멀리 쫓아버리는 아기들 이외에도, 어떤 아기는 채롱 속에 집어넣고, 어떤 아기에게는 젖을 물리고 또 어떤 아기는 품에 안고 있다. 이 모든 것은 적선을 유발하기 위해서이다. 몹시 더럽고 야위고 시커멓고 나이가 들어 보이는 그녀들은 변함없이 배가 불러 있다.

신작로를 밝히는 야등의 더러워진 홈에는 때때로 위엄을 나타내는 데 사용된 파란 줄이 헐렁하게 달려 있다. 이 전락한 줄을 그들은 멜빵으로 이용한다. 이러한 표지는 사라지거나 이처럼 진정한 용도로 사용된다.

그러나 신작로에 관해서는 그만 말하는 것이 좋겠다. 어느 시인이 말했듯이 거기로는 노동자 무리가 "이 아름다운 도로를 따라, 몽둥이를 휘두르며, 곳곳에 마루판을 깔 듯 조약돌을 박으러 온다."

319 아버지 앞의 자식

여기에서는 아들이 자기 아버지에게 말하는 태도, 이를테면 공손하지 않을 뿐더러 무례하기까지 한 태도에 대해 외지인들은 가장 놀라워 한다. 아들이 아버지를 놀리고 조롱하며 자신을 낳아준 장본인의 나이에 관해 감히 저속한 말을 하는데도, 아버지는 자신이 먼저 이를 맥없이 웃어넘긴다. 할머니는 부당하게도 자기 손자를 귀엽게만 보고 칭찬한다.

집에서 누가 가장인지 구별할 수 없을지도 모른다. 대개의 경우 가장은 모여 있는 사람들 중에서 가장 미천하고 가장 하찮은 자와 구석에서 수다를 떨고 있다. 그가 입을 열면, 사위는 그의 말을 반박하고, 자식들은 허튼소리를 해댄다고 못마땅해 한다. 이 호인은 이따금 화가 치밀어 올라도 아내 앞인지라 감히 화를 내지 못한다. 아내는 버릇없는 자식들의 편을 든다.

아버지가 아들을 '양반'이라 부르고 결코 아들에게 말을 놓지 못하니, 여기에서 대귀족을 모방하는 프티 부르주아의 어리석은 모습을 엿볼 수 있다.

이 특이하고 한심한 폐습은 파리의 관습에서 유래한다. 파리의 관습은 로마법이 남자에게 부여한 것을 남자로부터 박탈한다. 여자는 법에 의해 거의 집주인이 된다. 그러므로 가만히 생각해 보면 모든 악의 원천은 우리의 민법, 그리고 여자에게 너무 많은 것을 부여하는 우리의 관습에 있다.

남자가 결혼하고 나서 배우자를 잃으면 그날로 파산한다. 자식들은 어머니의 재산을 요구하고, 아버지를 고소하며, 아버지를 거지 신세로 떨어뜨릴 것이다. 자식들의 못된 고소는 법에 의해 인정될 것이고, 아버지의 권위를 경시하는 이러한 태도에 대해 아무도 놀라워하지 않을 것이다. 어떻게 가장의 권위를 이렇게까지 없애버릴 수 있을까?

따라서 집에서 있으나마나한 부르주아 남자의 삶은 흔히 아내에게 학대당하고 딸에게 경멸당하며 아들에게 우롱당하고 하인들이 거역하는 신세가 될 뿐이다. 이를테면 그는 금욕적 인내 또는 무감각의 전형이다.

320 사교계의 말에 관하여

사교계의 말은 의례적인 것이어서, 감정을 표현하는 말은 사교계에 맞지 않다. 사교계에서는 말이 듣기에 좋고 심지어 헤프기까지 하지만, 의미는 전혀 없다. 요컨대 옷을 입듯이 말을 하기 때문에, 말이 일정 부분 유쾌하고 호사스럽지만, 허황하고 피상적이다.

목석같은 사람들이 지겹도록 항의하고 도움을 확약해서, 우호적인 동료라 해도 그들과 섞이지 않기 위해 결국 한 마디만 말하게 된다.

사교계를 드나들다 보면 교양보다는 오히려 세련미가 더해갈 뿐이다. 사교계를 잘 알고 제대로 평가하기 위해서는 결코 사교계의 소용돌이 속으로 들어가서는 안 된다. 구경꾼이 되고 싶은가? 어느 정도 거리를 두어라. 연대의 행진을 잘 보기 위해서는 결코 소총을 들어서는 안 되고, 대신에 연대가 열을 지어 지나가는 선 위에 있어야 하는 법이다.

사교계에는 두 부류의 사람이 있을 뿐이다. 한 부류는 사업을, 다른 부류는 쾌락을 생각한다. 한 부류는 일하기에, 다른 부류는 즐기기에 여념이 없다.

사교계 인사들은 자신에게 재치가 있을 리 없다는 것을 알아차릴 때면, 자신에게 조금도 재치가 없는 것은 자기 자신의 선택 때문이라고 공공연하게 떠들어댄다.

321 사교계의 품위

파리의 사교계는 다른 어떤 사교계와도 무관하고 모든 구성원의 즐거움에 보탬이 되는 특별한 규범이 있다. 지혜와 미덕은 존경할 만하지만, 신사들 사이에 퍼져 있기 마련인 고결하고 점잖은 친교를 해치는 몇몇 결함을 없애기에는 항상 불충분하다.

때때로 자신이 옳으면 옳을수록 더욱 부당하게 자신의 의견을 너무 멀리 밀고나간다. 경멸할 권리가 누구에게나 있다고는 하지만, 너무 허식적으로 경멸한다. 저마다 자기 생각에 골몰해 있기 때문에, 옆 사람의 견해를 깔아뭉개려 한다. 그래서 유덕한 사람이라도 의식적으로 자기 자신에 대해서는 질책하지 않고 자신의 삶에 지침이 되는 중요한 원칙에 따라 행동하기 때문에, 그만큼 더 자그마한 존경의 표시를 소홀히한다. 그런 만큼 유익한 속박처럼 허영을 억제하고, 심지어는 정당한 오만이라도 너무 맹렬하게 비약하지 못하게끔 하는 자세한 규칙을 정해놓는 것이 좋다. 그러면 얼굴 표정, 어조, 몸짓, 억양, 시선은 누구나 존중해야 하는 관례에 맞게 된다. 이 공인된 격식은 함께 있는 즐거움을 해치기는커녕 오히려 북돋운다.

다감한 사람이 언제나 예절바른 사람이라는 말은 당연하다. 누구나 서투르고, 잘 걷지 못하며, 반듯하게 앉지 못하고, 아무렇게나 코를 풀며, 의자를 넘어뜨리고, 철학자처럼 춤추고, 심지어 강아지를 걷어찰 수 있지만, 선량한 마음과 자연스러운 친절은 복장과 관습에 대한 무지 가운데에서 늘 이채를 띠게 된다. 도처에서, 그러니 파리에서도 바로 이 상냥한 마음이야말로 참된 예절이다.

그러나 이와 동시에 다른 사람의 환심을 사는 재능이 최고라고들 생각한다. 누구나 품행이 우아하고 재치가 뛰어나며 추론이 자극적이기만 하면, 창피를 당할까봐 두려워하지 않는다. 달리 말하면, 어떤 예의범절의 가면을 쓰고서 바닥을 기고 비굴하게 부자가 되는 기술을 정당화한다. 또한 여러 가지 추접한 짓거리에 엄숙한 이름을 붙인다. 가령, 대귀족에게 잘 보이려고 알랑거리는 짓을 국가에 대한 봉사라 할지도 모른다. 급기야는 재물을 탐내는 추종자의 직업이 가장 귀한 것이라고 우리를 설득하려 들 것이다.

심지어 협잡도 필요하고, 정직한 사람은 어떤 것도 잘하지 못하며, 성실성은 어리석음의 낌새이고, 부패한 세기에는 황금만이 미덕의 부재를 벌충할 수 있다는 말까지 벌써 들려온다. 끝으로 … 말도 들려오기 시작한다. 하지만 모든 것을 다 말해서는 안 된다.

322 상류사회의 기품

상류사회에서는 결코 극단적인 성격과 마주칠 일이 없다. 기벽이 완화되고, 편견이 존속하더라도 모임에서만큼은 사라지는 듯하다.

고상해 보이는 친교에 자만심이 교묘하게 감춰져 있다. 법관, 주교, 군인, 징세청부업자, 궁정인은 서로 뭔가를 주고받은 듯하다. 희미한 흔적만 있지, 지배적인 색깔은 전혀 없다. 직업들이 구별되지만 구별 자체가 점점 흐릿해지고, 직업들 사이의 대립이 전혀 드러나지 않는다.

진정한 의미의 합주가 연주되는 것은 바로 그곳에서이다. 악기들은 화음을 이루고, 불협화음은 지극히 드물며, 전반적인 음조는 오래지 않아 조화를 되찾는다.

상류사회에는 신뢰와 우정이 희박하고 감정의 토로가 낯설지만, 진심의 마력이 없기 때문에 오히려 생각과 사소한 도움의 어떤 교환이 일어나고, 그럼으로써 보고 느끼는 방식의 일치가 생겨나며, 사람들이 서로 잘 통하게 된다. 주장이 극단적이고 자만심이 더 이상 가려지지 않자마자 견디기 힘들어지는 모임에서 이것은 작지 않은 이점이다.

재치를 밑받침하는 것은 바로 생각이다. 생각하기 위해서는 여러 사실을 모아놓아야 한다. 오늘날로 말하자면 배움이 필요하고 중요한 대상을 흔히 즐거움과 가벼움의 어조로 다루어야 하기 때문에 생득의 재치로는 충분하지 않을지 모른다.

식견을 갖춘 남자와의 교류를 통해 재치를 완벽하게 가다듬은 여자들에게는 양성의 장점이 결합되어 있다. 이런 여자들은 유명한 남자로부터 인식의 일부분을 빌려오고 이로 인해 두각을 나타내게 된 것이다. 그렇기는 하지만 남자들보다 문자 그대로 더 낫다. 그녀들의 태도는 결코 모든 인식의 가치를 떨어뜨릴지 모르는 현학적인 지식에 기인하는 것이 아니라, 무엇보다 인간성 탐구에 토대를 둔, 대담하게 생각하고 정확하게 말하는 적절한 방식이다.

몰리에르는 『여학자』에서 현학적인 태도를 공격하고자 하다가 배우려는 욕망을 해쳤다. 만일 그가 오늘날 이성을 우아한 감정으로 장식하고 가다듬는 여자들을 본다면 어떤 반응을 보일까? 자신의 인식이 뒤떨어진 것에 대해 유감스럽게 생각할 것이다. 일반적으로 파리에서는 재치 있는 여자들이 가장 재기발랄한 남자들보다 월등한 기지를 발휘하지만, 이런 여자들은 상류사회에만 존재한다.

상류사회의 관습은 습관에 의해 크게 좌우된다. 예의범절에 관한 온갖 좋은 교훈을 통해서는 배우지 못할 예법을 습관에 의해서는 쉽게 체득할 수 있다. 어리석은 사람도 습관의 면에서는 재기발랄한 사람보다 훨씬 뛰어나다. 재기발랄한 사람은 다른 사람이 몸짓, 억양, 표현에 있어서 자신감을 내보이면 일단은 당황하게 되겠지만, 상류사회의 교제를 형성하는 모든 것을 다른 사람 덕분으로 올바르고 정확하게 파악할 것이다.

1778년 볼테르가 파리에 왔을 때, 상류사회의 인사들은 이 방면의 전문가로서 이 저명한 작가가 매우 오랫동안 수도를 떠나 있었던 탓으로 열의와 신중성, 쾌활함과 심사숙고, 침묵과 발언, 칭송과 농담 중에서 어느 한쪽을 제때에 선택하는 올바른 감각을 잃어버렸다는 점에 주목했다. 그는 이제 조화를 이루지 못한 채 너무 높이 올라가거나 너무 낮게 내려갔고, 게다가 변함없이 기발해 보이고자 하는 욕구로 안달이 났다. 각 문장에 억지가 엿보였고, 이 억지는 더 나쁜

게도 편집증이 되었다.

상류사회에서 어떤 사람들은 자신의 결함을 감추기 위해 위엄이나 작위 뒤로 피한다. 그렇지만 정신의 무능을 더 쉽게 용서받을 것 같은 장소는 결코 없으며, 그만큼 상류사회에서의 태도, 예의범절, 어조, 말 등은 이것들을 불행히도 결하고 있는 이들에게 도움이 되었다.

323 폐기된 터무니없는 관례

사교계의 관습을 지니고 있는 사람을 과도하게 괴롭히는 이 지겨운 의식과 이 쓸데없고 지나친 격식은 오직 프티 부르주아에게서만 지켜지고 있다. 프티 부르주아는 이것을 여전히 '예의'로 착각한다.

이제는 아무도 '너무 형편없는 식사'를 대접했다고 사과를 거듭하지도 않고, 어서 '마시라'고 재촉하지도 않으며, '내방객을 접대할 줄 안다'는 것을 보여주기 위해 손님들에게 귀찮게 굴지도 않고, '노래하라'고 간청하지도 않는다. 이 우스꽝스러운 관습은 거추장스럽고 속박적인 풍습을 '신사의 교양'이라 하면서 금과옥조처럼 준수한 우리의 조상에게는 매우 친숙한 것이었지만, 이제는 폐기되었다.

우리의 조상에게 식탁은 투기장이었다. 왜냐하면 요리를 옆 사람에게 건네려고 애쓰는 과정에서 접시들이 서로 강하게 부딪히게 되어 깨져버릴 때까지 음식을 사양하는 몸짓이 끊임없이 계속되었기 때문이다. 한순간도 조용하지 않을 만큼 식사 전에도 식사 도중에도 사람들은 현학적 태도로 완강하게 고집을 피웠고, 허례허식의 전문가들은 이 유치한 싸움에 박수갈채를 보냈다.

아가씨들은 허리를 곧게 세우며 말없이 움직이지 않고 튼튼한 살대 치마를 입고 항상 눈을 내리깔고서 접시 위의 어떤 것에도 손을 대지 않았고, 먹으라고 재촉을 받으면 받을수록 먹지 않음으로써 절제와 겸손의 공증된 증거를 내보이리라 생각했다. 후식이 나올 때면 그녀들은 노래를 불러야 했다. 울지 않고 노래할 수 있어야 하고, 칭찬하는 이들을 쳐다보지 않고 쏟아지는 찬사에 대처해야 하는 것이 그녀들에게는 큰 곤경이었다.

오늘날에는 아가씨들이라 해도 식사 과정에서 더 이상 노래하지 않고 온당한 자유를 누리며, 주위를 둘러보고 자신의 어머니보다는 약간 덜하고 더 낮은 목소리이지만 말을 하고, 소리 내어 웃지는 않지만 미소는 짓는다. 나이에 알맞고 순수한 매력을 높이는 처신만이 그녀들에게 부과될 뿐이다.

우리의 조상에게 그토록 소중한 이 엉뚱한 예절 대신에 참된 예의가 자리 잡았다. 상식에 기초한 참된 예의는 결코 거북하지 않고 어색해 보이지도 않는다. 다시 말해, 부조리한 규칙이 아니라 사려 깊은 호의로 권장하는 것을 지키기 때문에, 상황에 순응하고 모든 성격과 쉽게 어울리며 어떤 것도 짓누르지 않고 감춰야 할 것을 감추고 다른 사람을 편안하게 하며 결코 혼란스럽지 않는 그런 것이다.

누구라도 감정을 상하게 하지 않는다면, 특히 넘칠 것 같은 오만을 내보이거나 경우에 맞지 않은 주장을 내세우지 않는다면 불쾌하게 할 일은 거의 없기 마련이므로, 오늘날에도 이 예의는 당연히 지켜져야 한다. 이 두 가지 악덕은 아직 사라지지 않았고 사라지려면 한참 멀었지만, 사교계에서는 드물게만 나타나거나 아니면 즉석에서 반박된다. 이로써 무례한 사람일지라도 바로잡히고 전반적인 품위를 되찾는다.

324 사소한 소견

파리인들은 R음을 목구멍으로 발음하는 경향이 강하다. 게다가 그들은 배우들에게서 이 결함을 결코 알아차리지 못한다. 그래서 배우들은 이 결함을 오히려 탁월한 재능으로 생각하여 선천적으로 이 발음을 잘하지 못하는 경우에는 관객의 호감을 사기 위해 가능한 한 빨리 이 발음을 익히려고 애쓴다.

어느 파리인은 반모음 j 발음을 하기 힘들어 해서 'bouillon(부이용), paille(파유), Versaille(베르사유)'를 옳게 발음하지 못한다.

파리 여자들은 마른 체형이고 30세에 이르면 가슴이 거의 절벽인데, 혹시라도 살이 찌기 시작하면 절망하고 몸매를 유지하기 위해 식초를 마신다.

지방 사교계에서는 사람들이 끊임없이 고함을 질러대는 반면, 파리에서는 누구나 나지막이 말한다. 공작부인에서 꽃다발 판매원까지 모든 여자가 '부인'으로 불린다. 나이가 들어 결혼 여부가 헛갈리는 아가씨들이 있는 만큼 오래지 않아 이 아가씨들도 '부인'이라 불릴 것이다.

왕국에서 모든 이가 '귀하'나 '부인'으로 불리는데도 어찌하여 이 외의 다른 호칭을 갖지 않는 '왕자'와 '왕녀'가 있는지 외국인은 이해하기 어렵다. 따라서 그 밖의 모든 개인은 이 두 가지 존엄한 칭호의 도용자인 셈이다! 이 관습에 몹시 당황한 어느 시인은 헌정사의 말미에 '나리, 저는 매우 미천한 서민 귀하이온데, 등등'이라는 문구를 써넣었다.

말을 놓는 사이가 아닌 모든 처녀에게는 '아가씨'라는 호칭을 붙인다. 아가씨들은 어머니와 동행하지 않고도 사교계에 출입하기 시작한다.

기교와 취향은 화려한 몸치장보다는 오히려 실내복에서 드러난다.

파리 남자들은 40세에 생기를 잃기 시작한다.

외상이 안 되는 것은 없다. 그렇지 않다면 장사를 할 수 없을 것이다. 상인은 어느 정도 손해를 보더라도 가게의 물건을 다 팔아치우는 쪽을 선호하며, 약간 더 비싼 값으로 외상을 주고 모든 외상값을 장부에 기록한다.

파리에서는 누구도 '어느 지사 귀하'나 그의 직무대리인 또는 총독이나 지방 사령관 등에게 머리를 조아리지 않는다. 교만하거나 거만한 안색의 재판장 귀하, 국왕 소송대리인 귀하는 마주치려고 해도 마주칠 수 없으니, 다른 곳보다는 더 평등이 구현되고 있는 셈이다.

대상서, 수석 재판장, 민사 재판관, 형사 재판관은 언제나 긴 법복을 입고 있지만, 그들과 마주치기는 거의 불가능하다.

누군가가 방계 왕족과 서로 얼굴을 마주치는 경우에도 절을 하기는커녕 뚫어지게 쳐다보고 예의상 길을 비켜줄 뿐이다. 방계 왕족이라 해도 그저 보통의 나리보다 더 높은 나리에 지나지 않는다. 그를 쳐다본다고 해서 해로울 것은 없는데, 이는 그와 안면이 있다는 것을 의미한다.

수도에서는 아무리 놀라운 사건도 일주일 동안만 화제가 될 뿐이다. 재능 있는 사람도 셀 수 없이 많기 때문에 열광의 순간에만 환대를 받을 뿐이다. 이튿날이면 벌써 이 열광을 유리하게 활용하는 또 다른 행운아에게로 관심이 쏠린다. 그러면 최고의 재능은 무엇일까? 즐겁게 해주는 재능이다.

누구이건 '스위스인 문지기'를 두고 있는 사람은 마음 내키는 대로 지불을 거부한다. 가령, 파산했다고 보란 듯이 통고한다.

식탁보로 약속을 치워버리는 식사 친구들이 있는데, 그들은 음식을 대접하고는 약속의 이행을 면제받았다고 생각한다.

여자들은 이제 손에 바느질 바늘이나 뜨개질 바늘을 잡지 않고 매듭 공예를 하거나 둥근 자수틀로 수를 놓는다.

지방의 돈은 모두 다시 수도로 흘러들고, 수도의 돈은 거의 모두 화류계 여자들을 거친다.

예쁜 여자가 때때로 못생긴 사람과 친교를 맺어 그의 그림자 노릇을 한다.

가구는 가장 중요한 사치 또는 지출 품목이 되었다. 사람들은 오늘날의 우아한 취향에 비추어 가장 아름답다고 생각되는 모든 것을 손에 넣기 위해 6년마다 가구를 바꾼다. 침대는 화려해야 한다. 거처에는 장식 나무판을 대고 거기에 비싼 니스를 칠하고 금빛 쇠시리 장식을 덧붙이게 되어 있다. 화장 회반죽 덕분으로 대리석 기둥과 혼동하리만큼 흡사한 효과가 난다.

옛날에 재단의 최상단을 덮기 위해 사용된 3만 리브르의 양탄자가 많이 팔려나간다.

주택에서는 이제 들보가 보이지 않는다. 그렇게 되면 저속하고 끔직한 일이 벌어질 것이다. 모든 거처에는 초인종에 줄을 연결하기 위한 구멍이 뚫린다. 이 작업에는 별도의 기술이 필요하다. 손수건이 떨어질 때면 초인종으로 사람을 불러 줍게 하는 여자도 있다.

응접실은 높이가 16~20피에에 달하지 않으면 거주에 적합하지 않다. 부르주아는 200년 전의 군주보다 더 으리으리한 곳에서 산다. 이제는 등받이 없는 의자가 왕과 왕비, 보석 세공인과 신기료 장수의 거처에만 있을 뿐이다.

어느 귀족의 하인은 끌로 조각을 새긴 금시계, 레이스 세공품, 브릴리언트가 박힌 버클을 차고 다니며, 장신구 가게를 하는 귀여운 여자를 정부로 두고 있다.

생각한다고 해서 돈이 들지는 않기 때문에 그토록 쉽게 말하는 사람이 얼마나 많은지 모른다!

옛날 사람이 다시 태어나 우리의 가구목록을 보면 깜짝 놀랄 것이다. 이 엄청나게 많은 사치품의 이름을 아는 경매심사관의 용어는 너무 상세하고 풍부해서 가난한 사람은 알기 어렵다.

여자들은 이제 장인(匠人)의 아내가 아니라면 집안일을 하지 않는다.

미혼여성의 명예는 미혼여성 자신의 것이고 미혼여성은 명예에 크게 집착하나, 기혼여성의 명예는 남편의 것이고 기혼여성은 명예에 덜 집착한다.

금세기의 풍조에 힘입어 의식이 매우 간소화되었다. 이제는 지방 주민도 거의 격식에 사로잡히지 않는다.

범속한 옛 관례들 중에서 아는 척을 하려고 재채기를 하는 것만이 오늘날에도 여전히 존속하고 있다.

위가 튼튼하다는 것은 이제 자랑거리이다. 20년 전이라면 누구도 감히 이것을 자랑하지 못했을 것이다. 후식이 나와도 하인들이 식탁을 떠나지 않고 식사의 막바지까지 남아 있다. 이제는 식사시간이 더 짧아졌다. 자유롭게 수다를 떨고 재미있는 이야기를 하는 것은 이제 식탁에서가 아니다.

일반인은 두 가지 판결을 내린다. 첫 번째 판결은 충분한 검토에 앞서는 성급한 것이고, 두 번째 판결은 어느 정도 시간이 지난 후에 내려지지만 정당한 근거가 있고 이 경우 통상적으로 항소가 불가능하다.

하인이 없는 신사에게 나는 대저택에 저녁식사 하러 가지 말라고 조언한다. 거기에서는 술을 마시는 것이 전적으로 하인의 처분에 달려 있다. 당신의 겸손한 명령에 하인은 구두의 뒤축으로 반 바퀴 회전하고는 또 다른 사람에게 가져다 줄 술을 찾으러 찬장으로 달려갈 것이다. 이윽고 당신은 목구멍이 말라 목소리를 높이기가 힘들게 될 것이다. 당신이 아무리 애원하는 눈길을 보내도 말로 요구할 때보다 더 효과가 있지는 않을 것이다. 당신은 입천장에 불이 나는 느낌일 것이고, 따라서 식탁 위에 놓여 있는 요리를 하나도 맛볼 수 없을 것이다. 마침내 큰 잔에 가득 물을 따라 목을 축이기 위해서는 식사가 끝나기를 기다려야 할 것이다. 이 방식은 하인이 없는 사람을 이를테면 배제하기 위해 고안되었다. 바로 이런 식으로 부자는 자신의 식사 모임에 너무 많은 사람이 모여들지 않게 한다.

대부분의 여자는 앙트르메가 나올 때에야 저녁식사를 하기 시작한다.

파리에서 아프다는 것은 신분과도 같다. 특히 여자는 아프다고 함으로써 매우 유리한 결과를 얻는다.

문인처럼 다른 사람보다 더 으스대는 것이 궁정의 분위기이다.

남자는 이제 옷깃에 큰 다이아몬드를 달고 다니지, 회중시계에 다이아몬드를 박지는 않는다.

완전히 버림받은 사람만이 여름 내내 파리에서 지내야 한다. 퐁루아얄 위에서 '나는 도시가 몹시 싫어, 나는 시골에서 산다'고 말하는 것은 훌륭한 취향이다.

이제는 세련되지 못한 사람을 찾아보기 힘들지만, 대다수는 여전히 거들먹거린다.

가장 높은 신분의 여자가 때때로 도박에서 대담한 속임수를 태연하게 쓴다. 또한 승리 패에 돈을 걸었다가 잃게 되면 돈을 딴 사람에게 뻔뻔하게도 돈을 걸지 않았다고 말한다. 왕족 인사의 도박에서 이런 일이 일어나는 경우에는 이튿날 파리 전역에 이 사실을 떠벌림으로써 복수할 수 있을 뿐이다. 이런 여자는 소문이 퍼져도 무시하는 척한다.

귀족의 태도는 정중해진 반면, 신분이 높은 여자의 태도는 지극히 거만해졌다.

파리 여자는 블라우스 한 벌에 장신구 4개를 구입한다. 지방에서는 옷감이 아마포이고, 수도에서는 비단 레이스 천이다.

여러 권으로 된 저서는 지방과 외국에서 좋다는 판정을 내렸을 때가 아니면 결코 파리에서 읽히지 않는다.

우리의 수사들 사이에서 속죄자의 얼굴을 찾아내는 것은 몹시 드문 일이다. 젊은이들의 얼굴은 창백하고 파리하다. 언제나 방탕 때문에 그런 것은 아니다. 이는 운동부족 때문이다.

우리의 사상은 너무나 미묘해져서 발산되고 나면 아무것도 남지 않는다. 화학은 가장 많이 연구되는 과학이다.

어느 신문기자는 때때로 여러 가지 이해타산을 따져 행동하는 만큼 가장 비열한 아첨꾼이자 가장 건방진 트집쟁이이다.

오늘날 대귀족은 일반적으로 서민만큼 저속한 정신을 지니고 있다. 서민과 마찬가지로 대귀족도 자신이 느끼지 못하는 것을 경멸하고 유치하고 미천한 이야기에만 관심을 쏟는다.

파리에서는 대귀족을 법정에 세우기가 불가능하다. 대귀족은 참사회의 판결을 당장 받아내고, 그러면 모든 심리가 중단되기 때문이다.

한 징세청부업자가 어느 기둥에서 『영혼개론』이란 책의 벽보를 읽고 나서는 이 개론이 무엇에 관한 것인지 물었다. 이것은 그가 결코 관심을 기울이지 않을 유일한 개론, 그가 성격도 수익도 알지 못할 유일한 개론이기 때문이었다.

옛날에는 주교를 호칭할 때 '존귀하신' 또는 '지극히 존귀하신' 이라는 말을 앞에 붙였으나, 오늘날은 주교를 '예하'라고 부른다. 주교에게 이 칭호를 붙이면서 어느 정도는 아주 낮은 목소리로 비웃지만, 그래도 주교에게 이 호칭을 붙이지 않으려는 사람은 없다. 두 주교가 엄숙하고 고상한 어조로 서로 '예하'라고 부르는 것보다 더 야릇한 광경도 없다.

일반적으로 왕녀와 공작부인은 상당히 무례한 후작부인, 백작부인, 그 밖에 신분이 높은 여자보다 더 화목하고 더 원만하고 더 너그러운 성격을 지니고 있다.

> 대담한 척하면서 천하게 굽실거리기,
> 법을 지킨다면서 약탈로 부유해지기,
> 친구를 껴안으면서 몰래 질식시키기,
> 이것이 왕 뒤에 군림하는 명예이다.[47]

볼테르의 이 시행은 거의 알려져 있지 않지만 널리 알려질 만한 가치가 있다.

지방인은 파리인의 품행과 태도를 취하는 척한다. 파리인의 태도는 자연스럽고 까다롭지 않으며 거북하지 않다. 다른 곳에서는 가장하는 것이 무겁고 부담스럽고 획일적이다.

클레옹은 다미스를 자기 친구라고 하는데, 다미스는 클레옹이 24시간 전에 사귄 사람이다. 또 어떤 사람은 올해 친구를 164명 만들었

47 볼테르, 『철학 사전』, '명예' 항목.

다고 말했다. 12월 31일의 말이었다.

왕국의 모든 도시는 파리에 신경을 쓴다. 이는 호기심 때문이기도 하고 질투 때문이기도 하다. 파리는 지구상의 어떤 도시에도 신경 쓰지 않고 파리 내에서 일어난 것과 베르사유에서 행해지는 것만을 생각한다.

리옹, 보르도, 마르세유, 낭트에 관한 말이 들려오지만, 이는 이 도시들이 부유할 것이라고 믿기 때문이지, 이 도시들의 오락이나 쾌락 때문이 아니다. 이 도시들의 취향 때문은 더더욱 아니다. 지방 아카데미 회원이라는 칭호는 가소로운 것이다. 시를 좀 짓는다고 하면서 카페에만 드나드는 사람도 유능한 사람의 이름을 듣고는 단지 그가 지방에서 글을 쓴다는 이유로 그를 깔보고 어깨를 으쓱할 것이다.

파리는 예술, 사상, 감정, 문학 작품의 유일한 중심이고자 하지만, 프랑스에서 책을 내는 것은 어리석은 저자에게만 허용될 뿐이다.

부유한 파리인의 대부분은 살롱에 처박히고 거울에 자기 모습을 비춰보기만 하기 때문에, 창공과도 또 별이 총총한 밤하늘과도 전혀 교감하지 않는다. 그들은 태양을 감사의 마음도 경탄의 감정도 없이 등불을 들고 길을 밝히는 하인인 양 바라본다.

325 감자 빵

끔찍할 정도로 그 수가 많은 빈민의 먹을거리가 나는 걱정이다. 그래서 인류의 친구와 같은 한 사람의 방법을 꼭 언급할 생각이다. 수많은 사치스런 향락의 장인(匠人)은 부자의 식탁을 위해 일하는 반면에, 그는 극빈자의 식탁을 생각했다.

파르망티에[48]에게 감사를 표하길! 그의 방법이 새롭지 않건 다른 곳에서 사용되건 무슨 상관인가! 우리는 그의 방법을 필요로 했고, 그는 우리에게 자신의 방법을 알려주었다. 그는 감자를 이용한 '빵의 제조'를 위해 여러 가지 실험을 했다. 그가 은근히 기대하듯이, 만일 인간의 노동과 땀이라는 비싼 대가를 요구하는 밀을 재배가 쉽고 생육이 확실한 감자로 멋지게 대체할 수 있다면, 이 자연학자는 한없이 유익한 발견을 하고 수많은 빈민에게 엄청난 선물을 준 셈일 것이다.

확실하게 생육하고 수확을 망치는 예상치 못한 일을 잘 견뎌내기 때문에 밀의 우발적인 흉작과 이보다 훨씬 더 해로운 끔찍한 독점에 대한 대책이 될 이 덩이줄기 자원의 가치는 다른 어느 곳보다도 파리에서 제대로 인정받을 것이다. 내가 진심으로 걱정하는 서민의 생계는 이제 종잡기 어려운 자연력과 악착스런 투기에 좌우되지 않을 것이다. 서리에도 우박에도 뇌우에도 바람에도 비에도 약하지

48 1779년 『밀가루를 섞지 않고 감자 빵을 만드는 방법』을 출판했다. 감자를 이용한 빵의 제조는 18세기 후반 내내 여론의 주목을 받았다.

않은 감자는 또한 어떤 토지에서도 잘 자라서 영양가 있고 맛있는 빵의 재료가 된다.

감자로 빵을 제조하는 것도 감자를 재배하는 것만큼 용이해진다면 좋겠는데! 땅속에서 쉽게 잘 퍼져 나가고 녹말을 함유한 이 식물은 밀보다 우월한 것이 될 것이다. 왜냐하면 밀은 인간의 기대에 자주 못 미치고, 뒤이어 농부의 손에서 빠져나가고는 거래의 대상이 되어 가장 위협적인 탐욕을 조장하기 때문이다.

그러므로 나는 단순화되고 일반화된 이 소중한 덩이뿌리를 재료로 한 '빵의 제조'를 새롭고도 완벽하게 해줄 방법을 열렬하게 기다리고 있다. 이 새로운 트립톨레모스[49]가 민중의 생계를 지독한 독점자로부터 보호하게 되면, 나는 감사의 마음으로 그를 떠받들 것이다. 내가 글을 쓰고 있는 세기를 특징짓는 오만과 함께 무지와 경박성에 대한 비판으로 이 발견의 모든 이점을 속속들이 파악하여 널리 알릴 것이다.

나로서는 이 발견이 인간 그리고 인간의 자유와 행복에 틀림없이 가장 큰 영향을 미칠 것이라고 생각한다. 이 문제에 관해 나는 매우 설득력이 있는 랭게[50]와 같은 의견이다. 그와 마찬가지로 나도 인간의 생계를 보장하는 밀이 동시에 인간의 형리였다는 생각이 든다. 가장 유용한 과학인 화학에 힘입어 우리가 빵을 더 값싸게 구입할 수 있게 되리라는 확신이 생긴다. 그렇게 되면 탐욕스럽고 타산적인 사람들과 이익을 공유하여 언제나 그들을 보호하는 대지주, 말하자

49 그의 아버지가 데메테르를 환대한 적이 있어서 그는 이 여신의 총애를 받았다. 데메테르는 그에게 농업을 가르쳤다. 그는 빵의 제조 기술을 인간에게 알려주었다.

50 「빵과 밀」은 1774년 출판된 그의 전집에 들어갔고, 1779년에는 「밀과 빵에 관한 논고」라는 제목으로 수정되었다. 1788년 「곡물 무역에 관하여」에서 그는 파르망테에와 동일한 관점에서 쌀과 감자 같은 대체 식품을 옹호한다.

면 사회의 폭군이 빵의 공급을 좌지우지하지는 못하게 될 것이다.

밀가루 이외의 다른 재료로 빵을 만드는 것이 가능하다는 것은 실험으로 입증되었다. 이것만 해도 커다란 진전이다. 아니! 누가 이와 같은 발견에 무관심하고, 이로부터 발생한 공공의 행복에 보탬이 될 막대한 이점을 외면할 수 있을 것인가?

이 문제에 관한 글이 처음 발표된 이래 감자 건빵이 제조되었을 뿐 아니라, 더 나아가 고구마로 만든 빵과 건빵이 나왔다. 자연의 격렬한 대변동, 모든 수확물을 망치는 태풍이 엄습하고 게다가 전쟁의 참화와 대양의 가혹한 위험이 닥치는 여러 식민지에 얼마나 유용할 것인가!

감자 건빵도 밀 건빵보다는 우월하지만, 고구마 빵은 더 많은 이점이 있다. 감자에 비해 고구마는 녹말 함유량이 더 많고 수분도 더 많으며 당분과 풍부한 자양분을 함유하고 있어, 빵으로 전환되고 우리의 몸에 동화되기에 더 적합하다.

나의 열렬한 소원이 잘못된 것인지는 모르겠지만, 언젠가는 화학에 힘입어 모든 물질로부터 영양분을 추출할 수 있을 것이다. 그때에는 인간의 생계에 필요한 것을 공급하는 것이 호수와 샘에서 물을 긷는 것만큼 쉬울 것이라고 나는 생각한다.

그러면 오만, 야심, 인색함으로 인한 그 모든 싸움, 커다란 제국들의 그 모든 가혹한 제도는 어떻게 될까? 인간이 마음대로 만들어낼 수 있는 풍부한 식품은 인간의 평안과 미덕에 대한 보증일 것이다. 우리의 엉뚱한 정치제도는 모두 뒤엎어질 것이다. 훌륭한 화학자들이여, 일하라, 또 일하라.

326 적선

불행하게도 화재를 당한 빈민을 돕기 위해 생제르맹 포부르에서 모금활동이 벌어졌다. 큰 부자로 알려진 사람의 집으로 온정을 모으는 이들이 들어갔다. 그는 그들을 12월이어서 냉기가 가득한 방으로 맞아들였다. 그들이 모금 주머니의 끈을 푸는 동안, 집주인은 하녀에게 벽난로의 구석에 쌓여 있는 불쏘시개를 가리키면서 나뭇단에 불을 붙이는 데 온전한 불쏘시개 하나를 다 썼다고 잔소리를 해댔다.

집주인이 이처럼 꾸지람을 늘어놓고는 비밀 옷장으로 서둘러 가서 좀처럼 적선으로 내놓지 않는 양의 금액을 꺼낼 때, 성금을 모으는 사람들은 그로부터 그다지 많은 기부를 받지는 못하리라고 점쳤었다. 그들은 다음과 같은 그의 말을 듣고 나서 그에게 놀라움을 표시하지 않을 수 없었다. 이 친절한 사람이 그들에게 말했다. "여러분, 제가 가난한 사람들에게 그런 대로 큰 자선을 베풀 수 있는 것은 이와 같은 절약 덕분이랍니다."

파리에서는 많은 적선이 행해진다. 모든 선의 원천인 하느님, 찬미 받으소서! 경찰의 가혹하고 억압적인 법보다 이 자비로운 사람들이 공공의 질서와 평안을 위해 더 많은 것을 행한다. 이 자선가들이 없다면, 격분과 절망 때문에 정치적 규제가 매순간 무력화될 것이다. 개별적인 재난의 폐해가 감소하는 것은 천사의 마음으로 드러나지 않게 선행을 하는 사람들 덕분이다. 악덕, 광기, 오만은 의기양양하게 모습을 드러내는 반면에, 다정한 연민, 너그러움, 미덕은 대중의 눈에 띄지 않으면서 허영도 과시도 없이 조용히 인류에게 도움이 되고 하느님 보기에 좋은 것으로 만족한다.

구제책을 다양화하고 고미 다락방으로 도움의 손길을 뻗치며 불행한 사람의 초라한 침대로 불시에 찾아가서 외롭고 불운한 그를 위로하고 격려하며 잊지 않고 있다는 것을 알게 하는 자선활동이 없다면, 날마다 사람이 굶주림으로 죽어갈 것이고 주택의 꼭대기 층이 시신으로 가득할 것이며 범죄가 100배로 늘어날 것이다. 이 도시의 평온은 대부분 정이 많은 사람들 덕분이다. 왕령은 범법행위를 처벌하는 반면, 그들은 고통을 누그러뜨리고 원망과 불평을 가라앉힘으로써 범법행위를 예방하고 국가와 국왕에게 봉사한다. 이 드문 사람들은 틀림없이 행정에 아주 유용할 것이다. 만일 그들이 선행을 그만둔다면 관리는 아마 강제력을 상실할 것이다. 그들에게 영광을 돌리고 합당한 존경을 온전히 표하자. 경멸과 분개를 놓고 비열하고 잔혹한 악당과 다투지 않는 법이다. 왜 좋고 훌륭한 행위에 존중과 영광을 부여하지 않겠는가? 왜 인간의 착한 천성을 없애고 부인하려 하겠는가? 이 타고난 미덕을 간직하게 되는 것은 그것을 부정함으로써가 아니다. 궤변가는 경험에 어긋나는 어떤 것도 할 수 없을 것이다. 인간이 지니고 있는 잔혹성은 진짜 병이다. 다른 사람을 완전히 무시하는 자는 덜된 존재인데, 그런 자는 드물다고 나는 믿고 싶다. 악의는 격한 대립에서 생겨난다. 연민은 예사로운 것이다. 우리는 우리의 이익이 소중하기 때문에 흔히 동포의 이익도 소중히 여긴다. 이는 기본적인 감정이다. 우리가 악독하게보다는 오히려 착하게 태어났다는 것이 그 증거이다. 고결한 사람의 몰인정한 행위보다 불한당의 관대한 행위가 더 높이 평가받는 법이다.

다정한 사람이라면 알아차리고 감동하듯이, 오늘날은 자비로운 행위가 증가하고 있고, 재난이나 사고가 알려지기만 해도 연민과 애덕이 일깨워질 수 있으며, 깊지만 끝이 없지는 않은 비참의 수렁을 선행으로 메우려는 노력이 이루어지고 있다.

『주르날 드 파리』[51]는 특별한 재난의 '보도자' 겸 불우한 사람에 대한 재빠른 구호의 '매개 수단'이 되었다. 여태까지 어떤 불평도 소홀히 취급된 적이 없다. 이러한 용도 때문에 이 신문은 귀중하고 존중할 만하다. 많은 이가 이 신문의 기자로 일하고 싶어 하는 것은 우연이 아니다.

1781년 왕세자의 탄생은 수도와 지방에서 다수의 관대하고 애국적인 행위를 촉발한 신호였다. 죄수들이 석방되었고, 처녀들이 지참금을 받았으며, 고아들이 입양되었다. 요컨대, 그토록 심한 방종과 혼란의 한가운데에서 선이 행해지고, 풍속의 문란 속으로 애덕이 퍼진다. 이는 착한 마음씨가 근본적인 미덕이라는 것, 은혜를 베푸는 즐거움에 천상의 숭고한 어떤 것이 있다는 것, 메마른 감정이 중죄, 어쩌면 유일할 중죄라는 것, 그리고 인색이 가장 비열하고 가장 해로운 악덕으로 간주되어야 한다는 것을 누구나 느꼈기 때문이다.

선행을 안 해도 되는 사람은 결코 존재하지 않는다. 아무리 가난한 사람도 불우한 사람에게 도덕적 의무를 치러야 한다. 때로는 아무것도 아닌 것이 불우한 사람을 살려낸다. 언제나 돈만이 필요한 것은 아니다. 필요한 것은 관심, 조언, 방문, 단순한 교섭, 적시에 제출된 진정서이다.

그러므로 작가들이여, 가장 고결한 직무에 충실히 복무함으로써 선행에 유익한 이 성향을 부단히 키우고 간직하라! "나는 말했다."

51 메르시에가 글을 기고한 『주르날 드 파리』는 1777년부터 발행되었다. 코랑세, 뒤시외, 카데에 의해 창간된 이 신문은 최초의 프랑스 일간지였다.

327 생쉴피스 소교구

나는 운이 좋은 편인지, 내가 따르고 싶은 행운의 광맥을 발견했다. 완전히 타락하지는 않고 부주의하거나 정신이 산만한 사람 또는 쾌락에 너무 열중하는 사람에게는 내 생각에 악덕과 불행의 묘사가 약이 될 수 있다. 내가 악덕과 불행을 묘사하는 것은 오로지 이런 이유에서이다.

가난한 사람을 위로하기 위해 생쉴피스 소교구에 확립된 질서는 아무리 칭찬해도 지나치지 않을 것이다. 배내옷, 유모의 월급, 무상교육, 도제수업, 의복 구입을 위한 적선 외에도, 일할 수 있는 이에게 일자리를 구해주고 숙련된 기술이 없는 이에게 기초지식을 가르칠 수단이 마련되었다.

이것은 넓은 수도의 다른 소교구들에서 본받아야 할 훌륭한 사례이다. 왜냐하면 구걸을 일소하는 것으로는 충분하지 않고 이를 노동으로 대체할 필요가 있기 때문이다. 이 소교구에서 날마다 실행되는 일보다 더 흥미로운 것은 없다. 이 유용한 기금의 수가 늘어날 수 있다면, 모든 불우한 사람의 눈물은 시간이 흐르면서 마를 것이고, 가혹한 유기(遺棄) 상태에서 대부분 벗어날 것이며, 불우한 사람이 범죄와 늘 인접한 야비한 짓거리 때문에 전락하게 되는 필연적인 과정에서 적지 않은 이가 빠져나올 수 있을 것이다.

이 시설에서는 구빈원의 악습을 찾아볼 수 없다. 그래서 훨씬 더 수긍할 만한 애덕으로써 가난한 사람의 절망, 어린이의 나태, 늙은이의 지병을 예방한다.

인류를 타락시키지 않으면서 인류에게 봉사하고, 인류를 격분케 하지 않으면서 인도하고, 정직·공정·노동 쪽으로 이끌기에 가장 적합한 것으로 감히 이 훌륭한 운영 방식을 제안하고자 한다. 하느님에게 기도하는 장소가 극빈자의 피난처, 약자의 보호소, 신체장애자의 휴식처이고 모든 이를 환대하는 신전으로 변할 때, 종교의식은 더할 나위 없이 존중할 만하게 된다.

328 앙팡제쥐

생쉴피스의 주임사제인 유명한 랑게 덕분으로 마련된 유용한 시설, 인정과 건전한 정치의 본보기.[52] 가난한 여자 800여 명이 숙식을 제공받고 면사와 아마실을 잣는다. 그녀들은 노동으로 생계를 유지하고, 교육도 받으며, 미혼여성의 경우에는 나중에 결혼도 한다.

또한 사육장에서 가축을 키워 생쉴피스 소교구의 어린이 2천여 명에게 우유를 공급한다. 여기서 운영하는 빵집은 소교구의 빈민에게 매달 10만 파운드의 빵을 제공한다. 가금 및 여러 우리의 멧돼지를 키우며, 새끼 멧돼지를 팔고, 약방에서는 여러 가지 증류 제품을 만들어 많은 수익을 올린다. 이 시설은 언제나 아름다운 질서가 유지되고 있다는 점에서, 넓은 토지를 소유하고 있는 여러 종교 공동체에 대해 충분히 본보기가 된다.

예민한 관찰가의 눈에는 이 시설이 생쉴피스 건물보다 덜 화려하게 보이지만 100배 더 낫다. 호화로운 건조물을 짓는 데 막대한 비용이 들어가지만, 그것은 인간을 위한 실제적인 이점이 없는 장식에 지나지 않는다. '앙팡제쥐'는 초라한 담장으로 둘러싸여 있지만, 그 안에서는 으뜸가는 미덕, 즉 애덕이 날마다 끊임없이 실천되고 있다. 그러니까 쓸데없이 웅장하고 광대한 사원이 '앙팡제쥐' 덕분으로 비난을 면하게 된다.

52 1732년 랑게는 '앙팡제쥐(Enfan-Jésus)'라는 미혼여성 수도회, 가난한 여성을 위한 시설을 설립했다. 세브르 길에 위치한 이 시설은 대혁명 이후 앙팡말라드 병원이 되었다.

아! 내 힘겨운 인생 행로에서 이와 같은 시설과 마주치는 것은 얼마나 유쾌한 일인가! 그러나 사방에 무익한 수도원, 가령 '사크레 쾨르드제쥐', '아송프숑', '카퓌신', '아도라시옹 페르페튀엘 뒤 생사크르망', '퀴투르 생트카트린', '생트아가트' 또는 '피유 뒤 실랑스' 등만이 보일 뿐이다. 그곳들의 수사들과 수녀들이 모두 무엇에 소용되는지 묻지 않을 수 없다. 그들 대부분은 '영국에 로마 종교가 복원되기'를 매우 열심히 기도하지만, 이 용맹한 공화국의 당당한 제독들에게 이런 기도가 통할지는 의심스러울 뿐이다.

329 유모 소개소와 여성 알선업자

파리의 어머니들은 아기에게 모유를 먹이지 않는다. 감히 말하건대, 그러는 편이 낫다. 수도의 공기는 진하고 냄새가 역하다. 수도에서는 요란한 사업이 늘 벌어지고 너무 활발하거나 너무 방탕한 생활이 영위된다. 이런 곳에서는 결코 모성의 의무를 다할 수 없다. 아기에게 젖을 먹이면서도 몸을 망치지 않기 위해서는 시골이 필요하고, 규칙적인 전원생활을 해야 한다.

그래서 많은 수의 유모가 돈을 받고 젖가슴을 제공하기 위해 수도로 온다. 아기의 부모와 자신의 젖을 파는 가난한 어머니 사이의 거래에서 유래하는 남용을 막기는 쉽지 않았지만, 이 거래는 매우 지혜롭고 신중하고 부드러운 방식으로 이루어져 온 일이다.

유모 소개소와 여성 알선업자[53]는 명확하고 활기차고 세심한 운영의 본보기이다. 이 사업소는 찬사를 받을 만하다. 인구가 너무 많은 사회의 주민이 당하는 해악은 이를테면 경찰에 의해 시정되었다. 그만큼 질서는 이 이상한 인류를 변모시키고 자연을 대체한다!

우리는 정원사, 다시 말해 정부가 씨앗을 관리하고 미래 세대를 돌보는 것을 보아왔다.

53 파리에는 여성 알선업자 사업소가 네 군데 있었다. 『에밀』에서 아기에게 모유를 먹이라고 권유한 루소와는 달리, 메르시에는 귀부인이 아기에게 모유를 먹이는 것에 반대하는 입장이었다.

330 하루의 시간

하루가 지남에 따라 소란스럽고 빠른 소용돌이의 한가운데에서 평온과 동요가 번갈아 찾아온다. 거의 한결같은 시간에 의해 분리된 유동적이고 주기적인 장면이 잇따른다.

아침 7시에는 모든 정원사가 빈 바구니를 들고 야윈 말 위에 걸터앉아 꽃밭으로 되돌아온다. 사륜마차는 좀처럼 다니지 않는다. 그 시간에는 정장을 입고 머리손질을 한 사무실 서기들만 눈에 띌 뿐이다.

9시 무렵에는 머리에서 발끝까지 소금가루를 뒤집어쓴 (그래서 '간고등어'로 불린) 가발제조업자들이 한 손에는 머리 인두, 다른 손에는 가발을 들고 달린다. 카페 점원들은 여느 때처럼 앞이 트인 긴 웃옷을 입은 모습으로 가구 딸린 방으로 커피와 차를 나른다. 이와 동시에 신작로에서 애송이 하급 귀족이 말을 타고 뒤에 하인 한 사람을 대동하고 서둘러 가다가, 때로는 행인에게 피해를 주고 이에 대한 대가를 지불한다.

10시 무렵에는 법원의 하급 직원들이 검은 구름을 이루어 샤틀레 재판소와 법원 청사 쪽으로 나아간다. 널따란 옷깃, 법복, 가방,[54] 그리고 서둘러 뒤따르는 소송인들만 보일 뿐이다.

정오에는 모든 증권 중개인과 주식 투기업자가 무리를 지어 증권거래소로 가고, 놀고먹는 이들은 팔레루아얄로 간다. 생토노레 구

54 재판소에는 가방을 3개 들고 가야 한다고들 하는데, 그것은 서류 가방, 돈 가방, 인내 가방이다.

역, 즉 재력가과 유력인사의 구역은 왕래가 많고 길거리가 한산하지 않다. 온갖 종류의 간청과 청원의 시간이기 때문이다.

오후 2시에는 점심식사에 초대받은 사람들이 모자를 쓰고 얼굴에 분을 바르고 옷매무새를 가다듬고 흰색의 긴 양말에 뭐가 묻을까봐 까치발로 걸어서 가장 멀리 떨어진 구역으로 간다. 이 시간에는 모든 삯마차가 빠져나가 광장이 텅 빈다. 저마다 삯마차를 먼저 잡으려고 다투기 때문에 때로는 두 사람이 동시에 마차 문을 열고 올라타 앉는 일도 일어난다. 누가 타고 갈 것인지를 결정하려면 경찰서로 가야 한다.

3시에는 각자 점심식사를 하기 때문에 거리에 사람이 거의 보이지 않는다. 한적한 시간이지만 오래 지속되지는 않는다.

5시 15분에는 끔찍한 소동이 일어난다. 모든 거리가 혼잡하고 모든 마차가 사방으로 달리거나 갖가지 공연장으로 돌진하거나 소풍을 나간다. 카페들은 만원을 이룬다.

7시에는 평온이 다시 깃들기 시작한다. 거의 전반적으로 깊은 평온이 찾아든다. 모든 말이 발로 헛되이 길바닥을 두드린다. 조용하고 보이지 않은 손에 의해 도시의 소란이 억제되는 것 같다. 한가을 무렵에는 아직 순찰병이 초소에 있지 않기 때문에 이때가 가장 위험한 시간이기도 하다. 폭력행위는 대체로 어둠이 깔리기 시작할 때 저질러진다.[55]

날이 저물고 오페라의 무대장치가 가동되는 동안 인부, 목수, 석공의 무리가 우르르 떼를 지어 포부르의 거처로 돌아간다. 그들의 신발에서 떨어진 석고가루로 길이 희게 변하는데, 이 자국으로 그들

55 1769년에는 10월 중순에 6일 동안 돌팔매로 3명이나 죽인 살인자가 체포되는 일도 있었다.

의 직업을 짐작할 수 있다. 후작부인과 백작부인이 단장을 시작할 때 그들은 잠자리에 든다.

저녁 9시가 되면 소음이 다시 들리기 시작한다. 공연을 보고 돌아가는 사람의 행렬이 이어진다. 마차의 질주에 주택이 흔들리지만, 이 소음은 일시적이다. 사교계 인사들이 밤참을 기대하면서 여기저기로 짧은 방문을 한다.

이때는 또한 매춘부들이 모두 가슴 쪽으로 깊게 파인 옷을 입고 얼굴을 알록달록하게 화장하고 대담한 추파를 던지면서 상점의 불빛과 가로등에도 불구하고 아무런 거리낌없이 비단 스타킹과 평평한 구두를 신고 진창 속을 걸어 당신을 뒤쫓는다. 그녀들의 말과 몸짓은 똑같이 유혹적이다. 무절제가 순결을 보호하는 데 소용된다거나, '몸을 파는' 여자들 덕분으로 강간이 방지된다거나, 매춘부가 없다면 무고한 젊은 여자를 유혹하고 납치하는 일이 더 빈번해질 것이라고들 하지만, 과연 그런지는 잘 모르겠다. 유괴와 강간이 매우 드물어진 것은 사실이다.

하여튼 지방 주민으로서는 믿을 수 없는 파렴치한 짓이 딸을 가진 성실한 부르주아의 코앞에서 벌어지고, 부르주아의 딸은 이 기이한 타락을 목격하게 된다. 이 방종한 여자들이 대담하게 말하기까지 하는 것을 부르주아의 딸이 보지도 듣지도 않기는 불가능하다. 그러니 수줍음에 관한 철학자의 논설은 어떻게 될 것인가?

11시에는 다시 고요가 깃든다. 이때는 야참이 끝나는 시간이다. 또한 놀고먹는 이들, 할 일이 없는 이들, 엉터리 시인들이 카페에서 쫓겨나 고미 다락방으로 돌아가는 시간이기도 하다. 거침없이 돌아다니던 매춘부들은 이제 야경대를 피해 주택들 사이로만 모습을 보일 뿐이다. 야경대는 이 터무니없이 늦은 시간에 시쳇말로 '일제검거'에 나선다.

밤 12시 15분에는 놀기에 물려 자리를 뜨는 이들의 마차 소리가 들린다. 그런 만큼 도시에 인적이 없는 것 같지는 않다. 프티 부르주아가 침대에서 깨어나는데, 그래도 아내의 불평을 사지는 않는다.

파리에서 많은 프티 부르주아의 출생은 마차 행렬의 갑작스런 소동 덕분이다. 우레와 같은 소리는 다른 곳 어디에서와 마찬가지로 인구의 증가에 크게 이바지하는 요소이다.

새벽 1시에는 농부 6천 명이 야채, 과일, 꽃을 실고 도착한다. 그들은 파리 중앙시장 쪽으로 나아간다. 7~8리외를 이동해 오는 길이기 때문에 그들의 짐을 나르는 짐승은 지치고 피곤한 상태이다.

파리 중앙시장은 모르페우스가 결코 양귀비를 흔들지 않은 장소이다. 거기에는 정적도 휴식도 막간도 전혀 없다. 채소장수에 뒤이어 생선장수가 오고, 생선장수에 뒤이어 달걀 및 닭 장수가 오며, 뒤이어 '소매상'이 온다. 왜냐하면 파리의 모든 시장은 식료품을 파리 중앙시장으로부터만 공급받기 때문이다. 파리 중앙시장은 모든 물품의 집산지이다. 피라미드처럼 올라가는 채롱은 도시 전역의 먹을거리 전체를 운반한다. 올라가고 내려가고 순환하는 바구니들 안에 수백만 개의 달걀이 담겨 있는데, 정말 기적적으로 단 하나의 달걀도 깨지지 않는다.

그때 선술집들에서는 증류주가 철철 넘친다. 이 증류주는 물로 희석되지만, 고춧가루를 타기 때문에 톡 쏘는 맛이 아주 강하다. 파리 중앙시장의 인부와 농부들은 이 술을 들이켠다. 아무리 절제하는 이라도 포도주는 마신다. 웅성거리는 소리가 끊임없이 계속된다. 이 거래는 어둠 속에서 이루어진다. 햇빛을 피하고 태양을 혐오하는 민족을 보는 것 같다.

생선 경매인들은 해를 보지 못하고 가로등이 흐릿해질 때에야 물러난다. 어둠 속이라 서로 보이지는 않지만 목청껏 외치기 때문에

서로의 말을 알아듣는다. 모두가 소리를 질러대는 혼란 속에서 당신을 부르는 목소리가 어디에서 들려오는지 알기 위해서는 현장의 언어를 잘 파악하고 있어야 한다. 라발레 강둑길에서도 동일한 시간에 동일한 광경이 벌어진다. 거기에서 거래되는 것은 연어와 청어가 아니라 토끼 고기와 비둘기 고기이다.

이 끊임없는 소동은 도시의 나머지 지역이 잠들어 있는 것과 뚜렷이 대조된다. 실제로 새벽 4시에는 강도와 시인만이 깨어 있을 뿐이다.

6시에는 파리의 양육자인 고네스의 빵집 주인들이 일주일에 두 번 매우 많은 양의 빵을 가져온다. 이 빵은 다시 가져갈 수 없기 때문에 도시에서 다 소비되어야 한다.

이윽고 장인들이 초라한 침대에서 빠져나와 연장을 챙겨들고 작업장으로 간다. 이 건장한 사람들은 카페올레를 즐겨 마신다(누가 믿겠는가?). 거리의 모퉁이에서 커피가 들어 있는 커다란 양철통을 등에 짊어지고 온 아낙들이 흐릿한 등불의 빛 아래 한 잔에 '2수'를 받고 커피를 판매한다. 설탕이 충분히 들어가지는 않는다. 마침내 장인이 이 카페올레를 발견한다. 카페 주인 단체가 규약을 들이밀면서 이 합법적인 거래를 금지하기 위해 온갖 짓을 다했다는 것에 주목하는 사람이 있을까? 카페 주인들은 유리로 된 가게에서 동일한 크기의 잔에 '5수'를 받고 팔고자 했다. 그러나 이 장인들은 아침식사를 하면서 자기 모습을 비춰볼 필요가 없다.

게다가 카페올레의 이용이 확대되었다. 카페올레는 서민층으로 폭넓게 퍼져나가 자기 가게가 없는 장인들 모두에게 언제까지나 아침식사로 이용되었다. 그들은 이 식품이 다른 어떤 것보다 더 기운을 북돋아주는 더 경제적이고 더 이로운 것이라고 생각했다. 따라서 그들은 상당한 양의 카페올레를 마신다. 저녁까지 버티려면 충분히 마셔두어야 한다고 말한다. 이런 식으로 그들은 배부른 아침식사와 내가 다른 데에서 말한 저녁의 '페르시야드'로 하루에 두 끼만을 때운다.

아침이면 탕아들은 창백하고 초췌한 얼굴로 회한보다는 오히려 근심을 안고 매춘부의 방에서 나오고는 밤일로 인해 종일토록 끙끙거린다. 그러나 방탕이나 습관은 폭군과 같아서, 이튿날이면 다시 그들을 사로잡아 무덤 쪽으로 느릿느릿 끌고 간다.

잘 알려져 있지 않은 곳이건 유명한 곳이건, 도박장에서는 도박꾼들이 훨씬 더 창백한 얼굴로 나온다. 돈을 잃은 도박꾼은 절망 어린 눈으로 하늘을 쳐다보면서 자신의 머리와 배를 치고, 돈을 딴 노름꾼은 지난밤의 노름판으로 다시 가리라고 결심하지만, 이튿날 거기에 앉으면 반드시 돈을 잃게 되어 있다.

부에 대한 갈망으로 불이 붙는 이 딱한 열정은 신분을 막론하고 누구나 품고 있어서 아무리 법으로 금지하려고 해도 소용이 없다. 그래서 정부에서는 이 열정을 '복권'의 이름으로는 허용하지만, 다른 명칭으로는 금하고 있다.

아직 침대에서 자고 있는 게으른 사람들의 아침잠을 때때로 대장장이와 제철공의 망치질이 설쳐놓는다. 향락을 즐기는 나태한 이들의 말을 듣는다면, 날카로운 줄로 쇠붙이를 가는 모든 장인은 도시 밖으로 쫓겨나야 할 것이다. 주물 제조업자가 냄비를 두드리고, 수레 제조업자가 내구성 있는 쇠바퀴에 테를 두르고, 거리를 달리는 갖가지 업계의 종사자가 주택의 꼭대기와 마지막 사람에게까지 들릴 정도로 날카롭게 목소리를 높이는 것도 허용되지 않을 것이다. 한가하고 나약한 그들을 보호하기 위해 주택단지의 소음을 사방에서 억제해야 할지도 모르고, 이 모든 향락주의자의 평온한 침실이 정적으로 둘러싸여 있는 가운데 그들은 태양이 중천으로 떠오르는

12시까지 무익하게 펜을 놀릴 수 있게 될지도 모른다.

동일한 맥락에서 그들은 '압착'할 때 나는 냄새 때문에 모자 제조판매점을, 기름 때문에 무두장이의 가게와 유약공의 가게를, 화장품을 쓰면서도 향수 제조판매점을, 지나갈 때 저도 모르게 재채기를 하게 하는 담뱃잎 써는 사람의 가게를 싫어할지 모른다. 이 부자들의 모든 주장에 귀를 기울인다면, 수도에는 마차 드나드는 대문만 있을 것이고, 1시까지, 다시 말해 그들이 이불이나 긴 의자를 떠나는 시간까지 거리에 '매트리스가 깔릴' 것이며, 공중으로 종소리가 울려서는 안 될 것이고, 경비대가 그들의 창문 밑을 지나갈 때에는 북을 치지 말아야 할 것이다. 왜냐하면 길거리 위로 달리면서 시끄러운 소음을 내고 새벽 2시에 잠자고 있는 이들의 잠을 설치게 할 권리는 오직 그들의 마차 행렬에만 있기 때문이다.

매달 '10일, 20일, 30일'에는 10시에서 정오까지 돈이 가득하여 짊어지면 등이 휠 정도로 무거운 '안장 가방'을 나르는 사람들이 있다. 그들은 마치 적군이 곧 이 도시를 습격해 오기라도 하는 것처럼 달리는데, 이는 이 금속들이 금고에서 금고로 운송되지 않는 부동의 기호여야 할 터인데도 우리 중에서 누구도 이 금속을 대체할 다행한 정치적 기호를 결코 만들어낼 수 없었다는 증거이다.

그날 어음이 돌아와 돈을 지불해야 하는데도 자금이 전혀 없는 이는 어떤 일을 당해도 할 수 없다! 어음의 대금을 치르고 6리브르짜리 금화 하나라도 남아 있는 사람은 여전히 행복하다!

거의 해마다 11월 중순 무렵에는 차고 습한 대기와 땀을 식히는 안개가 갑자기 닥치면서 불쾌한 카타르가 불시에 번진다. 여러 사람이 이 염증으로 죽지만, 모든 것을 비웃는 파리인은 이 위험한 감기를 '변덕스런 애정' 또는 '교태 부리는 여자'라고 부르는데, 3일 후에는 이 빈정대기 좋아하는 사람 자신이 이 애정이나 여자에게 '잽싸게 붙잡혀' 무덤에 묻힌다.

따뜻한 아파트와 공연 홀에서 야외로 나오면 불가피하게 땀이 식게 된다. 두터운 외투를 입는 새로운 방식을 추천할 만하다. 이 방식으로 추위를 피할 수 있다. 이 방식을 신속하게 실행하는 것이 가장 확실한 예방책일지 모른다. 그렇지만 얼마 동안 마차를 기다려야 하는 여자들, 계단 옆이나 주랑 아래에서 떨고 있는 것이 눈에 띄는 그 매력적이고 우아한 여자들은 털로 안을 댄 외투로는 모든 불행한 일로부터 충분히 보호받을 수 없다는 것을 생각해야 할 것이다.

331 일요일과 축제일

이제 장인만이 축제일과 일요일을 중요시한다. 이런 날이면 쿠르티유, 포르슈롱, 누벨프랑스[56] 등의 방책에 술꾼이 넘쳐난다. 서민은 도시에서보다 더 싼 술을 찾아 그곳에 간다. 이로 인해 적지 않은 무질서가 초래된다. 하지만 서민은 즐거워하고, 더 정확히 말해 자신의 신세를 잠시 잊고 기분전환을 한다. 통상적으로 장인은 '월요일에 휴업'[57]한다. 다시 말해, 조금이라도 기운이 남아 있으면 이날도 술에 취한다.

절약할 필요가 있는 부르주아는 방책으로 나가지 않는다. 부르주아는 튈르리, 뤽상부르, 아르스날[58] 등 여러 신작로로 가서 꽤나 지루하게 산책한다. 드레스가 단벌이어서 밑단을 말아 올리고 산책하는 어느 여자가 있다면, 그녀는 지방 여자라고 확신해도 좋다.

서민은 아직도 미사에 참석하지만, 사교계에서 '거지들의 오페라'라고 불리는 저녁기도는 안 하기 시작했다. 교회에서 서민은 서

56 서로 인접한 이 세 구역은 파리 북부에서 띠를 형성했다. 이곳들은 1783~1790년에 '징세청부업자'의 장벽이 세워질 때까지 입시세 문의 바깥에 위치했다. 쿠르티유는 탕플 포부르를 넘어 벨빌 및 메닐몽탕 언덕의 초기 버팀벽 쪽으로 펼쳐져 있었고, 누벨프랑스는 푸아소니에르 포부르를 넘어 몽마르트르 버팀벽 쪽으로 걸쳐 있었다. 블랑슈 길과 클리쉬 길 주변의 포르슈롱은 동쪽의 마르티르 길과 서쪽의 로셰 길 사이를 차지하고 있었다. 이곳들은 오랫동안 도시 바깥에 위치한 까닭에, 주류를 파리로 반입할 때 내야 하는 세금을 물지 않았고, 따라서 술값이 싼 주막과 술집의 구역이었다.

57 월요일은 휴가일이었고, 또한 술집들이 가장 붐비는 날이기도 했다.

58 당시에는 여기에 공원이 있었다.

있어야 한다. 서민이 의자에 앉으려면 돈을 내야 한다. 앉아서 설교를 듣는 데 '6수'를 요구하다니, 이는 매우 잘못된 관행이다. 따라서 성당은 매우 장엄한 의식으로 서민을 돌아오게 하는 경우를 제외하면 텅 비어 있다. 아니, 미사에 참석하는 데에도 돈을!

성체첨례의 8일 동안에는 성체의 현시와 강복 의식에 훨씬 더 많은 인파가 모여든다. 프티 부르주아에게 이것은 사실상 아름다운 계절에 외출하여 해질녘까지 산책할 구실이 된다. 특히 젊은 처녀들은 저녁의 성체 강복 의식과 축성을 매우 좋아한다. 일반적으로 일요일은 그녀들에게 소중하다. 교회에 의해 정해진 휴가는 사랑에 쓸모가 있다.

오늘날 샹젤리제 산책길이 생기면서부터는 멋진 튈르리 공원으로 산책하러 가는 사람이 드물어졌다. 튈르리 공원의 아름다운 비율과 구도는 찬사를 받을 만하지만, 샹젤리제에는 온갖 연령층과 신분의 사람이 모여든다. 이곳의 전원 풍경, 테라스로 장식된 주택, 카페, 더 넓고 덜 대칭적인 지형 등, 모든 것이 인파를 끌어들인다.

가톨릭 국가는 거의 어느 곳이나 특이하게도 일요일이 무질서의 날이다. 마침내 파리에서는 '1년에 14일의 축제일'을 두는 관례가 폐지되었다. 이러한 동향이 도중에 중단되었고, 아직도 너무 많은 축제일이 남아 있으니, 적어도 술주정과 저속한 방탕을 감안한다면 축제일을 죄다 없애야 할 것이다.

어느 목요일에 경계석의 구석에서 사람들이 일으켜 세우려고 애쓰지만 돌판 위로 육중하게 다시 쓰러지는 집행관을 구두수선공이 보고는, 수선 작업을 중단하고 그 비틀거리는 남자 앞에 버티고 서서 그를 물끄러미 바라보다가 한숨을 쉬면서 말했다. "나도 일요일에는 저럴 거야!"

이 특이한 면모를 철학자가 경멸해서는 안 된다. 내 생각에 그것은 서민과 더 나아가 인간의 감정을 이해하고자 할 때 반드시 고려해야 할 것이고, 실제로 정념의 논리에 매우 잘 들어맞는다.

게다가 일요일과 축제일은 상점의 휴업으로 예상된다. 프티 부르주아들이 나들이 옷을 차려입고 아침 일찍 나서는 것을 볼 수 있다. 그들은 하루의 나머지 시간을 자유롭게 보내기 위해 서둘러 대미사에 참석하러 간다. 점심은 파시, 오퇴유, 뱅센, 또는 불로뉴 숲에서 해결한다.

품위가 있는 이들은 공휴일에 외출하지 않고 산책과 볼거리를 서민에게 넘긴다. 이런 날에는 가장 진부한 볼거리가 공연되고, 평범한 배우들이 무대를 차지한다. 이 모든 것은 덜 까다로운 1층 입석 관객과, 아무리 오래된 희곡일지라도 여전히 새로운 희곡으로 생각하는 이에게나 좋다. 공휴일에 배우들은 평소보다 더 과장되게 연기하고, 많은 갈채를 받는다.

유복한 부르주아들은 전날 외곽지대 인근의 별장으로 떠났다. 그들은 아내, 다 큰 딸, 그리고 점원에 대해 만족스럽게 생각하거나 점원이 안주인의 환심을 살 줄 알 때에는 점원을 데리고 갔다.

모든 먹을거리, 그리고 '르사주'의 파이는 전날 이미 삯마차에 가득 실어 옮겨놓았다. 이날은 '약간 상스런 농담'을 해도 된다. 아버지는 이런저런 재미있는 이야기를 하고, 어머니는 배꼽을 잡고 웃을 것이다. 다 큰 딸은 약간 해방감을 느끼고 몸가짐이 덜 단정할 것이다. 점원은 '미남자'라는 호칭을 영광으로 여겨 흰색의 긴 비단 양말과 신품 귀걸이를 구입했을 것이고, 상냥하고 친절한 모습을 보일 것이며, 아가씨와의 결혼을 아련히 갈망하는 만큼 환심을 사려고 용을 쓸 것이다. 왜냐하면 그녀는 남동생 2명이 있는데도 1만에서 1만 2천 프랑의 지참금을 소유할 것이기 때문이다. 기숙학교에 입학한 두 남동생은 콜레주에서 상을 탈 때까지는 아직 별장에서의 즐거움을 누릴 수 없다. 라틴어를 배워서 위대한 사람이 되는 일에서 딴 데로 그들의 관심을 돌려서는 안 되기 때문이다. 아버지, 어머니, 그리고 온 집안이 지극정성으로 이를 염원한다.

332 사육제

민중은 '생마르탱' 축일과 '주현절' 그리고 '육식의 화요일'[59]을 축하한다. 즉 전날 라발레에서 칠면조나 거위를 사지 않느니 차라리 자신의 셔츠를 판다. 라발레가 구매자로 뒤덮인다. 인파가 몰려드는 만큼 가금은 터무니없이 비싸다. 술집들은 아침부터 만원이다. 이런 날이면 파출소장들은 밖으로 나가지 말아야 한다. 왜냐하면 야경대가 더 많은 수의 범죄인을 경찰서로 데려갈 것이기 때문이다. 적지 않은 사람이 감옥으로 자러 가기 위해서만 '선술집'에서 나오게 된다.

약 30년 전부터 사육제 동안 '가면'을 거의 보기 힘들다. 이는 민중이 완전한 자유를 바란 나머지 이 즐거움을 싫어하게 되었거나, 아니면 민중이 우아한 '두건 달린 옷'을 걸치고 나타나기에는 너무 생활에 쪼들리거나 하기 때문일 것이다. 그러나 마지막 3일 무렵에는 경찰이 외부로 드러나는 민중의 행복에 신경을 쓴다는 취지에서 수많은 가장행렬의 비용을 부담한다. '탈을 쓴 사람' 2~3천 명에게 입힐 것이 있는 상점으로 경찰의 모든 첩자와 그 밖의 '불량배'들이 몰려간다. 뒤이어 그들은 구역별로 퍼지고, 진흙투성이 무리를 이루어 생탕투안 포부르로 이동한다. 거기에서 그들은 민중의 환희를 거

59 '속죄의 화요일'이라는 역어는 영어 'shrove tuesday'에서 온 것이다. 사육제의 마지막 날로서, 한편으로는 고해를 통해 죄의 사함을 받고, 다른 한편으로는 풍성하게 잘 먹는 날이다. 그러고는 '재의 수요일'을 거쳐 사순절로 들어가는데, 프랑스어 '육식의 화요일(mardi gras)'은 후자의 측면이 반영된 용어이다.

짓으로 연출한다.

생활고가 심하면 심할수록 이를 가리려는 기만적인 책략이 더 노골화되지만, 민중을 감싸고 있는 더럽고 낡은 누더기를 통해 마침내 기만이 간파되고 만다. 왜냐하면 아무리 유쾌하고 활기찬 광기의 장면을 연출하고자 해도 마음에 불만이 많을 때에는 이러한 연출이 성공적으로 이루어질 수 없기 때문이다. 민중의 어릿광대에게서 힘도 멋도 느껴지지 않으며, 민중의 방울 역시 열기 없는 통음난무 속에서 잘 울리지 않을 뿐더러 들을 줄 아는 사람에게는 구슬픈 불협화음을 낼 뿐이다. 아무 날 웃으라는 지시를 받고 이 치욕스러운 명령에 비굴하게 순종하는 민중보다 우리를 더 슬프게 하는 것은 없다.

이 가면 쓴 사람들을 경찰이 매수하는 동안, 성직자는 정부에서 허용하는 것을 신성모독으로 간주하기 때문에 교회에서 '성체'를 현시한다. 그러나 이것은 우리의 법, 우리의 풍속, 우리의 관습에서 찾아볼 수 있는 가장 하찮은 모순들 중의 하나에 지나지 않는다.

사육제 동안 파리 여자들의 삶은 무기력하지 않다. 그녀들은 쾌락의 목소리에 의해 갑자기 깨어난다. 모임에서 두각을 나타낼 기회가 온 것이다. 한동안 사는 것 같지 않게 살고 있던 이 존재들이 갑자기 경이적인 활력을 받아서 무도회의 피로를 거뜬히 견뎌낸다. 그녀들이 지칠 줄 모르는 모습을 보이는 것은 바로 무도회에서이다. 그녀들은 밤샘을 해도 아무렇지 않고, 그래서 몸을 격렬하게 움직여야 하는 이 활동으로 며칠 동안 밤을 지새운다. 이튿날 남자들은 피곤한 모습으로 일어나지만, 여자들은 더 생생하고 더 활기찬 모습으로 깨어난다.

이 동일한 시기에 결혼하고 싶어 하는 연인들은 결혼을 서두른다. 왜냐하면 사순절 동안에는 파리 대주교가 결혼과 관련하여 몹시 까다로운 태도를 보이기 때문이다.

터키 첩자[60]가 말하듯이, 이 변장한 사람들의 머리에 이튿날 약간의 먼지를 뿌리면 그들의 열광이 가라앉는다. 그들은 아무리 광인이고 미치광이였다 해도 이성을 회복하고 다시 침착해진다.

가장 외설적인 희곡들은 사육제의 마지막 며칠 동안에만 공연되지만, 이 희곡들의 공연은 일단 널리 알려지면 사순절 기간 전체로 공연이 연장되고, 성덕과 고행의 시기에도 공연된다. 그래서 연극은 가장 점잖아야 할 때라고 해서 결코 더 점잖지는 않다.[61]

육식을 금하는 교회법은 몹시 답답하고 대다수의 주민이 거의 지킬 수 없는 것이어서, 경찰은 사순절 동안에도 푸줏간의 영업을 허용했다. 대다수의 넉넉한 생활은 민간의 으뜸가는 법이기 때문에, 그리고 이것을 거스르는 방법은 시민의 건강과 자유를 잠식했기 때문에, 경찰의 이 조치는 현명한 것이었다.

그러므로 유용하다기보다는 오히려 기묘한 이 오래된 금지법은 효력을 잃었다. 더 정확히 말해 초기 교회로까지 거슬러 올라간 것이다. 그때에는 가금의 살코기가 전반적으로 기름기 없는 음식으로 간주되었다. 이 다행한 견해는 창세기에 근거를 둔 것으로서, 창세기

60 『기독교도 군주의 궁정에서의 터키 간첩 또는 터기 황제의 궁정에서 유럽의 궁정으로 파견된 밀사의 서한과 보고서, 그가 모든 궁정에서 지켜보고 발견한 것 및 모든 궁정의 세력, 정치, 종교에 관한 어처구니없는 장광설』에 대한 암시이다. 몽테스키외에게 『페르시아인의 편지』에 대한 착상을 제공했을 이 서한체 허구의 제1권은 1684년에 나왔고, 저자는 제누아 장폴 마라나였다.

61 사육제 시기는 생제르맹 장터 극이나 불르바르 극과 같은 무대에서 사육제의 주제에 관한 보드빌 극을 공연하는 기회였다. 한 해의 바로 이 시기에 서민 어투의 작품이 성행했다. 사육제 시기는 이전으로는 성탄절이 끝날 때까지로, 이후로는 성주간과 부활절이 종료될 때까지로 끊임없이 늘어났다. 사육제는 1790년에 금지될 때까지 쇠퇴하다가 1800년 통령정부에 의해 다시 허용되어 19세기의 전반기 내내 열광적인 인기를 얻었다.

에는 "새와 물고기가 같은 날 창조되었다"고 나와 있다. 따라서 우리는 식탁에서 새와 물고기를 동류시해도 된다. 누가 이 훌륭한 논리를 인정하지 않겠는가? 주교들과 일시적으로 성직자의 녹봉 지급을 맡은 신부들이 솔선수범하고 있음이 분명하다. 그들은 하인들 앞에서 공공연히 기름진 음식을 먹는다.

❦ 파리 거리에서의 사육제 장면, 에티엔 조라

333 현대의 비극

현대 비극에 무의미와 침체를 초래한 편협한 구상, 반복되는 성격의 획일성과 유사성에 대해 테아트르프랑세의 관객이 마침내 느끼기 시작했다. 프랑스의 멜포메네라는 불변의 '수호성인'은 문학에 관한 낡은 견해에 타성적으로 집착하는 정신의 소유자마저도 잠재우거나 분노하게 한다. 과도하게 찬양받는 이 프랑스의 멜포메네는 모방으로만 연명할 뿐이고, 역사의 주제에 속하는 다수의 성격으로 활기를 띤 폭넓은 풍경이 아니라 몇몇 묘사만을 제공할 뿐이라는 것에는 거의 누구나 동의하고 있다.

시시한 무대는 '면회실'에 지나지 않고, 우리의 24시간은 가장 어이없고 가장 기묘한 믿기지 않는 일을 대충 그러모으는 데에만 사용되었다고들 목소리를 높였다. 모든 민족, 모든 정부, 끔찍하거나 감동적인, 단순하거나 복잡한 모든 사건에 대해 단 하나뿐인 연극의 수호성인은 예술을 변화시킬 타고난 재능이 전혀 없는 모방자, 이전에 이룩된 것을 맹목적으로 숭배할 뿐, 창의력은 조금도 없는 이에 의해서만 순진하게 선택되고 신성시될 수 있었을 뿐이라고들 시인했다.

따라서 주제의 선택과 배치에서 끊임없이 초래되는 혼란, 그 많은 애매하고 인위적인 등장과 퇴장에서 흔히 발견되는 애매성과 인위성이 조롱당하는 것은 당연하다. 왜냐하면 자유롭게 진행되었을 경우 사실에 부합하고, 요컨대 합리적인 것으로 보였을 광범위한 행동의 폭이 이 모든 것으로 인해 축소되기 때문이다.

시인이 제 뜻을 굽히고 역사의 풍경을 절단하여 억지로 규칙에 맞추었다. 이 얼마나 얼토당토않고 어설픈 일인가!

우스꽝스럽게도 한 비극작가는 2~3편의 그리스 희곡을 아무렇지도 않게 취하여 제멋대로 한 편의 희곡을 만들어내고, 어떤 인물의 몸통에서 자기 마음에 들지 않는 머리를 잘라버리고는 거기에 또 다른 머리를 붙이고, 이미 죽은 아스트라이아와 오이디푸스의 질책이 두렵지 않은 듯 이 군주들의 자손이 어느 부모에게서 태어났는지 혼동하고, 영국, 독일, 러시아, 터키, 또는 타타르중국의 주제를 아무렇게나 다루며, 이 주제의 근원도 시대의 역사도 알아볼 생각조차 하지 않고 '제목'이 무엇인지만을 알고자 하고, '비극'의 깃발 아래 자신의 기이한 작품에 관해 대담하게 지껄인다. 이 명칭 아래 '괴물'이 보란 듯이 과시되고 공공연히 나돌지만, 호기심 어린 눈길의 분별 있는 사람이라면 어떻게 프랑스 시인이 몇몇 과장된 시행으로 세계 모든 민족의 역사, 언어, 타고난 재능, 성격을 왜곡하는지 곧 알아차리게 된다.

이 풋내 나는 술책은 정말 가관이다. 어떤 인물은 음모에 가담하여 '단도' 또는 '독배'를 준비한다. 한 배우는 자신의 계보, 자신의 출생, 자기 부모의 내력을 매우 잘 울리는 각운으로 또 다른 작가에게 알린다. 왕들은 어떤 뚜렷한 특징도 없이 모두 동일하게 행동하고 말한다. 세계에는 근위대에 둘러싸인 오만한 전제군주밖에 없다는 듯이 시인은 편리하게도 왕들을 이 아시아적 모습으로 획일화한다. 그런데 우리 국민은 어리석은 습관 때문에 '취향'의 이름 아래 유령을 숭배하고 있다. 우리 국민은 자신이 창안하지 않은 모든 문학에 경멸을 보낸다. 이 희미한 윤곽에서 인간의 모습을 유일하게 알아본 프랑스인은 이 윤곽에만 의거하여 이웃나라를 무시했고, 우화의 각다귀처럼 프랑스에만 비극이 있다고 공언하면서 돌격의 나팔을 불고 승리의 종을 울렸다.

완전한 철학자, 다시 말해 신문기자나 아카데미 회원이 아니라 자연과 인간을 성찰하는 이는 우리 비극의 허위, 야릇함, 그리고 기만적인 어조를 꿰뚫어 보면서 민망스러운 웃음을 짓는다.

'뭐라고, 우리는 가장 다양하고 가장 놀라운 사건의 드넓고 중요한 무대, 즉 유럽의 한가운데에 자리하는데도 우리만의 극작술이 없단 말인가?' 하고 그는 생각한다. 우리가 그리스인, 로마인, 바빌로니아인, 트라키아인의 도움 없이는 창작할 수 없단 말인가? 우리가 아가멤논 같은 사람, 오이디푸스 같은 사람, 테세우스 같은 사람, 오레스테스 같은 사람 등을 찾아 나선단 말인가? 우리가 아메리카를 발견했고, 이 갑작스런 발견으로 두 세계가 하나로 융합되고 많은 새로운 관계가 생겨났단 말인가? 우리에게는 인쇄술, 대포용 화약, 우체국, 나침반, 그리고 이것들로부터 새롭고 풍부한 착상이 생겨나는데도 우리만의 극작술은 아직 없단 말인가? 우리는 온갖 과학, 예술, 인간미 있는 산업의 다양한 기적에 둘러싸여 있다. 또한 900만 명의 사람으로 가득 차고, 부의 경이로운 불균등, 신분, 견해, 성격의 다양성이 가장 활기차고 가장 흥미로운 대조를 형성하는 수도에 살고 있다. 그리고 우리 주변에 수없이 많은 독특한 용모의 다양한 인물이 우리의 열렬한 붓놀림을 촉구하고 우리에게 진실을 주문하고 있다. 그런데도 온갖 근육이 부풀어 튀어나오고 생기와 표현력이 넘쳐나는 생생한 실물을 내버려 두고서, '그리스인' 또는 '로마인'의 '시체'를 소묘하고 그 납빛의 뺨을 채색하며 그 차가운 사지에 옷을 입히고 그 흐릿한 눈, 그 차디찬 혀, 그 뻣뻣한 팔에다 우리의 무대에 합당한 시선, 민족어, 몸짓을 새겨 넣는단 말인가? 이 얼마나 그릇된 허수아비 노릇인가!

이것은 결코 가장 괴기스러운 소극은 아니라 해도 확실히 가장 우스꽝스러운 소극, 더 정확히 말하면 우리의 수많은 시민이 누릴 즐거움과 그들이 요구하는 생생하고 교훈적인 풍경에 대한 가장 용서할 수 없는 망각이다. 그러므로 관객이 우리의 비극작가들에 관해 이름도 알지 못할 뿐만이 아니라 해서 이에 놀랄 필요가 있을까?

이 불완전한 소묘에 심취하고 무익한 말을 수없이 쏟아낼 사람은 문인을 제외하면 거의 없지만, 문인이 쓸데없는 장광설을 내뱉는 데 몹시 능숙한데도 예술의 진전은 한 걸음도 이루어지지 않는다. 우리의 비극은 계속해서 빛바랜 반영, 맹목적인 모방만을 제공할 뿐이다. 그래서 다음 세대의 배우는 현 세대의 배우를 돌이켜 보고는 가장 생경하고 가장 무분별한 취향에 고집스럽게 집착했다고 생각하게 될 것이다.

젊은 작가여, 예술에 정통하고 싶은가? 예술이 붙들려 있는 유치한 한계에서 예술을 끌어내고 싶은가? 함부로 길게 쓰는 작가와 그의 매우 파리한 선생을 잊어라. '셰익스피어'를 읽되 그대로 따라하지는 말고, 그의 위대하고 간결하고 소박하며 자연스럽고 힘차고 설득력 있는 방식을 체득하고, 자연의 충실한 해석자로서 그를 연구하라. 그러면 질식할 듯하고 획일적이고 참된 구도도 활기도 없는 그 모든 하찮은 비극은 무미건조함과 흉측스러운 빈약함만을 내보일 뿐이라는 것을 알아차릴 것이다. 35세 이상의[62] 문인은 '건전한 가르침'에 맞서는 이 비정통적인 생각에 치를 떨었다. 왜냐하면 편견을 담고 있는 머리와 함께 편견도 굳어지기 때문이다. 그들은 이단설에 유난히 가공할 비난을 맹렬하게 퍼부었다. 그러나 '고함 지르는 사람'이 얼마나 프랑스의 단선율 성가를 음악이라 강변하면서 옹호했

62 1782년에 메르시에의 나이는 42세였다! 그러나 그는 33세에 『연극에 관하여』를 출간했다.

는지는 말할 필요도 없다. 나는 떠오르는 세대에 호소하는 바이다. 우리의 어리석음 때문에 무분별하게 공격받는 취향이 언젠가는 열정적으로 받아들여질 것이다. 프랑스에서는 마땅히 행해져야 할 것과 반대되는 것이 행해졌다고들 느낄 것이다. 따라서 우리의 음악에 관한 이야기는 우리의 비극에 관한 이야기가 될 것이다.

그렇게 되면 우리는 우리의 획일적이고 부자연스러운 희곡에서 우스꽝스러운 기형을 분명히 알아볼 것이다. 또한 진실, 타고난 재능, 민족의 풍속과 기쁨에 득이 되는 유익한 혁신의 길로 접어들 것이다.

페르시아의 한 왕이 어느 날 자신의 운명을 별자리로 점치게 했다. 과거와 현재에 대해서는 제법 아랑곳하지 않는 이 왕이 미래에 관해서는 몹시 불안해했다. 점성가는 '별들이 일직선상에 위치하는 현상'을 면밀히 관찰한 후에 왕이 갑자기 긴 하품으로 죽을 것이라고 그저 별 뜻 없이 말했다. 페르시아 말의 번역에 의하면 이는 '지겨워서 죽다'와 의미가 같다. 그래서 왕에게는 죽음의 전조임이 틀림없는 이 치명적인 징후를 유발할지 모르는 모든 것을 예방하는 데 모두가 아주 세심한 정성을 기울였다. 모든 우울증 환자는 왕이 거할 성의 궁정과 계단에 얼씬도 하지 못하게 되었다. 모든 조신에게는 입가에 끊임없이 미소를 띠고 몇 가지 재미있는 이야기를 기억하고 있으라는 명령이 하달되었다. 군주의 서가에서 고대와 현대의 모든 도덕가, 모든 지루한 이야기꾼, 법학자, 형이상학자의 책이 치워졌고, 벽이 정열과 즐거움으로 가득한 그림으로 도배되었다. 법관은 장미색 의복만을 걸치라는 명령이 내려졌다. 어릿광대들이 새로 모집되었는데, 그들은 후한 보수를 받았다. 무도회가 일주일에 4회 개최되었다. 희극은 매일 공연되었지만, 단선율 성가로 구성된 오페라는 완전히 금지되었다. 궁궐의 출입문에서는 왕의 심복이 누구에게

나 커피를 따라주었고, 누구라도 재미있는 말을 내뱉으면 어디든 갈 수 있는 통행증을 즉석에서 얻었다. 웃고 웃게 하는 것은 군주와 국가에 의연하게 봉사하는 위인의 속성이 되었다. 당연히 모든 고위직은 가장 유쾌하고 재미있는 이야기를 하는 익살꾼들이 차지했다.

우울하지도 쾌활하지도 않지만 시를 낭송하여 듣는 이를 제법 즐겁게 하는 한 시인이 궁정에 이르렀다. 그가 어떻게 왔는지는 확실히 알 수 없지만 이 나라에서는 시인이 어릿광대와 제법 흔쾌히 어울리는 만큼, 마침내 그는 궁정으로 들어갔다. 그는 이 특권을 유리하게 활용했고, 아주 잘 어울린 덕분으로 자신이 창작한 비극 한 편 전체를 왕 앞에서 읽을 기회를 얻었다. 그것은 아리스토텔레스가 그리스 극에 요구하는 것을 완벽하게 갖추고 있는, 그에 의하면 감탄할 만하고 감동적인 작품이었다. 왜냐하면 그는 아리스토텔레스의 『시학』에서 그런 측면만을 보았을 뿐이기 때문이다. 사전에 이 비극은 유별나게 열광적인 격찬을 받았고, 저마다 이 작품을 잘 알지도 못하면서 '경탄할 만하다!'고 외쳤다. 시인은 왕 앞으로 가서 읽었다. 왕은 하품을 하다가 죽었다.

이 작가는 우선 대역죄의 범인으로 즉시 체포되었고, 갖가지 '명찰 신체형'을 받다가 생명을 잃도록 선고받았다. 그는 자신의 몸에 대한 학대보다는, 오히려 아카데미 전체가 찬탄한 자신의 비극 작품에 가해지는 과도하고 가증스러운 불공정성에 대해 격렬히 항의했다. 각 시행의 구성에 미적 감각이 스며들어 있었고, 시행이 훌륭한 본보기에 매우 잘 맞춰져 있었기 때문에, 필요할 경우에는 거의 모든 전범을 거기에서 찾아낼 수 있다는 것이다. 바로 이 점을 시인은 자신을 정당화하는 근거로 내세웠다.

최고법원은 모든 필요한 절차에 따라 이 사건을 처리할 판이었다. 범인에게 범죄의 방법을 재현하게 하는 것이 여전히 관례이므로,

그 치명적인 비극을 가져와서 모여 있는 모든 재판관 앞에서 다시 읽으라는 명령이 시인에게 내려졌다. 시인은 모자를 쓰지 않고 형사범의 자세로 온갖 신분의 사람에게 둘러싸여 자신의 희곡을 읽었다. 제2막부터 모든 준엄하고 어두운 얼굴에서 주름이 펴졌고, 점차로 긴 폭소가 자연스럽게 터져 나와 사방으로 퍼져나갔다. 이 웃음소리는 이윽고 경련을 일으킬 정도가 되었고, 그들은 시인에게 형의 집행유예를 선고했다. 실제로 모든 재판관이 일어서면서 한 목소리로 이 세상에서 어떤 것도 이 비극보다 더 유쾌하지 않다고, 존엄한 폐하가 갑자기 서거한 것은 분명히 전혀 다른 이유 때문이었다는 의사를 표명했다. 따라서 시인은 석방되었고 바로 사면되어 숭배자들에게로 또는 아카데미의 동아리로 돌아갈 수 있었다.

334 현대의 희극

왜 우리는 지난 세기보다 덜 웃을까? 이는 아마 더 많은 것이 알려지고 재간이 더 섬세해졌기 때문일 것이고, 동일한 필치라도 우리의 조상에게는 목청껏 웃게 만든 데 반해 우리는 거기에 감추어진 허위를 첫눈에 꿰뚫어보기 때문이다. 우리는 세계의 모든 대상에 관해 더 많이 따지기 때문에, 그리고 온갖 농담을 다 퍼낸 후에는 마지못해 더 정확하고 더 상세한 검토를 할 필요가 있기 때문에 덜 웃는다.

우리는 읽고 여행하고 우리의 것과 너무 다른 풍속을 보고 검토하고 상상으로 공유했다. 이로 인해 대조의 충격이 줄어들었다. 우리에게는 '독창적인 사람'도 가장 널리 유포되어 있는 규범을 따르는 이와 마찬가지로 나름의 행동방식과 사고방식을 지니고 있는 것으로 보였다. 우리의 것과 정반대되는 관습이 널리 알려짐에 따라 필연적으로 농담이 무디어졌다.

우리와 더 가까운 이웃나라의 사례, 새로운 여행기의 독서, 뜻밖의 놀라운 사실로 가득한 신문의 증가, 모든 유럽 민족 사이의 혼혈, 이 모든 것은 우리에게 저마다 나름대로 보고 판단하고 느끼는 방식이 있다는 것을 일깨워 주었다. 특이성으로 우리에게 충격을 주는 무슨 기묘한 성격도 이웃나라에서는 평범한 것으로 여겨졌다. 따라서 근거가 없지 않았을 뿐만 아니라, 희극 시인의 기대를 배반하는 것이 되었다.

콜레주, 수도회, 수도원, 정해진 규칙을 엄격하게 준수하는 성직자 단체에서는 웃음이 훨씬 더 잦다. 왜 그럴까? 인습이 엄격한 만큼 거기에서 벗어나면 쉽게 눈에 띄고 금방 웃음거리가 되기 때문이다. 소도시에서는 인간관계가 대도시에서보다 더 밀접하고 더 생생하고 더 유쾌하며 모든 것이 한정되고 획일적이기 때문에, 그리고 지켜보는 눈이 많기 때문에 미묘한 차이가 파리에서와는 다르게 강한 인상을 준다. 견해, 관습, 의복 자체에 대한 일반적인 태도가 있어서, 이것과 어긋난 처신은 금방 눈에 띄게 된다.

그러나 파리에서는 인간이 너무나 군중 속에 휩싸여 있어서 뚜렷이 구분되는 개성적인 용모도 함께 파묻힌다. 설령 웃음거리가 있다 해도 감지되지 않게 된다. 각자 자기 멋대로 살아가고 풍속이 놀랄 만큼 뒤섞여 있으므로, 자기에 대해 해명해야 할 상태와 성격이 전혀 없다. 그러므로 이 민중 사이에서는 사물에 관한 깊은 인식에 기인하는 많은 재담이 말해지지만, 가슴에 와 닿는 경우가 드물고 체면을 고려하여 반응을 자제하기 일쑤이다. 재치 있는 표현이 아무렇게나 던져져도, 이튿날이면 또 다른 재치 있는 표현에 의해 지워진다. 비방은 악의가 있어서 하는 것이라기보다는, 오히려 무기력과 권태를 떨쳐버리기 위한 것이다. 누구나 쉽게 느끼게 될 것이지만, 이 관점에서 희극의 예술은 풍경만을 맞아들일 뿐이고, 이런저런 개인에 대해 난폭하게 전쟁을 개시하는 시인은 사회의 교란자로 간주될 것이다. 게다가 사람들 사이의 유사성을 파악하기도 어려울지 모른다.

높이 평가되는 모든 미덕도 우스꽝스러운 신흥귀족도 공격할 수 없는 희극은 필연적으로 말재주로 전락하게 되어 있었다. 이는 실제로 일어난 일이다. 이런 희극은 섬세하고 우아할 것이지만, 신중하고 냉철한 만큼 활기가 없게 되고, 목에 힘을 주고서 걸어가는 공공의 위선자에 관해서도, 목소리를 파는 재판관에 관해서도, 무능한 대신에 관해서도, 패배한 장군에 관해서도, 자기 자신의 덫에 빠진 건방진 사람에 관해서도 감히 말하지 않게 된다. 그래서 난롯가에서는 누구나 대화를 나누고 서로를 웃음거리로 만들지만, 어떤 아리스토파네스 같은 사람도 그들을 무대로 올릴 만큼 대담하지 않다.

희극작가는 최근의 본보기를 그려내야 하므로, 풍속에 대한 관심을 자신의 예술에 대한 관심과 양립시키는 것이 금지되어 있고, 거의 미덕을 묘사함으로써만 악덕을 공격할 수 있을 뿐이고, 악덕의 머리털을 잡고 악덕을 무대 위로 질질 끌고나와 악덕의 추한 얼굴을 숨김없이 드러내는 대신, 따분한 훈계의 장광설을 늘어놓지 않을 수 없다. 우리의 정치체제 아래에서는 결코 실감나는 희극이 진작될 수 없다.

몰리에르도 명성이 자자하고 루이 14세의 후원을 받았지만, 감히 이 분야에서 희극 한 편만을 만들어낼 수 있었을 뿐이다. 그것은 그의 대표작이기도 하다.[63] 다른 희극에서는 그의 필치가 더 이상 힘차게 솟구치지 않는다. 독설이 더 무디어져 있는 그만큼 개성적인 용모가 덜 드러난다. 『인간 혐오자』에는 오늘날에도 여전히 해결하기 어려운 도덕의 문제가 내포되어 있다. 그렇지만 풍경의 창작에서 몰리에르 자신이 무뎌졌다는 것, 묘사에 활기찬 생명력을 더했을 개인을 그가 이제는 감히 선택하지 못했다는 것을 나도 알아차릴 수 있을 것 같다.

그 후로 우리의 현대 희극은 이제 부르주아를 더 이상 묘사하지 않음으로써 재치와 자연미를 상실했다. 이 시인은 자신이 귀족 모임에 자주 드나든다는 것을 과시하기 위해서인 듯 이제는 공작, 백작부인, 후작부인에 관해서만 말하고자 했고, 끊임없이 문체와 착상을

63 「타르튀프」를 가리킨다.

더욱 세련되게 다듬었으며, 고상한 표현을 찾아냈다. 그는 작중인물들을 행동하게 하려고 하지는 않고, 품위 있는 어조를 열망한 나머지 꾸며낸 어조를 연극과 사교계의 어조로 간주했다.

무슨 일이 일어났을까? 점잖은 부르주아는 온 힘을 다해 귀를 기울이지만, 이 새로운 사교계 언어를 전혀 이해하지 못했다. 사교계의 인사도 이 언어를 자신의 언어인데도 알아보지 못했다. 이 모든 표현법은 우아하고 재기발랄하려는 데 급급한 탓으로 가식적이게 되었고, 관객을 거의 사로잡지 못했다. 따라서 관객은 생동감과 생명력이 없는 전체를 더 전반적으로 배제하기 위해서만 몇몇 세부 묘사에 갈채를 보냈다.

이 특정 부류의 기발한 언어는 상궤를 벗어난 어설픈 시도나 끝없이 짜증나게 하는 교태로만 보였다. 이 시인은 참된 웃음거리가 확연히 보이는 성격을 버림으로써 스스로는 실감나는 풍경을 그린다고 생각했지만, 실제로는 덧없는 채색 장식품만을 제작했을 뿐이다.

말하는 것은 작가의 정신이지 그의 작중인물이 아니라고들 말해왔다. 그는 2층 칸막이 좌석[64]을 겨냥하여 희극을 만들었다. 하지만 모든 성격의 관점은 다른 곳이 아니라 바로 1층 입석 한가운데에서 파악되기 마련이기 때문에, 그는 2층 칸막이 좌석의 관객 앞에서도 성공하지 못했다.

이처럼 이 희극 시인은 선구자들의 정신보다 한 술 더 뜨려고 한다. 그러나 이는 자신의 예술을 완전히 감추려고 애써야 가능한 일이므로 자신을 속이는 결과가 된다. 이러한 과시는 비극에서보다 희극에서 훨씬 더 보기 민망하다.

64 사교계 인사는 2층 칸막이 좌석을 예약했고, 반대로 부르주아와 학생은 1층 입석에서 관람했다.

우리의 희극작가들은 이 점에 결코 유념하지 않는다. 게다가 운문으로, 그것도 수수께끼 같은 운문으로 희곡을 씀으로써 자연을 모욕해 왔기 때문에 더욱 그렇다. 그들은 실패의 경험을 통해 자기 색깔이 뚜렷하지 않다는 것을 틀림없이 깨달을 것이다. 하지만 '몰리에르의 하녀'는 결코 고려하지 않을 것이다. 훌륭한 정신의 소유자는 핵심을 은폐하거나 왜곡하는 부차적인 것이 아니라, 근본적인 것을 모든 면에서 추구하는 법이다. 그러나 그들은 이러한 사람을 참조하지 않고 잔재주 있는 사람하고만 어울릴 것이기 때문에, 결국 자신의 껍질을 깨고 나오지 못하게 된다.

그런데 재치 있고 세련된 취향의 사교계 언어에 오염되지 않은 몇몇 희극, 가령 「세비야의 이발사」와 「속아 넘어간 후견인」[65]이 공연되었지만, 이 작품들은 재치와 적절한 낱말이 있는 '소극'으로 간주될 수 있을 뿐이다. 또한 그것들은 참되고 섬세한 묘사에 의해 마음속 깊이 진정으로 웃게 하는 좋은 희극도, 훈련된 이성에 어울릴 수 있는 유일한 희극도 아니다.

65 보마르셰의 이 희곡은 검열로 인한 분란이 끝난 1775년부터 공연되었다. 장프랑수아 카이야바 드 레스탕두의 「속아 넘어간 후견인」은 1765년 역시 코메디 프랑세즈에서 초연되었다.

335 데모크리토스는 어디 있나!

이제는 무대 위에 희극이 없다 해도, 세상에는 여전히 희극이 있다. 공정한 관찰자가 보기에 데모크리토스[66] 같은 웃음거리가 있다. 사실상 이보다 더 건강에 좋은 것은 없다.

소화가 잘 안 된다고 말하는 신부, 인간의 무정한 마음에 대해 맹렬히 비난하는 구두쇠의 한탄, 툭하면 집요하게 소송을 벌이는 사람의 하소연, 자신에게 상처를 입힌 오만을 비웃는 작가의 자기도취적인 넋두리, 때때로 호의의 형태를 띠는 대귀족의 교만한 태도, 가장 쓸데없는 유행을 열렬히 신봉하는 멋쟁이 청년의 거드름, 이 모든 것이 당신의 웃음거리이다. 가장 쉽게 풍자의 대상이 되는 자는 또한 지나치게 풍자를 좋아하는 자인 법이다. 어조와 태도는 지극히 다양한 무대를 형성한다. 경박하고 변덕스럽고 수다스러운 사람은 갖가지 인물에게서 일종의 꾸민 태도를 찾아낸다. 가령, 거만한 사람의 경우에는 그의 시시하고 하찮은 생각으로부터 그의 외모와 몸가짐이 결정되는 방식을 어떻게든 발견해 낸다.

야릇하게도 이 수다쟁이들이 수없이 사람들의 입에 오르내린다. 그들은 어느 누구도 어느 한 가지 예술에 종사하지 않는다. 그런데

66 Dèmocrites(B.C. 460경~370경): 고대 그리스의 유물론 철학자로서 원자설로 유명하다. 그는 흔히 웃고 있는 모습으로 묘사된다. 에라스무스의 『광기 예찬』에서 여러 차례 언급되고 있는 그의 웃음은 슬프고 풍자적인 웃음, 이를테면 저항의 방식이다. 그는 인간의 광기, 우스꽝스러움, 어리석음을 비웃는다. 데모크리토스에게 삶은 희극이다. 그의 이름은 민중에 의해 선택된 자라는 뜻이다.

도 모든 예술에 관한 참된 인식을 지니고 있는 자로 간주되는 듯하다. 그래서 단호하고 강한 어조가 여전히 득세하고 있다.

결국 어떤 결점도 드러내 보여주지 않는 우리의 밋밋한 현대 희극을 무엇 때문에 보러 갈 것인가?

다음으로 한심한 웃음거리와 각 신분이 내보이는 주장, 끝없는 논쟁, 특권의 본질을 살펴보라. 그리고 훨씬 더 크게 웃어라.

예컨대, 국왕 비서들은 어디에 서 있어야 할지 알지 못한다. 그들은 올라가거나 내려간다. 확실하게 정해진 태도가 없다. 경계선이 정해지지만 끊임없이 흐트러진다. 미래의 귀족을 위한 묘상(苗床)에 얼마나 터무니없는 일이 벌어지고 있는가! 어떤 때는 양심의 가책이 엿보이다가도, 또 어떤 때는 관용의 태도가 나타난다. 이런 과정에서 흔히 마주칠 수 있는 당혹감, 너무 유순한 성격, 또 오만하고 불쾌한 태도에는 희극성이 없지 않다.

그런데 걸핏하면 '사실이 아니라면 목을 매달겠다'거나 '그런 걸 모르면 목을 매달겠다'고 말하는 버릇이 있는 정직한 포목상 이야기를 아는가? 그는 큰돈을 벌었고 국왕 비서라는 직위를 샀다. 바로 이튿날 그는 여러 사람이 모여 있는 자리에서 "내가 단언하는 것이 거짓이라면 내 목을 쳐라"[67]고 외쳤다. 누가 웃지 않았을 것인가?

속담에 의하면 국왕 비서라는 직위는 '돼지 목에 진주 목걸이'이다. 그러나 이 직위의 취득자는 '오늘날 우스꽝스러운 것도 지금부터 100년 후에는 어엿한 근거를 갖추리라'는 말을 여러 가지 의미로 떠

67 대혁명이 일어나기 직전인데도 여전히 유효한 귀족의 특권에 대한 암시이다. 사형선고를 받은 경우 평민은 교수형에 처해지는 반면에, 귀족은 검으로 목이 잘렸다. 18세기의 귀족 계급은 대부분 법복귀족과 최근에 돈으로 작위를 취득한 귀족이었지만, 기사 신분의 상속자만이 갖는 모든 특전을 강력히 요구했다.

벌리곤 했다.

이웃사람과는 다른 일에 종사한다는 것은 그를 비웃을 자격이 있다는 것이다. 공증인과 법원 서기는 각자 자신이 높다고 자부하고, 소송대리인과 집행관은 서로 다른 특권 계급에 속한다고 생각하며, 서기들 사이에서도 여러 가지 더 큰 차이가 있다고 주장된다. 관공서에서 근무하는 사람은 자기 자신을 작은 대신으로 생각하여 "우리는 실행했다, 우리는 결정했다, 그리고 우리는 지시할 것이다"라는 어투로 말한다. 징수관은 스스로 청산인보다 훨씬 위라고 생각하고, 청산인은 이와 반대로 생각한다. 나는 포도주상이 식초 제조판매상을 방문하는지, 그리고 지물상이 먼저 나서기를 서적상이 기다리지나 않는지 알지 못한다. 그러나 고등법원의 판사는 샤틀레 재판소의 판사를 불쌍히 보며, 사법관 부인을 실신하게 하고자 한다면 그녀에게 징세재판소의 재판장 부인에 관해 말하기만 하면 된다.

흔히 부르주아는 이웃을 방문하는 것과 방문하지 않는 것 중에서 어느 쪽이, 예컨대 교회 재산관리위원, 자치단체의 주민대표, 구역장, 또는 왕의 기마상 아래에 이름을 새겨 넣게 되어 있는 미래 시 행정관으로서의 품위 같은 어떤 개인적 체면을 지키는 셈인지 속으로 열심히 생각한다.

직업을 훑어보라. 직업들 사이에도 일종의 분리가 일어난다. 최근에 국왕의 재단사가 가장 숙련된 솜씨를 가진 가발제조업자에게 가발을 주문했다. 국왕의 재단사는 머리 모양이 훌륭해야 하기 때문이다. 가발의 명인이 자신의 걸작을 가져와 내려놓자, 재단사는 그에게 엄숙한 어조로 물었다. "얼마요?" "결코 돈을 바라지 않아요." "뭐라고요?" "정말이오. 내가 나의 분야에서 뛰어난 솜씨를 자랑하는 만큼, 당신은 당신의 분야에서 솜씨가 뛰어나죠. 음 그러니까 당신의 가위로 내 옷을 한 벌 지어주시오" "이보세요, 뭔가 오해하고 있는 모양인데, 궁정에서 공인된 내 가위와 바늘을 가발제조업자에게 사용할 수는 없어요" "그러면 나도 재단사에게 가발을 씌우지 않겠소." 다른 사람이 대꾸했다. 그는 즉시 말을 행동으로 옮겨 재단사의 머리에서 가발을 벗겨내고는 밖으로 내달렸다.

갖가지 단체의 고집스러운 논쟁은 매우 우스꽝스럽다. 몇 년 전에는 이 각각의 요구가 고등법원의 수지맞는 수입원이었다. 그래서 고등법원에서는 '훌륭한 기량'을 장려했다. 비록 이 소규모 상인조합들은 거의 그대로 고집스러웠지만, 통합[68] 이후로는 소송이 드물어졌다.

그러나 오늘날 관계가 긴밀하게 얽혀 있는 정치기구의 한가운데에서 과연 어떤 집단이 고립되어 있다고 주장하지 않겠는가! 어떤 집단이건 자기 구성원이 당한 불의에 대해서만 분노한다. 그만큼 무분별하게 자기 계급에 속하지 않는 시민의 탄압은 자기 이익과 무관한 것으로 간주된다.

군인은 법관이 무슨 타격을 입건 아랑곳하지 않고, 법관은 사제가 타락하건 말건 무관심하며, 사제는 다른 신분과 무관하게 생활할 수 있다고 생각한다. 서로 인접하고 결코 부인할 수 없는 관계를 맺고 있는 업계들이 이익 때문이기도 하겠지만, 이에 못지않게 자부심 때문에도 분열되어 있다. 업계들은 서로에 대해 무장을 갖춘 상태로 전날 획득한 하찮은 특혜를 이튿날 잃게 될지언정 번갈아가면서 서로를 들먹이며 뽐낸다. 이러한 싸움의 와중에서 정부는 겉으로는 업계들 사이의 조화를 바라는 것 같으면서도, 모든 업계를 갈취하고 말라 비틀어지게 하여 결국에는 손아귀에 쥐고 마음대로 주무른다.

68 1776년 8월 28일의 칙령에 의한 직업단체의 정상화에 즈음하여 그 수가 줄어든 것을 암시한다.

이 갖가지 직업이 서로 잘 어울리며 지식 전반에 빛줄기를 비춘다고, 과학이 필연적으로 하나라고, 그리고 우리에게 모든 악의 원천인 무지와 오류가 이런저런 발견 덕분으로 줄어든다고는 누구도 생각하려 들지 않는다. 따라서 사회는 그토록 많은 하찮고 기묘한 차별에 의해 조각조각 나누어지고, 이로 인해 생각과 감정의 혼란이 발생한다. 그렇기 때문에 사회는 그야말로 바벨 탑이 되었다. 사회가 이렇다 보니, 어리석음이 천재성으로 통하고 훨씬 더 큰소리를 내며, 저마다 자신의 선전물이나 특권 또는 장인 자격증을 과시한다. 오늘날에는 아카데미 회원과 신기료 장수도 똑같이 자기 과시에 바쁘다. 오, 데모크리토스여! 어디 있는가?

336 다리

샹주 다리, 프티퐁, 생미셸 다리는 파리에서 가장 오래된 다리들이다.

파리의 한가운데를 관통하는 센 강은 아치형 교각 위에 제멋대로 지어놓은 작은 집들로 여전히 가려져 있다. 이제는 건강에 이로운 요소인 센 강의 조망과 통풍을 도시에 돌려줄 때일지 모른다. 집이 전혀 없는 다리 위에서는 경치가 아름답기 그지 없다. 이 점을 염두에 두고서 현재의 상황 속에서는 거의 불가피한 사고를 예방하도록 대신에게 촉구해야 할 것이다.

철학을 전쟁으로 몰아간 카티나[69]는 퐁루아얄 한가운데에서의 조망만큼 아름다운 것을 결코 본 적이 없다고 말하곤 했다. 시선이 이 도시의 끝까지 미쳤다면 그가 무슨 말을 했을까? 1763년에는 바로 거기로부터 틀림없이 평화의 불빛이 보였을 것이다.[70] 그야말로 경이적일 만큼 많은 사람이 몰려든 거대한 성곽, 인파가 원형 극장의 형태로 늘어선 강둑길, 파리인들의 용모에 뒤섞인 낯선 얼굴들, 실제로 30~40리외 떨어진 곳에서도 수많은 농민이 모여들었다. 복장이나 표정으로 보아 짐작할 수 있듯이 산간벽지에서 호기심에 이

69 Catinat(1637~1712): 17세기의 프랑스 군인으로 프랑스군 원수의 지위까지 오르지만, 에스파냐 계승전쟁에서의 실패로 인해 생그라티엥의 성으로 은퇴하여 철학자로서 말년을 보내다가 거기에서 죽었다.

70 1763년 2월 10일, 즉 7년 전쟁의 마무리를 지은 파리 조약 서명일 후의 불꽃놀이.

끌려온 사람들이 매순간 눈에 띄었다.

성경에 나오는 요사파트 계곡의 관념을 어떤 것이 환기할 수 있었다면, 그것은 어떤 때는 물결처럼 지나가고 또 어떤 때는 움직이는 보병 밀집대형처럼 보이면서 활기차고 장엄한 평안 상태로 질서정연하게 흔들리는 유동적인 군중의 물결이었다. 다양성의 측면에서 더 찬탄할 만한 풍경도 없고, 몰려든 인구의 측면에서 더 놀란 만한 것도 없다.

생토노레 포부르, 룰, 샤이요에서 생제르맹 포부르, 팔레부르봉, 앵발리드까지의 소통을 위한 새로운 다리[71]를 누구나 바라고 있다. 도시의 확장으로 인해 새로운 다리가 불가결하다. 앵발리드의 넓은 산책로 정면에 새로운 다리가 건설되면 북쪽과 남쪽[72]의 신작로를 연결하는 데 효과적일 것이고, 아울러 멋과 유용성이 갖추어질 것이다. 게다가 먼 거리를 돌아갈 필요가 전혀 없을 것이고, 우리는 마주보는 두 강변 토지의 주인이 될 것이다.

건축용 석재로 덮고 성인의 가슴 높이로 난간을 설치한 26군데의 강둑길은 강을 두르고 있으며, 말이 물을 마실 수 있도록 터놓은 곳이 18~20군데이다. 몇 군데가 정렬되면 생자크 성문에서 생마르탱 성문까지 파리 전역을 가로지르고 2,500투아즈에 달하는 길이 생길 수 있을 것이다. 생탕투안 성문에서 생토노레 성문까지 또 다른 길로 연결이 가능할 것인데, 이 길은 앞서 말한 길과 길이가 동일하고 직각으로 교차할 것이다.

71 『풍경』의 시대에는 루이 14세 다리, 즉 현재의 콩코르드 다리만이 존재한다. 현재의 알렉상드르 3세 다리가 메르시에에 의해 구상된 계획과 상응한다.

72 1703년 루이 14세에 의해 결정되고 1714년 설계가 이루어진 남쪽의 신작로는 1761년에야 개통되었다. 이 도로는 현재의 오피탈, 오귀스트블랑키, 생자크, 몽파르나스, 그리고 앵발리드 신작로에 해당한다.

여러 군데의 궁륭형 하수도가 복개되어 있다. 도시 전역에서 모든 하수도가 이렇게 개축된다면 좋을 것이다. 시테에는 하수도가 전혀 없고, 다른 곳에서는 오물이 강으로 흘러든다.

우리가 말한 채석장 때문에 생겨난 엄청난 웅덩이 중의 하나로 비에브르 하수도를 씻어내는 물이 흘러들었는데, 이런 채석장 위로는 집이 지어져 있고, 이곳의 거주자는 심연 위에 살고 있다는 것을 조금도 의심하지 않은 채 안전하다는 생각에 젖어 행복하게 잠든다.

파리의 땅은 조개껍질 화석으로 가득한데, 비단조개, 나사고동, 소라, 쌍각조개를 식별할 수 있다. 주변 채석장의 두 지층, 즉 하나는 이회암질이고 다른 하나는 자갈투성이인 두 지층 사이에서도 조개껍데기가 나온다.

파리의 둘레는 1만 투아즈이다. 파리의 성곽을 한정하려는 시도가 여러 차례 있었다. 그러나 건물이 경계를 넘어 들어섰고, 늪지대가 사라졌으며, 농촌이 나날이 망치와 직각자에 밀려나고 있다.

337 소비

파리에서는 각 연감에 의하면 1년에 10만 뭐의 밀, 맥주와 능금주 그리고 증류주를 제외한 45만 뭐의 포도주, 10만 마리의 수소, 48만 마리의 양, 3만 마리의 송아지, 14만 마리의 돼지, 50만 수레분의 장작, 1천만 200다발의 건초와 밀짚, 500만 4천 파운드의 비계, 4만 2천 뭐의 숯 등이 소비된다고 한다. 이러한 종류의 명세는 해마다 상당한 차이가 난다. 이 소비량에 관해서는 권리가 있는 사람이라면 자신의 이익을 위해 무엇을 받는지 숨길 것이 예상되므로, 어느 정도 정확하게 증명하기가 거의 불가능하다.

파리인들은 일반적으로 검소하고 가난 때문에 그다지 잘 먹지 못하며, 식탁에서 돈을 절약하여 재단사나 모자 상인에게 준다고들 말할지 모른다. 그러나 다른 한편으로 3만 명의 부자는 20만 명의 빈민을 먹여 살릴 분량을 낭비한다.

파리는 모든 소비 물자를 빨아들이고 왕국 전체를 이용한다. 농촌과 지방에 때때로 닥치는 재난을 파리에서는 누구도 계속해서 느끼지 않는데, 그 이유는 필요한 것에 대한 원성이 다른 어떤 곳에서보다도 더 위험하고 치명적이고 쉽게 전파될 것이기 때문이다. 필수품 공급의 영광은 사법관의 차지가 된다. 사법관의 지칠 줄 모르는 열의는 찬사를 받을 만하다.

그러나 파리는 일드프랑스의 한가운데에, 노르망디와 피카르디 그리고 플랑드르 사이에 위치하고 있다. 또한 (브리아르, 오를레앙, 피카르디의 운하는 말할 것도 없이) 배가 다닐 수 있는 센, 마른, 욘, 엔, 우아즈라는 5개의 강, 거의 성문에 인접한 보스의 곡창지대, 파리 밖으로 나가면서 상품과 식료품을 쉽게 거슬러 오를 수 있도록 하려는 듯이 거의 1,00리외의 굴곡을 사행하는 하나의 강을 거느리고 있으며, 자연으로부터 부여받은 이러한 이점에 따라 풍요가 성벽 안에 퍼지는 것을 보기에 가장 유리하고 가장 적절한 상황을 자연스럽게 누리고 있다. 이 점을 고려하자.

이 도시의 상업은 몇 가지 기호 및 사치 물품을 제외하면 거의 소비재 일색이지만, 그 분량이 막대하다.

정작 파리에는 높은 임금 때문에 제조소가 거의 없다. 따라서 왕국의 모든 제조소에서 파리로 물건을 공급한다. 파리에서 아무리 멀리 떨어진 고장으로도 발송이 이루어진다. 부인복 판매상과 보석상이 파리의 주요한 업종이다. 이 두 업종에서는 풍부한 재료보다 장인의 솜씨가 변함없이 더 중요하기 때문이다.

따라서 파리로 들어오는 모든 것이 파리에 그대로 머무르지는 않는다. 재료가 파리로 와서 가공되고는 세련된 취향에 의해 새로운 형태를 부여받아 더욱 아름다워져서 파리 밖으로 나간다.

짐마차 사업소는 상품과 어음을 맡겨 아무리 멀리 떨어진 고장으로도 이르게 한다. 이 사업소의 용역대행업자는 충직하고 정확하다. 그러나 상업계는 새로운 징세청부제도와 새로운 배타적 특권에 대해 격한 어조로 항의하는데, 이것들은 상업계를 제약하고 이후로는 과도하게 착취하게 된다.

왕국의 총인구를 너무 과장하여 '300만 명' 정도 부풀린 것으로 보이는 엑스피이 신부[73]가 이번에는 정반대로 파리의 인구를 '60만

73 6권으로 출간된 『골과 프랑스의 지리, 역사, 정치 사전』(1721~1766)의 저자.

명'으로 낮춰 잡는다. 그는 어떤 때에는 신생아 수에 '30'을 곱해서 얻은 결과에, 또 어떤 때에는 인두세가 부과된 상점과 가정의 명부에 근거를 둔다.

그러나 모든 계산이 수도에 관한 것일 때에는 도덕에 관한 추론처럼 틀린 경우가 다반사이다. 세례에 의거하여 계산할 때, 흘러들어 와서 세례를 받지 않고 거주하는 그 많은 외국인을 어떻게 계산에 넣을 것인가? 유대인은 치지 않는다 해도 외국인의 유입으로 인해 틀림없이 인구가 4분의 1만큼 증가할 것이다.

파리는 1년에 200만 스티에 이상의 밀을 소비한다. 이는 최근의 연감에 잡혀 있지 않지만, 확실한 사실이다. 포부르는 442개 소교구와 4만 7,685세대를 포함한다. 파리의 면적은 확대되어 왔다. 그로카유는 대규모의 포부르가 되었고, 모든 늪지대에는 주택들이 들어섰다. 1694년 보방은 인구를 '72만 명'으로 추산했다. 그러므로 오늘날 파리의 인구는 '약 90만 명'이라고 추정된다. 뷔퐁의 계산과 엑스피이의 계산도 역시 틀린 것으로 보인다. 25년 전부터 도처에서 인구가 엄청나게 늘었다는 것을 눈짐작만으로도 충분히 알아차릴 수 있다.

이 인간 '스튜'의 한가운데에서 개 20만 마리와 거의 그만큼 많은 고양이를 헤아릴 수 있는데, 새와 원숭이 그리고 앵무새 등에 관한 수치는 없다. 이 동물들도 모두 빵이나 과자를 먹고 산다.

불운한 사람들은 고독을 달래기 위해 고미 다락방에 개를 키우며 산다. 이 충직한 친구와 빵을 함께 먹으며 사는 어떤 사람에게 키우는 데 많은 비용이 드니 헤어져야 하지 않겠느냐고 물었다. 그는 "그와 헤어지고 나면 누가 나를 사랑하겠소?"라고 대꾸했다.

그런데 경탄할 만한 경제이론가들의 체계도 수도에 언제나 들어맞지는 않을지 모른다. 수도에서는 100만에 가까운 주민이 저마다

2명 반의 분량을 먹어치우기 때문에, 전혀 다른 계산법이 요구된다.

파리는 열려 있고, 성벽의 울타리는 유지하기가 거의 불가능하다. 도시의 면적이 너무 넓다. 특별한 종류의 축성술이 필요할지 모르는데, 파리는 탑, 담, 성벽이 전혀 없고 이런 것을 쌓을 계획도 없다. 고대의 성채와 성문 대신에 방책이 있을 뿐인데, 거기를 통과하려면 통제관과 징수관에게 1로키유[74]의 포도주와 굽지 않은 비둘기 한 마리를 내야 한다. 정치가 건전해지고 이에 따라 국가 행정관들의 추론과 계산이 이중으로 잘못된 것이라는 점이 그들에게 입증될 때, 언젠가는 우리가 건전한 정치의 안목에 얼마나 미개하고 편협한 존재로 비치게 될 것인가!

74 반 스티에의 절반 또는 반 리터들이 병의 4분의 1로, 푸아송이라고도 불리는 가장 작은 포도주 단위.

338 발코니

서로 교차하고 멈춰서는 많고 다양한 마차들, 마차에 치이지 않으려고 사냥꾼의 소총 소리에 깜짝 놀라 흩어지는 새처럼 바퀴 사이로 빠져 달아나는 보행자들을 사람들은 높은 발코니 위에서 아주 편안하게 내려다보고 싶어 한다. 어떤 사람은 흙탕물이 튈까봐 개울을 건너다가 균형을 잃고 머리에서 발끝까지 진창을 뒤집어쓴다. 또 어떤 사람은 분이 지워진 얼굴로 겨드랑이에 양산을 끼고서 제자리에서 반대 방향으로 돈다.

내부가 벨벳으로 장식되고 완벽한 몸집의 말 2필이 끌며 화려하기 그지없게 치장한 공작부인의 자태가 투명한 창유리를 통해 보이는 금빛 마차 앞에서, 온통 너덜너덜하고 불에 탄 가죽으로 덮여 있고 창유리 대용으로 널빤지를 댄 삯마차가 기다시피 느릿느릿 움직인다. 불운한 사람이 2마리의 말을 들볶고 채찍으로 후려치는데, 한 마리는 애꾸눈이고 다른 한 마리는 다리를 전다. 늑장을 부리는 이 마차에 가로막혀 입에 거품을 물고 안달하는 준마들의 달리고 싶은 열기를 마부가 가까스로 억제한다. 화려한 마차는 인근의 사거리까지 보조를 늦출 수밖에 없다가, 거기에 이르러 포석을 으깰 듯이 쏜살처럼 불꽃을 튕기면서 돌진한다. 엄청난 짐을 싣고 힘겹게 굴러가고 굴대에 부딪쳐 흔들리는 도로의 턱 위에서 행인을 불안에 떨게 하는 육중한 짐마차의 힘겨운 운행에 화려한 마차의 비상을 비교해 보라.

소송대리인이 24수짜리 주화 때문에 국새상서를, 징병관이 프랑스군 원수를 멈춰 세운다. 매춘부라고 해서 주교에게 길을 양보하는 일은 결코 없을 것이다. 서로 잇닫는 갖가지 신분, 법관과 성직자 그리고 공작부인 앞에서 몹시 거친 말을 내뱉는 마부, 그들에게 마부와 동일한 어투로 대답하는 길모퉁이의 짐꾼. 권세, 가난, 부, 무교양, 비참의 이 무슨 혼합인가!

무례하게 지옥과 천국을 들먹이는 마차꾼과 끔찍한 모욕과 저주의 말을 번갈아 내뱉으면서 짜증을 내는 후작부인의 약하나 날카로운 목소리가 들리는가? '비자비', '베를린', '데조블리장트', '이륜마차', '곳간 사륜 포장마차'[75] 등이 움직이는 이러한 풍경에서 모든 것은 기묘하고 특이하고 우스운 것 같다.

유리창 달린 마차 안에 높은 신분의 못생긴 여자가 루즈를 바르고 다이아몬드 장식을 달고 반짝이는 물감으로 얼굴에 떡칠을 하고 앉아 있는 것을 보라. 반면에 소박한 드레스를 입은 바로 옆의 평민 여자는 넘치는 생기와 건강으로 빛난다.

아무것도 생각하지 않고 가슴에 십자가를 보란 듯이 드리우고 허리받이에 깊숙이 몸을 묻은 고위성직자를 보라. 반면 늙은 사법관은 허름한 베를린 마차 안에서 청원서를 읽는다. 멋쟁이 청년은 마차의 문으로 머리를 내밀고서 "이봐, 천민, 언제까지 그러고 있을 거야?" 하고 목젖이 튀어나오도록 고함친다. 그의 협박은 공중으로 사라진다. 그는 모욕적인 말을 내뱉고 싶지만, 그의 가냘픈 억양은 마

75 『트레부 사전』에 의하면 '비자비'는 베를린 형이지만 안쪽의 양편에 자리가 하나씩만 있는 마차이다. 베를린 시의 이름을 딴 일종의 사륜 포장마차인 '베를린'은 보통의 사륜 포장마차보다 더 가볍고 전복되는 경향이 덜하기 때문에 시골로 가기에 편리한 마차였는데, 널리 유행하여 도시에서도 이용되었다. '데조블리장트'는 매우 비좁고 불편한 2인용 마차이다. 몇 년 전부터 매우 유행하게 된 이륜마차는 두 바퀴 위에 올려진 일종의 경마차이다.

차꾼의 딱딱한 고막에 별로 충격을 주지 못한다. 곱슬곱슬하게 다듬어놓은 머리카락이 격한 몸짓으로 흐트러지기만 한다. 의사는 그를 딱하다는 듯이 바라보고, 살찐 목에 중풍의 기미가 있는 뚱뚱한 재력가는 일어나는 모든 일에도, 그리고 또 흘러가는 시간에도 무관심하다.

교통이 더욱 혼잡해지고, 마차 600대의 발이 묶이고, 이렇게 되면 설령 용맹한 사람이라도 행렬이 흐름을 되찾을 때까지 성질을 죽이고 기다려야 한다.

그렇다면 마음이 급해 목소리가 나오지 않는 이 '한량'은 도대체 무엇 때문에 그토록 안달했을까? 약속이 있었을까? 아니다. 오페라, 코메디 프랑세즈, 코메디 이탈리엔의 공연에 연달아 모습을 드러내고 싶었기 때문이다.

339 가짜 머리털

당신은 공들인 머리맵시와 길고 물결치는 머리카락으로 눈길을 사로잡는 아름다운 여자의 얼굴을 보고, 머리털의 색깔, 형태, 윤곽, 우아미에 감탄한다. … 앗! 그녀의 머리털이 아니다. 당신이 보기에 그녀를 아름답게 해주는 머리털은 죽은 사람의 머리에서 빌려온 것으로, 어쩌면 끔찍한 병에 감염되었을 환자의 유해일지 모른다. 혹시라도 환자의 이름이 그녀의 면전에서 말해지기만 해도 그녀의 세련미는 심각하게 손상될 것이다.

그렇지만 그녀는 이물의 머리털을 뽐낸다. 그녀는 이 머리털에 아직 내포되어 있을지 모르는 유해한 성분이 스며들 위험에 노출되어 있다. 실제로 '머리털을 엮어 만든' 목걸이와 팔찌가 사용되었다. 이것들은 사용해 본 사람의 경험에 의하면 피부가 딱딱해지는 질환을 유발하기 때문에 사용이 중단되었어야 한다.

그러나 여자들은 머리맵시를 포기하느니 불편한 피부 가려움증을 기꺼이 감내한다. 여자들은 '효자손'을 이용하여 이 심한 가려움증을 해소한다. 피가 머리로 급격하게 쏠리고, 눈이 자극을 받아 충혈된다. 무슨 상관인가! 세련된 머리맵시는 자랑거리이자 숭배의 대상이다.

가짜 머리털 이외에도, 말총으로 부풀린 과도한 '품재기', 길이가 7~8푸스에 달하고 날카로운 끝이 머리 피부에 닿아 있는 무수한 핀이 머리맵시의 일부를 이룬다. 또한 다량의 분과 머릿기름은 머리에 향기를 더하지만, 곧바로 산성으로 변하여 신경을 자극한다. 감지할 수는 없지만 머리에서 발한이 멈추고, 그렇게 되면 이 부위에 커다란 위험이 초래될 것이다.

무거운 물건이 우연히 이 아름다운 머리 위로 떨어지면, 삐쭉삐쭉 솟아 있는 그 모든 강철 침으로 인해 머리가 구멍투성이로 변할지 모른다.

잠자는 동안에는 가짜 머리털과 핀 그리고 착색용 이물질이 삼중의 띠로 압착된다. 이런 식으로 감싸인 머리는 부피가 3배로 늘어나고, 잠자는 동안 머리에 염증이 생긴다.

눈병, 이에 의해 감염되는 질병, 두피의 염증은 기묘한 머리맵시에 대한 이처럼 지나친 집착 때문에 발생한다. 휴식시간 동안에도 머리모양을 결코 흐트러뜨리지 않는데, 공들인 머리맵시의 핵심적인 기초인 품재기 심은 이 반짝이는 왕관 형의 머리 아래 끼어 있는 (감히 말하겠다!) 불결한 때로 인해 천이 해졌을 때에만 이따금 바꾼다.

향락의 시간이 소중하고 식사, 놀이, 춤에 하루가 온전히 할애되기 때문에 대부분의 여자는 머리의 잉여분 전체를 제거할 시간이 없다. 자정 이후에 2~3시간밖에는 눈을 붙일 수 없고, 이튿날이면 동일한 생활을 다시 시작해야 한다.

그러다 보면 몸에 탈이 나지만, 그래도 향락의 나날이 그치지 않는다. 결국 듬성듬성 머리털이 빠지고 충혈, 치통, 귓병, 단독이 엄습한다. 이와는 반대로 시골 여자나 농촌 아낙은 머리를 깨끗하고 단정한 상태로 유지하고, 잘 세탁한 하얀 아마포만을 사용하며 향료가 첨가되지 않은 머릿기름과 냄새 없는 분을 쓰는 만큼 노년까지 머리털을 보존하고, 노령으로 인해 백발이 되어 훨씬 더 존경스럽게 될 때 증손에게 머리털을 자랑스레 내보인다.

게다가 이 인조 머리털의 사용법에서 가발제조업자의 기술은 가장 높은 완벽성에 이르렀고, 그래서 오늘날 가발 또는 '둘레장식'은 가까이에서나 멀리에서나 본래의 머리털과 혼동하리만큼 흡사하다.

340 납품업자

후작 나리, 백작 나리, 공작 나리에게 빵, 고기, 포도주, 가구, 식료품, 약품을 여러 해 동안 계속해서 외상으로 대주는 대담한 납품업자는 파리에서만 볼 수 있다. 이렇게 외상으로 물건을 납품받는 것은 귀족 계급의 특권이다. 어떤 납품업자이건 부르주아에게는 똑같은 방식으로 물건을 대주지 않고 상환을 재촉할 것이지만, 작위가 있는 사람의 경우에는 기다린다.

어느 귀족 집안은 푸주한에게 6년치, 식료품상에게 5년치, 빵집 주인에게 4년치의 용품을 빚지고 있으며, 하인의 급료도 모든 평민 집안에서 해마다 연말에 정산하는 것과는 대조적으로 귀족 집안에서는 외상이다.

마차가 드나들 수 있는 문 위에 귀족 가문의 문장이 있는 이상, 실내장식업자는 저택에 가구를 갖추어 주지만 작업이 계속될지는 불확실하다. 그만큼 때맞춰 장식비를 주는 집은 열 손가락으로 셀 수 있을 정도로 드물다. 아무리 부유하고 깔끔한 집안이라도 늘 몇 년은 지불을 늦춘다.

납품업자가 기다리다 못해 결국 지불을 간청하면, 잠자리에서 일어나는 공작 나리에게 집사가 다가가서 다음과 같이 말한다. "각하, 푸주한이 3년 전부터 한 푼도 받지 못했기 때문에 이제는 고기를 납품하려 하지 않는다고 각하의 주방장이 불평합니다. 사용할 수 있는 각하의 마차가 한 때뿐인데, 만일 각하가 1만 프랑의 분할 지불금을 주지 않으면 마차 목수가 각하를 단골손님으로 삼는 영광을 더 이상 누리고자 하지 않는다고 각하의 마부가 말합니다. 포도주상은 각하의 지하 포도주 저장고를 채우지 않으려 하고, 재단사는 각하에게 의복을 건네주지 않으려 합니다." "고얀 놈 같으니!" 주인이 고함을 지른다. "납품업자를 바꿔라. 그에게서 내 후원을 박탈한다."

주인은 다른 납품업자를 구하는데, 그래도 역시 이전의 납품업자는 돈을 받지 못한다. 저녁에 그는 도박에 1만 프랑을 걸고, 또 1만 프랑을 꾸어 걸었다가 잃으면 이튿날 갚는다. 언제나 카드놀이 채권자가 빵 또는 고기 채권자보다 우선한다.

341 새로운 석고

건축용 석고는 잘 마르지 않는다. 많은 사람이 무모하게도 새로 지은 주택에 거주하다가 석고로 인해 해를 입는 사례가 잦다. 이보다 더 위험한 것도 없다. 벽에서 발산되는 해로운 독기 때문에 셀 수 없이 많은 사고가 초래된다. 이 발산기체는 결국 우리의 가정에 치명적인 영향을 끼친다. 이로 인해 여러 가지 마비와 그 밖의 다른 질병이 발생하는데도, 질병의 원인을 다른 것에서 찾는다.

새로 지은 축축한 집은 매춘부에게 돌아간다. 이를 '석고 닦기'라고들 한다. 그러나 2~3년이 지난 후에도 이 석고는 여전히 위험성이 없지 않다.

내가 다음에 옮겨 적은 한 물리학자의 말에 귀를 기울여보자.

> 석고와 석회는 고열처리 과정에서 다량의 연소를 함유하게 되는데, 이 연소는 끊임없이 흩어지는 경향이 있다. 연소는 이 두 가지 토양 물질보다는 오히려 산과 친화력이 있는 만큼, 이 물질들로부터 쉽게 떨어져 나와 공기 속의 산과 결합한다. 이 결합으로부터 기화하기 쉬운 유황이 생겨나고, 이번에는 유황이 석회와 석고의 알칼리성 토양과 결합하여 화학에서 '헤파르 술푸리스' 또는 황화칼륨 혼합물이라는 명칭으로 알려진 화합물을 형성한다. 이 화합물은 폐쇄된 장소에서 생석회를 소석회로 만들 때 어김없이 생겨나게 된다.
>
> 모든 화학자의 관찰에 따르면, 황화칼륨 혼합물은 금속의 주요부뿐만 아니라 동물성 및 식물성 물질도 녹이고, 특히 동물성 물질을 상하게

하고 파괴한다. 우리가 이것을 들이마실 때 우리의 내장에 끔찍한 장애가 유발될 수 있고 실제로 유발된다는 점은 누구나 쉽게 이해할 수 있다.

과학 아카데미에서 화학상의 여러 가지 유익한 발견으로 유명한 미이 백작[76]은 새로 쌓은 벽을 정화하는 방법에 관한 보고서를 썼다. 그것은 대도시를 위해, 특히 석고에서 유래하는 병에 너무 무관심한 수도를 위해 인류의 친구가 선사한 선물이다. 그에 힘입어 우리는 이 위험의 본질과 이 위험을 예방할 방법에 관한 만족스러운 이론을 알고 있다. 이 보고서는 『주르날 드 므슈, 1779년』에서 찾아볼 수 있다. 나는 새로 지은 모든 집의 소유주와 세입자에게 이 방법을 사용할 것을 권한다.

76 Milly(1728~1784): 화학자이자 파리 과학 아카데미와 지방 및 외국 아카데미의 자유 통신회원으로, 이 아카데미들의 모음집에 게재된 다양한 보고서와 공중보건에 관한 저술을 발표했다.

342 종두

오랫동안의 싸움 끝에 마침내 종두의 승리가 확정되었다. 지속적이고 부단한 일련의 성공에 힘입어 종두의 효능과 이점이 우리 사이에 확실하게 인정되었다. 유럽에서 종두를 접종받고 효과를 본 군주와 군주의 형제, 적지 않은 왕족들, 그리고 30만이 넘는 사람의 사례에 의해 종두를 호의적으로 생각하는 풍조가 뚜렷해졌다.

종두의 접종에 반대한 모든 말과 글들을 돌이켜볼 때, 편협한 정신이 얼마나 끈질긴지, 가장 흥미로운 발견에 대해 의사 집단이 얼마나 줄기차게 거역하는지 알 수 있지만, 이와 동시에 시간은 경험과 조화를 이루어 여론을 결정하는 위대한 거장이라는 것을 느끼지 않을 수 없다. 사실상 창안자에게 행운이 따르게 함으로써 보답을 하게 되는 것은 결코 은혜를 모르는 동시대인이 아니라 후세의 사람이다.

천연두는 순전히 우발적인 전염병으로서 치료와 예방의 힘으로 피할 수 있는 것이라고들 잘못 생각해 왔다. 특히 폴레는 언제나 페스트의 관념을 좇아 천연두에 관한 글을 썼다. 그의 말에 귀를 기울인다면, 진창 제거와 거리 청소의 경우처럼 '천연두에 대한' 법률과 규정을 확립하고 경찰의 행정명령을 발표하는 것으로 충분할지 모른다.

이 오류 때문에 폴레는 종두를 추방하는 쪽으로 이끌렸고, 천연두로 인한 재해에 대비하기 위해 우리에게 '격리수용'을 처방하지만, 이 문제에 관해 그가 권고하는 모든 것은 완전히 불가능하고 비현실적이다.

그렇게 할 경우 파리 같은 도시에서는 불편, 부자유, 모든 거래의 금지, 시민과 친구 그리고 친척에 대한 온갖 교류의 제한이 불가피할 것이다. 이 기이한 실천의 권고를 누구나 곧이곧대로 따르고자 한다 해도 과연 추천할 만한 것일까? 과연 실현성이 있을까?

그의 고백에 따르면, 이 재앙은 물리칠 수 없고 모든 것에 의해 매개될 수 있으므로 도처로 퍼져나갈 것이며 모든 방벽을 넘어설 것이니, 매 순간마다, 인생의 매 시기마다 그것을 억제하기란 사실상 불가능하다. 반면에 종두는 천연두를 박멸하고 생명과 동시에 아름다움을 구할 유일한 수단이다. 무수한 경험에 비추어 이는 반박할 수 없는 사실이다.

얼마나 많은 비현실적인 공포를 폴레가 전파했는지! 얼마나 그가 자신의 박학을 원용하여 우리를 거짓된 두려움으로 둘러쌌는지! 따라서 이 저자가 다수의 사실에 반하는 많은 추론을 쌓아올리는 연구실에서 창출된 그 모든 산물에 대해서는 어느 정도 비웃는 것이 좋다.

그런데 파리에서는 상층 계급과 부유한 사람만이 종두의 혜택을 누리고 있을 뿐이며, 부르주아나 장인 계층으로까지는 종두가 아직 내려가지 않았고, 빈민층은 여전히 종두 접종에 엄두를 내지 못하고 있는 실정이다.

내가 스위스에서 산책하면서 보니까 각 가장이 자녀에게 아주 이른 시기부터 종두를 접종받도록 신경을 쓰는데, 부주의하여 종두 접종을 잊어버린 경우에는 중요한 의무를 저버린 것으로 생각할 정도이다. 그만큼 다음 세대가 아름답고 싱그럽고 명석한 모습으로 자란다. 이 참혹한 재앙의 흔적을 이제는 찾아볼 수 없고, 모든 이의 얼굴에서 아름다운 이목구비의 광채가 반짝인다.

그러나 파리에서 산책할 경우에는 낡은 편견이 사라지지 않았다는 것을 보고 비애에 젖는다. 상반신은 우아한데 얼굴이 흉하게 된 모습에 마주치기 일쑤인데, 그럴 때는 안쓰러운 마음이 든다. 모든 합리적인 민족이 오늘날 채택하고 있는 관례에 종교까지도 장애물로 작용하는 형편이니, 행복하고 평온한 스위스의 농촌과 도시를 비껴가는 이 끔찍한 우박에 파리의 아름다움이 얼마나 오랫동안 얽매어 있을지 모르겠다.

우아한 매력으로 생기를 띠는 파리의 소녀들이 얼굴의 윤기를 잃지 않고 유럽의 가장 매력적인 여성으로 자라날 수 있을 터인데도, 실제로 그녀들의 걸음걸이, 몸가짐, 옷차림에 다른 민족의 여자와 뚜렷이 구분되는 멋이 있는데도, 왜 파리인은 고집스럽게 그녀들의 얽은 코와 뺨을 보려 하는 것일까?

종두에 대해 호의적인 최초의 저작물은 우리의 수도에서 나왔고, 스위스인은 그 안목을 채택했다. 우리가 무익한 소책자들로 기력을 탕진하고 자명한 사실을 반박하고 성직자가 순수한 물리학의 문제에 참견하는 사이에, 미신을 우습게 여기고 자유의 중요성을 알고 자유의 폭을 넓히는 현명한 민족은 종두의 효용을 이해했고, 말다툼의 광기와 고집스런 무분별을 우리에게 넘겼다.

그러나 파리에서는 상식이 가장 희귀하고 재기보다 훨씬 더 희귀한 능력인 듯하다. 파리 주민에게는 무엇보다 상식이 결여되어 있다. 파리 주민을 가까이에서 자세히 살펴보라. 그들은 하나같이 논리력보다 재기와 상상력을 더 많이 지니고 있다. 공화국에서라면 일반적일 상식이 평소 정치에 무관심한 민족에게서는 더 찾아보기 어려운데, 그런 민족은 애써 진실을 찾지 않는다. 그러면 상식은 어떻게 될 것인가? 각자 자신의 특별한 직업과 관계가 먼 모든 것에 무관심하고, 자신의 특별한 직업만을 고려하며, 공동 이익과 관계가 있는 지식으로 말하자면 멀리하거나 미미하게만 다룰 뿐이다.

파리인은 교양이 없고 자신의 진정한 이익을 가장 심각하게 거스르는 편견을 고집스럽게 따르며, 다수의 낡은 사상을 여전히 소중하게 여긴다고 지적할 필요가 있다. 이 민족의 대다수에게서 교양의 결여는 예사로운 장애가 아니다. 왜냐하면 교양의 결여로 인해 종교와 정치에 관한 소신이 날로 축소되고, 아무리 진지한 것이라도 무익한 농담의 아래에 놓이기 때문이다. 따라서 이 민족이 몇몇 대상에 관해 사전의 정확한 개념을 갖게 되지 않는 한, 이 민족을 꼭두각시처럼 조종하는 것은 쉬울 것이다.

343 광장

'빅투아르 광장'과 '방돔' 광장에는 루이 14세의 얼굴 돋을새김이 전승기념비와 전리품으로 둘러싸여 있다. 이 군주는 고상한 명문(銘文), 즉 '불멸의 인간'이라는 명문의 대가를 비싸게 치렀다. 유럽에서 이 '불멸의 인간'은 통치력의 과시로 인해 그토록 많은 적을 만들었고, 마침내 자신의 왕권이 흔들리는 지경에 이르렀다. 속박된 노예를 표현한 오만한 청동 조각품 때문에 적들이 그에게 대항하여 들고일어났다. 이 너무나 모욕적인 청동 기념물이 없었다면 그들은 잠잠했을 것이다. 그가 살아 있을 때 그의 머리를 두르고 날개를 활짝 편 명성, 그의 발 아래 놓인 지구의, 곤봉, 헤라클레스의 사자가죽…. 참으로 위대한 사람이라면 이와 같은 헛된 외관을 경멸했을 것이다. 그는 영광의 절정에 달했을 때, 보병 24만 명, 말 6만 필, 해군 함대를 제외하고 징집된 수병만 6만 명을 휘하에 거느렸다. 치세의 막바지에 그는 평화를 맞이하여 너무 행복했지만, 빚더미에 깔려 몰락의 내리막길로 들어선 국가를 후대로 넘겨주었다.

방돔 광장의 명문은 무겁고 길어서 답답하고 따분한 느낌을 주는데, 이는 금석학 아카데미의 취향이 그렇기 때문이다.

루아얄 광장에는 안장도 등자도 없이 로마 장군으로 재현된 루이 13세의 인물상이 있다. 명문을 읽어보면 마치 '아르망 드 리슐리외'가 주인공인 듯한데, 신하가 지배자보다 훨씬 위에 놓여 있는 셈이다. 이번만은 시인이 옳았다. 그는 군주로 하여금 다음과 같이 말하게 한다.

아르망, 위대한 아르망, 내 위업의 중심인물이
사방에서 내 무기와 내 법을 받들어 시행했고,
내 영광을 온갖 광채로 찬란하게 빛나게 했다.

이전의 시행들은 한층 더 놀랄 만하다. 루이 13세가 말한다.

나는 손수 유럽을 속박 상태에서 구해낸 바 있으니,
그토록 많은 고역으로 내 힘이 소진되지 않았다면
아시아를 공격했을 것이고, 경건한 노력을 기울여서
성스러운 무덤의 오랜 예속에 복수를 했을 것이다.

살았더라면 '성스러운 무덤의 예속'에 복수를 하기 위해 아시아를 공격했을지 모르는 루이 13세라! 언제 이 시가 창작되었을까? 1639년이다. 그러므로 십자군의 관념이 그 시대에도 완전히 꺼져버린 것은 아니었다. 이 해괴한 견해로부터 우리는 벗어나 있다. 신의 가호로!

루이 15세 광장에서는 멋진 조망을 만끽할 수 있다. 튈르리 성에서 뇌이이까지 풍경을 가리는 것이 하나도 없다. 좌대의 돋을장식을 떠받치는 네 '여인상 기둥으로 형상화된 미덕'의 이름을 알고 싶은가? 그것은 '힘'이고 '평화에 대한 사랑'이고 '신중성'이고 '정의'이다. 다음으로 얕은 돋을새김에서 루이 15세는 유럽에 평화를 가져다준 군주로 묘사되어 있다. 조각가는 마지막에서 두 번째 전쟁에 관해 말하고자 했다. 감정가들은 왕의 형상보다는 오히려 군마의 형상을 더 높이 평가한다. 이 기념물은 부샤르동에 의해 시작되었고, 피갈에 의해 완성되었다. 그러나 언제 우리의 조각가들은 말에 올라앉아 손에 고삐를 잡고 있는 군주와는 다른 모습을 빚어낼 수 있게 될까? 한 국가의 수장을 다르게 표현할 방법이 있지 않을까? 공공 기념물에는 항상 시 행정관의 이름이 새겨져 있는데, 이는 언제 보아도 경악스럽다. 시 행정관의 이름 대신에 권좌를 뒷받침하거나 국왕의 명예를 지켜낸 장군의 이름을 새겨 넣을 수 있지 않을까?

퐁뇌프 위에 세워져 있는 어진 앙리 4세의 동상은 비록 동떨어진 느낌을 주지만, 다른 왕들 모두의 형상보다 훨씬 더 관심을 끈다. 이 얼굴 돋을새김은 서민적인데, 뭇사람의 애정과 존경을 불러일으키는 것은 바로 이것이다.

자기 이름을 내걸 수 있는 곳이라면 어디에나 새겨넣은 리슐리외 추기경이 '지위 이상의 인간'이라는 제목으로 간편하게 불리는 명문을 앙리 대왕 바로 앞의 철책에 매달았다는 것을 누가 믿겠는가?

건강에도 보기에도 좋은 과일 오렌지와 레몬을 파는 여자들이 어진 왕의 시선 아래 길게 늘어서 있다. 그의 동상은 결코 외롭지 않다. 밤낮으로 많은 시민이 지나가고 그의 조각상에 인사를 건넨다.

이 존경받는 동상의 기단을 모두들 만져보았으면 하고 바랄지 모른다. 동상의 주변으로 가게들이 곧 들어설 것이다. 부인복을 파는 가게에 예쁜 여자들이 넘쳐날 것인데, 이런 장면은 평생 동안 미녀의 매력에 민감했던 이 영웅의 그림자에 실례가 되진 않을 것이다.

루이 14세 광장 저쪽으로도 이 군주의 영광을 기리고 그가 거둔 승리를 영원히 기념하기 위한 개선문이 있지만, 어떤 기념물도 그의 패배에 관해서는 말하지 않는다.

생드니 성문,[77] 이 건축술의 걸작을 살펴보라. 거기에서도 여전히 루이 14세가 영광에 싸여 있다.… 외젠은 이것을 얼마나 모욕했

77 생드니 성문은 수학자 겸 왕립 건축 아카데미의 수석원장 프랑수아 블롱델의 설계도에 따라 1672년에 축조되었다.

던가! 생베르나르 성문에서는 '엄청난 풍요를 가져다 준 루이'라는 명문이 새겨진 풍요의 뿔을 루이 14세가 쥐고 있는 것을 볼 수 있다. 기근의 시대에 어느 가스코뉴 사람은 '아분단티아 파르타'를 '풍요가 사라졌다'로 해석했는데, 이러한 오역은 한 가지만이 아니었다.

생탕투안 성문은 이제 존재하지 않는데, 생토노레 성문과 콩페랑스 성문이 무너졌듯이 이 성문 또한 현명하게도 공공의 편의를 위해 철거되었다. 이제는 생토노레 길의 캥즈뱅 교회도 없고, 무스크테르 대저택도 없다. 사반세기 동안에 도시의 외관이 좋게 변했는데, 이는 바람직한 미래의 조짐이다. 공도(公道)를 갑갑하게 하는 모든 것, 그리고 역겹고 쩨쩨한 성격을 지니고 있는 모든 것이 언제 이처럼 사라지게 될까? 글을 쓰자, 무익한 미화(美化)를 호의적으로 변호하지 말자, 피곤하기를 바라는 유력인사를 피곤하게 하자.

무엇을 말하고자 하는지 민중이 어느 정도 알 수 있도록 프랑스어 명문을 사용하게 될 날은 언제일까? 우리의 언어는 정확성과 힘이 있는데, 왜 언제나 로마인들의 언어가 사용되는 것일까?[78]

78 여기에서 메르시에는 공공 기념물의 명문이 프랑스어가 아니라 라틴어로 쓰여진 것을 비판하고 있다. 라틴어 명문에 대한 혁명가의 공격을 앞서 실행한 셈이다. 특히 앙리 크레구아르는 모든 공공 기념물에 프랑스어를 사용할 것을 제안했다.(『국민의회. 공공 기념물의 명문에 관한 보고서』, 설월 22, 공화력 2년)

❦ 1785년경의 생드니 성문, 장바티스트 필리베르 무아트

344 고등법원

고등법원은 삼부회의 발현인가? 불가피하게 매개 집단을 허용하는 군주제의 본질 때문에 고등법원은 삼부회가 열리지 않는 동안 삼부회를 대체하는가? 고등법원은 민중에게보다 왕에게 유익한가, 아니면 왕에게보다 민중에게 유익한가? 고등법원은 헛되고 비현실적인 방어물을 국가에 제공함으로써 우리의 오래된 자유를 완전히 없애 버리지 않았는가? 고등법원의 공직은 세습적임과 동시에 돈으로 매매되는데도, 즉 군주국에서 발견되는 독특한 귀족의 성격을 갖는데도, 고등법원을 국가의 대표라고 할 수 있을까? 무엇이 고등법원으로 하여금 어떤 때는 국왕에게 민중을 팔아넘기고, 또 어떤 때는 민중의 요망과 상관없이 국왕에게 저항하도록 했을까?

또한 고등법원은 때때로 한시적 조세의 칙령에 대해 유익한 방파제의 역할을 하고 절대권력의 폭력적인 행사를 멈추게 하지 않았는가? 고등법원이 힘과 지혜를 발휘하던 시기가 있지 않았는가? 그런데 왜 고등법원은 거의 언제나 시대의 이념에 미치지 못하는 것일까? 왜 고등법원은 대개의 경우 부지불식간에 어떤 때는 궁정을 추종하고, 또 어떤 때는 궁정을 거슬렀을까?

왜 파리 고등법원은 다른 법원과 분리된 듯했을까? 왜 파리 고등법원은 부역의 철폐와 장인제도의 폐지에 반대했을까?[79] 봉건적 통

79 1774~1776년 튀르고의 개혁 정책에 대한 파리 고등법원의 조직적인 반대를 암시한다.

제가 무너지고 이제는 장인밖에 없는 만큼 봉건적 통제가 존재해서는 안 되는 마당에, 왜 파리 고등법원은 가장 낡고 가장 그릇된 특전을 보존하려고 했을까? 왜 파리 고등법원은 국왕의 권위에 흔들려 개신교도에게 시민권을 보장하려고 하지 않았을까?[80] 왜 파리 고등법원은 목소리를 높이는 데에만 집착하는 듯이 '찬성'과 '반대'를 일삼아왔을까? 파리 고등법원이 어떤 상황에서는 이상할 정도로 약한 모습을 보이고, 또 어떤 상황에서는 놀랄 정도로 강한 힘을 쓰는 까닭은 어디에 기인할까?

이 집단은 지속적인 정책을 갖고 있는가, 아니면 우연을 따르는가? 이 집단은 로마식 저울 위에서 움직이는 작은 저울추와 같을까? 이 집단은 한편에서는 영(零)에 지나지 않고, 다른 한편에서는 강력하고 막대한 세력과 느닷없이 대등해진다.

정치체 안에 정착함으로써 모든 것을 얻은 군주에게는 고등법원이 틀림없이 소중할 텐데도, 어떻게 고등법원은 군주의 변덕스러운 기질에 거의 언제나 맞서온 것일까? 칙령의 기록이란 무엇인가? 나는 결코 이것을 잘 이해할 수 없었다. 때때로 국사(國事)에 어울리는 씩씩하고 애국적인 감동력을 갖지만, 어떤 실행력도 없는 '건의'는 무엇인가? 그리고 군주의 의지에 대한 고등법원 구성원들의 저항은 무엇인가? 그들은 국가의 대표인가, 아니면 그저 국왕의 이름으로 정의를 구현하기 위한 재판관인가?

이것은 이 책에서 결코 다룰 수 없는 미묘한 문제이므로, 나는 이것에 대해 대답하지 않을 생각이다. 추론과 사실은 쌍방 모두에

80 1598년의 낭트 칙령을 폐지한 1685년의 퐁텐블로 칙령 이후 '자칭 개신교' 신도는 왕국에서 어떤 시민권도 누릴 수 없었다. 여기서는 보수적인 파리 고등법원이 루이 14세의 퐁텐블로 칙령을 등기시켜 준 사실을 가리킨다.

영향을 미칠 수 있고, 이 집단은 상황에 따라서만 그림자가 되거나 실체가 될 것이다.

오늘날 부르봉 왕가의 통치가 이어지고 있는 것은 가톨릭 동맹이 맺어졌을 때 파리 고등법원이 보여준 의연함 덕분이다. 언젠가는 또다시 이 집단이 그만큼 뜻밖이고 꼭 그만큼 단호한 방식으로 영향을 미치게 될지 모른다.

파리 고등법원은 나쁜 일도 좋은 일도 해왔다. 기본 방침은 없지 않지만, 아무 날 파리 고등법원을 움직이지는 뭔지 모를 비가시적인 동력에 좌우되는 만큼 전혀 일정하지 않은 것 같다. 건전하고 새로운 사상이 포용되기는 하지만, 언제나 마지막으로 그렇게 된다. 요즈음 들어 파리 고등법원은 철학의 고언(苦言)에 맞서고자 하는 듯하다. 고등법원이 틀렸다. 아카데미 프랑세즈라는 기관은 당시 파리 고등법원에 가장 활발하게 경고를 (누가 믿겠는가마는!) 보냈다. 파리 고등법원은 예수회 수사에게로 달려들어 너무나 맹렬하게 먹이를 삼켜버렸다.[81] 거기에서는 의연하고 현명한 구축이나 개혁보다는 오히려 파괴가 필요한 것 같다.

파리 고등법원은 시몽 모랭이 '예수 그리스도와 일체'임을 주장했다고 해서 1663년 그를 산 채로 불태우게 했다. 이 가증스러운 만행의 시기는 루이 14세가 우아하고 화려한 축제를 벌이고, 코르네유와 라신 그리고 라퐁텐이 글을 쓰고, 르브룅이 붓을 들고, 륄리와 키노의 재능이 조화롭게 결합되었던 '아름다운 세기'이다. 그러나 시인, 화가, 조각가, 음악가는 국가를 장식할 뿐 계몽하지는 않는다.

용감한 철학자가 한 사람이라도 있었더라면 재판관과 피고 양

81 이것은 슈아죌의 보호 아래 파리 고등법원이 내린 결정이었는데, 이 결정으로 인해 예수회의 구성원들은 1764년 프랑스에서 추방되었다.

측의 광란 상태를 논증함으로써 시몽 모랭의 목숨을 구했을 것이다. 하지만 그런 철학자는 없었다. 같은 해에 부알로는 한 미치광이를 끔찍한 화형에 처한 고등법원에 대해서가 아니라, 자신만큼 적절히 시를 짓지 못하는 몇몇 작가에 대해 김빠진 풍자시를 썼다. 라신은 자신의 서재에 처박혀 그리스 비극을 본떠서 프랑스 비극을 창작했는데, 그는 '이피제니'를 제물로 바쳤고 '칼카스'[82]에 관해 말했지만, 감히 그 참혹한 잔혹성을 조금도 암시하지 못했다. 페늘롱 역시 아무런 말이 없었다. 이 모든 유명인사 중에서 누가 말했는가? 루이 14세의 '아름다운 세기'에 활동한 모든 세련된 작가에게 그러한 침묵은 영원한 수치이다. 나라면 그 세기를 '반쯤 미개한' 세기로 부르고 싶어졌을 것이다.

오늘날 재판관의 활동은 주목받고 있으며, 재판관의 불공정성은 어김없이 항의의 대상이 될 수 있다. 파리 고등법원이 라바르의 불운한 사람에게 지독한 신체형을 선고했을 때, 사방에서 그 과격한 판결에 대한 원성이 높아졌다. 이에 힘입어 피해자는 불명예로부터 벗어났고, 재판관 집단은 종교재판소보다 더 가증스러운 것이 되었다.

1776년 『자연철학』[83]의 저자를 구해낸 것도 이러한 이성의 외침이다. 샤틀레 재판소는 그의 구속영장을 발부했고, 그를 데뤼 곁에 죄수로 잡아두었다. 그러나 이 저자를 '그레브 광장 쪽으로 보내 손에 횃불을 들고 잘못을 공개적으로 인정하고 용서를 비는 형벌'을 내리려는 재판관의 의지에도 불구하고, 여론은 그토록 불합리한 판

82 Calchas: 호메로스의 『일리아드』에 나오는 예언가로서, 트로이 전쟁이 10년 동안 계속되리라는 것, 그리스 함대가 출발할 수 있으려면 이피제니를 희생의 제물로 바쳐야 한다는 것 등을 예언한다.

83 1770년 3권과 1774년 또 다른 3권으로 두 차례에 걸쳐 출간된 드릴 드 살의 저서. 이 '철학적 신앙고백'은 검열기관의 입맛에 맞지 않았다.

결에 매우 비판적이었다. 그래서 파리 고등법원은 최종심 재판소로서 어이없는 소송 전체를 파기하고 이 저자를 무죄 방면했다.

샤틀레 재판소의 박해는 너무 비열하고 가소로워 이 저자에게 일종의 명성을 가져다 줄 수조차 없었다. 그는 여전히 무명이었다. 이 특이한 사건은 결코 여론의 호응을 얻지 못했다. 여기에서 내가 말하고 있는 사건은 매우 오래된 것 같지만, 사실은 아주 최근의 일이다.

파리 고등법원은 '자살자'를 실제 질병에 걸린 '우울증 환자'로 간주하지 않고, 자살자의 시체를 사립짝에 실어 끌고 가서 이미 죽었는데도 교수대에 거꾸로 매달게 한다.

'남색가'는 불태우게 하는데, 이 추잡한 짓의 처벌이 물의를 빚는다는 것, 그리고 이것 말고도 가장 두꺼운 장막으로 가려야 하는 수치스러운 행위가 많다는 것은 생각하지도 않는다.

리옹과 라로셸의 주민은 소송을 제기하려면 파리로 가지 않을 수 없다. 이는 정의를 찾아 멀리 가는 것이다. 그러나 이 폐습은 고질적이어서, 아주 오래되고 기묘한데도 몇 가지 이점이 있는 까닭에 손질하기가 어려울지 모른다.

국왕이 일종의 승합마차로 다녔을 때, 판사와 재판장은 노새를 타고 고등법원으로 출근했다. 오늘날 프랑스 왕이 왕실을 위해 훨씬 더 많은 것을 써야 한다 해도, '국왕에게 건의하고' '국왕의 칙령을 기록하는' 판사와 재판장이 군주의 부유와 호사를 약간 공유하는 것은 정당하다.

격동기가 닥치면 고등법원은 고유한 이익을 위해 변호사와 소송대리인의 처지를 거들떠보지도 않는다. 명부를 보면 550명의 변호사가 등록되어 있다. 각 변호사가 한 달에 한 건의 소송도 수임하지 못한다. 위기의 시기 동안 소송대리인은 '건의'를 그다지 높이 평가하지 않는다. 더 자존심이 강한 변호사는 사무실의 문을 닫았다고 말하지만, 소송 서류와 자문은 은밀하게 줄을 잇는다. 고객이 비밀 계단으로 드나들어도 무슨 일이 일어나지는 않는다.

어느 책이 유럽의 찬사를 받을 때, 도처에서 누구나 그것을 읽을 때, 그 책의 새롭고 강력하고 위대하고 올바른 사상에 모두들 감탄할 때, 검찰차장은 '재판관석과 방청석 사이의 난간'으로 가서 '몰상식'으로 가득 차고 과장적인 수사로 양념한 논고를 한다. 이 과정에서 신문기자들 사이에 유행하는 몇몇 문장이 부각되고 강조된다. 책은 '이단, 교회분리주의, 오류, 폭력, 신성모독, 무종교, 권위의 침해, 제국의 평안에 대한 교란' 등의 죄목으로 큰 계단이나 생바르텔르미 계단의 발치에서 불태워지도록 선고받는다. 이 죄목들 중에서 한 가지도 공제되지 않는다.

하는 일 없이 놀다가 우연히 거기로 지나가는 몇몇 부랑아 앞에서 누군가 나뭇단에 불을 붙인다. 법원 서기는 유죄선고를 받은 책을 낡아빠진 성경으로 대체한다. 형리가 먼지투성이의 성경을 불태우고, 파문당해 인기가 있는 저서는 법원 서기가 가져가 자신의 서가에 꽂는다.

이 집단은 대상서 모푸[84]로부터 받은 결정적인 타격에 여전히 얼이 빠져 이제 어떤 길을 택해야 할지 모른다. 이 집단의 생각이 혼란스럽고 뒤얽힌 것 같다. 이 집단은 예로부터의 기반(基盤)에 따라 일

84 maupeou(1714~1792): 고등법원 구성원을 많이 배출한 이름난 가문 출신으로, 1768년 국새상서가 된 그는 1771년 2월 국왕의 권력행사를 거부하던 고등법원 법관들을 추방해 버렸다. 뒤이어 새로운 지방 참사회 6곳을 토대로 새로운 법원을 세웠고, 이렇게 해서 매관매직과 재판 사례금의 관행이 없어졌다. 이 개혁 정책은 법복귀족의 급격한 소멸로 이르렀고, 잠자코 있는 사람들의 관심을 법복귀족에 반대하는 쪽으로 돌려세웠다. 그러나 루이 16세의 즉위는 이 강력한 실험에 종지부를 찍었다. 이 새로운 왕은 모푸가 추방한 모르파를 다시 불러들였고, 옛 고등법원에 직무와 특권을 되돌려 주었다. 매관매직 또한 다시 성행하게 되었다.

정한 자기 확신을 좇아야 할지, 아니면 사건의 맥락을 풀리게 내버려둠으로써 다양한 상황을 유리하게 활용해야 할지 갈피를 잡지 못한다. 후자의 방침이 채택된 것으로 보인다. 이 집단의 평안은 잠과 흡사하다. 어떤 사람들은 이 집단이 죽었다고 생각하고, 어떤 사람들은 이 집단이 다시 깨어나리라고 말한다. 또 어떤 사람들은 부활을 준비하고 있거나 언제나 결여되어 온 것, 즉 능란한 정략이 평온 속에서 숙고되고 있기 때문에 활기의 징후가 전혀 보이지 않는다고, 그렇지만 시대의 사상이 이전보다 더 명확히 연구되고 있을 것이라고 말한다.

하여튼 이 집단은 언제나 큰 힘을 갖고 있는데, 이 힘은 흔히 왕권을 괴롭힌다. 당신은 내게 물을 것이다. 어떤 힘? 관성력![85]

85 메르시에는 고등법원의 양면성, 즉 고등법원이 보수주의 사회의 보루이자 군주의 권력 남용에 대한 악착같은 반대자라는 점을 힘주어 강조한다. 1780년대에는 몽테스키외의 『법의 정신』이 필수적으로 참조되는 가운데 고등법원의 성격을 둘러싼 토론이 절정에 이르렀다.

345 성직자

성직자의 이를테면 비가시적인 근거지는 주로 베르사유이다. 바로 거기에서 성직자는 은밀하게 활동하고, 어느 건반을 두드려야 하는지 자세히 살핀다. 성직자는 상황에 적응하는 유연하고 능란한 재주로 생존과 평판을 유지한다.

편견이 가장 적은 (그렇다고들 믿겠는가마는!) 집단은 성직자이다. 성직자는 자신이 무엇을 하고 있는지 잘 알고 있으며, 지배적인 여론의 흐름과 영향력에 정통하고, 자신의 진정한 입장에 충실하다. 때로는 광신도가 아니면서도 주교의 교서를 통해 광신도의 노릇을 하기도 한다. 성직자는 가차 없는 운명에 의해 낭떠러지로 내몰리면서 이러한 처지가 두려워 몸을 떨고, 스스로는 자신의 시대가 불가피하게 이 낭떠러지로 다가간다고 생각하면서도 어떻게든 시대를 옛날로 되돌리려고 한다. 그러나 성직자는 두려움도 대담함도 없는 척하면서 시대의 흐름을 늦추며, 주위의 모든 것에 대한 열정을 유리하게 활용하면서 다른 집단들을 흔들어 일사분란하게 목적을 향해 똑바로 나아가지 못하게끔 방해하지만, 정작 스스로에 대해서는 이러한 열정을 발휘하려고 들지 않는다.

성직자는 자신의 적은 높이 평가하면서도 자신의 맹신적인 민병대는 경멸하고 저지한다. 게다가 커다란 잘못은 결코 저지르지 않는다. 시대의 테두리 내에서 사건이 일어날 때면 부득이 '전횡'을 그만둘 준비가 되어 있는 상태에서도 '실리'를 생각한다. 그리고 자신에게 남아 있는 유일한 무기로 자신을 지키면서도, 이 무기를 환상이라고 여기지만, 그렇다고 해서 이 무기를 결코 포기하지는 않는다. 그 이유는 궁정, 대귀족, 국가에 대한, 그리고 자의적이지만 아주 오래된 특권에 대한 자신의 무의지적 존중을 잘 알고 있기 때문이다.

성직자는 자신에 대해 전쟁을 개시하는 작가들까지도 조심스럽게 대할 줄 안다. 성직자는 신학상의 토론을 직업상 논쟁하기 좋아하는 사람들에게 맡기고, 풍요의 실제적 기반에 더욱 확실하게 기대면서 침묵으로만 대답한다.

내가 보기에 이 집단은 가장 섬세하고, 여태까지는 매우 다행한 결말에 이른 이해타산의 재주를 타고난 듯하다. 이 집단은 어느 때보다도 덜 박해하고, 이제는 개신교도들과 이들의 딸에 대해[86] 봉인장을 거의 청원하지 않는다. 심지어는 신앙의 자유에 관해 말하기도 한다. 더 나아가 관능적이고 평온한 향락으로 소일하고, 종교의식이 외부로부터 어떤 손해도 입지 않는 한 불만이 없다. 그런 만큼 자신에게 불리한 여론에 맞서 경솔하게 제방을 쌓지 않고 불리한 여론을 지나가게 내버려둔다. 그 이유는 막고자 할수록 도리어 목소리가 높아지고 힘이 막대해진다는 것을 성직자 자신이 분명히 직감하기 때문이다.

성직자는 언제나 개신교도, 특히 프랑스의 몇몇 지방에서 크게 늘고 있는 재세례파 교도를 가장 가공할 적으로 간주하지만, 신앙의 자유 때문에 어떤 것도 잃지 않을 것이고 적대적인 학설을 좇으면 많은 위험이 있으리라는 것을 알기 때문에, 철학자와는 가능한 한 일종의 우호 협정을 맺으려고 할지 모른다.

86 에그모르트의 콩스탕스 탑에 마리 뒤랑이 감금당한 사태에 대한 암시이다. 그녀는 종교 문제로 1730년(당시에 그녀의 나이는 15세였다)부터 1768년까지 이곳에 유치되었고, 널리 알려져 있듯이 벽에 '저항하다'라는 유명한 낱말을 새겼다.

성직자가 모습을 바꾸게 될 때, 변신은 신속할 것이다. 성직자는 느닷없이 공상을 단념하고 현실에 집착하면서 커다란 저항 없이 변하게 된다. 성직자는 자신의 부 자체로 인해 자신이 무너지리라는 것을 알고 있을 뿐 아니라, 싸움이 길어질 수 없을 것이며 약한 측이 적어도 귀중한 부분을 되도록 많이 보존하기 위해서는 나머지 전체를 양보해야 하리라고 예상한다. "위대한 가톨릭 성직자는 언제나 위대한 국가를 망쳐놓는다"[87]고 엘베시위스는 말했다. 어떻게 성직자 자신이 이 금언의 진실을 알아차리지 못하겠는가?

작가여, 오늘날 성직자를 벌하고 성직자에게 '보복'하고 싶은가? 성직자가 높이 평가할 줄 아는 교리, 성직자가 오래전부터 차지하고 있는 우월한 지위, 성직자에게 필요하게 된 음모 등에 반대하는 글을 쓰지 마라. 교회의 재산은 가난한 사람의 것이라고, 주교는 교회 재산의 수탁자일 뿐이라고, 주교가 사치, 호사, 쾌락을 누리는 것은 실질적인 도둑질, '성스러운 교회법령'의 명백한 침해라고 성직자에게 끊임없이 말하라. 주교에게 외면할 수 없는 가공할 진실을 말하라. 이 이로운 진실이 모든 이의 감정과 정신 속으로 내려가도록 표현을 납득할 만하고 가장 활기찬 것이 되게끔 가다듬어라. 교회의 우두머리가 가난한 사람을 희생시켜 부정하게 축적한 200~300만 프랑을 자신의 상속인에게 남길 때, 고함을 치며 항거할 수는 없을까? 이에 관해 숙고하라. 그리고 주교는 죽을 때 수의 한 벌만을 남겨야 한다고 되풀이하여 말하라.

뒤이어 아무도 읽지 않고 누구나 비웃는 '교서'를 통해 주교가

87 "그러므로 위대한 가톨릭 성직자는 언제나 위대한 국가를 망쳐놓는다. 사제들은 축제일들의 세속화를 맹렬히 비난하는데, 잘못 생각하지 않도록 하자, 그들을 부추기는 것은 하느님에 대한 사랑이 아니라 그들의 권위에 대한 사랑이다."(엘베시위스, 『인간에 관하여』, 1771, p. 248)

당신의 글들을 비방해도 가만히 내버려 두어라. 매년 10만 에퀴의 비율로 주교는 일요 설교용의 이 훌륭한 웅변을 배포한다. 일요 설교의 문체가 당신에게 무슨 해를 끼치겠는가?

주교직은 누가 차지하는가? 귀족. 대수도원은? 귀족. 모든 고액의 성직자 녹봉은? 귀족. 뭐라고, 하느님을 섬기기 위해 귀족이어야 하다니! 아니다. 그러나 이런 식으로 귀족은 궁정에 복속하게 되고, 다른 덜 중요한 의무의 경우와 마찬가지로 병역 의무의 대가도 교회의 재산으로 치른다.

성직자 녹봉의 명세서란 무엇인가? 일찍이 원시 교회에 성직자 녹봉의 명세서가 있었을까? 얼마나 오랫동안 성직자 녹봉의 명세서가 지속될 것인가? 어느 틈에 성직자 녹봉의 명세서가 갖가지 변화를 겪었고 앞으로도 겪을 것이다. 그러고는…. 그런데 누가 미래를 명확하게 읽어낼 수 있을까?

왕국에는 모두 독신자인 성직자의 수가 15만을 헤아린다. 사도는 기혼자였다. 여러 세기 동안 성직자는 기혼자였다. 트렌토 공의회에서는 사제에게 결혼을 허용할 만반의 준비가 되어 있었다. 독신생활을 하는 개인 15만 명은 그들 자신에게도 다른 사람들에게도 위험하다! 감히 그렇다고들 생각하겠는가! 이 사실이 고대사에서 이야기되었다 해도, 누구나 이 사실을 의심하지 않을까? 그리고 억지로라도 이 사실을 인정한다면, 과연 어떤 성찰을 할까?

현명한 현지 거주 법률로 말하자면 너무나 공공연하게, 너무나 지속적으로 위반하여 지적하기도 민망할 정도이다. 기독교 신자는 이제 인도(引導) 목자의 얼굴을 알지 못하고, 목자를 생각할 때면 언제나 수도에서 즐기고 자신의 양떼에게는 그다지 신경을 쓰지 않는 부유한 사람을 떠올린다.

346 베르사유의 회랑

파리인은 성신강림축일에 세브르까지 강배를 타고, 세브르부터 베르사유까지 도보로 달려 거기에서 왕족, 솜씨 좋은 요리사의 행렬, 다음으로 공원, 그리고 또 동물원을 구경한다. 대접견실은 개방하지만, 가장 화려하고 가장 신기한 별궁은 개방하지 않는다.

정오에 그들은 회랑으로 몰려가서 미사에 참석하는 왕, 왕비, 왕자, 공주, 아르투아 백작, 아르투아 백작부인을 감탄하면서 바라보고는 서로에게 말한다. "국왕 전하 봤어?" "그래, 웃었어." "사실이야, 웃었어." "만족하신 것 같아." "물론이지! 부자니까."

무어[88]가 아주 정확하게 관찰했듯이, 미사 중에 사제가 면병을 집어 올리는데도 모든 이의 눈은 국왕에게로 쏠리고, 아무도 제단 옆에서 무릎을 꿇지 않는다.

공개만찬에서 국왕은 왕성한 식욕을 보이고, 왕비는 물 한 잔만 마시는 것을 파리인들은 눈여겨본다. 이것만으로도 2주 동안 대화의 소재가 되는데, 하녀들은 이 소식을 더 잘 듣기 위해 목을 길게 늘인다.

그림, 조각상, 고대 예술품으로 말하자면, 파리인은 이런 것을 감상할 안목은 없지만, 거울, 금장식물, 왕좌의 닫집, 국왕의 식탁에 놓이는 요리의 수량에는 탄복한다. 이중으로 도금된 호화로운 사륜마

88 Moore(1729~1802): 스코틀랜드의 문인 겸 의사로서, 프랑스인들이 국왕에게 열광하는 것에 놀라움을 표한 적이 있다.

차와 스위스 100인 위병, 근위대, 그리고 북도 파리인들에게 매우 강한 인상을 준다.

샤를 9세의 궁정으로 데리고 온 어떤 미개인은 6피에의 키에 콧수염을 기르고 미늘창을 든 스위스 100인 위병이 창백한 얼굴과 호리호리한 다리의 작은 남자에게 복종하는 것을 보고 매우 놀랐다. 파리인은 결코 이 미개인의 견해에 공감하지 못할 것이다. 성 미카엘이 차분하고도 당당한 모습으로 악마를 쉽게 쓰러뜨리는 그림[89]을 또 다른 인디언이 보고서 "아, 훌륭한 미개인이야!"라고 외쳤다 해도, 파리인은 설령 여섯 상인조합[90]에 속하거나 공증인일지라도 이 표현을 이전의 표현보다 더 잘 이해하지는 못할 것이다.

이 회랑에서 혼자 거닐고 뒤이어 여기저기 돌아다니는 것보다 더 철학자를 즐겁게 하는 것은 없다. 그는 대신에게도 유력인사에게도 요청할 것이 전혀 없고, 그들과 안면이 있을 뿐이다. 그들을 알현하러 가고, 남녀 왕족의 점심식사를 목격하고, 접견 장면, 상반신과 무릎을 구부리고 하는 절, 하인, 식사 관리인, 우스꽝스러운 예법 전체를 보는 것은 그에게 아주 즐거운 일이다. 그는 자신이 읽은 라블레의 작품에 나오는 몇몇 시동(侍童)을 떠올리고는 아주 나지막이 웃는다. 왜냐하면 라블레의 작품에서는 인간이 가장 우스꽝스럽게 조명받기 때문이다. 그는 전하, 각하, 예하가 시동 및 제복 입은 하인과 뒤죽박죽으로 뒤섞여 바삐 돌아다니는 것을 조용한 관찰자로서 살펴보는 것 외에는 달리 할 일이 없다.

89 라파엘의 이른바 「위대한 성 미카엘」(용을 쓰러뜨리는 성 미카엘)이라는 그림으로, 오늘날 루브르에 소장되어 있지만 대혁명 이전에는 동일한 화가의 「성 가족」과 함께 베르사유 궁전의 메르퀴르 실에 전시되어 있었다.

90 파리에서는 나사점, 식료품점, 수예점, 모피상점, 양품점, 금은세공상점을 '여섯 상인조합'으로 부른다.

누가 1년에 서너 차례 이 희귀한 즐거움을 누리고 싶지 않겠는가? '황소눈 창(l'œil-de-bœuf)' 에서 날마다 제공되는 것과 비슷한 희극이 어떤 언어로건 과연 창작될 수 있을까? 아무리 보잘것없는 부르주아라도 말하겠지만, 조신을 '태양 앞에서 몹시 하찮게' 보았으니만큼 다른 곳에서 조신을 위대하게 보는 것은 불가능하다.

그러나 황소눈 창이 무엇인지는 외국인에게 가르쳐 줄 필요가 있는데, 그것은 타원형의 창문 때문에 이와 같은 이름이 붙은 대기실이다. 거기에는 거대한 몸집과 넓고 건장한 어깨의 스위스인 문지기가 살고 있다. 그는 이 대기실에서 마시고 먹고 자며 결코 밖으로 나가지 않는다는 점에서 새장 속의 커다란 새라고 말할 수 있다. 성의 나머지 부분은 그에게 낯선 곳이다. 그의 침대와 식탁은 소박한 칸막이에 의해 이 세계의 유력자로부터 분리되어 있다. 그가 낭랑한 목소리로 말하는 12개 낱말이 그의 기억을 장식하고 그의 업무를 구성한다. "통과하세요, 나리, 통과하세요! 폐하 납시오! 물러나세요. 못 들어갑니다, 전하!" 그러면 전하는 말없이 떠난다.

모든 이가 그에게 인사하고, 아무도 그의 말에 토를 달 수 없다. 그의 목소리는 회랑에 운집한 백작, 후작, 공작을 내쫓는다. 그들은 그의 목소리에 주눅이 들어 빠져나간다. 그는 남녀 왕족을 돌려보낼 때에도 단음절로만 말한다. 그는 어떤 고위직의 신하에게도 압도당하지 않고, '지배자'를 위해 유리 출입문을 열고 다시 닫는다. 세계의 나머지는 그의 눈에 다 똑같은 것으로 비친다. 그의 목소리가 울릴 때, 흩어져 있던 조신의 무리가 몰려오거나 사라지며, 모든 이가 손잡이를 돌리는 그의 커다란 손을 응시한다. 그의 손은 움직이지 않건 움직이는 중이건, 바라보는 모든 이에게 엄청난 효력을 갖는다. 그의 연말 선물은 500루이 금화에 달한다. 왜냐하면 누구도 감히 이 손에 은 같은 싸구려 금속을 쥐어 줄 수는 없을 것이기 때문이다.

저녁에는 다시 한 무리의 조신이 황소눈 창을 가로지르고 닫힌 문 근처로 모여들어 문이 열리기를 기다린다. 그들은 지배자와 저녁식사를 함께하는 특별한 명예를 누리려는 자이다. 아무개는 35년 동안 이 은총을 갈망하며 평생 날마다 빠짐없이 무정한 문 앞에 서성거렸지만, 이처럼 지배자의 호의를 구하다가 문이 빠끔히 열리는 것을 보지 못하고 죽었다. 저마다 그토록 자주 실망하면서도 꺼지지 않는 희망을 품는다. 2시간이 지나자, 정중한 떨림 속에서 경배하고 밀어본 문이 조금 열린다. 침전 경위가 손에 명단을 들고 나타나서 7~8명을 호명하는데, 이 운 좋은 사람들은 호명되지 않은 이들이 부러워하는 가운데 좁은 통로로 들어간다. 더 정확히 말해서 거기로 미끄러지듯 스며든다. 그러고 나면 침전 경위는 남은 사람들의 면전에서 무정하게 문을 닫는데, 그들은 이 불운을 잊어버리는 척하지만 가슴속에 슬픔과 절망을 품고서 떠난다.

군주를 수도에서 이처럼 약간 떨어져 있도록 결정한 것이 우연인지 아니면 정치인지, 이 계획이 신중하게 세워진 것인지는 모르겠지만, 효과에 비추어볼 때 이는 가장 교묘한 정치의 소산이었던 것 같다. 군주를 이를테면 비가시적이게 하고 일반대중의 눈과 아우성이 군주에게 이르지 못하게 하는 4리외의 거리는 정부의 구성에 가장 큰 영향을 미쳤다.

국왕이 파리에 오는 것은 은총이자 호의이다. 다시 말하면, 그는 자신의 의지를 관철시키기 위해 지배자의 외관을 갖추고 파리에 모습을 나타낸다.

파리의 한 부르주아가 어느 영국인에게 매우 진지한 목소리로 말한다. "당신의 국왕은 어떻소?" "그는 거처가 형편없죠, 정말 보기가 민망할 정도랍니다." "우리의 국왕을 보시오, 그는 베르사유에 거주하죠." "멋진 성인가요? 유사한 예를 하나 들어보시겠소?" "얼마나 크고 얼마나 찬란하고 얼마나 웅장한지 몰라요! 온통 금으로 덮여 있는데, 그 모든 것이 루이 14세의 업적이죠. 그는 성과 정원에 거의 8억 프랑을 들였으니, 참으로 위대한 왕이었어요! 수도관에 사용된 납만 해도 3,200만 프랑어치였죠. 그는 국가의 재정 상태를 아랑곳하지 않았으니, 그곳은 세계에서 가장 으리으리한 궁전이 될 수밖에 없었어요. 요컨대, 우리의 방계 왕족이라도 궁궐이 영국 왕의 것보다 더 화려하답니다."

그가 영국인의 면전에서 이러한 어조로 말을 이어나가자, 영국인은 이와 같은 논증에 어안이 벙벙해져 파리인을 감탄어린 눈으로 바라보고 그에게 어떻게 대꾸할지 모른다.

왕비는 베르사유에서 공페랑스 방책[91]까지 가로등을 설치하게 했고, 그래서 황소눈 창에서 출발하여 뱅센 신작로까지, 다시 말해 5.5리외의 거리를 불이 밝혀진 길로 갈 수 있다. 고대나 현대의 어떤 도시도 이러한 종류의 화려한 유용성을 지니지 못했다. 일반인에게 개방되는 모든 향락은 위대한 성격을 띠는 만큼, 더 이상 호사라고 해서는 안 된다.

셜록은 다음과 같이 말한 점으로 보아 아마 이 멋진 길로 파리를 떠났을 것이다. "파리를 떠날 때 유쾌한 기분인 사람은 결코 없었다. 이유야 무엇이건, 누구나 파리를 빠져나올 때면 언제나 슬퍼진다." 내가 잘못 생각하고 있지 않다면, 누구라도 어떤 호의를 요청하거나 억울함을 호소하거나 몇몇 계획을 추진하기 위해 수도에서 나와 베르사유의 집무실로 향할 때 특히 슬퍼지게 되어 있다. 사무관에게 말해야 하는데, 사무관은 대답하지 않고 듣기만 하다가 다 듣기도

91 공페랑스 방책은 튈르리 공원의 서쪽 끝과 센 강 사이에 있었다.

전에 벌써 마음속으로 결정을 내려버린다.

10만 명이 살고 있는 베르사유는 엄청나게 확장되어 장엄한 모습을 드러내고 있다. 120년 전에는 초라한 마을이었지만, 지금은 길이 매우 넓고 더 넓힐 여지가 많으며, 어느 때이건 진창으로 신발을 더럽힐 우려가 거의 없다.

베르사유는 주요한 정치 활동의 중심지이기는 하다. 그러나 수도의 소용돌이에서 벗어나 있지는 않다. 위성으로서 수도의 동향을 변함없이 좇는다. 혹성의 운명이 불가피하다.

이 부차적인 도시의 풍조는 성(城)의 풍조와 다르지 않은데, 성의 풍조는 누구라도 하루만 살펴보면 익히 알 수 있다. 전날 행해진 것이 이튿날 그대로 행해지게 되고, 어느 하루를 본 사람은 1년 전체를 본 셈이 된다.

프랑스에는 생루이 기사단의 단원이 1만 6천 명 있다. 그중에서 6천 명이 파리나 파리 근교에 산다. 이 퇴역장교들은 '싸구려 임대마차'로 출발해서 베르사유의 집무실을 포위하여 부속실에서 죽치고 있고, 회랑을 가득 메워 소식을 전파하는데, 지난 전쟁에 관해 끊임없이 말하고 모든 것을 군인으로서 판단하여 정치에 관해 당치 않은 말을 하기 때문에, 사건의 흐름에 의해 가능해지고 필연적으로 초래되는 모든 변화에 익숙해질 수 없다.

이곳의 주민은 베르사유가 유럽의 어디보다도 더 아름다운 마당에 여행을 떠나 열등한 것만을 볼 필요가 전혀 없다고 쉽사리 확신한다. 그러므로 이 고장에서는 누구도 홀란드, 영국, 스위스, 이탈리아, 독일, 러시아를 방문하러 가는 귀족의 변덕을 결코 이해하지 못한다. 그것은 별난 짓으로 비난받는다.

여기에서는 저마다 자신이 맡은 일을 자랑스럽게 여기고, 군주의 장화에 조금이라도 근접하면 자기 자신을 이를테면 왕의 지체라고 생각한다. 왕의 식탁에 요리를 놓는 자는 '장티욤'으로 불리고, 왕의 외투를 받드는 자는 '에퀴예'의 직함을 얻는다. 누구를 막론하고 자기 이웃의 직무를 털끝만큼도 침해하지 않는다. 왕의 점심식사에서만 해도 30~40가지 직무가 수행되고, 주방의 '도마'를 옮기는 일에도 '특별히 임명된' 관리가 있을 정도이다. 모두 돈을 써서 얻는, 이를테면 돈으로 사들이는 이 갖가지 직책의 기원으로 누가 거슬러 올라갈 수 있으며, 그 세세한 분류를 누가 추적할 수 있을 것인가? 이 무슨 심연인가! 이 심연의 깊이를 어떤 안목이 온전히 탐색하게 될까?

어떤 상황에서도 백성의 증오가 군주에게까지 미치는 일은 결코 없다. 그러기에는 밟아나가야 할 단계가 너무 많다. 그래서 백성의 증오는 사무관, 개개의 행정관, 2등급과 3등급의 대신, 말하자면 비난과 모욕을 받을 처지에 놓여 있고 일반대중의 불행에 대해 책임을 지게 되는 일종의 성벽 지대에 달라붙는다. 그들은 반감이 생길 경우 반감을 누그러뜨리기 위해 존재한다. 백성에게 군주는 결코 백성을 미워할 줄 모르고, 백성에게 선행을 베풀고자 하고, 백성을 원하고 얻는 것이 이익이기 때문에 백성을 찾는 존재이다.

요컨대, 이곳은 누구나 평생 동안 서 있는 고장이다. 도처에서 누구나 어디에도 앉지 않고 지낸다. 80세의 한 조신, 새로운 시메온 스틸리테스는 왕, 대공, 그리고 대신의 부속실에서 45년을 앉지 않고 서서 보냈다.

예법은 궁정 사람을 매우 피곤하게 하지만, 그렇다고 해서 공경의 대상이 되는 사람을 덜 피곤하게 하지도 않으며, 세상의 규범을 정하는 이에게 규범을 부과한다. 이렇게 모든 것은 상쇄된다.

347 궁정에 관하여

루이 14세 시대와는 달리 이제 우리는 '궁정'이란 말에 경외감을 갖지 않는다. 이제는 지배적인 견해가 궁정으로부터 나오지도 않고, 궁정이 어떤 종류의 것이건 명성을 결정하지도 않는다. 아무도 '궁정에서 이렇게 판결을 내렸다'고 우스꽝스럽게 허풍을 떨지도 않는다. 누구나 궁정의 판결을 파기하며, 궁정은 그것에 관해 아무것도 이해하지 못한다, 궁정은 이 점에 관해 아무런 생각이 없다, 궁정은 소신이 없을지는 모르지만, 일반적인 관점에서 벗어나 있다고 분명하게 말한다.

궁정은 이와 같은 사정을 어느 정도 짐작하고 있어서 책에 관해, 희곡에 관해, 새로운 걸작에 관해, 특이하거나 놀라운 사건에 관해 감히 단정적으로 판결을 내리지 않는다. 궁정은 파기될지 모르는 데다가, 그렇게 될 경우 '소송 비용'을 떠안을 의견을 섣불리 냈다가 괜히 망신을 당하지 않기 위해 수도의 판결을 기다리고, 수도의 판결을 매우 열심히 알아본다.

루이 14세 시대에는 궁정이 도시보다 더 성숙했으나, 오늘날은 도시가 궁정보다 더 성숙해 있다. 궁정과 도시 사이에 견해가 일치하는 경우는 드물다. 이는 확실히 놀랄 말한 일이 아니다. 왜냐하면 받은 교육이 상반된다고는 말할 수 없어도 너무 다르기 때문이다. 궁정은 조심성과 심지어는 소심성 때문에 여러 사항에 관해 침묵을 지킨다. 그만큼 우리는 아첨에 끌려 믿게 된 것보다 더 많은 것을 의식에 의해 알게 되는 법이다! 도시는 모든 것에 관해 확신을 갖고 쉴 새 없이 말한다. 궁정은 보복을 당할까봐 많은 대상에 관해 너무 과감하게 판결을 내리서는 안 된다고 느낀다. 모든 예술과 모든 지식이 서로 뒤섞이고 서로에게 더 큰 힘을 제공하는 도시는 자신감이 있기 때문에, 그리고 자신의 섬세한 판단을 그토록 여러 번 검증한 만큼 더욱더 확신하기 때문에 대담하게 결정하는 반면, 궁정은 자신의 견해를 확증하기에 적합한 여러 여건이 자신에게 결여되어 있다고 막연히 추정한다.

따라서 궁정은 미술, 문학, 그리고 오늘날 미술 및 문학과 관계가 있는 모든 것에 미쳤던 영향력을 잃었다. 지난 세기에는 궁정인이나 왕족의 의사(意思)가 인용되었고, 이것에 대해 아무도 감히 반박하지 못했다. 당시에는 통찰력이 그만큼 예민하지도 그만큼 성숙하지도 않았다. 그래서 궁정의 판단에 의지할 필요가 있었다. 철학의 지평이 넓어졌는데(바로 여기에도 철학의 큰 잘못들 가운데 하나가 있다), 베르사유는 이 분야에 하나의 지점으로서만 포함될 뿐이다. 이러한 사상의 혁신은 엄청난 것이다. 실제로 예전에는 견해가 권력에 휩쓸렸다. 이 점과 아울러 어디에서 견해가 유래했는지, 사상의 측면에서 루이 14세의 궁정이란 무엇이었는지, 거기에 군림한 조악한 편견, 그 시대의 신앙심이란 무엇이었는지, 베르사유의 '설교자'와 신앙 '인도자' 그리고 국왕의 '고해신부'가 무엇을 했는지, 또한 뤽상부르[92]가 비난을 받고는 라셰즈[93]의 집으로 은거하러 갔다는 사실을 생각하면, 두 세기 사이에 굉장한 차이가 있다는 것을 경악스러운 나머지 감히 믿지는 못하면서도 간파할 수 있다.

92 뤽상부르 원수라는 이름으로 알려진 프랑수아 앙리 드 몽모랑시(1628~1695)를 말한다.

93 P. La Chaise(1624~1709): 루이 14세의 고해신부.

왕국의 나머지 지역에서 채택된 동의나 반대는 바로 도시에서 나온다.

루이 14세는 보쉬에[94]의 목소리에 전율했는데, 보쉬에는 가상의 공포를 루이 14세에게 스며들게 했다. 오늘날이라면 누구나 보쉬에의 예언자적 풍채나 어조, 위협을 야유할 것이고, 그는 최악의 식탁 준비실장에게도 두려움을 주지 못할 것이다. 그 시대에 궁정을 공포에 빠뜨린 것의 실제 의미를 궁정에 알려준 것은 바로 도시이다.

94 Bossuet(1627~1704): 주교의 지위로까지 오른 종교인 겸 문인으로 연설을 잘한 것으로 유명하다.

348 양극단은 서로 통하나니

귀족과 하층 계급은 풍속이 유사하다. 귀족은 자신의 명망과 풍요를 자랑스럽게 생각하기 때문에 편견에 용감히 맞서고, 하층 계급은 잃을 명예도 존경도 없기 때문에 거리낌없이 제멋대로 살아간다. 나는 귀족과 하층 계급이 재치의 면에서도 서로 닮았다고 생각한다. 높은 신분의 여자처럼 생선장수 아낙도 문체를 제외하고는 매우 적절한 말을 구사하며, 양쪽 다 똑같이 표현과 비유가 풍부하고 독창적이고 자유롭다. 한쪽은 비린내를 풍기고 다른 쪽은 사향 냄새가 나지만, 한 껍질 벗기고 볼 줄 아는 이에게는 유사성이 뚜렷이 드러난다.

귀족도 걸인처럼 위험하지는 않다. 귀족에게서 뭔가를 얻어내라. 그러면 그는 당신에게 집착하게 된다. 왜? 그는 당신에게 어떤 것을 주게 될 것이기 때문에 그것으로부터 이익을 기대하게 된다. 거지도 그렇다. 귀족은 어느 가난한 사람에게 뭔가를 내밀 경우, 모든 것을 잃고 싶지 않기 때문에 이제는 그를 떠나지 않고 계속해서 그에게 친절을 베푼다. 어떤 사람이 플뢰리 추기경[95]에게 1에퀴를 요청했다. "그런데 1에퀴로 무엇을 할 것이오?" "당신이 내게 1에퀴를 주게 되면 몇 에퀴를 또 줄 것이기 때문입니다" 하고 그가 말을 이었다.

만일 어느 대공의 집에 고용된다면 그가 당신에게 뭔가를 주게 하라, 그러면 출세는 따놓은 당상이다. 어느 헐벗은 시인이 대공 전

95 Fleury(1653~1743): 루이 15세의 사부로 1726년 추기경에 임명되고 죽을 때까지 수석대신을 지냈다.

하의 집에 있는데, 대공은 허영심에서 그에게 뭔가 직책을 주고 싶어 한다. 대공은 그를 좋아하지도 존중하지도 않지만, 자신에 대한 좋은 평판, 즉 자신이 한 시인을 부자로 만들었다는 세평을 얻을 필요가 있다. 그도 그럴 것이 그의 신분에 어울리는 괄목할 만한 호의를 그가 널리 베풀지 않는다면, 누구도 그를 가까이하지 않을 것이기 때문이다.

"귀족의 힘은 하층민의 머릿속에만 있다"고 재기 넘치는 어느 여자가 말하곤 했다. 숙고할 줄 아는 사람에게라면 책 한 권을 쓸 소재가 될지 모르는 감탄할 만한 관계가 바로 여기에서도 엿보이지 않는가?

귀족도 가난한 사람처럼 성실의 가치를 믿지 않고 하나같이 "성실은 짐스럽다"고 말한다. 그들이 가장 이해하기 힘든 것은 인간에게 풍속과 미덕이 있다는 점이다.

귀족에게는 언제나 무슨 요청이 들어온다. 귀족이 재능에 끌려서 뭔가를 주는 경우는 드물지만, 귀족이 아첨과 음모에 넘어가서 뭔가를 주는 경우는 매우 흔하다. "귀족은 끊임없이 베풀어야 하는데, 그렇지 않으면 귀족은 아무짝에도 쓸모가 없다"고 슈아지 부인이 몽팡시에에게 말하곤 했다.

어떤 귀족은 자신의 첫 번째 통찰을 확실하다고 생각한다. 그는 일단 그렇다고 말하고 나면, 자존심 때문에 물러서지 않고, 그에게는 살아가면서 보고 판단하는 두 가지 방식이 있다고 간주될까봐 두려워한다. 그를 섬기는 사기꾼 10명이 생기면, 그는 그들이 사기꾼이라는 사실을 나중에 알게 되어도 계속해서 그들의 후원자로 남게 되고, 고집을 의연한 고결성으로 여기며, 서민이 지식의 부족 때문에 끊임없이 속는 것처럼, 자신의 극단적인 자존심 때문에 속게 된다.

굶주린 사람은 욕구를 못 이겨 부득이 하소연을 늘어놓을 수밖에 없으므로 대담하게 소리친다. 어느 귀족은 야망 때문에 일반인의 자유를 위해 목소리를 높이고, 다른 곳에서는 법을 무시하면서도 신성한 법의 전당에서는 고함을 치며 말한다. 전자는 무엇을 바라는가? 빵 한 조각이다. 후자는 무엇을 바라는가? 높은 지위이다.

귀족도 서민처럼 빚을 갚지 않고 빈곤한 사람에게서 언제나 뭔가를 빌린다. 빈곤한 사람들은 오랫동안 갉아 먹히다가 마침내 결집하고는 이 오만한 차용자의 재산을 없애버리기에 이른다.

나는 귀족을 별로 만나지 못했지만 언뜻 보기는 했다. 내가 알기로 누구에게나 자존심이 있다. 귀족은 통상적으로 명망과 위세 때문에 자존심을 세운다. 귀족은 스스로 잘 알고 있듯이 위반해도 벌을 받지 않는다. 귀족은 이 특권을 기꺼이 행사한다. 귀족이 아닌 모든 이에 대한 경멸이 귀족에게는 일종의 의무이다. 남들의 타고난 재능과 미덕에 기분이 상하고 마음이 아픈 것은 귀족도 마찬가지이다. 질투 때문이 아니라 증오 때문에, 즉 재능과 미덕이라는 실질적인 영예의 자리를 끊임없이 재산과 지위에 관련짓기 때문에, 남들의 타고난 재능과 미덕은 조롱하고 싶게 된다. 바로 이 방패 아래 귀족은 가장 존엄한 도리를 회피한다. 귀족의 호의적인 태도는 일반적으로 함정이거나 더 정연한 논리를 갖춘 자존심, 즉 더 세련된 자존심일 뿐이다. 귀족의 친절은 틀림없이 배은망덕을 유발할 것이다. 귀족만의 재치 넘치는 언어, 예의바른 태도는 경험이 일천한 사람에게만 경외감을 불러일으킬 뿐이다. 귀족은 일반적으로 몹시 경박하고 매우 편협하며 머릿속에 유익한 지식이 들어 있지 않은 소인배라는 것을 누구라도 어렵지 않게 알아차릴 수 있다. 귀족은 조국에 봉사하기는커녕 고통을 주고, 궁정에서 음모를 꾸며서 해를 끼치고, 술책을 쓰며, 약속을 미끼로 약자를 속이는 것밖에는 할 줄 아는 것이 거의 없다.

“귀족 때문이 아니라 귀족의 곁에서 마주칠 수 있는 탄복할 만한 재사(才士) 때문에 때때로 귀족을 보러 갈 필요가 있다”[96]고 라브뤼예르는 말하곤 했다.

귀족은 언제나 자신의 호사를 과시하고 부풀리려 애쓰고, 결코 충분하다고 말하지 않으며, 자신의 일보다 더 명예롭고 더 유익한 일로 먹고사는 이를 모욕하고 싶어 한다고 확신하라. 어느 날 어떤 대신이 (재수 없게도 장자크 루소 앞에서) ‘돈을 위해 글을 쓰는’ 이에 관해 경멸하듯 말했다. “그러면 각하는 왜 숫자로 계산합니까?” 이것이 철학자의 겸허한 대답이었다.

사회는 양쪽 끝이 정말 유사하다. 친애하는 독자여, 여기에서 짤막한 우화시 한 편을 소개하고 싶다. 작가의 이름은 잊어버렸다.

사다리의 가로대

둘 이상의 사람이 있는 곳 어디에서나
싸우지 않고 살아가는 경우는 드물다.
튼튼한 사다리의 가로대들이 어느 날
서열과 출신에 관해
서로 논쟁을 벌였다.

가장 높은 가로대는 모든 가로대보다

96 『성격론』 중에서 ‘귀족’에 할애된 장의 언뜻 보아 매우 자유로운 인용인데, 거기에서 라브뤼예르는 다음과 같이 단언한다. “다른 사람에게 없는 귀족의 장점은 한 가지 측면에서 막대하다. 즉 귀족의 상냥한 얼굴, 값비싼 가구, 개, 말, 원숭이, 난쟁이, 광대, 아첨꾼은 부럽지 않지만, 감정과 정신의 면에서 귀족과 대등하고, 때로는 귀족을 능가하는 사람을 거느리는 행복은 귀족처럼 누리고 싶다.”(『성격론 또는 금세기의 풍속』, IX, 3)

자신이 가장 선호되리라고 주장했다.
이의 입증을 위해 그는 느끼하게 말했다.
"우리 사이에는 너무 먼 거리가 있어.
게다가 각자 자기 자리에 고정되었으니,
이성 자체에 의해 강요되는
이 아름다운 평등의 체계가
무너져 내리지는 않겠지?"
그들 중의 하나가 말하길,
"하지만 우리 모두 나무이고
우연히 자리했다고 생각하네."
"맞아, 하지만 일단 놓이면
누구나 높고 낮음을 받아들이지.
우연히 행한 것을 시간은 확고하게 만들어,
너희는 약간 늦게 왔단 말이야.
비루한 가로대들아, 침묵하는 법을 배워."
그때 한 철학자가 이 수긍하기 어려운 말에
속이 뒤집힌 나머지 사다리를 낚아채고는
위아래를 거꾸로 세워놓음으로써
서열을 변화시키고 싸움을 끝장냈다.

349 정상배

정상배는 얼굴도 둘이고 혀도 둘이다. 상류 계급에 속한 데다가 점잖기까지 한 인사가 자신의 아들에게 말했다. "경솔한 녀석 같으니." "내가 도대체 뭘 했다고 그러세요?" 아들이 아버지에게 물었다. "어제 네가 한 말을 돌이켜봐라." "뭐라고요, 아버지, 그건 지난주에 내가 아버지에게 한 말과 똑같은 것이에요. 아버지도 동의하신 것 같은데요." "아마 그랬을 게다." 아버지가 말을 이었다. "그때는 우리 둘뿐이었지, 게다가 네가 내게 말한 사람은 유력인사가 아니라 더라."

350 문인을 위한 변호

문인에게는 특히 심한 비방이 쏟아져 왔다. 문인은 폐습의 반대자 겸 공적 자유의 옹호자임이 드러난 만큼이나, 제국의 교란자로 묘사되어 왔다. 유익한 사상치고 문인 덕분이 아닌 것은 없다! 문인은 오류와 무가치한 편견에서 국가의 행정관을 끌어내지 않은 적이 없다! 문인이 인류애와 인권과 시민권 말고 무엇을 가르치겠는가? 사회에 중요한 어떤 문제를 문인은 검토하고 토론하고 응시하지 않았던가? 전제군주제가 개화(開化)되었다면, 군주가 국민의 목소리를 두려워하고 이 최고재판소를 존중하기 시작했다면, 이 미지의 새로운 견제가 생겨났다면, 이는 바로 작가의 펜 덕분이다. 대신이나 국왕의 어떤 부정이 오늘날 무사히 받아들여질 수 있겠는가? 그리고 국왕의 영광은 철학자의 승인을 기다리지 않는가! 철학자는 명성도 위력도 없지만, 보편 이성의 외침을 북돋운다. 가까이에서 보면 문인은 조국의 불운과 인류의 역경에 관해 한탄하는 보기 드문 시민이지만, 대개의 경우 헛되거나 적어도 효과가 너무 느리고 너무 미미해서 성급한 사람은 때때로 효과를 의문시하고 싶어진다.

문인은 시기심, 악의, 무지의 무리에게 공격을 받을지라도 결코 필치를 누그러뜨리지 않고, 만약 그런 자가 있다면 경멸해 마지 않는다. 왜냐하면 보편적 명성은 그 무엇으로도 상쇄되지 않기 때문이다. 문인은 탁월한 이성을 발휘하여, 이미 태어났고 앞으로 태어날 다정다감한 이들의 동의를 끌어내고, 공공선(公共善)을 위한 기획의 개선에 자신의 활동에 대한 보상을 투자한다.

우리의 지식을 확대하고 국가의 도덕규범과 개인이 시민으로서 갖추어야 할 미덕을 확립하는 이를 존경하는 것이 과연 지나친 일일까? 미덕을 생생하게 표현하는 시, 희곡, 저작물의 독자는 행동하는 고결한 작중인물에게 관심을 기울이고 그를 부지불식간에 본받는다. 작가는 도덕에 관해 말하지 않으면서도 도덕을 납득시켜 왔다. 흔히 무미건조하고 따분한 논의 속으로 작가는 결코 빠져들지 않았다. 비밀의 작업 기법에 의해 작가는 영혼의 몇몇 품성을 비유적으로 우리에게 제시함으로써 우리로 하여금 그것들을 받아들이게 한다. 작가는 우리로 하여금 너그러운 행동을 좋아하도록 만든다. 잔소리에 저항하고 독단적인 권고에 분개하는 사람이 완강한 개인의 이익에 밀려나지 않도록 인간을 가르치는 데 감성을 유리하게 활용하는 소박하고 순수한 필치가 중요시된다. 작가는 즐거움을 줌으로써 자기 목소리에 귀를 기울이게 하고, 그래서 아무리 준엄한 도덕규범이라도 작가의 목적이 분명하게 드러나지 않는 가운데 자연스럽게 확립된다. '영혼을 부드럽게 하고.'

"타락한 시대에 태어나는 것은 좋은 일이다. 왜냐하면 비교에 의해 고결하다는 평판을 싼값으로 얻을 수 있기 때문이다"라고 몽테뉴는 말했다. 이 점에서는 몽테뉴가 틀렸다. 타락한 시대에는 누구나 미덕의 가치를 믿지 않고 자신의 미덕을 향유하지 못한다. 아무리 용감한 행동도 저열하고 비굴한 동기가 있다고 의심받고, 인간이 명예를 강탈당하며, 인간의 헌신에 아무도 감사하지 않는다. 타락 속에서는 모든 인간이 동일한 색깔로 보인다. 교활한 사람과 불행한 사람만이 두드러지게 눈에 띈다.

351 문학 논쟁

문인을 깎아내리고 싶을 때면 으레 문인들의 격렬하고 때로는 추잡한 논쟁에 관해 말하기 일쑤이다. 문인은 토론할 때 자신의 진정한 관심사에 관해 별로 식견을 갖추고 있지 않는 듯하고, 위험한 무기를 자신의 적 쪽으로 향하게 해야 할 터인데도 오히려 같은 편을 대상으로 날을 세우는 것이 사실이다.

지금이야말로 문인이 이 점을 생각해야 할 때일지 모른다. 그러면 문인의 적은 분명히 약해질 것이다. 문인들 사이에 불화가 없다면, 문학의 반대자를 숨죽이게 할 장중한 영향력을 문학이 갖게 될지 모른다. 문인이 감성에 휘둘려 유치한 아우성을 내지를 때보다는 오히려 사소한 공격에 무관심한 모습을 내보일 때, 진정한 영광이 문인에게 돌아갈지 모른다. 가장 약한 사람은 언제나 가장 오만한 사람이기 때문에 자존심에 조그마한 상처를 입어도 커다란 소란을 피우지만, 유명한 문인은 한 번 복수하고 나서 다시는 생각하지 않거나 훨씬 더 현명하게는 모욕을 영원히 무시해 버리거나 한다. 타키투스가 말했듯이, "모욕은 무시되자마자 사라진다."

요컨대, 잘 알려져 있는 모든 집단, 가령 변호사, 의사, 화가 등에 대해 비난할 수 있듯이 문인에 대해 비난할 수 있을 뿐이다. 흔히 아주 보잘것없는 이익 때문에 가장 현명한 유명인사들이 서로 과도하게 소송을 제기하고 가장 심하게 모욕을 퍼붓는 반면, 문학에서는 우리의 반대자가 조롱의 날을 세워 우리의 노력과 공부를 수포로 돌리고자 한다. 그런데도 우리에게는 극도의 절제가 요구되다니! 우리 자신의 가장 예민한 부분이 공격받는데도, 냉정하고 정중하고 신중한 싸움의 광경이 기대되다니! 자, 대화에서의 논쟁에 대해 자세히 살펴보라. 별것 아닌 대상이 다른 방식으로 감지되어 문제될 뿐이다. 이 무슨 파격적인 견해인가! 양측의 열기가 굉장하군! 서로 비꼬고 빈정거리는 것 좀 봐! 그리고 누군가가 우연히 우리의 작품을 경멸의 어조로 비난할 때, 잘못 읽었다고, 서투르게 계획했다고, 잘 쓰지 못했다고 누군가가 우리를 책잡을 때, 아무리 가벼운 논의에서도 모든 사람이 냉정을 잃어버리는데 우리는 유지해야 한다니! 이는 일반적으로 다른 사람보다 더 높은 단계의 감성을 지니고 있다고 너무 많은 것을 요구하는 것이 아닐까?

그런데 독자는 문인들의 논쟁을 비난하면서 위선적으로 처신하고, 그럼으로써 이득을 보고 우스꽝스러운 싸움의 구경꾼이 되어 매우 즐거워한다. 대체로 약삭빠르고 무정한 독자는 풍자를 몹시 갈망하는 성향이 있다. 즉 싸움꾼들이 서로 주고받기 마련인 온갖 빈정거림에 어떻게든 귀를 기울이려고 한다. 독자는 가장 거친 논객에게, 가장 재빠르고 가장 신랄한 독설을 가장 능란하고 격렬하게 쏘아대는 논객에게 승리의 영광을 부여하지 않는가? "라아르프가 클레망을 세게 물어뜯었다"[97]거나 "클레망이 라아르프를 몹시 헐뜯었다"고들 말하지 않는가? 가하고 되갚는 물어뜯기는 재미난 구경거리가 아니었는가? 각자가 입은 상처의 깊이까지도 비교하려고 하지들 않는가? 양측이 거의 동등한 힘을 갖고 있어서 동일한 월계관을 쓸 만하고 볼거리를 갱신하여 관객에게 만족감을 줄 수 있도록 계속해서 날마다 보도할 만하다고들 생각하지 않는가?

97 클레망은 너무 성급하게 반(反)철학자로 규정된 스위스 문학 비평가로, 메르시에는 그를 높이 평가하고 자주 언급한다.

대화에서도 체면을 차리는 조심스러운 어조이지만, 작가에 대한 비난이 이어진다. 모두들 응접실에 있는 풍자 신문을 펼쳐든 사람 주위로 모여든다. 기대하는 풍자시가 개재되어 있으리라고 추정되는 부분을 재빨리 찾는다. 풍자시가 신랄하지 않으면, 즉 신문기자가 평소의 원한을 잊고서 그날따라 무력했다면, "이번 호에는 흥미진진한 것이 하나도 없다"고 어깨를 들썩이며 말한다. 실컷 심술궂게 굴다가 변함없이 화합을 강조할 생각으로 모임에 참석한 독자는 자신의 악의가 충족될 수 있는 방법을 찾아내지 못하면 경멸의 몸짓으로 신문을 내던지면서, "계속 이런 식이면 더 이상 구독하지 않을 거야"라고 말한다.

"장물아비가 없다면 도둑도 없으리라"는 속담을 대다수의 독자에게 말해야 할까? 재주 있는 유명한 사람을 깎아내리는 것이 독자 일반의 호응을 받지 못한다면, 작가들은 서로 싸움을 벌이지 않고 살아갈 것이다. 그러므로 독자는 구독료를 냄으로써 신문기자들을 존속시키고 작가들을 서로 헐뜯도록 부추기는 만큼, 작가들이 빠져드는 극단주의에 대해 책임이 있다. 몇 년 전부터 작가들은 이러한 모욕의 기대에 지나치리만큼 부응하고 있다. 예의범절이 이렇게까지 경시된 적은 일찍이 없었다. 비평은 매우 가혹하고 몹시 현학적인 것이 된 나머지 본래의 목적을 그르쳤다.

저마다 거만한 말투를 취하는 시시한 작가들 사이에서 시기심과 당파심 때문에 벌어지는 하찮고 무익한 논쟁은 수치스러운 만큼 우스꽝스럽다. 대개의 경우 각운, 시구 중간의 휴지, 부적당한 단어가 문제되기 때문이다. 원인이 사소할수록 증오심은 더 냉혹해진다. 논쟁의 대상이 별로 중요하지 않다는 사실은 공격하는 자와 대응하는 자를 어김없이 조롱거리로 전락시키는데, 이럴 경우 양자는 모든 것이 뒤집어진 듯이 흥분을 주체하지 못한다.

과연, 재판관과 소송인들이여, 모든 것이 미쳐 날뛰는 것 같군요.[98]

그러나 이 점에 관해서는 시인에게 훈계해봐야 소용이 없다. 시인은 한 시행의 다소간 우아한 표현에 관해, 라신의 한 비극 작품에서 찾아볼 수 있는 탁월성에 관해, '안목'에 관해, 자신이 끊임없이 인용하지만, 대개의 경우 조금도 이해하지 못하는 말에 관해 요란하게 논쟁을 벌이면서 성마르게 되고 지나치게 까다로워진다. 나는 이런 하찮은 것에 관한 정말로 믿기지 않는 논쟁을 목격했는데, 만일 내가 당사자들의 대화를 그대로 옮겨놓는다면, 그리고 이것을 분별 있는 이가 읽어본다면 내가 그 우스꽝스러운 장면을 날조했다고 비난할 것이다. 그들은 바로 그 괴상한 난투극에서 빠져나와서는, 그토록 말이 많으면서도 생각은 별로 없이 신문에 글을 기고한다.

독자는 다른 많은 사건에도 관심을 두는 만큼, 문학 분야를 얼핏 볼 뿐이고, 대상을 온전히 알아보지 못한다. 이러한 독자의 무능을 틈타서 거칠고 무례한 언사가 난무한다. 독자는 게을러서 정확하고 근거 있는 판단을 지닐 수 없기 때문에, 판정을 내리고 위협적이나 사소한 판결을 정기적으로 제공하는 어떤 사람을 (설령 그에게 속아 넘어가게 되어 있을지언정) 원한다. 실제로 동시대인으로부터 듣게 되는 찬사보다 더 한심한 것이 있을까? 파리에서 어떤 것을 칭찬해야 한다면, 이는 오로지 내통, 광기, 당파심 때문일 뿐인데, 엘베시위스가 말했듯이 '신에게서 오지' 않은 것은 모두 '가증스러워'진다. 몇몇 파벌에서는 불평가와 동시에 광신자가 되어야 하고, 사람과 책을 잘 판단할 줄 알기 위해서는 이 양극단으로 재빨리 치달아야 한다.

98 라신, 『소송인들』, 2막, 2장, v. 298.

파리 같이 큰 도시는 불안과 영속적인 동요를 키울지라도 시시한 풍자를 날마다 필요로 한다고들 주장하는데, "적절한 모욕은 적절한 추론보다 언제나 더 잘 받아들여지고 더 오래 기억된다"고 처음으로 말한 사람은 옳았다. 바로 여기에 '신문 특유의 문체'에 관한 이론이 몇 마디로 간추려져 있다.

좋은 책이 나올 때, 양식 있는 사람은 자세히 읽고 깊이 생각한 다음에야 판단하는 반면에, 어리석은 사람은 우선 목청부터 높이고 오랫동안 소란을 피우며 종이에 서투른 글을 쓴다. 『법의 정신』, 『에밀』 등의 출간이 어떻게 받아들여졌는지 알아보라.

이 민망한 싸움에 결코 관심을 두지 않는 문인은 행복하나니! 자신의 자존심을 세심하게 돌볼 때 이 한심한 싸움을 피할 수 있다. 왜냐하면 싸움은 언제나 자신의 생각을 너무 뽐내는 성향에서 야기되기 때문이다. 대개의 경우 저마다 자신의 길을 밝히기 위해서라기보다는, 오히려 남을 모욕하기 위해서나 내밀한 기분을 달래기 위해 반대한다. 앙심은 곧바로 심지어는 우리가 모르는 사이에 펜을 통해 흘러나오기 시작하고, 불운하게도 몇 차례 타격을 가한 사람은 타격을 받는 사람의 적이 된다. 공격자는 상처를 입은 사람보다 더 용서할 줄 모르는 법이다.

352 문예

문예의 옥좌는 파리에 있다. 파리는 문예를 갈고닦는 사람들로 넘쳐난다. 프랑스에서는 진정한 정치에 관한 연구가 거의 금지되어 자유롭게 표출될 어떤 출구도 없고, 자연사나 화학에 속하는 다른 지식을 쌓는 데에는 많은 여가와 재산이 요구된다. 이러한 상황에서 문예의 연마가 시류에 어울리는 것으로 받아들여진 것이다. 가난한 사람도 부유한 사람처럼 유쾌한 문예의 매력에 몰두할 수 있다. 바로 이것이 문예의 이점이다. 게다가 문예는 상상력과 관계가 있는 모든 것을 포괄하는데, 이 영역은 드넓고, 이 영역을 여행하는 데에는 비용이 별로 들지 않는다. 다정다감한 영혼, 예민한 정신은 또한 시인, 소설가, 역사가의 책을 읽는 데에서 만족을 얻을 수 있다. 이는 문예 분야에 애호가가 변함없이 많은 이유인데, 상당히 무미건조한 데다 예비지식을 요구하고, 이와 같은 즐거움을 완전히 제공하지는 않는 정밀과학에는 절대 애호가가 모여들지 않는다. 문예는 권태, 고독, 불운을 잠시 잊게 하고, 모든 연령층에 즐거움을 주며, 언제든지 접근 가능하다. 그래서 키케로는 정치가였지만 문예를 예찬했는데, 그의 예찬은 어느 시대에나 일반적으로 수긍할 만한 것이었다는 점에서 새로움의 매력을 변함없이 발산한다.

발견, 유익한 창의력, 수공예, 가장 바람직한 정치체제가 문예의 연마에 달려 있다고 누가 대뜸 생각하겠는가? 문예는 언제나 심오한 과학보다 선행했고, 심오한 과학의 표면을 장식했으며, 바로 이 기발한 수단에 의해 국가는 심오한 과학을 입양하여 소중히 키워나갔다.

모든 것이 상상력 및 감정과 관계가 있고, 심지어는 상상력과 감정에서 가장 멀리 떨어져 있어 보이는 것도 그렇다. 굳건한 예술과 대담한 창의력이 미개한 고장에 곧바로 자리 잡는 데에는 때때로 문예의 여명이 거기에서 보이기 시작하는 것으로 충분하다.

이러한 연관은 사실상 모든 국가에서 발견되는데, 인간이 느끼기 시작하고 느끼자마자 곧바로 자신의 감각을 검토한다는 점을 제외하고는 이 연관의 참된 이유가 분명하게 입증되어 있지 않다. 정신세계도 물질세계와 유사할 것인데, 물질세계에서는 꽃이 언제나 열매에 앞서 핀다. 바로 여기에서 우아한 매력에 대한 거친 반대자가 찬란한 문학의 섬세한 신봉자와 화해할 여지를 엿볼 수 있다.

그러므로 적절한 규범은 바로 이 첫 번째 자극에 달려 있다. 모든 것은 반드시 말로 시작해서 생각에 이르기 마련인 듯하다. 무릇 제도는 유쾌한 것과 아름다운 것의 흔적을 지녔다고 지적할 수 있다. 이는 자연의 변함없는 흐름일까? 따라서 인간의 유년기는 우아하고 아름다우며, 중년은 유익하다. 그렇기 때문에 모든 예술은 우선 찬란한 겉모습을 띠고 나타나고, 근거를 갖추기 훨씬 이전에 인간의 감성에 호소한다.

그런데 누구라도 인간 정신의 흐름을 관찰할 줄 아는 사람은 온갖 종류의 글쓰기가 서서히 정치 도덕에 적용된다는 것을 알아차린다. 정치 도덕은 인간과 국가의 중요한 관심사이다. 작가는 이 유익한 목적을 지향한다. 도덕은 불길하지도 거북하지도 음침하지도 않으며, 누구나 가르치면서도 관심을 끌고 즐겁게 하며 마음에 들게 할 수 있다. 참으로 확고한 정신, 힘찬 영혼은 상상력의 물감으로 과학을 아름답게 꾸밈으로써 과학을 널리 퍼져나갈 수 있게 하는 것에 대해 결코 경멸하지 않는다. 희곡은 설령 희극 오페라일지라도 약간 덜 시시해질 수도 있고 훨씬 더 흥미진진해 보일 수도 있다. 몽테뉴가 말했듯이, "가능한 한 가장 아름다운 미덕을 그리는 것은 유덕한 사람들의 역할이다."[99]

어떤 사람이 정치서나 도덕책을 썼을 때, 그에게는 다음과 같은 의례적인 후렴이 반복적으로 들려오게 된다. "무익한 작업이로군! 헛수고지! 풍속은 결코 변하지 않아. 폐습은 앞으로도 여전할 거야. 일단 확립된 폐습의 자극은 어떤 것에 의해서도 사라질 수 없으며, 앞으로도 인간은 현재의 모습 그대로일 것이고, 국가의 우두머리 역시 과거의 모습 그대로일 거야." 이런 주장은 말하기는 쉽지만 분명히 경험과 어긋난다.

겨우 30년 전에야 우리의 사상에서 크고 중요한 혁신이 일어났다. 오늘날 유럽에서 여론은 아무도 거역할 수 없는 강력한 힘을 지니고 있다. 따라서 지식에 힘입어 반드시 야기될 변화와 지식의 진보를 생각하면, 지식이 이 세계에 커다란 이익을 가져다 주리라고, 또한 길게 울려 퍼져서 유럽을 가득 채우고 일깨우는 이 커다란 함성 앞에서 온갖 유형의 폭군이 두려움에 몸을 떨리라고 충분히 기대할 수 있다.

30년 전부터 건전한 사상이 프랑스의 모든 지방으로 급속히 퍼지고 사법계에 훌륭한 기품이 형성된 것은 문예와 작가 덕분이다. 오늘날 식견을 갖춘 모든 시민은 거의 동일한 방향으로 움직인다. 새로운 사상이 쉽게 퍼졌고, 교양과 관련된 모든 것이 단호하게 채택된다. 요컨대, 우리의 행복한 이웃나라들 가운데 몇 군데에서 향유되는 것과 똑같은 이점이 우리에게도 사방으로 확산되는 관찰 정신에 힘입어 생겨나고 있다.

99 몽테뉴, 『수상록』, 1권, 37장, 「젊은 카토에 관하여」.

작가는 더 건전하고 더 온화한 사상을 우리에게 제시함으로써, 사회를 형성하고 더욱 아름답게 하는 까다롭지 않으며 여유로운 미덕을 우리에게 고취함으로써 진정한 보물을 퍼뜨려 왔다. 도덕의 영역에서 '확장자'는 인간을 결코 인식하지 못하고, 인간의 정념을 평온하고 온화하게 하기는커녕 격화시켜 온 것 같다. 그러니까 문예의 분야에서 몇 년 전부터 이어지고 있는 경향은 인류에게 유익하게 될 것인데, 문예의 이로운 영향을 믿지 않는 이는 맹목적이거나 위선적이거나 한 사람이다.

오늘날 작가는 자신의 권력을 공표하고 정신에 대한 자신의 합당한 권위를 숨기지 않아도 되기 때문에, 그만큼 더 작가의 영향은 크다고 하겠다. 작가는 공공의 이익과 인간에 대한 실질적인 인식을 토대로 확고한 지위에 올라 국민의 의사를 이끌 것이고, 개개의 의지는 작가의 수중에 맡겨져 있다. 도덕은 올바른 정신의 소유자를 끌어들이는 주요한 연구 분야가 되었고, 이제부터 문예의 영광은 누구라도 민족의 이익을 옹호할 이에게로 돌아가게 되어 있는 듯하다. 이 엄숙한 임무에 대한 확신으로 가득한 작가는 기록보관의 중요성에 열렬히 호응할 것인데, 진실은 이미 사방에서 솟구치고 있다. 이 일반적인 경향으로 말미암아 다행한 혁신이 이루어지리라고 추정된다.

353 3명의 왕

최근에 북부의 군주들이 파리를 방문했다. 덴마크 왕[100]에게는 성대한 연회가 베풀어졌고, 스웨덴 왕[101]은 도착할 때에는 왕자였으나 이 도시에 머무른 동안 본국의 격변을 적절히 수습한 결과 돌아갈 때에는 군주가 되었으며, 황제[102]는 자유롭게 돌아다니기 위해 투르농 길의 '가구 딸린 대저택'을 거처로 정했고 수도를 세세한 구석까지 살펴보았다. 황제는 1781년에 다시 파리를 방문했지만, 이번에는 지나는 길에 들렀을 뿐이다.

나는 그들 셋 모두를 매우 주의 깊게 관찰했고, 그들의 용모를 절대 잊지 않을 것이다. 왜냐하면 그들은 금세기의 역사에서 한 자리를 차지하게 되기 때문이다.

나는 60만 명의 다른 사람과 함께 파리에서 프로이센 왕[103]을 보

100 Christian VII(1749~1808): 박식하고 문예를 사랑하며 유럽의 궁정보다는 오히려 아카데미를 방문하고 싶어 하고 케임브리지 대학에서 받은 법학박사학위를 자랑스러워했던 계몽군주의 전형적인 인물로, 1766년 왕위에 올라 1767~1769년 독일, 홀란드, 영국, 프랑스를 두루 돌아다녔는데, 프랑스에는 1767년에 체류했다.

101 Gustave III(1746~1792): 1770년 프랑스에서 '하가 백작'이라는 이름으로 비밀리에 여행했는데, 당시의 위인을 만나보고 백과전서파와 친해지고자 했다. 1771년 파리에 있을 때 자신의 아버지 아돌프의 부음을 들었다. 스웨덴에 없을 때 국왕으로의 즉위가 선포되었고, 1772년 귀국하여 왕위에 올랐다.

102 Josephe II(1741~1790): 마리앙투아네트의 오빠로, 1765년 신성로마제국의 황제가 되었다. 그의 어머니 마리아 테레지아스 때문에 실질적인 통치가 가로막혀 더욱 여행을 좋아하게 되었다.

103 Friedrich II(1712~1786): 프랑스인 스승에 의해 교육받은 까닭에 언제나 프랑스 문화에 심취했고, 위대한 작가들을 린스베르크로 초빙하는 데 집착했다. 그가 스트라

고 싶어 했다. 그렇지만 그는 1763년의 평화조약 이후에 그야말로 '비밀리에' 파리에 왔다고들 한다. 베를린에 8년 동안 체류한 어느 부인이 내게 튈르리 궁에서 이 유럽의 영웅을 몹시 닮은 인물과 마주치고는 매우 놀랐다고 했다. 그녀가 놀란 눈으로 바라본 사람 자신도 그녀의 출현에 크게 당황하여 고개를 돌리고는 멀어졌다는 것이다. 예전에 문학 논쟁의 현장이었고 그의 전투, 승리, 글, 협상, 위대하고 희귀한 자질이 수도 없이 거론된 '프로코프의 동굴'[104]이라는 카페에 프리드리히가 들렀다고 혹자는 주장한다.

황제는 예술가, 장인, 제조소를 방문했으나, 어떤 문인도 따로 만나지는 않았다. 이는 아마 문인의 경우에는 글을 읽어보면 그에 관해 온전히 알 수 있기 때문이었을 것이다. 그는 아카데미 프랑세즈의 한 회합에 참관하여 사무국장에게 "왜 디드로와 레날 신부는 아카데미 회원이 아닌가?" 하고 물었다. "오늘 그들은 출석하지 않았습니다" 하고 사무국장이 대꾸했다. 매우 현명하고 재치 있는 대답이었다.

나는 모리스, 퐁트넬, 몽테스키외, 프레보 신부, 마리보, 볼테르, 장자크 루소, 라콩다민, 뷔퐁, 엘베시위스, 레날 신부, 콩디야크, 디드로, 달랑베르, 토마, 세르방, 마르몽텔, 르투르뇌르, 마블리, 콩도르세, 랭게, 레티프 드 라브루톤, 튀르고, 미라보, 네케르, 라모, 반 로, 글루크, 베르네, 알그랭, 루엘, 보캉송, 자케 드로즈, 세르반도니, 클레로, 팔코네, 프랭클린, 로드니, 흄, 스턴, 골도니, 할러, 보네 등을 만나보았다. 내 생각에 이들은 제법 뛰어난 세대를 이루고 있다. 슬프게도 나는 프리드리히를 만나지 못했다. 나는 동시대인들 중에서

스부르에 온 것은 확인되지만, 파리 여행의 소문은 확증하기 어렵다.

104 1689년 아르메니아인 프로코프가 포세생제르맹 길(앙시엔코메디 길)에 카페를 개점했다.

위업을 이룩한 사람의 이목구비에서 탁월하고 숭고한 재능의 어떤 표지를 읽어내고자 그들을 그토록 주시하고 싶었는데, 위대한 군주 에카테리나 역시 만난 적이 없다.

나는 유명한 쿡 선장의 죽음을 알았을 때, 그를 잃은 것에 대해 매우 깊은 유감의 뜻을 표하고 나서도, 이 대담한 항해자의 얼굴을 바라보지 못한 것이 여전히 마음에 걸렸다.

샤를마뉴, 구스타브, 크롬웰, 미켈란젤로, 기즈 공작, 교황 식스토스 5세, 엘리자베스 1세, 베이컨, 칼뱅, 갈릴레이, 뉴턴, 셰익스피어, 리슐리외, 튀렌, 슬라브계 군주, 채텀 경 등의 존엄한 망령을 내 앞에 갑자기 불러낼 마법사가 실재한다면, 그에게 무슨 대가를 지불하게 되더라도 그렇게 해달라고 부탁하겠다!

설령 내가 작게 느껴질지언정, 이 모든 위인을 골똘히 생각하고 그들을 기꺼이 찬미하는 것이 내게는 얼마나 즐거운 일인지 모른다! 강하고 위대한 영혼들이여, 그대들은 얼마나 높은 존엄성을 인간에게 부여하는가!

354 지방에 대한 수도의 영향

지방에 대한 수도의 정치적 영향력은 너무 막대해서 상세하게 설명할 수 없다. 여기에서 나는 그토록 많은 젊은이들을 유혹하고 그들에게 파리를 자유와 쾌락 그리고 가장 세련된 즐거움의 성역으로 보이게 하는 매력에 비추어서만 이 영향력을 검토하고자 한다.

젊은이가 자신의 고장에 있을 때 잘못을 깨닫게 되길! 예전에는 수도와 지방 사이의 도로가 나 있지 않았고, 도로가 나 있어도 통행인이 많지 않았다. 또 각 도시의 자녀 세대가 출생지의 성벽 밖으로 벗어나지 않았고, 그 안에서 자라나 늙은 부모를 부양했다. 오늘날 젊은이는 유산의 일부분을 처분하여 가족이 볼 수 없는 먼 곳에서 소비하고 방종의 장소에서 한순간 반짝이기 위해 탕진한다.

젊은 아가씨는 오빠처럼 하지 못해서 한숨짓고 울먹인다. 그녀는 자신이 여자라는 것을 한탄하고 자연을 비난한다. 그녀는 아버지의 집에서 답답해 한다. 그녀는 수도에서의 향락과 궁정의 광채를 마음속으로 그려보고 밤새 몽상한다. 그녀는 오페라 극장을 보고 성벽 위에서 걷고 멋진 마차로 나들이간다. 누구나 그녀에게 탄복하고, 모든 시선이 그녀에게 쏠린다.

거기에서는 모든 여자가 끊임없이 숭배되고, 아름답기만 하면 예찬되며, 여자의 마음에 들고자 최선을 다하는 무리 중에서 마음대로 상대를 고를 수 있고, 남편이 남성의 지배에 관해 말하고 싶어 하자마자 우스꽝스러운 자로 취급받는다는 말이 그녀의 귀에 박혀 있다. 그녀는 이 자유롭고 달콤한 생활을 단정함이 강조되는 가정의 질서

속에서 그녀가 영위하고 있는 생활과 비교하는데, 그녀의 상상력은 너무 강렬하여 여간해서는 그치지 않는다. 이제 그녀는 자신의 성실한 애인을 단지 존경하기만 한다.

어머니도 역시 이 기만적인 환상에 젖어 딸을 키운다. 어머니가 먼저 이 도시의 소식을 어떻게든 알고자 하고, "이건 파리에서 온 물건이야! 그건 궁정에서 일어난 일이야!"라며 탄성을 내지른다. 재치도 호사도 느낄 수 없는 주변의 것은 이제 눈에 차지 않는다.

이런 이야기를 듣는 청소년은 언젠가는 반드시 참담한 환멸을 안겨줄 것을 과장되게 상상하며, 모든 젊은이를 타락으로 떨어뜨릴 이 막연한 질환에 곧바로 감염된다. 재산의 일부만을 상실하고 남아 있는 생애 동안 현명하게 사는 법을 배우는 이는 아직 행복하도다! 절대 빈곤층과 특출한 천재는 이 수도를 방문해도 상관없을지 모른다. 다행히도 재능의 측면에서나 재산의 측면에서나 평범하게 살아가는 이는 거기에서 모든 것을 잃게 될 소지가 충분하다.

수도를 방문하고 나서 고향으로 돌아오는 사람은 수도의 '관습'에 의거하지 않는 모든 것을 경멸할 권리가 자신에게 있다고 생각한다. 그는 다른 사람도 자기 자신도 속인다. 그는 자신이 품은 소신을 어쩔 수 없이 수정해야 할까? 그는 마음속으로 납득하여 따르는 것도 아니면서 계속 경탄한다. 그는 파리 이야기를 부풀리는데, 이는 민중의 축제에 대한 묘사와 상당히 유사하다. 직접 본 이보다 읽는 이가 사실을 더 미화하는 법이다.

355 파리는 어떻게 될 것인가?

테베, 티르, 페르세폴리스, 카르타고, 팔미라는 이제 존재하지 않는다. 이 도시들은 지구 위에 당당하게 세워졌고, 크기나 잠재력, 견고성에 비추어 거의 영원히 지속할 것 같았으나, 본래 자리했던 장소의 흔적조차 확실하게 남아 있지 않다.

옛날에는 번성하고 주민으로 넘쳐나던 다른 도시도 오늘날에는 끔찍한 사막에 흩어져 있는 몇몇 기둥, 부서진 몇몇 기념물, 웅장한 과거 모습의 쓸쓸한 잔해만을 보여줄 뿐이다. 슬프다! 현대의 대도시도 언젠가는 동일한 격변에 직면할 것이다.

돌을 깔아 장중하고 유용하게 조성한 강둑길로 양안이 에워싸이고 막대한 쓰레기가 산더미처럼 쌓이는 강은 범람하여 악취를 풍기는 질퍽한 늪을 형성하고, 건축 폐기물은 질서정연하게 나 있는 길을 막으며, 수많은 인파가 분주히 움직이는 광장에서는 넘어지고 반쯤 파묻힌 기둥 주위로 부패의 산물인 유독한 동물이 기어다닐 것이다.

웅장한 도시를 파괴하게 되는 것은 전쟁일까, 페스트일까, 기근일까, 지진일까, 홍수일까, 대화재일까, 정치적 격변일까? 아니면 오히려 여러 원인이 결합하여 광범위한 파괴가 진행될 것인가? 오랜 세월의 느리고 무시무시한 손 때문에 파괴는 불가피한데, 이 손은 가장 굳건한 제국을 서서히 약화시키고, 도시와 왕국을 사라지게 하며, 옛 민족의 빛바랜 먼지 위로 새로운 민족을 불러들인다.

파리는 경도 20도와 북위 48도 50분 10초에 위치하고 있다는 것

(모든 이가 알고 있는 것)에 언제까지나 무조건 유의하자.

내 책이여, 피하라, 불길 또는 미개인을 피하라, 파리가 어떠했는지 미래의 세대에게 말하라! 내가 시민으로서의 의무를 다했으며, 질병으로 인한 소요와, 이윽고 죽음으로 인한 격동을 도시에 초래하는 은밀한 독에 대해 내가 침묵하지 않았다고 말하라! 갈수록 적은 사람의 손아귀에 집중되는 가증스러운 풍요로 인해 운명의 평등이 훨씬 더 끔찍한 불균형 상태에 놓이게 될 때, 이 커다란 조직체는 더 이상 유지될 수 없을 것이고, 다시 말해서 저절로 약해지고 무너질 것이다.

이 조직체는 무너질 것이다! 신이여! 아! 흙이 이 조직체의 잔해를 서서히 덮게 될 때, 내가 글을 쓰고 있는 높은 장소에서 밀이 자라게 될 때, 왕국과 수도에 대한 혼란스러운 기억밖에는 아무것도 남아 있지 않게 될 때, 루이 15세 기마상의 머리는 땅을 가는 경작자의 농기구에 우연히 부딪히게 될 것이고, 고고학자는 이곳으로 몰려들어 우리가 오늘날 팔미라의 유적에서 그렇게 하듯이 끝없는 추론을 펼칠 것이다.

미래의 세대가 호기심에 이끌려 이 사망하고 매장된 대도시의 잔해를 발굴하게 된다면, 어떤 경악과 충격에 휩싸이게 될까? 미래의 세대는 거대한 골조를 보고 공포에 사로잡혀 연구에 연구를 거듭할 것이다. 우리의 자손은 우리의 대리석상, 청동상, 메달, 명문을 발견하고는 우리가 어떠했는지에 관해 설왕설래할 것이며, 만일 내 책이 파괴 후에도 잔존한다면 아마 내 책에 들어 있는 진실을 환상소설로 간주할 것이다. 그만큼 미래 세대의 풍속과 사상은 우리의 것과 다를 것이다! 오, 이제는 존재하지 않는 아시아의 고대 도시들이여! 사라진 제국들이여! 이름이 우리에게 알려져 있지도 않는 세대들이여! 유명한 남상주들이여! 지표면이 끊임없이 변하는 이 지구에서 살았던 민족들이여! 그대들의 예술이 무엇이었는지 말하라! 모든 것은 소멸하기 마련일까? 화재, 전제정치, 전 세계의 혼란, 야만은 천재의 유익한 사상이 새겨져 있는 가벼운 종이까지 파괴하는 만큼, 인간이 인쇄술의 귀중한 발견으로 불멸하게 한다고 생각한 축적된 연구도 결국 사라지게 될까?

우리의 안목은 기껏해야 4천 년의 역사까지만 꿰뚫어볼 수 있다. 아직도 우리는 이 세계에서 구름으로 둘러싸여 있고 시각이 미치지 않는 꼭대기만을 얼핏 볼 뿐이다. 모든 사실이 서로 거리가 멀고 멀리 떨어져 있지만 매우 가까운 듯이 서로 닿아 있고, 이 오랜 세월의 간격 속에서 굉장히 많은 사건이 우리로부터 벗어난다. 우리의 경우에도 사정은 마찬가지일 것인데, 미래에는 가장 중요한 사실은 쓸려가 버리고 오랜 세월의 추억이나 이름만 남을 것이다. 오, 시간이여! 개인, 도시, 왕국, 모든 것은 '여기 잠들다'로 끝난다.

거의 1,700년 전에 베수비오 화산의 분출에 의해 파괴되었으나, 오늘날 발굴된 헤라쿨라네움과 폼페이에서 우리는 이 두 도시의 회화, 조각, 공예, 살림도구를 볼 수 있고, 고대 예술가의 풍부한 상상력과 숙련된 솜씨를 엿볼 수 있다. 용암, 화산재, 속돌 덕분으로 기념물이 잘 보존되어 이번에는 우리 도시의 미래 모습을 우리에게 미리 보여주지만, 우리는 예상치 못한 자연의 재해, 자연력의 발작, 이보다 훨씬 더 끔찍한 정복자의 광란을 두려워하지 않을 수 있을까? 파국에 관해 깊이 생각할 수 있을까? 우리는 2천 년 후 호기심에 이끌려 자세히 관찰하게 될 시선에 무엇을 제공할 것인가? 우리의 예술이 시간의 참화에 의해서나 왕의 노여움에 의해 무너지거나 뒤엎이게 될 심연 위로 어떤 조각상이나 책이 떠오를 것인가?

악마와도 같은 (특히 유럽의 갈수록 늘어나는 제조소에서 만들어져 왔고 불꽃 하나로 모든 것을 삼켜버리는) 화약은 야망과 복수의 손아귀에 들어

가면 화산의 분화구에서 한없이 솟아나는 뜨거운 물질보다 훨씬 더 위험한 엄청난 파괴의 수단이 되지 않을까? 인간 때문에 초래되어 인간의 파멸과 인구가 많은 도시의 몰락을 가져온 재앙과 비교할 때 자연의 재앙은 이제 아무것도 아니다.

매우 천천히 발굴되고 있는 헤라쿨라네움과 폼페이의 유적에서 발견된 수사본은 그리스어의 특징을 알 수 있게 해 주지만, 다른 수사본이 아니라 어느 특정한 수사본이 우리에게 넘어온 것은 바로 우연에 의해서이다. 따라서 3천 년이 지나 우리의 후손에게 정신과 물질에 관한 우리의 인식이 어떠했는지 알려줄 저작물은 무엇일까? 꺼져버린 과학의 횃불에 다시 불을 붙이는 명예는 어떤 책이 차지할까? 오늘날 우리가 대수롭지 않게 여기는 무슨 사전이 아마 열렬하게 받아들여질 것이고, 우리가 지겨운 것이라고 판단하는 우리의 편집 자료들 가운데 하나가 후대에는 아마 코르네유, 라신, 부알로, 볼테르보다 더 소중해질 것이다. 그렇다, 미래의 새로운 민족은 무시당한 소책자에 더 많은 관심을 기울일지 모른다.

그러므로 우리의 오만한 작가들은 오늘날 자신들처럼 펜을 들고 글을 쓰는 이라면 누구라도 부당하게 경멸하지 않는 것이 좋을 것이다. 왜냐하면 3천 년 후에 출세하고 그때의 정신을 지배하고 계몽할 작가를 현 세대의 누구도 지명하거나 예측할 수 없기 때문이다.

파괴된 파리라! 크세르세스 대왕은 자신이 지휘하는 대군(大軍)을 가만히 주시한 후, 수천 명의 부하가 얼마 후에 지상에서 사라지리라는 것을 생각하고서 눈물을 쏟았다.[105] 나도 동일한 감정에 젖어 이 찬란한 도시의 미래를 미리 슬퍼해도 되지 않을까?

105 이 이야기는 헤로도토스, 『역사』, 7권, 「폴립니아」, 46장에서 유래한다.

어느 한 수도가 순식간에 폐허로 변했고, 4만 5천 명의 사람이 사망했고, 20만 명의 신민이 재산을 잃었으며, 전반적으로 20억 프랑의 손실이 발생했다. 인간사의 부침이 이다지도 참혹할 수 있는가! 이 끔찍한 사건은 1755년 11월 1일 일어났다. 아니, 모든 것을 망가뜨린 이 뜻밖의 재난이 정치적으로는 포르투갈을 구해냈다. 개혁을 초래하고 개인의 운명을 평등하게 하며 국민의 마음과 정신을 결집하고 곧 일어날 것 같았던 격변의 방향을 바꾼 이 재앙이 없었다면, 포르투갈은 정복당했을 것이다.[106]

외관의 측면에서 고찰할 때, 옛 리스본은 아프리카 도시, 다시 말해서 무질서하고 균형이 잡혀 있지 않은 드넓은 촌락에 지나지 않았다. 가령, 길이 좁은 데다가 길의 배치가 비효율적이었다. 과감하지 못한 인간들의 손으로라면 무너뜨리는 데 매우 오래 걸렸을 것이 지진으로 3분 만에 모조리 허물어졌다. 무어인의 한심한 취향이 사라졌고, 도시가 화려하고 웅장하게 재건되었다.

재앙의 한가운데에서 나오는 것에 관해 우리는 무엇을 아는가? 우리가 아는 것은 무엇인가? … 파괴된 파리라! 오! 나는 변함없이 『멤논』에서처럼 "정말 애석한 일이리라"고 말하리라.

106 식견을 갖춘 수석대신 폼발의 추진력에 힘입어 리스본은 계몽기 유럽의 건축가들과 도시계획가들에게 실제 크기의 독특한 실험 장소가 되었다. 새로운 리스본의 낙성식은 1775년 6월 6일 성대하게 치러졌다.

356 가설

나는 가설을 하나 세우겠는데, 이것을 두고 사람들은 기묘하고 무모하고 괴상하다고 하겠지만, 내가 이것을 꼭 언급하고자 하는 데에는 이유가 있다. 국가의 모든 신분이 모여 수도 때문에 왕국의 기운이 고갈되고 시골에서 주민이 빠져나가고 대지주가 시골에서 멀리 떨어져 살고 농업이 파산하고 다수의 무용한 무뢰한과 장인이 숨어들고 풍속이 점점 타락하고 기막힌 정부의 시대가 더 자유롭고 더 행복한 외국으로 뒷걸음질친다는 것을 사려 깊게 검토한 후에 인정하고 나서, 말하자면 모든 것을 다 살펴보고 검토한 다음에, 1년 전에 미리 주민에게 알린 후 … 파리의 모든 곳에 불을 지르라고 지시한다면, 조국과 미래 세대에 바쳐진 이 커다란 희생의 결과는 무엇일 것인가? 실제로 이것이 지방과 왕국에 도움을 주게 될까? 독자여, 이 흥미로운 문제를 검토하고 결정하는 일을 나는 그대에게 맡기니, 이 흉측한 도시의 돌기일 뿐인 베르사유도 함께 불타야 한다는 점에 유념하라. 왜냐하면 파리가 베르사유를 위해서만 존재하는 것 같듯이, 베르사유는 파리에 의해서만 존재하기 때문이다.

자, 친애하는 독자여, 진력을 다하자. 나는 오늘 그대에게 말을 하지 않겠고, 말하지 않도록 조심하겠다. 마찬가지 말이지만, 다른 이가 못 보거나 잘못 본 것을 그대의 것과 같은 좋은 눈으로는 제대로 볼 수 있다.

그리고 당신들, 내 친애하는 파리인들이여, 당신들의 집과 건조물만이지만, 불태우는 데 동의하겠는가? 하지만 당신들은 내가 당신들을 얼마나 소중히 여기는지 알지 못하고서, 이 단순한 가설을 기화로 내게 화형을 선고한다. … 어서, 도시의 모든 양동이, 모든 펌프를 동원하여 이 맹렬한 화재를 진압하라. 이제 연기밖에 없다. 좋아! 당신들의 9층짜리 주택은 안전하다. 옛날처럼 고네스 빵을 먹자, 될 대로 되라![107]

107 메르시에는 사방으로 뻗어나가는 퇴폐적인 도시에 대한 근본적인 대책으로 파리의 온전한 파괴를 제안한다. 이를 위해 리스본 지진의 효험에 관한 자신의 추론을 부조리해 보일 정도로까지 밀고나간다.

357 『쿠리에 드 뢰로프』에 대한 회답

1781년 7월 3일자 『쿠리에 드 뢰로프』[108]에 이 책의 초판본에 대한 분석이 실렸다. 다음에 곧바로 이 분석을 옮겨 적고 이 분석에 대한 존중의 표시로 나의 대답을 덧붙이겠다.

"우리에게 해를 끼치는 것보다 우리를 겁나게 하는 것이 더 많다"고 어느 고대인이 말했는데, 내가 잘못 생각하고 있지 않다면 그는 세네카이다. 이 참된 금언은 특히 예민한 감성과 풍부한 상상력을 타고난 사람에게 적용될 수 있다. 그런 사람에게는 모든 것이 극단적이고, 어떤 해악도 어떤 폐습도 사소하지 않다. 한 작가가 얼마 전에 『파리의 풍경』이라는 제목의 책을 펴냈다. 이 풍경은 모든 필치가 과장되어 있기 때문에 전혀 정확한 묘사가 아니다. 마을에서 전도하는 성 프란치스코 수사부터 국왕 앞에서 말하는 웅변가까지 설교자가 토해낸 모든 말, 도덕가가 사치, 나쁜 풍속, 부의 남용, 덧없는 영예에 대해 논박한 모든 글은 이 2권의 저자가 말한 것과 비슷하지 않다. 무엇보다도 웃어야 할지 화내야 할지 분간할 수 없는데, 사실 예언자라 해도 이스라엘의 죄악을 질타하는 데 이보다 더 많은 힘과 열의를 쏟지도 않았고, 이스라엘의 죄악에 대해 이보다 더 분개하지도 않았다.

그렇지만 이것은 비방의 글도 아니고, 결코 사소한 동기로 중단되

108 *Courrier de l'Europe*: 1776~1788년까지 런던에서 발행된 이 정기간행물은 특히 샤를 테브노 드 모랑드(1741~1805)와 브리소에 의해 편집되었다.

지 않을 예민하고 용감한 시민의 저작물이다. 그는 아무도 응시하지 않는 것을 보고자 했고, 모든 이가 눈길을 돌리는 대상에 시선을 고정했다. 그는 감옥에서, 구빈원에서, 비세트르에서, 클라마르 묘지에서까지 파리 중앙시장의 가장 비루한 하층민을 관찰했다. 그는 이 인류의 시궁창 속으로 들어가서 여러 가지 죄악, 범죄, 끔찍한 상황을 보았는데, 이것들은 이 시궁창 밖에서는 누구도 생각하지 않는 것이고, 그토록 한심한 것들을 일부러 찾아 나설 사람은 거의 없기 때문에 다른 책에서는 결코 찾아볼 수 없는 것이다. 이 모든 해악은 재산의 불평등에 기인한다고 그는 결론을 맺었고, 그래서 부자에 대해, 부자의 몰인정에 대해, 부자의 추잡스러운 생활에 대해 몹시 격렬하게 항의했다. 마침내 그는 '파리'를 불태워 버리라는 조언으로 저작물은 마무리한다. 그것은 꿈이라는 생각이 든다. '파리'가 그려진 그대로라면, 파리는 보름도 존속할 수 없을 것이다. 이는 독자가 느끼는 바이다. 따라서 저자가 얻고자 한 효과는 무산된다. 촌락에서나 왕좌에서나 모든 인간은 반드시 죽거나 고통받을 것이지만, 고통이 우세한 곳이라면 어디에서건 파괴가 뒤따른다. 이에 입각하여 거의 모든 철학자는 인구의 증가로 한 민족의 행복을 가늠할 수 있다고 말했다. 계획도 방법도 없는 이 책은 모순을 내포하고 있다는 점에서만큼은 '파리'를 닮았다. 어느 한 대목에서 주장되는 것이 다른 곳에서는 흔히 타파된다.

그는 어느 장에서는 신학자처럼 열렬하게 부에 비난을 퍼부은 다음, 또 다른 장에서는 다음과 같이 말한다. "파리에서는 많은 적선이 행해진다. 모든 선의 원천인 하느님, 찬미받으소서! 경찰의 가혹하고 억압적인 법보다 이 자비로운 사람들이 공공의 질서와 평안을 위해 더 많은 것을 행한다. 이 자선가들이 없다면, 격분과 절망 때문에 정치적 규제가 매순간 무력화될 것이다. 개별적인 재난의 폐해가 감소하는 것은 천사의 마음으로 드러나지 않게 선행을 하는 사람의 무리 덕분이다. 악덕, 광기, 오만은 의기양양하게 모습을 드러내는 반면에, 다정한 연민, 너그러움, 미덕은 대중의 눈에 띄지 않으면서 허영도 과시도 없이 조용히 인류에게 도움이 되고 하느님 보기에 좋은 것으로 만족한다."

이 말은 참되고 올바르고 표현이 적절하기는 하지만, 이전의 모든 과장적인 말은 무엇이 되는가? 20개의 장에서 그는 '파리'가 마치 내숭으로나마 수줍음과 조심성을 내보이는 사람이 아무도 없는 매춘의 장소에 지나지 않는 듯이 여자에 관해 말하다가도, 또 다른 장에서는 다음과 같이 말한다. "그렇지만 매우 존경할 만한 여자들이 있는데, 그녀들은 부르주아라는 두 번째 계급에 속한다. 남편과 자녀에게 충실하고 꼼꼼하고 알뜰하고 가정적인 그녀들은 지혜와 노동의 모범을 보인다. 그런데 재산이 별로 없는 이 여자들은 재산을 축적하려고 애쓰고, 별로 똑똑하지 않고 교양이 훨씬 덜하며 눈에 띄지는 않지만 여성으로서 파리에 영광을 보탠다."

이는 여전히 사실이지만, '파리' 주민 중에서 거의 3분의 2는 이 계급, 즉 부르주아라는 두 번째 계급에 속한다. 그러므로 엄격한 검열관은 귀를 기울이지 않을 대귀족들과 말을 듣지 않고 기대할 어떤 것도 없는 하층민에 대해서만 그토록 많은 힘을 발휘할 뿐이다. 아직 풍속을 지니고 있으며 변함없이 보존하게 될 이 두 번째 계급에서 거의 모든 인재가 나온다. 호라티우스는 '중용'을 말하곤 했다. 그때부터 이 신분은 오늘날처럼 미덕과 행복을 갖는 거의 유일한 신분이었다.

나를 가장 놀라게 한 것은 이 저자가 지나친 열의 때문에 뷔퐁, 엑스피이 신부, 모오, 왕국의 인구와 '파리'의 인구를 계산한 모든 이에게 몹시 단호한 반박을 가했다는 점이다. 그들은 모두 '파리'의 인구가 67~80만 명으로 추산된다는 데 의견을 같이한다. 그리고 엑스피이 신부와 모오는 왕국의 인구가 루이 15세 치하에서 적어도 200만 명 정도 증가했다고 단언한다. 참으로 철학자다운 이 세 사람은 결코 과장하여 말하지 않는다. 그들은 정확하게 측정하고 계산한다. 그들은 일반인의 토지세, 왕국의 토지대장을 가능한 한 조사했고, 각자의 저작물을 서로 교환하여 검토하지 않았는데도 셋 다 이구동성으로 프랑스의 개간된 토지가 예전에는 결코 오늘날만큼 많지 않았다고, 오니와 플랑드르의 습지가 오늘날 목초지나 밀밭으로 바뀌었다고, 50년 전에는 전혀 쓸모없었던 프로방스의 암석지대에 포도나무가 심어졌다고 말한다. 그런데 그는 우리가 가난하고 불행하기를, 파리가 '집어삼킬 것을 찾아' 왕국을 집어삼키기를 바라므로, 그에게는 이 박식하고 정확한 사람들의 계산을 반박하고 엄정하고 올바른 산술을 들뜬 상상력에 의한 개괄적인 계산으로 대체할 필요가 있는 것이다. 파리를 불태우거나 항구로 만들라고 권고하는 이 작가에게 그가 이 두 가지를 진지하게 제의하므로, 우리는 감히 자신의 책을 불태우거나, 아니면 몇몇 과장된 표현이나 부풀린 말을 없애라고 조언하고 싶다. 그렇게 되면 인류의 옹호자에게 어울리는 고결한 자유에 힘입어 집필된 이 책은 철학과 웅변의 걸작이 될 뿐만 아니라, 이 작가가 그토록 고결한 용기로 일어나 맞서는 엄청난 폐습, 즉 그가 자신의 저작물을 쓰기 시작했을 때부터, 다시 말해서 루이 16세가 왕위에 오르고부터 여러 가지가 철폐되었다는 것을 그 자신이 인정하기 때문에, 그만큼 더 바로잡고자 하는 폐습을 양식 있는 사법관이 서둘러 바로잡도록 모든 재판소로 보낼 만한 것이 될 것이다.

비판의 주요 논거는 내가 파리의 인구를 90만 명으로 부풀렸다는 점인 만큼, 나는 이 질책에만 약간 길게 대응할 생각인데, 이는 내가 다른 질책을 경시하기 때문이 아니라, 내가 이 논거를 검토해도 나의 자존심에 올가미를 씌우는 꼴이 되지는 않을 것이기 때문이다.

프랑스의 인구에 관한 모오의 탐색은 인구 일반에 적용될 수 있을지 모르지만, 수도에서는 정신적 원인이 물질적 원인보다 우세하기 때문에 수도에 적용될 수는 없을 것이다. 사망자 수를 출생자 수와 비교하는 것은 충분하지 않고, 외국인이 이를테면 태어나지도 죽지도 않지만 수도로 몰려들어 한 부류의 주민집단을 형성하며, 지방만 해도 많은 여행자들을 수도로 쏟아 붓는데, 그들은 체류하지 않고 끊임없이 교대된다. 때로는 민중의 축제에 5만 명의 외국인이 몰려들기도 한다. 오늘날 파리는 60년 전보다 훨씬 많은 주민수를 헤아린다. 수명은 이 분야에서 사색에 토대가 되지만, 파리의 경우에는 잘 들어맞지 않는다. 파리에서 태어나는 모든 아기는 유모에게 맡겨지고 절반은 죽는데, 그들의 이름은 도시의 소교구에서 보관하는 사망자 대장에 기록되지 않는다. 따라서 세례자 대장이나 사망자 대장에 의거하여 계산해서는 안 된다.

오늘날 의사에 대한 신뢰는 예전만 못하고, 위험한 약방의 다양한 독극물은 예전처럼 많이 팔리지 않으며, 약제사는 파산하고 동료 시민의 죽음에 공조한다는 양심의 가책을 피하기 위해 '화학자'로 행세하고, 자신의 치료법을 예전처럼 대담하게 과시하려 들지 않는 의사로 자처한다. 유익한 화학의 덕분으로 번잡한 치료법이 정리되었고, 과도한 사혈, 끔찍한 탕약, 말하자면 우리 아버지 세대가 체질에 맞지 않아 혐오감을 주체할 수 없는데도 꾹 참고 들이킨 의학과 약학의 수치는 이제 늙고 무지한 생콤의 몇몇 외과의사만이 처방한다. 그리고 사망자 수는 구빈원에서도 감소했다.

이 책은 계산을 포함하고 있지 않지만, 단순한 지각이 아니라 새로운 건물, 주민이 더 밀집한 구역, 도시의 외곽, 파리에 즐기러 오는 연금생활자의 무리에 근거를 둔 나의 계산이 없지는 않다.

게다가 수도의 주변을 정확히 어느 지점으로 한정할 것인가? '그로카유, 누벨프랑스, 쿠르티유, 프티장티이, 보지라르' 등은 집들이 맞닿아 있고 이제는 차단이 실행되지 않는 만큼 이론의 여지 없이 이 대도시에 속하지 않을까?

그러므로 나는 『쿠리에 드 뢰로프』가 내게 반대의 근거를 명확히 제시할 때까지 파리의 인구를 90만 명으로 고수할 생각이고, 『쿠리에 드 뢰로프』가 하지 않은 여러 가지 탐구를 함으로써 진실에 가능한 한 가까이 접근하고자 했다는 점을 이 자리에서 밝혀둔다.

수도의 바로 옆에 위치한 큰 부락에서 매일 수도로 들어와 며칠 머무르다가 떠나는 사람을 셈에 넣는다면, 얼마나 막대한 인구인가! 되풀이하여 말하지만, 인구의 규모를 알아보기 위해서는 안목만 있으면 된다.

끝으로 민중의 비참함을 과장했다는 비난이 내게 쏟아졌는데, 나는 감히 과도해 보이지 않게끔 때때로 묘사를 자제했다고 대답하겠다. 『주르날 드 파리』는 지나치게 꼼꼼한 비판자가 있고 가장 준엄한 검열과 교열로 명성이 자자한데, 거기에서 다음과 같은 구절을 읽어볼 수 있다.

> 아이를 떠맡아 기르면서 몹시 끔찍한 가난으로 내몰린 한 여자가 생트마르그리트의 사제에게 다음과 같은 내용의 편지를 썼다. "이틀 전부터 빵이 없고, 자녀가 굶주림으로 죽을 지경이지만, 신부님의 발 아래 엎드려 자비를 간청하러 갈 힘도 없습니다." 이 존경할 만한 목자는 이 불우한 가족을 구하러 쏜살같이 달려간다. 빈궁으로 보기 흉하게 된 창백한 얼굴들 중에서 4세 된 어린이가 타일 바닥에 드러누워 자기 어머니에게 "엄마, 그러니까 내가 이제 곧 내 의자를 먹을 거지?"라고 가슴 아프게 말하는 장면을 그는 목격한다.
>
> - 1777년 1월 14일자 『주르날 드 파리』

이 불행한 가족은 많은 도움을 받았지만, 이런 경우는 아마 가장 끔찍한 빈곤층에서 1,000분의 1도 되지 않을 것이다.

오, 부자여, 한 가지 생각만이 그대의 마음에 들었다 해도, 이 책에서나 나의 다른 글들에서 내가 그대에게 가장 피상적인 교훈이나 가장 사소한 쾌락을 주었다 해도, 이 책을 읽었을 그대여, 그대는 나의 채무자이고, 나는 그대에게 감사를 받을 권리가 있다! 그대는 나의 모든 밤샘을 보상하는 방식으로 나에 대해 빚을 갚고 싶은가? 누구이건 고통받거나 신음하는 사람과 마주치면 그에게 그대의 잉여분을 베풀어라. 나를 생각하면서 나와 나라가 같은 사람에게 베풀어라. 그대가 베풀면 베풀수록 그대 자신에게 좋은 일을 하는 셈이 된다는 것을 생각하라. 내가 이 세상에서 어떤 선행의 계기였다는 것에 만족해 하도록, 또한 그대의 자비로운 기부가 내 작업에 보내는 유일한 찬사로 여겨지도록 베풀어라.

참고문헌

1. 사전류

Dictionnaire de L'Académie, 1694.

Encyclopédie, 1751-1772.

Dictionnaire de Trévoux, 1771.

Bely, Lucien, *Dictionnaire de l'Ancien Régime*, PUF, 1996.

Bluche, François, *Dictionnaire du Grand Siècle*, Fayard, 1990.

Bollème, Geneviève, *Dictionnaire d'un polygraphe, textes de L. S. Mercier établis et présentés par G. Bollème*, collection 10/18, Union Générale d'Éditions, 1978.

Chéruel, Adolphe, *Dictionnaire historique des Institutions, moeurs et coutumes de la France*, Hachette, 1855.

Franklin, A., *Dictionnaire historique des arts, métiers et professions exercés dans Paris depuis le treizième siècle*, H. Welter, 1905-6.

Hillairet, Jaques, *Dictionnaire historique des rues de Paris*, 1957.

Lalanne, L., *Dictionnaire historique de la France contenant pour l'histoire civile, politique et littéraire... pour l'histoire militaire... pour l'histoire religieuse... pour la géographie historique*, Hachette, 1872.

2. 파리에 관한 연구

Bancquart, Marie-Claire, *Le Paris des surréalistes*, Seghers, 1972.

———, *Images littéraires du Paris, fin de siècle*, La Différence, 1979.

Benjamin, Walter, "Paris, capitale du XIX siècle" (1935), *Essais 1935-1940*, Denoël-Gonthier, 1983.

———, "Paysages urbains", *Sens unique*, Letters nouvelles-Maurice Nadeau, 1972.

Bourguinat, Elisabeth, *Les Rues de Paris, au XVIIIe siècle*, Paris-Musées, 1999.

Caillois, Roger, "Paris, mythe moderne", *Le Mythe et l'Homme*, Gallimard, 1938.

Caramaschi, Enzo, "Ville et individu", *Corps écrit*, n° 29: *La Ville*, PUF, 1989.

Citron, Pierre, *La Poésie de Paris dans la littérature française de Rousseau à Baudelaire*, Ed.

de Minuit, 1961.

Corbin, Alain, *Le Miasme et la Jonquille. L'Odorat et l'Imaginaire social. XVIII*[e]*-XIX*[e] *siècles*, Aubier, 1982.

Davies, Simon, "Paris and the Provinces in 18th Century Prose Fiction", *Studies on Voltaire*, n° 214, 1982.

Ehrard, Jean, "L'Ami des hommes, Paris et la Capitale du Royaume", *Les Mirabeau et leur temps*, Société des études robespierristes, 1968.

Guichardet, Jeannine (éd.), *Errances et parcours parisiens de Ruteboeuf à Crevel*, Sorbonne Nouvelle, 1986.

Hillaire, Norbert, "L'Ange et le Flâneur", *Lumières de la ville*, n° 1, 1989.

Joly, Robert, *La Ville et la civilisation urbaine*, Messidor, 1985.

Jüttner, Siegfried, "Grossstadtmythen. Paris-Bilder des 18 Jahrhudert. Eine Skizze", *Deutshe Vierteljahsschrift für Literaturwissenschft und Geitesgeschichte*, 1981.

Kahn, Gustave, *L'Esthétique de la rue*, Charpentier, 1901.

Macchia, Giovanni, *Paris en ruines*, Flammarion, 1988.

Oster, Daniel et Jean Goulemot, *La Vie parisienne. Anthologie des mœurs du XIX siècle*, Sand/Conti, 1989.

Plumyène, Jean, *Trakets parisiens*, Julliard, 1984.

Rieger, Dietmar, *Diogenes als Lumpensammler. Materialien zu einer Gestalt der französischen Literatur des 19* Jahrhunderts, München, Fink, 1982.

Roncayolo, Marcel, *La Ville et ses territoires*, Gallimard, 1990.

Sansot, Pierre, *Poétique de la ville*, Klincksieck, 1971.

Simmel Georg, "Les grandes villes et la vie de l'esprit"(1903), *Philosophie de la modernité. La Femme, la ville, l'individualisme*, Payot, 1989.

La Ville au XVIIIe *siècle*. colloque d'Aix-en-Provence, Édisud, 1975.

La Ville. Histoire et mythe, éd. par M.-C. Bancquart, université de Nanterre, 1984.

Paris au XIXe *siècle. Aspects d'un mythe littéraire*, colloque de Francfort, Presses universitaire de Lyon, 1984.

Paris et le phénomène des capitales littéraires, carrefour ou dialogue des cultures, Paris-Sorbonne, 1986.

3. 파리의 역사와 건축사

Babeau, Albert, *Paris en 1789*, Firmin-Didot, 1889.

Benevolo, Leonardo, *Aux sources de l'urbanisme moderne*, Horizons de France, 1972.

Bertaud, Jean-Paul, *La Vie quotidienne des Français au temps de la Révolution 1789-1795*, Hachette, 1983.

Braham, Allan, *L'Architecture des Lumières de Soufflot* à *Ledoux*, Berger-Levrault, 1982.

Chagniot, Jean, *Paris au XVIII*ᵉ *siècle*, Hachette, 1988.

Couperis, Pierre, *Paris au fil du temps. Atlas historique d'urbanisme et d'architecture*, Joël Cuénot, 1968.

Farge, Arlette, *Le Vol d'aliments* à *Paris*, Plon, 1974.

———, *Vivre dans la rue* à *Paris au XVIII*ᵉ *siècle*, Gallimard, 1979.

———, *La Vie fragile. Viloence, pouvoirs et solidarités* à *Paris au XVIII*ᵉ *siècle*, Hachette, 1986.

Fournel, Victor, *Le Vieux Paris. Fêtes, jeux et spectacles*, Tours, Mame, 1887.

Gallet, Michel, "Ledoux et Paris", *Cahiers de la Rotonde*, n° 3, 1979.

Gaxotte, Pierre, *Paris au XVIII*ᵉ *siècle*, Arthaud, 1968: rééd. 1982.

Godechot, Jacques, *La Vie quotidienne en France sous le Directoire*, Hachette, 1977.

Histoire de la France urbaine, t 3: *La Ville classique*, éd. du Seuil, 1981.

Kaplan, Steven L., *Les Ventres de Paris, Pouvoir et Approvisionnement dans la France d'Ancien Régime*, Fayard, 1988.

Kapufmann, Emil, *L'Architecture au siècle des Lumières*, Julliard, 1963.

Lacombe, Paul, *Bibliographie parisienne. Tableaux de mœurs (1600-1880)*, Paris, 1887.

Lavedan, Pierre, *Histoire de Paris*, *3*ᵉ éd., PUF, 1977.

L'Uranisme à *l'époque moderne*, Arts et métiers graphiques, 1982.

*Le Parisien chez lui au XIX*ᵉ *siècle*. 1814-1914, Archives nationales, 1976.

Lepetit, Bernard, *Les Villes dans la France moderne (1740-1840)*, Albin Michel, 1988.

Le Roy Ladurie, Emmanuel, *La Ville classique*, *Histoire de la France urbaine*, t. III, sous la direction de Georges Duby, Seuil, 1981.

Le Sain et le Malsain, numéro spécial de la revue *Dix-huitième siècle*, n° 9, 1977.

Les Architectes de la liberté. 1789-1799, École nationale supérieure des beaux-arts, 1989.

Loyer, François, *Paris XIX*ᵉ *siècle. L'immeuble et la rue*, Hazan, 1987.

Moser, Monique et Daniel Rabreau, *Charels de Wailly, peintre architecte (1730-1798)*, Caisse nationale des monuments historiques, 1979.

Paris et la Révolution, colloque de Paris, éd. M. Vovelle, Publications de la Sorbonne, 1989.

Paris, genèse d'un paysage, sous la direction de Louis Bergeron, Picard, 1989.

Quétel, Claude, *La Bastille. Histoire vraie d'une prison légendaire*, Robert Laffont, 1989.

Rabreau, Daniel et Moser, Monique, "Paris en 1779: l'architecture en question", *Dix-huitième siècle*, n° 11, 1979.

Radicchio, Giuseppe et Michèle Sajous d'Oria, "Parigi: i teatrinegli anni della Rivoluzione", *Atoria della citta*, n° 47, 1989.

Roche, Daniel, *Le Peuple de Paris. Essai sur la culture populaire au XVIII*ᵉ *siècle*, Aubier-Montagne, 1981.

———, *La France des Lumières*, Paris, 1993.

———, *La Ville promise: Mobilité et accueil à Paris fin XVIIe-début XIXe siècle*, Paris, 2000.

Soufflot et son temps. 1790-1980, Caisse nationale des monuments historiques, 1980.

Soufflot et l'architecture des Lumières, Paris, 1980.

Tulard, Jean, *Paris pendant la Révolution*, Hachette, 1989.

4. 루이세바스티앵 메르시에 연구

Aggéri, Robert, *Louis-Sébastien Mercier, la Brouette du vinaigrier*, Nouveaux classiques Larousse, 1972.

Béclard, Léon, *Mercier. Sa vie, son œuvre, son temps d'après des documents inédits. Avant la Révolution (1740-1789)*, Champion, 1903.

Bonnet, Jean-Claude, *Louis-Sébastien Mercier: un hérétique*, Paris, 1995.

Bruneteau, Claude et Bernard Cottret, *Louis-Sébastien Mercier, Parallèle de Paris et de Londres*, Didier érudition, 1982.

Cousin d'Avallon, Charles-Yves, *Merciériana, ou Recueil d'anecdotes sur Mercier; ses paradoxes, ses bizarreries, ses sarcasmes, ses plaisanteries*, P. H. Krabbe, 1834.

Darton, Darnton, *The Forbidden Best-Sellers of Pre-Revolutionary France*, New York, W. W. Norton, 1996.

Delisle de Sales, "Funérailles de L. S. Mercier le 27 avril 1814", suivi de "De Mercier considéré comme homme d'Etat" et d'une "Notice raisonnée des ouvrages de Mercier", Imprimerie de L. P. Sebier fils, 1814.

Frantz, Pierre, "Appropriation bourgeoise et populaire de l'Histoire nationale dans le drame historique de Sébastien Mercier", *Cahiers d'Histoire des littératures romanes*, Heft 3-4, Carl Winter. Universitätsverlag, Heidelberg, 1979.

Girard, Gilles, *Louis-Sébastien Mercier, dramaturge*, thèse pour le doctorat de troisième cycle, université d'Aix-Marseille, 1970.

———, "Inventaire des manuscrits de L. S. Mercier à la Bibliothèque de l'Arsenal", *Dix-huitième siècle*, n° 5, 1973.

Guyot, Charly, "Mercier à Neuchâtel", *De Rousseau à Mirabeau, pèlerins de Môtiers et prophètes de 89*, Victor Attinger, 1936.

Hofer, Hermann éd., *L. S. Mercier précurseur et sa fortune*, München, Fink, 1977.

Majewski, Henry F., *The Preromantic Imagination of L. S. Mercier*, New York, Humanities Press. 1971.

Monselet, Charles, *"Mercier"*, *Les Oubliés et les Dédaignés Poulet-Malassis*, 1857, repris dans *Le Plaisir et l'Amour*, anthologie choisie et présentée par Sylvain Goudemare, Ed. du Griot, 1988.

Mormile, M., *La Néologie révolutionnaire de L. S. Mercier*, Rome, 1973.

Patterson, Helen, "*Poetic Genesis: Sébastien Mercier into Victor Hugo*", *Studies on Voltaire and the 18th century*, XI, 1960.

Pons, Alain, Edition de *L'An deux mille quatre cent quarante*, F. Adel, 1977.

Pusey, William, *Louis-Sébastien Mercier in Germany. His Vogue and influence in the eighteenth century*, Columbia University Press, 1939.

Rufi, Enrico, *Les Conceptions esthétiques de Louis-Sébastien Mercier, aperçu d'une poétique laïque*, thèse pour le doctorat, université de la Sorbonne nouvelle, 1992.

————, *Le Rève laïque de Louis-Sébastien Mercier entre littérature et politique*, Oxford, 1995.

Senancour, Étienne Pivert De, "Remarques sur deux notices relatives à L. S. Mercier, mort le 24 avril à l'âge de 73 ans dix mois et demi", *Mercure de France*, mai 1814; "Sur L. S. Mercier", *Le Mercure du XIXe siècle*, vol. 6, 1824, pp. 461-470.

Trousson, Raymond, *L'An deux mille quatre cent quarante, édition, introduction et notes*, Ducros, 1971.

Varrot d'Amiens, "Tribut de mon dernier hommage aux mânes de M. L. S. Mercier, Mathiot, 1814; "Mémoires sur la vie et les ouvrages de L.-S. Mercier", 1825, B. N., dép des ms. nouv. acq. fr. 10260.

Vecchi, Paola, "La balance et la mort; progrès et compensation chez Louis-Sébastien Mercier", Actes du Septième Congrès international des Lumières, *Studies on Voltaire*, n° 264, Oxford, 1989.

Wilkie, Everett C., jr., "Mercier's *L'An 2440*: Its Publishing History during the Author's Lifetime", *Harvard Library Bulletin* vol. l XXXII, 1984.

5. 「파리의 풍경」에 관한 연구

Bouard, Alain de, *Table analytique de Tableau de Paris*, Imprimerie nationale, 1908.

Hayer, Horst Dieter, "Paris dans *Les Caractères* de La Bruyère et dans le *Tableau de Paris* de Mercier", *Paris au XIXe siècle. Aspects d'un mythe littéraire*, colloque de Francfort, Presses universitaires de Lyon, 1984.

Julien, Jean-Rémy, "Paris: cris, sons, bruits. L'environnement sonore des années pré-révolutionnaires d'après le *Tableau de Paris* de S. Mercier", *Orphée phrygien. Les Musiques de la Révolution*, Ed. du May, 1989.

Küpper, Joachim, "Merciers Dramentheorie und die faktographische Gattung des Tableau de Paris", *Ästhetik des Wirklichkeitsdarstellung und Evolution des Romans von der französischen Spätaufklärung bis zu Robbe-Grillet*, Stuttgart-Wiesbaden, 1987.

Lough, John, "Women in Mercier's *Tableau de Paris*", *Woman and Society in Eighteenth-Century France. Essays in honor of John Stephenson Spink*, London, The Athlone Press, 1979.

Patterson, Helen "L. S. Mercier's *Tableau de Paris* (1781-1788)", *The Modern Language Review*, Cambridge, Oct. 1948.

Vissière, Jean-Louis, "La culture populaire à la veille de la Révolution d'aprés le *Tableau de Paris* de Mercier", *Image du peuple au XVIIIe siècle*, Colin, 1973.

단턴, 로버트, 『책과 혁명』, 주명철 옮김, 길, 2003.

뒤비, 조르주 · 로베르 망드루, 『프랑스 문명사』, 김현일 옮김, 까치, 1995.

샤르티에, 로제, 『프랑스 혁명의 문화적 기원』, 백인호 옮김, 일조각, 1999.

주명철, 『서양금서의 문화사』, 길, 1996.

주명철, 「루이 세바스티앵 메르시에의 앙시앵 레짐 문화비평」, 『서양사』, 책세상, 2007.

최갑수 외, 『프랑스 구체제의 권력구조와 사회』, 한성대학교출판부, 2009.

6. 「파리의 풍경」 선집

• 프랑스어본

Desnoireterres, Gustave, *Mercier: Tableau de Paris* (choix de textes) avec en préface "une étude sur la vie et les ouvrages de Mercier", Pagnerre, 1853.

Tableau de Paris. Collection des meilleurs écrivains. Librairie de la Bibliothèque nationale, 1884.

Tableau de Paris. Nouvelle édition avec notice. Dentu, 1889.

Tableau de Paris, édition abrégée, préface et notes par Lucien Roy, Louis-Michaud, 1908.

Tableau de Paris. Avant-propos de Louis Chaumeil, Horizons de France, 1947.

Tableau de Paris, anthologie choisie et présentée par Jeffry Kaplow, collection "La découverte", Maspero, 1979.

Paris le jour, Paris la nuit, par Michel Delon et Daniel Baruch (anthologie de textes de Mercier et de Rétif de la Bretonne, à partir du *Tableau de Paris*, du *Nouveau Paris* et des *Nuits de Paris*), collection Bouquins, Laffont, 1990.

Tableau de Paris. Édition établie sous la direction de Jean-Claude Bonnet, Mercure de France, 1994.

7. 「파리의 풍경」 번역본

• 독일어 번역본

Schilderung von Paris, aus dem französischen. Auszugsweise übersetzt [von Samuel Gottlieb Bürde], Breslau, Löwe, 1783-1784, in-8°.

Paris, ein Gemählde von Mercier, verdeutscht von Bernhard Georg. Walch. Leipzig, Schwickert, 1783-1784. In-8°.

Kleines Tableau von Paris, übersetzt und mit anmerkungen begleitet, von Bernhard Georg

Walch, Halle, 1784.

Historisch-kritische enzyclopädie über verschiedene Gegenstände, Begebenheiten und charaktere berühmter Menschen, herausgegeben von H. G. Hoff. Pressburg, Mahler, 1787.

Merciers neuestes Gemälde von Paris, für Reisende und Nichtreisende. Leipzig, Jacobäer, 1789.

Pariser Nahaufnahmen, Frankfurt am Main, Limitierte und numerierte, 2000.

• 네덜란드어 번역본

Nogle stykker af Tableau de Paris fremstillede med anmaerkninger til dem, hvis Indflydelse paa en Stats Regering er betydelig, af Professor Olivarius, Kiel, 1786.

Ansichten der Hauptstadt des französischen Kayserreichs, vom jahre 1806 an, von Pinkerton, Mercier und C. F. Cramer, Amsterdam, im Kunst und Industrie-Comptoir, 1807-1808, in-16.

Niemand ontbijt meer met een glas wijn: ableau van Parijs, 1781-1788, Amsterdam, De Arbeiderspers, 1999.

• 영어 번역본

Paris in Miniature: taken from the French picture at full length, entituled *Tableau de Paris*, together with a preface and a postface. By the english Limner [J. P. Macmahon]. London, G. Kearsley, 1782, in-8°

Paris delineated, from the French of Mercier, including a description of the principal edifices and curiosities of that metropolis, London, H. D. symonds, 1802.

Paris: including a description of the principal edifices and curiosities of that metropolis... [translated and adapted from the French] London, 1817. In-8°.

The Picture of Paris, before and after the Revolution, by Louis-Sébastien Mercier (The Broadway Library of Eighteenth Century French literature). Translated with and introduction by Wilfrid and Emilie Jackson. London, G. Routledge and Sons, 1929.

The Waiting City: Paris, 1782-1788. Being an abridgment of Louis-Sébastien Mercier's *Tableau de Paris*. Translated and edited with a preface and notes by Helen Simpson. London, Harrap, 1933.

Panorama of Paris, Selected from Le Tableau de Paris, J. D. Popkin(ed.), Pennsylvania State University Press, 1999.

• 일본어 번역본

十八世紀パリ生活誌: タブロー・ド・パリ, Jūhasseiki pari seikatsushi, taburō do pari, 原宏, 1929.

Louis-Sébastien Mercier; Hiroshi Hara, 東京: 岩波書店, 1989.

찾아보기

[사항]

[인명]

집필진 소개

지은이

루이세바스티앵 메르시에(Louis-Sébastien Mercier, 1740~1814)

파리의 전형적인 노동자 계층 출신이지만, 정규교육을 받고 교사·신문기자 생활을 하며 문학작품을 발표했다. 1771년 익명으로 발표한 『2440년, 한 번 꾸어봄직한 꿈』으로 큰 성공을 거둔 뒤, 파리의 살롱, 문학클럽, 카페에 드나들며 당대 최고의 철학자들과 교류했다. 1781년부터 출판하기 시작한 『파리의 풍경』이 18세기 최대의 베스트셀러가 되어 인기작가가 되었다. 1789년 혁명이 일어나자 일간지 『프랑스의 애국 문학 연보』를 창간하고 1791년 국민공회 의원에 선출되었으나, 루이 16세 처형 반대를 계기로 감옥에 갇혔다. 테르미도르 반동 이후 감옥에서 나온 뒤, 1797년 에콜 상트랄의 역사 교수가 되었으며, 1798년 『파리의 풍경』의 후편 격으로 혁명 당시의 파리를 묘사한 『새로운 파리』 6권을 출판했다.

옮긴이

송기형(건국대학교 영화예술학과)

『프랑스 문화와 예술』(공저, 한국방송통신대학교출판부, 2011)

『프랑스의 열정, 공화국과 공화주의』(공저, 아카넷, 2011)

양희영(서울여자대학교 사학과)

자크 고드쇼, 『반혁명』(역서, 아카넷, 2012)

『프랑스의 열정, 공화국과 공화주의』(공저, 아카넷, 2011)

이규현(서울대학교 불어불문학과)

미셸 푸코, 『말과 사물』(역서, 민음사, 2012)

『한국근현대문학의 프랑스문학수용』(공저, 서울대학교출판문화원, 2009)

이영림(수원대학교 사학과)

미셸 페로, 『방들의 역사』(공역, 글항아리, 2013)

『루이 14세는 없다』(푸른 역사, 2009)

장진영(서울대학교 불어불문학과)

장 도르메송, 『세계창조』(역서, 솔, 2008)

레미 코페르, 『앙드레 말로, 소설로 쓴 평전』(역서, 이룸, 2001)

주명철(한국교원대학교 역사교육과)

『오늘 만나는 프랑스 혁명』(소나무, 2013)

『서양 금서의 문화사』(길, 2006)

최갑수(서울대학교 서양사학과)

『근대 유럽의 형성 16-18세기』(공저, 까치, 2011)

『프랑스 구체제의 권력구조와 사회』(공저, 한성대학교출판부, 2009)